白雲深處一禪僧

林子青傳記文學集

聖嚴法師序

創造歷史的林子青居士

法鼓文化將在今年（二〇〇八年）陸續出版林子青老居士的文集，一共四冊，這是一套超過五十萬字的大書；是林子青居士除了弘一大師研究的著作之外，比較完整的一套文集。

這套書是由林子青老居士的女兒林志明女士蒐集及整理，我向林女士提議：「最好能夠把老居士的著作，出版成為一套文集，可以讓後人做為研究的參考；否則只留下一些初稿，是永遠沒有人可以看得到的。」於是她就著手把林老居士的文章、文稿整理出來。

整理完成之後，我問她要在哪裡出版？她說：「大陸河北省的柏林禪寺重建者淨慧老法師願意出版，但沒有把握是不是一定會出版。」我說：「如果淨慧老法師不方便出版，那就在台灣出版。法鼓文化不是以營利為目的，但是，這是一本大書，法鼓文化如果不能承擔，就由我來募款，一定要把這套書出版。」

現在，這套書終於出版了，我非常的高興；相信最高興的應該就是林志明女士，因為這是她父親的遺著。

我和林子青老居士的關係是從上海靜安佛學院開始的，其實林老居士在上海靜安寺住不久，教書不到兩個學期，他主要教《古文觀止》。林老師的古文課，我不是聽得很懂，但是他解釋得很清楚。另外，他又替我們上英文課，上的是小學的英文，因為我會背，所以每次考英文都是一百分，因此他對我的印象很深。

他不僅懂英文、中文，而且日文也很好，我到過他的房間，書桌上堆了很多日文的佛教書籍。他教我的時間雖然不多，但是我很佩服他，他的儀表非常的莊嚴，少年時曾經出家，法名慧雲，曾到台灣的靈泉寺傳戒當任戒師。

這一套書內容相當豐富，一共分為四冊：

（一）第一冊為詩文集，分成兩大篇，第一篇是詩集，包含《煙水庵詩稿》以及其他的詩文合集；第二篇是散文集。

（二）第二冊是書信集，我們知道弘一大師的書信相當豐富，而林子青的書信則有十七萬字之多，這是從二十世紀六十年代以後，寫給佛教界長老以及各界朋友、家人的書信。

（三）第三冊為傳記集，分成兩大篇，第一篇人物篇，有《釋迦如來一代記》及高僧、居士、學者的傳記；第二篇為碑銘篇。林老居士素有文采，對古文的修養、對佛教的典故非常的熟悉，撰寫寺院塔銘是他所擅長。文革之後，許多寺院重修時，都會邀請他題寫碑記及塔銘。傳記集還附有林老居士的簡譜和小傳。

（四）第四冊是佛學論著集，所收錄的《因明入正理論》是學術著作，《量之定義》是因明類邏輯的書，此外還有一些短篇的文稿。

在這四冊中，每本前還有我和大陸中國佛教協會副會長覺醒法師以及林志明女士的序。由這套書中，可以看到林老居士的一生，也可以看到近代中國佛教的縮影。

法鼓文化為了報我的師恩，出版這套書。希望這套書出版之後，道場、學者們都能來請購這套書，或是林老居士的學生、朋友們也能夠買這套書送人，除了是對法鼓文化的鼓勵，也可以讓林老居士的行誼成為現代人學習的典範。

覺醒法師序

為中國佛學研究寶庫增添光輝

林子青居士是中國當代知名的佛教學者和佛學研究專家。他一生寫下了許多研究佛教方面的著作和文章，內容包括佛教理論研究、佛學知識介紹、人物傳記等等，可謂包羅萬象，豐富多彩。林子青居士，對近現代中國佛教文化的發展作出了鉅大的貢獻，是中國佛教界的楷模。現在將其著作和文章滙集出版，不僅為中國佛學研究寶庫增添了光輝的一頁，也為當代學佛修行者提供了珍貴的學習資料。

林子青居士與上海佛教界可謂因緣殊勝。早在青年時期，他就在上海弘揚佛法，為一些佛教刊物撰寫文章。一九四九至一九五五年期間，他受趙樸初居士（時在上海弘法）和上海佛教會之託，在靜安古寺整理撰寫上海佛教史料，短短數年內，為上海佛學研究提供了一批可信的資料。現存上海市佛教協會的一些寺廟史料和佛教人物傳記，大都出於他的手筆。遷居北京後，林子青居士仍經常到上海弘揚佛法。他和玉佛寺的真禪大和尚交往甚密，一九八〇年以後，常來上海玉佛寺小住。

當時我為真禪大和尚侍者，每次他與真大和尚談論佛法時，我都陪侍在側。他常常勉勵我要努力學習佛學理論，爭取做一個弘揚佛法的接班人。我記得，林子青居士每次到上海弘法，都要為上海佛學院學僧講課，有時還到上海佛教居士林為居士們授佛學。還曾應邀到上海社會科學院宗教研究所和上海市宗教學會講演，受到聽眾們的歡迎。正是由於有像林子青居士這樣潛心於佛學研究和弘法事業的大德的示範，我們上海佛教界才一直具有重視弘揚佛教文化的優良傳統。

談起林子青居士與真禪大和尚的深厚友誼，真是十分感人。不僅林子青居士每次到上海弘法，都要在玉佛禪寺小住，而且真禪大和尚每次去北京，都要到林老家拜訪。有時兩人白天同在中國佛教協會參加會議，晚上真大和尚還一定要前往林老家暢談一番。

林老與真大和尚的深情厚誼，也影響到了林子青居士的子女。林老的女兒江濤（林志明）也成為真禪大和尚的佛門好友，她雖身居常州，但幾乎每年都要到玉佛寺來拜佛，並拜見真禪大和尚。記得有一年，常州天寧寺的松純大和尚邀請真禪大和尚前往講經，江濤居士（時任常州市佛教文化研究會副會長）也在座聽講。她不僅認真聽，而且還做了詳細記錄，後來並整理成文，刊登在他們當時出版的《毗陵佛教》刊物上，分發給常州佛教界人士傳閱。

正是因為林子青居士一家與真禪大和尚有著如此的情緣，所以在真禪大和尚與林子青居士先後故世後，江濤居士仍與我過從甚密。去年五月，上海靜安寺慶祝「正法久住」梵幢落成典禮時，我和她再度相逢，當時她提起要我為即將編輯出版的《林子青集》作序的事，我雖自知才疏學淺，恐有負重託，但還是允諾了。

林子青居士曾為《中國大百科全書》（宗教卷）撰寫了許多有關佛教的條目，為讀者所稱頌。他所撰寫的有關佛教儀軌及介紹中國古代佛教史及歷代高僧等文章，均被收入《中國佛教》第一、二、三、四輯，已成為一些佛學院所採用的重要學習資料。他的佛學著述和文章，涉及範圍甚廣：有闡釋佛學理論的專著，也有弘揚佛教知識的講演；有為佛教高僧編寫的《年譜》（他是研究和弘揚弘一大師精神和撰寫《弘一大師年譜》的第一人），也有為佛教名人撰寫的小傳；有為各地名山大寺所寫的碑記，也有為高僧大德出版的佛學著作所寫的序和跋；有為許多寺廟（尤其是閩南地區）殿堂所撰的楹聯；另外，還有大量他早年行腳各地佛寺和名勝古蹟時歌頌佛教及懷念師友的詩詞歌賦（當年曾被稱為詩僧）……。現在，把它們蒐集到一起，真可謂琳琅滿目，美不勝收。

特別值得一提的是，林子青居士的所有著作和文章，有一個明顯的特點，就是字字句句認真負責，一絲不苟。據我所知，他在編寫《弘一大師年譜》和後來的《弘一大師新譜》，以及研究房山石經資料過程中，數十年如一日，孜孜矻矻，一字一條，都認真審核，查對原始資料，以免差錯。他所寫的佛學論文，也都實事求是，從不道聽塗說，做到言必有據，而且說理性強。他的文筆非常通暢生動，深入淺出，頗受讀者歡迎。

林子青居士著述的結集出版，不僅為今後大力弘揚佛法提供了許多寶貴資料，而且也為我們後學之輩樹立了一個良好的榜樣。在林子青居士文集即將付印之際，遵江濤居士之囑，撰寫序文。之前我翻閱了部分文稿，感到獲益匪淺，然自愧愚鈍，不善作文，勉為其難，寫成此序，尚祈佛門同道加以斧正。

二〇〇八年一月於滬上

◎覺醒法師，現任中國佛教協會副會長、上海佛教協會會長、上海玉佛禪寺住持

林志明代序

讀其書而知其人

《林子青文集》行將付梓，十分感恩，無限欣慰！感恩的是，若不是聖嚴法師的倡議，這個集子將難以問世；欣慰的是，父親留存的遺稿終於能讓後人得以分享，使佛教文化的寶庫中多少增添了一些可資參考和學習的內容。

父親於二〇〇二年九月往生，聖嚴法師於是年十一月八日便來信提到：「我很想寫一篇追悼文，苦於手頭的資料不多，也許可請你們姊弟中的一人，或者找到一位有文字能力的人士，為林子老編一冊年譜，縱然是簡譜，也很有保存中國佛教近代史料文獻的意義和價值。……」儘管在父親九十壽辰時，法鼓文化已編輯出版了《林子青居士文集》三冊，近五十萬字，但卻未涵蓋其早年所撰已出版及未出版的著作。親歷父親為編著《弘一大師年譜》、《弘一法師書信》、《弘一大師新譜》等，前後數十年匯集、整理、編輯之艱辛，加之，自己才疏學淺，對於法師的建議自覺難以勝任。但由於法師的提醒，二〇〇三年我開始整理父親的遺稿，並將它們一一複印並編出目錄。

為能展示父親的思想感情、學術觀點和待人接物，我於二〇〇四年開始清理其親朋好友的來信，選出三十幾位僧俗好友的書信，但其中仍住世者竟不到三分之一。我輾轉打聽到各人的住址後，向海內外有關人士發出了近三十封信，希望從他們本人或其後人處匯集父親的手札。然而，得到的回信僅僅不到十封。幾經周折，先後歷時一年多，終於匯集到了二百餘通，但多是文革以後的。

二〇〇五年以後，得到法鼓文化的鼓勵，我在整理謄寫父親其他文稿的同時，也開始用繁體謄寫其手札，至二〇〇六年中，完成計約二十餘萬字的抄寫。為文集的《書信集》做好了準備。這裡，要特別感謝上海的彭長青老師，他所保存的父親手札最完整，每當遇到信中論及某些人物及專題時，他都會應我所求而作註解；圓拙老法師的弟子黃克良居士，保留著父親的全部書信，父親通過他與其最可親的學生和摯友拙老交流；天津弘一法師俗家孫女李莉娟女士，不但提供了父親給她本人及其父的手札，並蒐集到父親給天津有關人士的書信；台灣陳慧劍居士（已往生）的女兒陳無憂女士在百忙中整理出三十多通，並一一複印寄來；其他，如新加坡妙燈長老、陳珍珍女士、豐一吟女士、沈繼生居士（已故）的女兒、夏宗禹先生（已故）的女兒等，都為此作出了貢獻。

《詩文集》應是《文集》中最精彩的，因為它是以父親一九三六年所出版的《煙水庵詩稿》及此後幾年曾在早期《佛教公論》上所刊出的「華嚴詩社詩選」的詩作為基礎的，而那正是他風華正茂、才華橫溢時的作品；那一腔愛國熱血，令人激昂不已，也可看到他早年生活和行腳的點點滴滴。此後，他也做過不少散見於各處的詩篇、悼詞、楹聯等，卻往往是應一時之需而為，但其中那篇〈悼亡室周太夫人〉，確實是其真情之流露，讀來感人肺腑，催人淚下！

《傳記集》中的《釋迦如來一代記》，是作者早年根據武者小路原著編譯的，讀來文字有點怪怪的，大概是時代差異太大的緣故吧?!《福建禪德》，是一本手稿，未見發表過，作為福建人，他對故鄉的高僧大德情有獨鍾，才會如此認真地蒐集編寫他們的小傳，是頗有歷史價值的。至於那些名剎的碑記、塔銘及寺廟簡介和教界僧俗人物之介紹，多半是應各方要求而作，有好多則是應《佛教百科全書》編輯之需而寫成的，所以，有的限於字數的要求，不夠詳細全面。但作者對所有的介紹都是負責的，有時，為考核其中某個年代，往往查詢多次，從他的《書信集》中可見一斑。

在《佛學論著集》中，《因明入正理論淺疏》是在父親的舊筆記本中找到的，那是一九三七年他到武漢參加抗日僧侶救護團被解散後輾轉到香港大嶼山時所作。當時他在大嶼山佛學院教書，有人向他請教有關因明的問題，他查閱了許多相關書籍，寫出了《淺疏》，讀其中的〈序〉便可知。當時才二十七歲的他，卻能如此認真研究學問，又書寫得如此工整，實在讓我欽佩！至於其他學術性的文章，多散見於各佛教刊物，也有的是在《佛教百科全書》上收錄的。

應法鼓文化的要求，我撰寫了父親的〈簡譜〉和〈小傳〉。我十八歲就離開了家，要完成這項任務實在困難。幸好我保存了父親六十多本日記、讀書筆記等。去年我去台灣探親，訪問了台南開元寺，在其「開祖堂」竟然找到了父親一九三六年應邀參加傳戒時，作為三師之一而受到歡迎的盛裝照片，我如獲至寶地翻拍了下來，同時也為編寫其〈簡譜〉和〈小傳〉提供了可靠線索。此後，我閱讀了他的日記，從中精選出二十八本，作為重點來摘取，同時，也找到了他本人在一九八〇年填寫的履歷表，經過認真核對和查證，終於勉強交了卷。我的態度是，實事求是，把一個真正的「慧雲法師──林子青居士」的一生呈現在讀者面前。

父親真的是謙謙一君子，他平易近人，寬容大度，對於自己、家人和朋友的各種境遇，不管幸運與否，總是隨喜，而從不怨天尤人，總是認真地去面對，善意地給予關懷和鼓勵。他崇敬弘一大師，處處學習大師的行誼。他的人生閱歷、學術生涯、佛教文化之旅，亦同近百年間的社會文化以及佛教文化和時勢的變遷密不可分。希望我們能讀其書而知其人：他勤奮好學，博學多才，記憶力超強；他肯於默默無聞地工作，是趙樸老的得力助手；他人緣好，交友廣，與老一輩和新一代的許多高僧大德都是好友。他為佛教文化和教育事業貢獻了一生，卻始終寧靜而淡泊志遠，平心靜氣而寵辱不驚。得知《文集》出版，相信父親在天有靈，定會含笑九泉了。

我誠摯地感謝法鼓文化的菩薩們精心策畫和組織《文集》的編輯出版，他們的耐心和虛心尤其使我感動和感謝！在數年的整理和謄寫過程中，外子喬尚明常為我查閱有關的詞書，以確認疑難字和詞；大女兒喬清波為我義務複印了全部近千頁的手抄稿留底，以防萬一丟失；小女兒喬清汶則為我去台南匯集父親的寶貴資料而創造了有利條件。對於這一切親人的支持和相助，我藉此一併向他們致謝！

二〇〇八年七月八日於澳洲悉尼

◎本文作者為林子青先生的女兒

目錄

居士記

碑銘篇

人物誌

名山寺院誌

附錄

1934年，作者（坐者左三）應台南開元寺住持得圓和尚（坐者左四）之請，與隆耀法師（坐者右三）赴台灣弘法傳戒。

1940年，作者攝於上海兆豐公園。

▌1941年，作者與周梅生女士在南京結婚。

▌1944年5月21日，作者攝於上海靜安寺。

1957年，作者與家人攝於北京。右一為妻周梅生，左一為女兒林志明，右二為兒子林肯堂。

1985年，作者與續弦妻鄭麗都及友人張慕槎（右一）遊訪杭州虎跑寺，於弘一大師紀念塔前留影。

▌1987年，作者與續弦妻鄭麗都（左一）、女兒林志明（右一）攝於廈門南普陀寺大殿前。

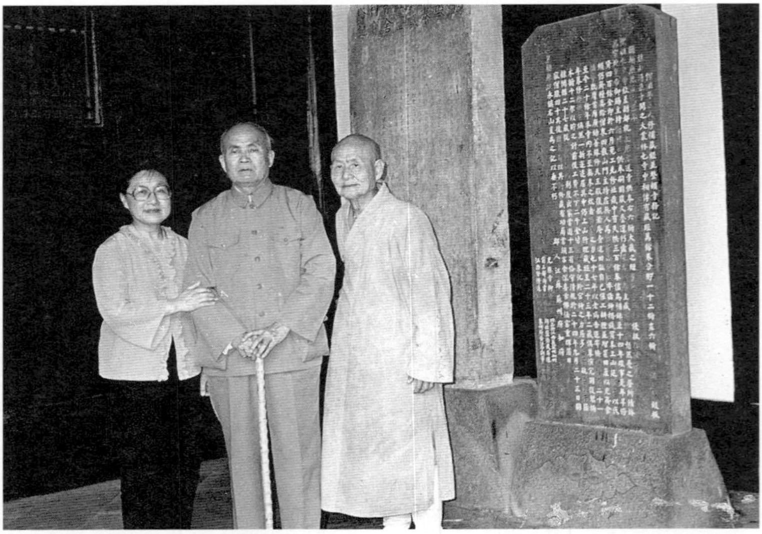

▌1987年，作者與圓拙法師（右一）、女兒林志明於福州鼓山湧泉寺的「修藏經記」碑文前合影。

1989年10月，作者與上海靜安寺都監德悟法師（右一）及友人攝於福州崇福寺福建佛學院門前。

2000年，作者與續弦妻鄭麗都攝於北京寓所。

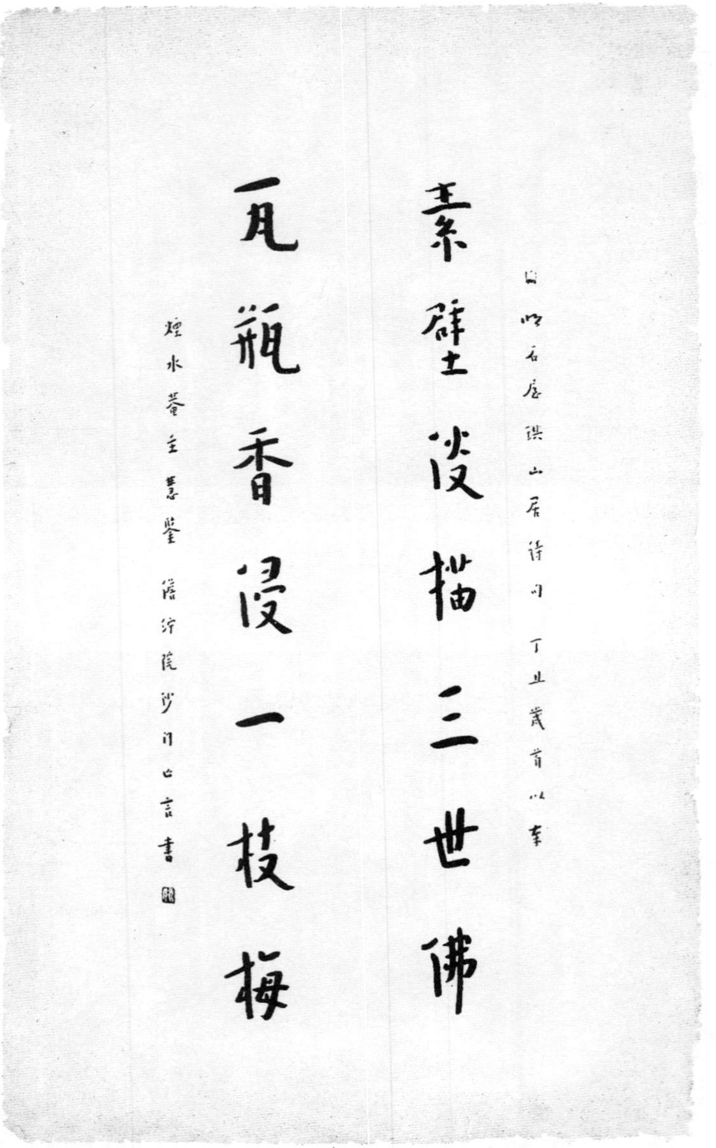

▌1937年，弘一法師書贈作者（煙水菴主）的一幅對聯：「素壁淡描三世佛，瓦瓶香浸一枝梅」。

▌作者為故鄉漳州步營頂伽藍廟所撰的對聯：「萬松深處藏古寺，一徑綠蔭見精藍」。

▌河北趙縣柏林禪寺所設「林子青遺物陳列室」，收藏作者生前所藏中、日、英文書籍，包括《弘一大師全集》、《妙雲集》、部分《大藏經》若干冊，以及法鼓文化早前所出版的《林子青居士文集》等約萬餘冊。左立者為作者的女兒林志明女士。

喜參老和尚畧史

喜參和尚俗姓嚴青陽縣人生於道光二十八年幼會洪楊之亂江左鼎沸隨族入避難閩南寄身梨園患負声望旋悟世界如劇場人生如夢逢場作戲非安身立命之所光緒三年乃尽棄優孟衣冠至漳州南山寺謁佛来和尚時閩南佛法如崦嵫落日惟南山一脈尚称興盛佛来和尚亦以德學為道俗所重參公遂發心求為薙落佛来和尚爾時門下弟子已眾乃於其師兄佛日和尚像前為代剃度法號喜參時年三十越年至寧波天童寺依佛涼和尚受具足戒後參學江南諸名剎並朝禮諸大名山所學頗有成就光緒八年歸漳州南山寺甚為佛来和尚所器重旋即擢為監院重職経綸寺務多所擘畫廈門道俗仰其名延請主持鴻山寺時光緒十九年也爾時南普陀敗瓦頹墻終日不聞梵磬古寺蕭條香火久絶參公慨然有重興之志光緒二十一年移錫入寺乃邀集地方官紳及同住大眾共謀恢復道風漸起至光緒二十七年寺中規模漸具以佛法住世最重戒法乃親往寧波天童寺

延請淨心大師来廈開堂教授律儀於是冬舉行傳戒今日閩南長老中如性願法師妙月和尚即此第一期之戒子也至光緒三十一年再度開堂傳戒今日前輩中如轉逢轉解轉物轉傳諸公即此第二期之戒子也宣統三年自知世緣已尽預囑身後諸事於六月初八日微疾入於涅槃俗壽六十有四僧臘三十五寂後塔於本寺開山塔左參公為人風度朗然不惟接眾有方且建築寺舍亦独出心裁如方圓之合規矩今日閩南佛學院全部講堂客舍祖堂放生池普同塔皆其手建者嗟乎參公老人以梨園出身而能為若是勝事南普陀之有今日設非有老人重興之基礎恐不能夢見也百世之下其有聞風興起者乎

民國二十六年佛誕二千五百〇二年四月八日 慧雲謹誌

己亥八月 龍山寺供奉

▌圖為作者早年所撰並親書之「喜參老和尚塔銘」。

人物篇

高僧記

福建禪德

緒言

從中國文化史看來，福建文化的發達是比較遲後的。所謂中原，中國的概念，原來是指黃河流域而言。周秦以前，長江以南根本是所謂蠻夷之邦；秦立郡縣，中原的文化才漸次波及江南，然而福建還是未經開化的「荒服」。

秦始皇二十六年（公元前二二一年），併一天下，置三十六郡，閩地尚未入其中。三十三年又徵發逋亡人（未納稅者）、贅婿、賈人經略陸梁（嶺南）之地，設置桂林、象、南海三郡，亦未見閩入其版圖。據《史記．東越列傳》記載：「秦已併天下，皆廢其君長，以其地為閩中郡。」卻闕建置的年月，大概閩地與中原的交涉和在歷史上出現是自漢地開始的。

閩族本是大禹的苗裔，自夏的太康恐禹祭之絕祀，封其庶子無餘於會稽，歷二十餘世至句踐；自句踐又歷六世至無彊為楚所滅，其族分徙四方，無彊歷七世至無諸，適當漢興，無諸本客居於鄱陽令吳芮的治下，因佐漢有功，漢高祖五年，以無諸為閩越王，封於閩中郡的故地，其都東冶，即今日的福州。（今福州與泉州、惠安等地稱婦女為「諸娘人」，即無諸後裔之稱）

到了五胡亂華，晉室衣冠南渡，江南的文化忽如春花怒放，福建亦受到中原文化的影響不少，然而因為地理環境的限制，福建的文化始終不曾充分發展，歷隋及唐，自尚無特出的人物。《福州府志》選舉項曰：「昌黎（韓愈）云：『閩人之舉進士，自歐陽詹始。然詹貞元八年（公元七九二年）之進士，而長溪（霞浦）之薛令則舉於神龍二年（七〇六），則進士非始於詹矣。』」韓愈的話雖靠不住，但也不難想見當時福建人物的稀罕。

福建士大夫中之有歷史的人物，可以說始於宋代。在儒家人物中，如立雪程門的楊時（時字中立，將樂人，與謝良佐同門。宋熙寧九年第進士，除江州司戶不赴，時以師禮見程顥於潁昌，相得甚懽。及其歸也，顥目送之曰：「吾道南矣！」四年顥卒，時設位哭，告訃同學。又師事程頤於洛，時是年已四十。一日見頤，頤偶瞑坐，時與游酢——亦閩建陽人，與時同事二程之學者——侍立不去，頤既覺，門外雪深一尺矣。時嘗疑：張載之《西銘》近於兼愛，與頤往復辯論，聞理一分殊之說，豁然解疑。自是浸淫經書，推廣師說，其後力學十年，德望日隆，四方之士，不遠千里從之遊，稱為龜山先生），集儒學大成的朱熹（熹之父朱松為安徽婺源人，出任龍溪縣尉，熹即生於龍溪官舍。及長，治學、應舉、著書至卒，皆在福建），史學名家鄭樵（字漁仲，宋莆田人，著《通志》二百卷），西崑體唱始者及《冊府元龜》的編撰人楊億（宋浦城人，字大年，官至翰林院學士，與佛教極有關係，曾刪定《景德傳燈錄並序》，又作《禪宗始末師承》及《古清規序》等），以及朱熹的學生陳淳（宋漳州人，朱熹官漳州知府時，從之問學，學者稱為北溪先生），蔡沈（字仲默，宋建陽人），蔡文定（字季通，宋建陽人，學者稱西山先生）；在政治上，如排斥元祐諸臣，四執國政的蔡京（字元長，宋仙遊人，熙寧進士），及正色讜言，精於吏事，小楷草書為當時第一的蔡襄（字君謨，宋仙遊人，天聖進士。頗信佛，知杭州時，適契嵩詣闕歸，襄請嵩住杭州佛日山淨慧禪院，問法要），太學博士胡安國（康侯）、范致虛（謙叔）、李綱（伯紀）等，都是宋代有名的人物。

到了明代，人物也還不少，如明初賢相的三楊之一的楊榮（字勉之，明建安人，建文進士，仕至謹身殿大學士，歷事四朝，謀而能斷。與楊溥、楊士奇同為明初賢相，稱三楊）、閩派詩人的閩中十子（林鴻、陳亮、高廷禮、王恭、唐泰、鄭定、王褒、周元、王偁、黃元）、黃道周（漳浦）、王遵巖（晉江）、蔡鶴峰（蔡烈，龍溪）、張燮（龍溪，《東西洋考》作者，刻有《七十二家集》）等，也都不失為當時的學者。

以上只就一般學者而言，在宋以前，福建學者中實在很少歷史的人物；然而佛教史上就不然了。唐代是中國史上國力最膨脹、文化最發達的時代，同時也是佛教文化史上的黃金時代。由於唐代朝廷的保護政策，與高僧碩學輩出的結果，佛教思想深入社會，各宗次第成立，佛學遂成為李唐的時代思潮。如道綽、善導的淨土宗，道宣的南山律宗，玄奘、慈恩的法相宗，法藏的華嚴宗，善無畏、金剛智、不空的密宗，神秀、惠能的禪宗等，都是在唐代獨立而大成的。

中唐以後，禪宗最盛，曹溪門下的龍象橫行天下，青原行思、南嶽懷讓各成一家，兒孫至今不絕。青原的神足石頭希遷，抱深遠宏大的思想，奠定幽玄的曹洞宗乘的基礎；南嶽的高足馬祖道一，禪機獨脫，權變無方，成為活機縱橫的臨濟禪權輿。青原南嶽之外，荷澤的神會，永嘉的玄覺，南陽的慧忠，各各獨放異彩，禪風自有不同，這就是六祖門下的五大宗匠。

馬祖的法嗣百丈懷海，開創禪剎，整頓規矩，禪機大行於世，創立《百丈清規》，成為千古禪林的軌範。唐武宗會昌五年，佛教雖遭法難，及宣宗即位，又再復興佛教，傑出名僧，多出於禪林。百丈懷海的門人溈山靈祐，與其徒仰山慧寂，各出隻手為溈仰宗的開祖；黃檗希運，見地超邁，棒下打出臨濟的義玄，為臨濟宗的開祖。石頭門下三傳至德山宣鑑，鑑呵風罵雨，頗與臨濟同轍。洞山良价，見解高深，析微闡幽，不行棒而一句能問殺人；不施喝而一言便破魔膽。洞山的門人曹山本寂，詳說洞上宗旨，振作曹洞門風，遂與良价俱成為曹洞宗的開祖。以上都是唐末著名的禪匠，然而其中的百丈懷海、溈山靈祐、黃檗希運，及曹山本寂四大德，都是生長於福建的歷史人物，這是值得我們注意的。

其次，如五代時受閩王王審知尊信的雪峰義存、巖頭全豁、玄沙師備，宋代的東林常總、晉水淨源；元代的雪巖祖欽、徑山妙高；明代的如幻超宏、海印端章、圓實不虛、廣輪若水；清初的永覺元賢、為霖道霈、費隱通容、隱元隆琦、木菴性瑫等，都是福建的優秀高僧。以下想略介紹這些高僧的事蹟。

一、百丈懷海

略傳 馬祖道一的入室弟子一百三十九人，領得其大機者只有百丈懷海。懷海姓王，福州長樂人，幼依西山慧照落髮，受具於衡山之法朝。及道一樹法幢於江西，傾心從學。既得心印，棲止於雲松之間，以蘊其德光。初居石門，學徒麏至；後受檀越請住洪州（今南昌）新吳界大雄山，水清山靈，兀立千尺許，故有百丈之名。唐憲宗元和九年（八一四）順世，壽六十六。《宋高僧傳》等諸錄皆作九十五。然準敕修《百丈清規》卷八所收陳詡之碑，報齡六十六，僧臘四十七。

行業 百丈之行業，為千古禪僧所崇仰。其名言曰：「一日不作，一日不食」，懷海之《廣錄》云：「師凡作務執勞，必先於眾。眾皆不忍，蚤收作具，而請息之。師云：吾無德爭合勞於人？師既徧求作具不獲，而亦忘食；故有一日不作，一日不食之言，流播寰宇矣。」

禪寺之開創 懷海開創禪刹，其歲月不明，唯當在其晚年。自梁普通至唐元和約二百八卄餘年，禪匠多住律寺，未有獨立之禪寺。至懷海始別構禪宇。其法：不建佛殿，唯立法堂。其意表佛祖親囑受，當代為尊。蓋當時禪家，似以僧寶為本位，不以佛寶為本位。以具眼之師為化主，稱為長老，處於方丈，參學者皆住僧堂。折衷大小乘戒律，設立規制，進退適宜。然百丈之《清規》今不傳，無由知其詳細。現存《敕修清規》，乃元代所撰，非成於海之手筆。宋景德元年，學士楊億刪定《傳燈錄》時，撰其序，稍能髣髴原書之真相。

古清規序（翰林學士　楊億　述）　「百丈大智禪師，以禪宗肇自少室，至曹溪以來，多居律寺。雖列別院，然於說法住持，未合規度，故常爾介懷，乃曰：佛祖之道，欲誕布化，元冀來際不泯者，豈當與諸部阿笈摩教為隨行耶？或曰：瑜伽論、瓔珞經是大乘戒律，胡不依隨哉？師曰：吾所宗非局大小乘，非異大小乘，當博約折中，設於制範，務其宜也。於是創意別立禪居，凡具道眼者，有可尊之德，號曰長老；如西域道高臘長，呼須菩提等之謂也。即為化主，即處於方丈，同淨名之室，非私寢之室也。不立佛殿唯樹法堂者，表佛祖親囑受，當代為尊也。所裒學眾，無多少無高下，盡入僧堂，依夏次安排，設長連床，施椸架，掛搭道具，臥必斜枕牀脣，右脇吉祥睡者，以其坐禪既久，略偃息而已，具四威儀也。」

野狐話公案　懷海有野狐之話，禪家以外道禪為「野狐禪」。今人謂外行語為

「野狐禪」，乃本於百丈野狐公案。海《語錄》云：「師每日上堂，常有一老人聽法，隨眾散去；一日不去，師乃問立者何人？老人云：某甲於過去迦葉佛時曾住此山，有學人問：大修行底人還落因果也無？對云：不落因果，墮在野狐身，今請和尚代一轉語。師云：汝但問。老人便問：大修行底人還落因果也無？師云：不昧因果。老人於言下大悟，告辭師云：某甲已免野狐身，住在山後，乞依亡僧燒送。師令維那白槌告眾，齋後普請送亡僧，大眾不能詳；師領眾至山後巖下，以杖挑出一死狐，乃依法火葬。」

二、大珠慧海

道一弟子中，還有一個大珠慧海也是福建人，和百丈是同門。慧海的傳，《宋高僧傳》不載；《傳燈錄》所記極簡，略云：慧海姓朱，建州人，依越州大雲寺道智受業，遊江西參道一。一問曰：「從何處來？」曰：「越州大雲寺來。」一曰：「來此擬須何事？」曰：「來求佛法。」一曰：「自家寶藏不顧，拋家散走作什麼？我這裡一物也無，求什麼佛法？」海遂禮拜問曰：「阿那箇是慧海自家寶藏？」一曰：「即今問我者是汝寶藏，一切具足，更無欠少，使用自在，何假向外求覓？」海於言下大悟。爾後師事一六年，歸越州，不知其終焉之歲月。

慧海曾撰《頓悟入道要門論》一卷，其姪玄晏竊出江外，呈於道一。一覽訖謂眾曰：「越州有大珠圓明，光透自在，無遮障處也。」自是稱為大珠和尚。慧海之說，雖廣涉諸經，卻以金剛般若為中心。其說明頓悟法門云：「問：此頓悟法門以何為宗，以何為旨，以何為體，以何為用？答無念為宗，妄心不起為旨，以清淨為體，以智為用。……無念者無邪念，非無正念。……苦樂生滅取捨怨親憎愛，並名邪念；不念苦樂等，即名正念。……得無念自然解脫。又謂：欲得解脫，唯有一門，頓悟是也。頓者頓除妄念，悟者悟無所得。欲得頓悟，不可不了心源，了心源之法，禪定是也。妄心不生曰禪，見本性曰定。本性者湛寂無生之心，對一切境無憎愛取捨，無憎愛取捨，與湛然清淨佛心冥合，稱之為入佛位，名得解脫。」

大珠慧海之說三學，與曹溪惠能之解釋一致。其言曰：「云何是戒定慧？答：清淨無染是戒；知心不動，對境寂然是定；知心不動時不生不動想，知心清淨時不生清淨想，乃至善惡皆能分別，於中無染得自在者，是名為慧也。」

其思想謂三學具於一心，故佛戒者非謂禁制，「佛戒者，清淨心是也」。若心清淨而無妄念，是即解脫，是即涅槃。有源律師來問：「和尚（大珠）修道還用功否？」師曰：「用功。」曰：「如何用功？」師曰：「飢來喫飯，困來即眠。」曰：「一切人總如是，同師用功否？」師曰：「不同。」曰：「何故不同？」師曰：「他喫飯時不肯喫飯，百種須（思）索；睡時不肯睡，千般計校，所以不同也。」

慧海常談即心即佛，說心即佛，佛即法，法即僧。佛既如是，淨土亦不離心。其言曰：「若心清淨，所在之處，皆為淨土，……其心若不淨，在所生處，皆是穢土，淨穢在心，不在國土。」此乃大乘《維摩詰經》「心淨即國土淨」之一貫思想。慧海之《語錄》雖多引經證，卻不許學者誦經；「僧問何故不許誦經，喚作客語？師曰：如鸚鵡只學人言，不得人意。經傳佛意，不得佛意而但誦，是學語人，所以不許。」

由是觀之，當時排斥誦經之風已漸發生，然尚未有排斥文字的風氣。到了藥山惟儼時代，簡直不許學者看經了。惟儼博涉聖教，為李翱所尊仰。住山之後，看《法華》、《華嚴》、《涅槃》，晝夜如一。唐元和十五年，李翱為朗州刺史，以閑詣藥山（湖南澧州），惟儼執經卷不顧。侍者曰：「太守在此。」翱性急，乃曰：「見面不似聞名。」儼曰：「太守何貴耳賤目？」翱謝之問道，並贈以詩。但據《傳燈錄》等記云：「師看經，有僧問：和尚尋常不許人看經，為什麼卻自看？師云：我只圖遮眼。云：某甲學和尚還得也無？師云：若是汝，牛皮也須看透！」

三、章敬懷暉

馬祖門下，百丈懷海與南泉（池州南泉山）普願、西堂（虔州西堂）智藏鼎立，號為馬祖門下三大士。三大士之外，尚有不少人物，大珠慧海已如前述。唐憲宗之時，章敬懷暉亦為帝所重。

懷惲，宋傳作懷暉，姓謝，泉州同安人，德宗貞元之初，參道一得心印。元和三年（八〇八），憲宗詔住章敬寺之毗盧舍那院。爾後學徒麏集，朝野名士，日來參叩。元和十年滅度，春秋六十。依《隆興編年通論》卷二十所載權德輿之碑。《宋高僧傳》、《傳燈錄》有異說，茲不取。以居章敬寺，以章敬知於世。

章敬之見處　懷暉上堂示徒曰：「至理忘言，時人不悉，彊習他事，以為功能，不知自性元非塵境，是箇微妙大解脫門。所有鑒覺，不染不礙，如是光明，未曾休廢，曩劫至今，固無變易，猶如日輪，遠近斯照，雖及眾色，不與一切和合，靈燭妙明，非假鍛鍊。為不了故，取於物象，但如捏目，妄起空華，徒自疲勞，枉經劫數。若能返照，無第二人，舉措施為，不虧實相。」自性靈明，永劫不昧，萬象乃眼華妄念之所生。這是懷暉的見解。又權德輿碑云：「或問心要，答曰：心本清淨而無境者也。非遺境以會心，非去垢以取淨，神神獨立，不與物俱。」

四、黃檗希運

黃檗希運，見地高拔時輩，大機大用，最似馬祖道一。溈山仰山曾評之：「溈山曰：馬祖下出八十四人善知識，幾人得大機，幾人得大用？仰山云：百丈得大機，黃檗得大用。」其思想之超邁，能摩曹溪之壘，裴休宰相稱之為大禪師，真雄偉之材。臨濟一宗法脈，實淵源於希運。

略傳　希運，閩福清人，幼投洪州高安縣黃檗山出家。身高七尺，額間隆起如圓珠，倜儻不羈，天縱之禪者也。據《古尊宿語錄》卷二及《聯燈會要》卷七：運初到洛京，邂逅一媼。媼勸運往南昌參馬祖道一，至南昌，道一已逝，乃瞻禮祖塔，遇百丈懷海廬於塔旁，乃參之。但據《宋高僧傳》卷二十及《景德傳燈錄》卷九：從嫗之言自京還，上洪州百丈山見懷海。

希運之機鋒 懷海一日問黃蘗甚處來？蘗云：「大雄山下採菌子來。」海云：「還見大蟲（虎）麼？」蘗作大蟲聲。海拈斧作斫勢，蘗與海一掌，海吟吟作笑，即歸上堂云：「大雄山下有一大蟲，汝等諸人也須好看，百丈老漢今日親遭一口。蘗之用，大率如是。」

黃蘗與裴休 武宗會昌二年，裴休為鍾陵刺史。一日入龍興寺，時有黃蘗希運，混於勞侶灑掃殿堂。休觀壁畫，乃問主事僧是何圖相？曰：「高僧真儀。」休曰：「真儀可觀，高僧在什麼處？」僧無對。休曰：「此間有禪人否？」曰：「近有一僧投寺執役頗似禪者。」曰：「速請來！」於是遽尋希運，休睹之欣然曰：「休適有一問，諸德吝辭，今請上人代酬一語。」運曰：「請相公垂問。」休即舉前問，運高聲曰：「相公！」休應諾。運曰：「在什麼處？」休當下如得髻珠，曰：「吾師真善知識也。」因延請住黃蘗山，參問玄旨。宣宗大中二年，及廉宛陵，再迎運居開元寺，朝夕參叩。休退自錄其語，佩為心印，即傳心法要是也。一日賦詩贈運云：「自從大士傳心印，額有圓珠七尺身。掛錫十年棲蜀水，浮杯今日渡漳濱。一千龍象隨高步，萬里香華結勝因。擬欲事師為弟子，不知將法付何人？」希運答云：「心如大海無邊際，口吐紅蓮養病身。自有一雙無事手，不曾祇揖等閒人！」

可以想見希運的風骨。運在洪州黃檗山鷲峰大張門戶，故以黃檗為世所知。《宋傳》及《傳燈錄》俱云：以宣宗大中年中示化；而《隆興編年通論》卷二十六、《釋氏通鑑》卷十一等，皆作大中四年。

黃檗之諡號　據《碧巖集種電鈔》卷三之本，宣宗即位之後，賜希運以麤行沙門之號。裴休時在朝，乃奏改為斷際禪師。據《舊唐書．裴休傳》，其為相在宣宗之朝，自大中五年至十年之間耳。希運以大中四年逝，休之奏在運之滅後，斷際必為其諡號。《宋高僧傳》卷二十及其他諸錄皆記諡號，足以憑信。然《五家正宗贊》卷一，舉宣宗與黃檗之問答記云：「及宗（宣宗）即位，乃封為麤行沙門，裴相國諫之曰：三掌為陛下斷三際，易為斷際。」宣宗與禪門有深緣，如何以麤行沙門之惡名加於當時之禪匠，則殊不可解。

一心即佛　裴休《傳法心要序》云：「其言簡，其理直，其道峻，其行孤」，評得最當。希運之言簡，禪本在簡；希運之理直，禪本是直。直故能含至理，簡故為至言。又云：「諸佛與一切眾生，唯是一心，更無別法。……唯此一心即是佛，佛與眾生更無別異。但是眾生著相外求，求之轉失，使佛覓佛，將心捉心，窮劫盡形，終不能得。不知息念忘慮，佛自現前。此心即是佛，佛即是眾生。為眾生時，此心不減；為諸佛時，此心不添，乃至六度萬行，河沙功德，本自具足，不假修添。遇緣即施，緣息即寂。若不決定信此是佛，而欲著相修行，以求功用，皆是妄想，與道相乖。……但悟一心，更無少法可得，此即真佛。……若觀佛作清淨光明解脫之相，觀眾生作垢濁暗昧生死之相，作此解者，歷河沙劫，終不得菩提。」

又云：「如今學道人，不悟此心體，便於心上生心，向外求佛，著相修行，皆是惡法，非菩提道。供養十方諸佛，不如供養一箇無心道人。」

禪宗的最高境界，到了黃檗可以說是發揮無餘的了。

五、溈山靈祐

唐武宗迷信道教，排毀佛法，會昌五年，毀寺院四萬，令僧尼還俗者二十六萬人，為三武法難中最大之一次。及宣宗即位，重興佛教。蓋宣宗微時，曾隱佛門，遍參諸方知識。嘗至百丈山題詩云：「大雄真跡枕危巒，梵宇層樓峻萬間。日月每從肩上過，山河長在掌中看。仙花不問三春秀，靈境無時六月塞。更有上方人罕到，朝鐘暮磬碧雲端。」

宣宗初在香嚴智閑會下晦跡，一日與閑觀瀑布，閑云：「穿雲透石不辭勞，地遠方知出處高。」閑所以沉吟此兩句，欲釣出帝之語脈。帝云：「溪澗豈能留得住，終歸大海作波濤。」以寓其志望之遠大。當宣宗再興佛教之時，禪林俊傑如雲，百丈懷海門下之溈山靈祐，其一人也。靈祐之嗣慧寂，別出隻手，開法仰山，師資水乳，成一家風，後世稱之為溈仰宗，禪門五派之一，惜今已式微。

靈祐略傳　靈祐姓趙，福州長溪（今福安）人，年十五依同郡建善寺法常剃染，於杭州龍興寺受具，學大小乘經律。二十三遊江西，見百丈山懷海入室，居參徒之首。一日，司馬頭陀自湖南來，語百丈曰：「尋得一山名大溈，是一千五百人善知識所居之處。」百丈曰：「吾眾中莫有人住得否？」司馬曰：「待歷觀之。」時華林之覺為第一座，百丈命侍者請至，問曰：「此人如何？」司馬請謦欬一聲行數步。

司馬曰：「不可。」百丈又喚靈祐，祐時為典座，司馬一見乃曰：「此正是溈山主人也。」其夜，百丈囑祐曰：「吾化緣在此，溈山勝境，汝當居之，嗣續吾宗，廣度後學。」華林聞之曰：「某甲忝居上首，典座何得住持？」百丈曰：「若能對眾下得一語出格，當與住持。即指淨瓶問曰：不得喚作淨瓶，汝喚作什麼？」華林曰：「不可喚作木楔也。」百丈乃問祐，祐踢倒淨瓶便出去。百丈笑曰：「第一座輸卻山子也。」

憲宗元和末，入潭州大溈山，山峰峭絕無人煙，食橡栗，伍猿猱，累五七載。山下住民知之，為建梵宇號同慶寺，參徒至五百人，裴休曾訪靈祐談玄旨，自是溈山之名，聞於天下。宣宗大中七年（八五三）遷化，壽八十三。遺著《溈山警策》行於世。

溈山之無為無事　靈祐上堂云：「夫道人之心，質直無偽，無背無面，無詐妄心行，一切時中，視聽尋常，更無委曲，亦不閉眼閉耳。但情不附物，即從上諸聖，只是說濁邊過患，若無如許惡覺情見想習之事，譬如秋水澄渟，清淨無為，澹泞濘無礙，喚他作道人，亦名無事之人。」

又云：「以要言之，則實際理地不受一塵；萬行門中不捨一法。若也單刀直入，趣入則凡聖情盡，體露真常，理事不二，即如如佛。」這與百丈的「心性無染，本自圓成；若離妄緣，即如如佛」的思想一致。所謂妄念一息，一切眾生不動菩提之座，何修何證，無為無事，是道人之活計。

六、溈山大安

百丈懷海之門下，除出黃檗希運、溈山靈祐二哲外，大慈山（杭州）寰中，與溈山大安、古靈神讚，亦為一方宗主。大安、神讚亦皆閩人。大安與靈祐之關係，有如玄沙師備與雪峰義存，其略傳如左：

大安福州人，姓陳，自幼剃染，遊洪州，路遇一老父曰：「子往南昌，必有所得」，乃參百丈懷海得心印。又往臨川謁石鞏山之慧藏。藏馬祖之法嗣也，其提唱必持弓弩以擬學人。大安禮拜未起云：「看箭！」安自若對答。藏投弩云：「幾年射始中半人也。」後上大溈山助靈祐之化。懿宗咸通十四年詔賜「延聖大師」之號。僖宗中和三年（八八三）九十一歲坐化。

十牛圖之濫觴　大安之見懷海也，問曰：「學人欲求識佛，何者即是？」海曰：

「大似騎牛覓牛。」安曰：「識後如何？」海曰：「如人騎牛至家。」安曰：「未審始終如何保任？」海曰：「如牧牛人，執杖視之，不令犯人苗稼。」

安上堂云：「安在溈山三十年來，喫溈山飯，屙溈山屎，不學溈山禪，只看一頭水牯牛。若落路入草便牽出；若犯人苗稼，即鞭撻調伏，即久可憐生，受人言語；如今變作箇露地白牛，常在面前，終日露迥迥地，趁亦不去也。」

牧牛雖本佛說，而應用於禪門者自百丈溈山。此為梁山廓庵十牛圖之本樣。

七、古靈神讚

神讚，福州人，受業於同州大中寺。遊方詣百丈會下受旨，及還侍受業之師，一日浴次，令神讚去垢，讚撫師背云：「好所佛殿而佛不聖。」又一日，其師看經，有蜂投窗紙求出，讚睹之云：「世界如許廣闊不肯出，鑽他故紙驢年出得。」其師置經問云：「汝行腳遇何人？吾前後見汝發言異常。」讚云：「某甲蒙百丈和尚指箇歇處，今欲報慈德耳。」於是告眾，令讚說法。乃舉百丈門風云：「靈光獨耀，迥脫根塵，體露真常，不拘文字。心性無染，本自圓成，但離妄緣，即如如佛。」

此為鑽故紙的典據，而示當時對於看經的思想。讚後住古靈，故以古靈為世所知。

八、巖頭全豁

唐末之時，黃巢倡亂。乾符五年，自號衝天大將軍，陷福建，翌年入襄陽，廣明元年（八八〇）十一月攻洛陽，十二月略潼關，僖宗蒙塵。黃巢入長安，即皇帝位，國號大齊。巢賊猖獗，殺人如麻，巖頭全豁，卒為賊所殺。

全豁，泉州人，姓柯，少而挺秀，器度宏遠，師青原誼落髮，後入長安，於西明寺受具。於保壽寺研討經律，更造武陵，參德山宣鑑，與雪峰義存、欽山文邃為友，為德山所器重。一日入方丈門，側身問是凡是聖，德山喝，全豁乃禮拜。有人舉似洞山，山云：「若不是豁上座，大難承當。」豁聞之云：「洞山老人不識好惡，錯下名言，我當時一手抬一手搦。」

一日，與雪峰義存、欽山文邃聚話。義存驀指一椀水，文邃云：「水清月現」，義存云：「水清月不現」，豁乃踢卻水椀而去。爾後文邃師洞山，存豁二人師德山。

全豁一日與義存同辭德山，山問什麼處去？豁云：「暫辭和尚下山去。」德山云：「子他後作麼生？」豁云不忘。山云：「子憑何有此說？」豁云：「豈不聞智慧過師，方傳師教；其或智慧齊等，他後恐滅師半德。」山云：「如是如是，當善護持！」二人禮拜而退。

豁於經教極有素養，於《涅槃經》別具一隻眼。一日上堂謂諸徒曰：「吾嘗究《涅槃經》七八年，睹三兩段文似衲僧說話。夫禪豈離經教耶？祖師西來，教禪並傳。偏於教其弊也迂，偏於禪其弊也狂。」

全豁的機用，與洞山不同，故豁不嗣洞山。「問曰：和尚（豁）豈不是三十年在洞山而不肯洞山？師曰是。又曰：和尚豈不是法嗣德山又不肯德山？師曰是。曰：不肯德山即不問，只如洞山有何所闕？師良久曰：洞山好箇佛，只是無光。」

巖頭之名　全豁於洞庭之臥龍山築室宴居，徒侶雲集。又居唐年山，山中石巖巉崒，故有巖頭之名。

全豁問一僧什麼處來？曰：「西京來。」豁云：「黃巢過後還收得劍麼？」曰：「收得。」豁乃引頸作受刃之勢。僧曰：「師頭落也。」豁大笑。

時四海多事，盜賊橫行，眾皆逃避，惟豁晏如。賊怒無供饋，揮刀迫之，毫無懼色，遂遇害。神色自若，一叫而逝。時僖宗光啟三年（八八七），壽六十。

會昌之後，諸宗漸衰，禪門獨盛。德山宣鑑的高足雪峰義存，受閩王王審知的崇信，芳譽遠聞。自唐末至五代梁初，宣揚大法，為天下宗匠。

九、雪峰義存

略傳　義存，泉州南安縣人，姓曾，諱勉。唐穆宗長慶二年生，家世奉佛。九歲請出家於父母不許，十二歲從家君遊莆田玉潤寺，見慶玄律師遽拜曰：我師也。遂留為童侍。十七歲落髮，改法名義存；二十四歲，謁福州芙蓉山靈訓，訓馬祖道一之嗣也，一見器重義存，令侍左右。存亦深服其德。旋北遊吳楚梁宋燕秦，二十八，納戒於幽州寶刹寺。爾後雲奇萍寄，參諸方禪匠，與巖頭全豁同投大慈山寰中之會，又與寰中之上足欽山文邃為友，至江南，三登投子，九至洞山，其精勵可想。

義存之修學　存嘗在洞山作飯頭，一日淘米次，良价問先去沙先去米？義存云沙米一時去。价云：「大眾吃箇什麼？」存遂覆卻盆子。价云：「子因緣不在此。」唐僖宗咸通二年，年四十，參德山宣鑑問：「從上宗乘中事學人還有分也無？」鑑打一棒云：「道什麼？」此時豁然有省。四十四，與巖頭全豁同辭德山，至澧州（湖南）鼇山鎮，阻雪，豁唯睡眠，存獨危坐。豁叱之云：「存兄存兄何不睡去？恰似三家村裡土地相似。」存點胸云：「某甲這裡未穩在。」豁云：「據爾見處一一道來！」存便舉見洞山、德山等因緣。豁皆排之，遂於言下大悟，云：「師兄！今日始是鼇山成道！」翌年，與巖頭、欽山同參臨濟義玄，中路聞其遷化。巖頭往龍山，欽山止澧陽，義存還閩。道由建安，結庵居之。

雪峰住山　咸通九年，四十七歲，追念先師芙蓉山靈訓肄業之地，還宴坐石室。存之同學有行實者，求存住山之地。福州之西二百里有山，峭拔萬仞，靈湫邃壑，奇姿異景，不可殫狀，真閩越之神秀也。咸通十一年，義存偕行實上山，穿雲攝蘚，陟險攀幽，上峰頂，周覽形勝，名為雪峰。或謂樵者得象骨於山巔，名曰象骨峰，二名並用。山之東有信士，名方訓、謝效、陳佐，競施財，著手造營精舍。僖宗乾符二年，存年五十四，觀察使韋處濱，捨錢三百緡充建造之資。自創立至茲六載，結構大備。僧智朗，詣長安乞額，賜為應天雪峰寺。

僖宗之崇信　僖宗中和元年（八八一），義存年六十，眾至盈千五百。翌年廉帥李景，捨錢一十萬緡；司空潁川陳氏，錢三百緡；觀察使韋處濱，錢二十萬緡，莊嚴伽藍。是歲，有內官自閩回京，奏上存之道德。僖宗詔福州所司具狀存之道行。閩有陳延效者，疏奏其行實，乃賜「真覺大師」之號及紫袈裟。《景德傳燈錄》卷十六、《隆興編年通論》卷二十八、《佛祖通載》卷二十五、《五燈會元》卷七等載為懿宗帝所賜，實誤，當懿宗時雪峰寺尚未落成也。

昭宗龍紀元年，造塔陳洋，自撰塔銘。大順二年再遊吳越，翌年至國清寺，遊化育王等。乾寧元年，復歸閩，止於陳洋之塔所。嗣法門人闡揚大法者五十六人。翌二年領眾南遊，泉州太傅王延彬，創東彌勒資壽等院令駐錫，大加禮敬。

王審知之皈依　閩王王審知，慕存道化，為設像鑄鐘，創法堂、迴廊、方丈等，優施充其眾。嘗創千眾於府之東西甲第，聆存法論而隨喜。王審知又請義存與其高弟師備入內，請說佛心印，王聞二師開示，大發信心。僖宗光化元年，存年七十七，王又捨錢四十萬，創立大殿宇千百餘間。先是山南陳洋信士藍文卿，崇信義存，以所居之東池側古樫樹創庵，請存駐錫，復以樫洋莊築精舍，請存居，次捨居宅為巨剎。閩王具奏之於僖宗，封藍文卿為威武節度使明護侯王。光化三年，存年七十九，有旨賜改寺號為應天廣福寺，天福元年立寺門之規制，專從芙蓉山靈訓家風。後梁開平元年，年八十六，自圖塔樣呈閩王。王遣使往江西瑞迹山披材石，為建塔及真堂三間，又造龕子。開平二年（九〇八），年八十七示疾，五月二日以手札百餘字別閩王，朝遊藍田，暮歸澡浴，右脇順寂。壽八十七，住山三十九年，法席之盛，冠絕天下。

十、玄沙師備

師備，閩縣江南人，姓謝，少而憨黠，酷好垂釣，往往泛小艇於南台江自娛。一日，忽發出塵之志，棄艇上芙蓉山，師靈訓出家，時唐懿宗咸通元年，齡甫三十。五年春，辭師詣豫章開元寺就道玄受具戒；其年秋，回故里，或惸遊古洞，或宴坐峰巔，石憚風霜，苦修禪道，靈訓乃密加訓勗。咸通七年，同學義存自外回來，一見許之，稱為備頭陀。十一年，義存住雪峰山，師備選芙蓉東洋之洞，獨棲其中，唯究玄微。十三年上雪峰山，戮力禪院之構造。

達摩不來東土，二祖不往西天　義存一日問師備：「何不遍參去？」備云：「達摩不來東土，二祖不往西天」，存深器重之。此語成為禪家名言，傳唱諸方。

因至閩清縣界，住普應山，次遷止福州玄沙院，道譽外聞，玄學多集。唐昭宗光化元年，閩帥王審知請備下府，住安國院。審知待以師禮，捨一萬錢，構築殿堂，學徒常不減七百餘眾。王氏奏表備之道業，昭宗賜以紫衣及「宗一大師」之號。應機接物，三十春秋，以後梁開平二年（九〇八）入滅，壽七十四。

玄沙之說法　師備之法道，與義存同轍，其說理尤為透澈。《語錄》云：「上堂佛道閑曠，無有程途。無門解脫之門，無意道人之意，不在三際，故不可昇沉，建立乖真，非屬造化，動則起生死之本，靜則醉昏沉之鄉。動靜雙泯，即落空亡；動靜雙收，顢頇佛性。必須對塵對境，如寒灰枯木、臨時應用，不失其宜。鏡照諸像，不亂光輝；鳥飛空中，不雜空色。所以十方無影像，三界絕行蹤，不墮往來機，不住中間意。鐘中無鼓響，鼓中無鐘聲，鐘鼓不相交，句句無前後。如壯士展臂不藉人工；師子遊行，豈求伴侶？九霄絕翳，何在穿通；一段光明，未曾昏昧。若到者裡，體寂寂常的的，日赫焰無邊表，圓覺空中不動搖，吞爍乾坤迥然照。……此理本來平坦，何用鏟除？動轉揚眉，是真解脫道。不彊為意度，建立乖真，若到者裡，纖毫不受，措意則差，便是千聖出頭來，也安一字不得！」

師備極目強調自性，其譬喻之巧妙，可稱為禪宗語錄中的白眉。

十一、曹山本寂

唐末禪匠中，洞山良价的門下有雲居道膺、曹山本寂二大宗師。道膺得价道法之大體；本寂善闡价之宗旨，解說五位，無復餘蘊。

略傳　本寂，泉州莆田人，姓黃，其邑儒學甚盛，稱小稷下。寂少入斯道，道性天發。年十九投福州福唐（今福清）縣靈石山出家，二十五登戒。尋參洞山良价，价問闍黎名什麼？寂云：「本寂。」价云：「向上更道。」寂云：「不道。」价云：「為什麼不道？」寂云：「不名本寂。」价深器重，許入室。寂處眾如愚，發言若訥，盤桓數歲辭洞山，价問什麼處去？云：「不變異處去。」价云：「不變異處豈有去耶？」云：「去亦不變易。」遂辭洞山而去，放浪江湖。初受眾請，開法撫州吉水山，改山為曹山，學侶滿室。後居荷玉山，法席大盛，極振洞上玄風。南平王鍾傳，聞寂道聲，雖盡禮招不出。大梅山（浙東）法常書偈附使贈之云：「摧殘枯木倚寒林，幾度逢春不變心。樵客見之猶不顧，郢人何得苦追尋？」其好隱棲如是。禪餘執筆註寒山詩，文辭遒麗，流行宇內。昭宗天復元年（九〇一）遷化，春秋六十二，謚元證大師。

曹洞五位之說　本寂詳說洞上宗旨，振作曹洞門風。初石頭希遷之著《參同契》也，以靈源支派，明暗、理事、回互不回互等語，揭宗乘之大綱。石頭之法，三傳至洞山良价，著《寶鏡三昧》，以偏正回互（回互有交參之意，如眼見色乃至舌嘗味，凡彼此交參，謂之回互）作譬喻，共有五位。有功勳五位，正偏五位。

洞山功勳五位，乃分別進修之階段，所謂：第一向，第二奉，第三功，第四共功，第五功功。

僧問如何是向？師（洞山）曰：「喫飯時作麼生？」又曰：「得力須忘飽，休糧更不饑。」云：「如何是奉？」師曰：「背時作麼生？」又曰：「只知朱紫貴，孤負本來人。」云：「如何是功？」師曰：「放下钁頭時作麼生？」又曰：「撒手端然坐，白雲幽處閒。」云：「如何是共功？」師曰：「不得色。」又曰：「素粉難沉跡，長安不久居。」云：「如何是功功？」師曰：「不共。」又曰：「混然無諱處，此外更何求？」

洞山有功勳五位頌，大慧有略解；然語涉機鋒，意存言外，不可強解。試就字面敷說如左：

第一向位。向者歸向，可謂歸向於佛，即修行之出發點，所謂初發心，即此位也。

第二奉位。奉者遵奉之義，即專心一意奉佛，努力開顯佛性。蓋向位為修行之第一步，而奉位即一步一步接近理想境界之三昧行。

第三功位。功者謂功績、功勳，即依專心一意之精進，入於見佛與佛性自覺之境界。譬如向為出陣之初步，奉乃發現敵陣開始進軍之消息，而功位即可比於破碎敵陣、降伏敵人之功績。故內為自我之實現，外為見佛之境界，所謂生佛一體之自覺，與即心即佛之體驗，實為此功位。

第四共功位。共功者共其功績，如一度降伏敵人，其功決不能單歸於將軍，應認為無數兵卒之力；修道亦然，如到達佛之境界，既已開顯佛性，不可以之作為自己之專有，而應普及於社會之民眾。然普及於民眾，應使民眾覺悟佛性，此即下化眾生。故第三位以前，大乘佛教利他之精神尚未充分發揮，而至此第四位乃顯著表現，是為大乘禪、大乘道之展開。

第五功功位。此位譬如賭生命所贏得之軍功，在不以力驕人時方顯其將軍之偉大；佛性雖已開顯，亦不以佛性之自覺為誇，至真無我無心時，其人之解脫始見深刻。功功位正是此境界。蓋常人之行為於自覺時，始被認為有意義與有價值，至於圓熟人格者之行為，即無我而無意識所行之行為，在道德觀點上，其價值益加倍大。此乃佛教所以教人無我，曹洞禪祖述無我之理由。蓋無條件無期待之慈善，其恩澤益使人難忘。修行之究極，稱之以功功位，其理即在此。

曹山正偏之說明　本寂云：正中偏者，背理就事；偏中正者，舍事入理。所謂正偏五位者，正中偏，偏中正，正中來，偏中至，兼中到是也。正者，中正之義，體也，理也，空也，實在也；偏者，偏倚之義，相也，事也，有也，現象也。故本寂云：正位即空界本來無物，偏位即色界有萬象形。正位可以喻君，偏位可以喻臣。故正位為陽，偏位為陰，正猶如水，偏猶如波；正暗而偏明，此本寂以黑白現正偏之所以。

正中偏　全正而偏，即體而相，理事相融。喻全水而波，即金而有金器。正乃平等理體，偏為差別事相，此為平等即差別之義。以此原則出發，可認佛之大生命為宇宙之現象。

偏中正。全偏而正，即相而體，事理相融。喻全波而水，即金器而金。正既即偏，逆亦為真。於是生死中可以見佛，萬木百草，無非佛之活動，故宗門熟語：「拈一莖草為丈六金身」、「破一微塵出大千經卷」，即此事相即佛之說明。

正中來　正窮通偏，體正為體時，相自見，究理時，事在其中。喻陽之極處，陰於是兆。此即本體之一面觀，宗門稱之為一法究盡。一法究盡者，即欲以一法規盡全宇宙之論法，恰如帶赤眼鏡觀事物時，任何事物無不呈現赤色，是為赤之一面觀。故第三位所謂正之本體，與差別之事相，自有必然之關係。

偏中至　偏窮通正，相正為相時，體自見，究事時，理在其中。喻陰之極處，陽於是兆。此與第三位同一筆法，即吾人所見之全宇宙，除差相事相外更有何物？強云本體，亦不過現象之總合耳。

兼中到　正偏回互，非正非偏。體相回互，非體回相。理事交加，非理非事。水波泯融，非水非波。喻非是一大海。此兼中到乃前四位之總合，而前四位，可認為兼中到之演繹。故前四位之外，別無兼中到一位之存在。此為曹洞禪最高之理想。以常識言之，即於平凡之行為中現崇高之意義，換言之，吾人之一進一退無非佛行。此時加以禪之意義，即可體現兼中到之理想。

十二、大覺懷璉

雪峰的門下聲望最高、力量最雄偉者，莫如雲門文偃，雲門的兒孫雖不乏人，以圓通居訥和育王懷璉，最受朝野之崇敬。

略傳　懷璉，漳州龍溪縣人，俗姓陳，誕夕母夢泗州僧伽降於室，故小字曰泗州。既有異兆，僉知祥應。聰慧絕倫，齠齔出家，丱角圓頂（落髮），篤志道學，寢食無廢，巧翰墨，有聲聞。一日洗面潑水於地，微有省發即慕參尋。遊方愛衡嶽之勝，館於三生藏有年，叢林號曰璉三生。遠造泐潭法席，師事懷澄，澄雲門之嫡孫，五祖山師戒之嗣也。參扣師事十餘年，投機印可之後，去遊廬山之圓通，掌書記於居訥禪師。仁宗皇祐二年，有詔代居訥住十方淨因禪院，同年二月，詔對化成殿，帝問以佛法大意，奏對稱旨，賜「大覺禪師」之號。齋畢，效南方禪林儀範，開堂演法，問答罷，乃曰：「古佛堂中曾無異說，流通句內誠有多談，得之者妙用無虧，失之者觸途成滯，所以谿山雲月，處處同風，水鳥樹林，頭頭顯道。若向迦葉門下，直得堯風蕩蕩，舜日高明，野老謳謌，漁人鼓舞。當此之時，純樂無為之化，焉知有恁麼事。」皇情大悅。

大覺之才器　初璉之遊圓通也，居訥一見期其為大器，或人問其故。訥云：「斯人中正不倚，動靜尊嚴，加以道學行誼，言簡理盡，凡人資稟如此，鮮有不成器者。」果如訥言。明隱元禪師著《黃檗清規．禮法章》第八云：「佛制比丘，威儀必肅，百丈製作禮法必嚴，大覺璉動靜尊嚴，黃龍南進止有度，自來有之。」後仁宗遣中使問曰：「才去豎拂人立難當，蓋佛字也。」璉即以頌回進云：「有節非干竹，三星遶月宮。一人居日下，弗與眾人同。蓋即心是佛也。」帝覽之大悅，詔對便殿，以羅扇一把，題元寂頌賜之，又書與璉問答詩頌十七首賜之，天眷日深，頗如師友。

至和二年，璉進頌乞老林下云：「六載皇都唱祖機，兩曾金殿奉天威。青山隱去欣何得，滿篋唯將御頌歸。」仁宗和之云：「佛祖明明了上機，機前薦得始全威。青山般若如如體，御頌收將甚處歸？」仍慰諭住京師作佛法。璉再進頌云：「中使傳宣出禁圍，再令臣住此禪扉。青山未許藏千拙，白髮將何補萬機。霄露恩輝方湛湛，林泉情味苦依依。堯仁況是如天闊，應任孤雪自在飛。」

宋仁宗之參學　仁宗初閱投子禪師語錄至：僧問如何是露地白牛？投子云：叱叱之文，有所契。製頌十四首，以其一賜璉云：「若問主人公，真寂合太空，三頭并六臂，臘月正春風。」璉和云：「若問主人公，澄澄類碧空，雲雷時鼓動，天地盡和風。」帝欣然遣中使賜以龍腦之缽。璉謝恩罷便謂：佛法以壞色衣，以瓦鐵食，此缽非法。遂焚之，中使回奏，帝益歎稱。

大覺與雲居曉舜　璉以禪寂自任，持律精嚴，構精舍於都城之西，時雲居曉舜，字堯夫，嘗住廬山棲賢，南康守槐都官，多貪墨蹟，舜不忍以常住物與之，為其所怒。有人譖舜於郡守，守便責問，令還俗。以璉昔入舜室受教，故上京依璉。璉讓以正寢，自居偏室，執弟子禮甚恭。王公貴人來候者恠之，璉以實對云：「吾少嘗問道於舜，今其不幸，其可以像服二吾心哉？」璉雖屢入內，竟不言舜事。會一日敕使入寺，見璉侍舜歸奏。帝召見歎服曰：「道韻奇偉，真山林達士。」乃令易衣再住棲賢，給紫衣銀缽。璉嘗評舜云：「舜老夫賦性簡直，不識權衡貨殖等事，日有定課，曾不少易。雖炙燈掃地，皆躬為之。嘗曰：古人有一日不作、一日不食之戒，予何人也？雖垂老其志益堅。或曰：何不使左右人？老夫曰：經涉寒暑，起坐不常，不欲勞之。」

按舜嗣洞山曉聰，聰嗣文殊應真，真嗣德山緣密，密雲門之嫡孫也。如是則舜與璉於法為昆季矣。

育王住山　懷璉以英宗治平二年，上表請歸山林。英宗賜箚子云：「大覺禪師懷璉，受先帝聖眷，累賜神章，屢貢欽誠，乞歸林下，今從所請，俾遂閒心。凡經過小可庵院，任性住持，或十方禪林，不可抑逼。」

璉即東歸，渡江少留金山西湖。四明郡守，以阿育王山廣利禪寺虛席迎之，九峰鑒韶作疏勸請，璉使受之。四明人相與協力造大閣，藏所賜御製詩頌，榜之曰宸奎，翰林學士蘇軾為記，因以書問璉云：「承要作宸奎閣碑，謹已撰成，衰朽廢學，不知堪上石否？見參寥說：禪師出京日，英廟賜手詔，其略云：任性住持者，不知果有否？如有切請錄示全文，欲添入此一節。」

璉終藏而不出，逮委順之後，獲之於篋笥之中。足見不誇世榮，不恃君寵之意。

哲宗元祐五年（一〇九〇）無疾而化，閱世八十二。

大覺之法語　懷璉之法語多不傳，《禪林寶訓》舉璉訓言云：「夫為一方主者，欲行所得之道，而利於人，先須克己惠物，下心於一切，然後視金帛如糞土，則四眾尊而歸之矣。」（與九仙詡和尚書）

「前輩有聰明之資，無安危之慮，如石門聰，棲賢舜，二人者可為戒矣。然則人生定業，固難明辨；細評其源，安得不知其為忽慢不思之過歟？故曰：禍患藏於隱微，發於人之所忽，用是觀之，尤宜謹畏。」（九峰集）

道隆與仁宗　仁宗至和元年，帝夢至景德寺門，見龍蟠地，驚覺中夜遣使往視之，有一僧熟睡，問其名曰道隆，不知何許人也。遊京師客於景德寺，日縱觀都市歸，一夜二鼓歸山，門衛呵之而不悛，一夕還不得入，即臥於門下。使者歸奏，帝聞道隆之名為吉徵，明日召見便殿問宗要。隆奏對如響應聲，帝大悅館於大相國寺燒朱院。王侯貴人，爭先見隆，帝以偈句與隆酬唱，絡繹於道。或入對宿禁中，禮遇特厚，賜「應制明悟禪師」之號。隆少參石門慧徹，聞洞上宗要。徹為石門獻蘊之嗣，蘊為青林師虔之嗣，虔為洞山之嫡嗣也。後謁廣慧元璉，得臨濟之旨訣，為璉之嗣。璉為首山省念法嗣也。

仁宗召隆與大覺懷璉問話，隆機鋒迅捷，帝大悅。隆奏疏云：「臣本凡庸，混跡市里，寅緣佛法，依近天顏，出入禁廷，恩渥至厚。薦更歲籥，衰病相仍，未甘退於山林，坐貪蒙於雨露，因循至此，媿負在顏。恭惟，皇帝陛下天縱聖神，生知妙道，染為詞翰，如日昭回，下飾萬物。而臣蒙許賡和，侶霧領略，纔見一斑。人雖不言，臣豈無怍？伏見僧懷璉，比自林藪，召至京都，議論得其淵源，詞句特出流輩，禁林侍問，秘殿談禪，臣所不如，舉以自代。伏望　聖慈許臣於廬山一小剎，養痾待盡，不勝犬馬戀軒之情，取進止。」

因詔於曹門外護國寺之北建精舍，號華嚴禪院，安置隆。隆評論諸方之語，載於《禪林僧寶傳》卷二十，歿年八十餘。

十三、東林常總

宋神宗元豐五年，京師（開封）大相國寺闢六十四院，為二禪（雲門、臨濟二宗？）八律，令中使梁從政董其事。元豐三年起工，至五年落成，以東西序建慧林智海二大禪院。六年，詔杭州淨慈宗本住慧林，詔江州廬山東林常總住智海，總固辭不詣。

常總為黃龍派下麟鳳之一，可以德致，不可以權勢致。其言曰：「乾坤大地，常演圓音，日月星辰，每談實相。翻憶先黃龍道，秋雨霖瀧，連宵徹曙，點點無私，不落別處」；復云：「滴穿汝之眼睛，浸爛汝之鼻孔。」蘇東坡得此旨而有「溪聲山色」之偈。

略傳　常總，劍州（今福建南平），龍溪人，姓施，年十一，依寶雲寺文兆出家，經八年，詣建州大中寺契思受具。神觀秀異，鸞翔虎視，足以威壓眾僧。初至吉州（江西）禾山，依禪智材。材有人望，厚禮延之，總不留。聞黃龍慧南之德風，辭材詣廬山歸宗寺，久無所得而去。歸宗寺有火災，南遷石門山之南塔，總又往依南。南自石門山遷黃檗山，積翠，轉住黃龍山，其間大約二十年，總皆從之，重七往返。南嘉其勤勞，稱之於眾中。總密受大法之旨決，欲大掖臨濟之宗，聲望益遠，為叢林所崇敬。

常總之開堂　神宗熙寧二年，南歿後戀戀不能去；明年洪州太守榮氏請住泐潭，其徒激賞，以為馬祖道一再來，道俗爭先通謁。元豐三年，詔革江州廬山東林律寺為禪林。時觀文殿學士王韶出守南昌，韶欲延請黃龍（寶覺）祖心主之，心便舉總代己。總聞之，胥遁千餘里。詔檄諸郡，必欲得之，竟得之於新淦（江西）殊山窮谷中，總不得已，應命出世東林興龍寺。其徒又相語曰：「慧遠嘗有讖記曰，吾滅七百年後，有肉身大士革吾道場。」今符其語，總之名遂聞於天下。

常總之接眾　神宗元豐五年有詔，命住京師大相國寺智海禪院，總稱老病，固辭不赴，乃賜紫衣，號廣慧禪師。至哲宗元祐三年，徐王奏賜照覺禪師之號。總與衲子有大緣，槌拂下有七百眾，山門化主，有死於邊徼瘴霧之處者，總必泣而設位，祭奠盡禮，故人人無不感動。有羅漢之系南者，有禪學，未為叢林所信，至東林，總撞大鐘，率萬指之眾，出迎清谿之上，於是諸方傳之號為小南（對黃龍慧南而稱），其成就後學如此。住持十二年，廈屋崇成，金碧照雲煙，叢席之盛，天下罕有及者。元祐六年（一〇九一）洎然而化，春秋六十七。

蘇軾與常總　蘇軾之參東林常總，在自黃州謫居移汝州之日，因遊廬山宿東林寺，與常總論無情說法之話有省，黎明獻偈曰：「溪聲便是廣長舌，山色豈非清淨身？夜來八萬四千偈，他日如何舉似人！」又詠廬山云：「橫看成嶺側成峰，遠近看山山不同，不識廬山真面目，祇緣身在此山中！」

十四、淨因道臻

道臻，字伯祥，福州古田人，姓戴，十四投上生院，持頭陀行。十九落髮，習大小經論，而不取方便說。一缽飄然遊江淮，參見諸方知識，遂上浮山於法遠會下領得大事。江州承天法席無主欲致臻，臻不欲之，便遊丹陽，寓止因聖。一日行江上，顧舟默想曰：當隨所往信吾緣也。問舟師曰：「載我船尾可乎？」舟師笑曰：「師欲何之，我入汴船也。」臻曰：「吾行遊京師」，因載之北。入京於十方淨因見懷璉，璉看破其器，令首於眾僧。及璉歸吳，道俗請臻主淨因，開堂之日，英宗帝遣中使降香，苗貴妃奏賜紫袍，都知蘭元振又奏賜覺照禪師之號，貴人達官盈門，皆稱為本色道人。

神宗元豐三年，慈聖光獻皇后崩，設齋慶壽宮，供養千僧，有詔入殿對御，帝賜坐宣問：「長老將何追薦太皇？」臻對曰：「臣僧得面天顏。」即詔陞座演法，左右相下，得未曾有，懽聲動宮殿。京師禪剎，如慧林智海之命主僧，必令臻擇之，宿老皆從風而靡。高麗令三僧來學，臻應其根開導，皆契宗旨。神宗以元豐八年崩，即詔入福寧殿說法，賜「淨照禪師」之號。臻天資靜退，慈祥謹厚，奉身至約，一布裙二十年不易，一無所嗜好。所居都城西隅，衲子四十餘輩，頹然不出戶，三十年如一日。命畫墨竹於方丈之西壁，謂人曰：「吾使遊人見之，心自清涼，此君蓋替我說法之。」哲宗元祐八年（一〇九三），一日語門人淨圓曰：「吾更三日行矣。」及期沐浴更衣示偈，跏趺而化，世壽八十。

道臻之思想　道臻之思想，不失禪門正統。慈聖太后崩時，入內演法。有僧問：「慈聖仙遊定歸何所？」臻曰：「水流元在海，月落不離天。」臻初出世，僧問：「師唱誰家曲，宗風嗣阿誰？」答曰：「有錢使錢，無錢守貧。」僧問：「如何是佛？」答曰：「朝粧香，暮換水。如何是觀音妙智力？」曰：「河南犬吠，河北驢鳴。」以證其用處之非凡。

十五、智海本逸

本逸，姓彭氏，福州人；九歲落飾，遇普度不受，依試經為僧。遊方謁廬山開先之善暹，暹示達摩傳法之偈，因開悟，為暹之嗣。暹嗣德山慧遠，遠嗣雙泉郁，郁雲門文偃之嫡嗣也。逸初住饒州薦福寺，雲徒四集，神宗帝詔主京師大相國寺智海禪院，賜「正覺禪師」之號，朝臣多欽道望。開堂之日，帝遣中使降香，逸謝恩畢，顧大眾曰：龍樓與鳳闕巍峨，瑞氣同祥雲靉靆。於是觀得十方佛土，不行而至；百千三昧，無作而成。本逸之遷化，其年月不明。

祖室聯芳頌 《建中靖國續燈錄》卷二十九載：東京智海禪院本逸所作〈祖室聯芳頌〉十二首，可為雲門法系出於石頭之證。

雞峰至曹溪

吾道提綱者　東西三十三　別傳一句子　突出少人諳

靖居思

吾道提綱者　廬陵米價貴　年年田大熟　行市莫嫌遲

石頭遷

吾道提綱者　衡山踞石頭　光陰莫虛度　恩大固難酬

天皇悟

吾道提綱者 天皇蔭子孫 一枚餬餅子 千載耀吾門

龍潭信

吾道提綱者 師資會遇難 龍潭滅燭夜 德嶠髑髏乾

德山鑑

吾道提綱者 常思古德山 一尋鐵作棒 坐斷武陵關

雲峰存

吾道提綱者 難忘是雪峰 望州烏石嶺 無處不相逢

雲門偃

吾道提綱者 無私是至談 充齋餬餅子 佛祖未相諳

雙泉郁

吾道提綱者　韶陽好子孫　雙泉分一派　亹亹出雲門

德山遠

吾道提綱者　鐵門路嶮巇　少林人過後　南北自多岐

開先暹

吾道提綱者　開先古佛先　宗風唯的嗣　一月在長天

總頌

吾道正提綱　令行誰敢當　龍泉橫智海　三尺刃如霜

十六、晉水淨源

吾國華嚴一宗，創自杜順和尚，經智儼至法藏而大成，再經清涼澄觀至圭峰宗密，是為華嚴五祖。至宋淨源奉詔於前五人之上，更加印度馬鳴、龍樹二人，亦稱華嚴七祖。宗密弟子石壁傳奧，細釋宗密之《起信論注疏》，作《隨疏記》；又就宗密之《金剛經疏論纂要》，作《貫義意鈔》，俱嫌冗漫繁長；宋仁宗時，長水子璿，大弘華嚴，刪正兩書成筆削記與刊定記。長水子璿後四明知禮十年入寂，初從天台宗悟恩弟子洪敏學《楞嚴》，又學禪於瑯琊慧覺而悟。慧覺云：汝宗不振，宜致力興復，遂住長水（嘉興），說《華嚴經》，作《楞嚴經疏》。門人有淨源等。

淨源，先祖出於泉州晉水，故世稱為晉水淨源。就長水聽《楞嚴》、《圓覺》、《起信》；華嚴宗繼五台山承遷之系統，為華嚴中興教主。據史載宋元豐八年，高麗僧統義天，為高麗文宗仁孝王第四子，奉國命使宋，上表乞傳賢首教，乃敕主客（接待外賓之官）楊傑送至錢塘，令受法於慧因之淨源。復往天竺寺謁慈辯從諫傳天台教，見靈芝元照，請戒法及資持記。初義天之至京（汴京）也，與郎中蘇軾同伴入慧林院謁宗本。天云：「義天在本國聞師大名，遠涉東溟，特伸頂禮，請師就座，容納賤禮。」本云：「未曾面會，又非師承，焉敢受禮？」左右堅請本坐，乃坐受禮訖問云：「承聞久熟經論是否？」天云：「粗於華嚴大教留心。」本云：「好《華嚴經》

盡是諸聖發明，稱性極談，若非親證悟解，難明法界妙理，莫曾有悟入處否？」天云：「昭昭於心目之間，而相不可睹。」本云：「作麼生是昭昭於心目之間？」天云：「森羅及萬象，一法之所印。」本云：「猶是文字語言，如何是一法？」天云無下口處。

淨源晚居杭州慧因寺，是時華嚴宗典籍多已逸佚，適高麗義天來華求法，多攜華嚴書籍，欲就淨源決其疑，故華嚴典籍遂再見於中國。義天還高麗後，更寄贈《華嚴經》三譯一百八十卷（六十、八十、四十卷三譯）於淨源，源為造華嚴閣以安置之，故世又稱慧因寺為高麗寺。淨源著作遺於後世者，僅《妄盡還源觀鈔補解》一卷、《原人論發微錄》二卷、《夾註華嚴經》十卷、《心經略疏連珠記》一卷等。自宗密以後，一時廢絕之華嚴，至是遂成中興之勢。

淨源之弟子　淨源之弟子，義天之外有冲，冲之外有觀，觀之次有師會，師會之弟子有心與善憙相繼，但是等弟子之傳記業已欠明。其中師會為華嚴宗宋朝四大家之一。所謂四大家者，乃指著作《華嚴五教章》註釋之人。一、師會著《五教章復古記》三卷與《焚薪》二卷，二、普靜寺道亭著《五教章義苑》十卷，三、華嚴寺觀復著《五教章折薪記》五卷，四、希迪著《五教章集成記》五卷，及《五教章一乘策》一卷等。

《義苑》著者未見《搜玄記》與《探玄記》（前者為智儼作，後者為賢首作），僅據清涼、圭峰，學者認為有逸正說。《折薪記》現已散逸，《焚薪》乃對破之者，《復古記》以復至相（智儼）大師之古為主，但於至相大師以下之變遷意趣，略嫌晦暗；《集成記》亦已不傳。以上四人之師承，除師會外，俱已不明矣。

十七、雪巖祖欽

元世祖時，徑山師範門下有雪巖祖欽高唱儒釋之調和，使少林之水與洙泗同流。

略傳 祖欽號雪巖，福建漳州人，五歲出家，十六薙染，十八參方，初叩雙林遠，歷參妙峰善、石田薰等，無所發明。聞天目文禮住淨慈，往請益。禮示以臨濟三頓棒之因緣，又無所得，遂上徑山謁無準師範。

欽嘗自述其經歷云：「山僧五歲出家，在上人侍下，聽與賓客交談，便知有這事，便信得及，便學坐禪……十六歲為僧，十八歲行腳，銳志要出來究明此事，在雙林鐵橛遠和尚會下打十方，從朝至暮，只在僧堂中，不出戶庭。」

「聞天目和尚久侍松源，是松源的子，必得松源說話，移單過淨慈掛搭，懷香詣方丈請益，大展九拜，他問我如何做工夫？遂與從頭直說一遍。他道儞豈不見臨濟三度問黃檗佛法的大意，三遭痛棒，末後向大愚肋下，築三拳道，元來黃檗佛法無多子，汝但恁麼看……天目和尚這箇說話，自是向下提持，我之病痛，自在昏沉散亂處，他發藥不投，我不懽喜，心中未免道：儞不會做工夫，只是伶俐禪，尋常請益，末上有一炷香，禮三拜，謂之謝因緣。我這一炷香，不燒了也，依舊自依我每常坐禪。是時漳泉二州，有七箇兄弟，與我結單坐禪，兩年在淨慈，不展被，脇不沾席。外有修上座，也是漳州人，不在此數，只是獨行獨坐，他每日在蒲團上，如一箇鐵橛子相似。」

祖欽之住山　祖欽初住潭州之龍興，歷住湘西之道林，處州之佛日，台州之護聖，及湖州之光孝。末後以南宋度宗咸淳五年（一二六九）主袁州之仰山，世稱法窟第一。元世祖尊禮賜賚，至元二十四年（一二八七）示寂，壽七十餘。

祖欽之儒釋一致說　祖欽語錄載〈致荊溪吳都運書〉云：「竊觀聖人之道，與如來之道，同一道也，未嘗二也。聖人之道則率性，如來之道則見性。見性則可以明心，可以成佛，可以度眾生，率性則可以正心，可以修身，可以治國平天下。雖率與見異，而性則同也。……此性既同，則此道亦同，此道既同，則百家諸儒之書，與五千大藏之文，同一舌也。是故聖人曰：吾道一以貫之。如來亦曰：十方世界中，唯有一乘法。……但此義雖至近至易，而非世間聰明利智之所能達，是須脫去一切情塵解路，至胸中一寸之地，廓若太虛之廣，則此義洞然明矣。……唯台座揭日月之大明，懸古今之至鑑，獨於混元未判之先，則見聖人之道，與如來之道同一揆也。」

祖欽之法嗣　祖欽之嗣，有高峰原妙，吳江人，年十五，投嘉禾密印寺法住出家。二十二，請益於斷橋妙倫。時雪巖祖欽寓北磵塔（杭州西湖理安寺？）妙欣然懷香往叩之。後欽赴處州南明，即上雙徑參堂。解夏造南明，次年度夏江心（溫州江心寺），邐迤自國清（天台山）過雪竇（奉化）。及欽開法天寧，妙隨侍服勞。南宋咸淳二年冬，遂奮志入臨安之龍鬚，越五載，因聞同宿之友推枕墮地之聲，廓然大徹。後祖欽往大仰山，三招堅臥不起，及欽入寂，始為人天拈出瓣香，道風大振。

十八、徑山妙高

元代諸帝欣有為功德，不通心宗精髓，致教家勢力，漸在禪師之上。萬松行秀門下，雖有徑山妙高等，亦莫能挽回。方此之時，教僧漸得勢力，多詆毀禪者，徑山妙高慨然起而抗爭之。

略傳　妙高字雲峰，福州長溪人，穎悟神才，心醉內典，汲汲請入道，父母不奪其志，令從吳中雲夢澤受具戒。首參癡絕道沖（沖薦福道生之嗣，生天童咸傑之嗣也），沖曰：「此兒語纚纚有緒，吾宗瑚璉也。」次見無準師範於徑山，範器之，擬以侍職。高歎曰：「懷安敗名，遂去登育王，謁偃溪廣聞。」聞許入室，令司藏鑰。一日示云：「譬如牛過窗櫺，頭角四蹄都過了，因甚尾巴過不得？」高聞之有省。答曰：「鯨吞海水盡，露出珊瑚枝。」聞曰：「也只道得一半。」後出世住南興之大盧，遷江陰之勸忠，霅川之何山，雲衲四來，三堂皆溢。次依朝命住蔣山，經十三載，眾踰五千指。南宋德祐元年，元兵渡江，入山求金，以刃脅之。高延頸曰：「欲殺即殺，吾頭非汝礪刃石。」無所怖畏，軍士感動，叩首而去。元帥伯顏，見高加敬，施牛百齋糧五佰。

至元十七年，遷徑山，回祿之餘，草創不過什一，悉力興建，纔復舊觀。明年正月又有火，一山歸於灰燼，眾僧大駭。高喟然曰：「吾宿生負此山，吾償之勿憂，憂諸人不解狗子無佛性耳。」遂竭力再營，至至元二十九年落成。雖治土木，而晨夕唱道，學者奔湊。

妙高與教者之對論　時教徒肆意毀禪，世祖頗信之。而禪將老漢，縮項沉默，高聞之歎曰：「此宗門大事，吾當忍死以爭之」，遂拉一二同列詣京。至元二十五年，有旨集江淮禪教問法。世祖問：「禪以何為宗？」高對曰：「禪也者淨智妙圓，體本空寂。」復奏曰：「非見聞覺知之所可知，非思量分別之所能解。」帝未解其意，令再說。復奏曰：「釋迦世尊……四十九年三百餘會所說之法，無非觀根逗教……末後云：始從鹿野苑，終至跋提河，於是二中間，未嘗談一字。既是四十九年說法，因什麼不談一字？正恐後人滯於名相，不離知解，所謂不談一字者，熾然常說，以無說之說，是名真說。……達摩西來，不立文字，直指人心，見性成佛，傳此心也，印此法也。」

教者仙林詰之云：「始從鹿野苑，終至跋提河，於是二中間，未嘗談一字。既是不談一字，五千餘卷自何而來？」答云：「一代時教，如標月指，了知所標，畢竟非月。」林云：「汝禪宗得法有多少人？」答云：「從上佛祖，天下老和上，盡恆河沙，莫窮其數。」林云：「即今是誰？」答云：「當面蹉過。」林云：「在什麼處？」答云：「含元殿上更覓長安。」林無語。……復奉帝旨云：「俺也知爾是上乘法，但得法底人，入水不溺，入火不燒，於熱油鍋中教坐，汝還敢麼？」答云：「不敢奉聖旨。」云：「為甚不敢？」奏云：「此是神通三昧，我此法中，無如是事。」傳帝旨云：「如何都無輸贏。」林云道：「不敢便是輸。」高遂斥林云：「不好會得好。」林無語。乃奏云：「夫禪之與教本一體也。禪乃佛之心，教乃佛之語。因佛語而見佛心，譬之百川異流，同歸於海，到海則無異味。」

仙林辭屈，眾喙乃熄，禪者皆得安堵。至元三十年（一二九三），小參之際，訓飭學者畢書偈而逝，壽七十五。《南宋元明禪林僧寶傳》卷八云：「或請高說生平行實，高笑曰：衲被蒙頭萬事休，此時山僧都不會。竟入滅。」

十九、鼓山元賢

元賢為有明二百餘年禪將中之殿軍，唱禪張律，又弘念佛，撰《洞上古轍》，大振曹洞真風；又作寱言，併論儒佛，作《淨慈要語》，勸獎念佛與放生，其於法門之功，可謂偉矣。

略傳　元賢，字永覺，福建建陽人，神宗萬曆六年生。為諸生時，嗜周程張朱之學，年二十五，讀書山寺，聞有人誦《法華經》偈云：「我爾時為現清淨光明身」，忽覺周孔之外，別有道在。叩同邑趙豫齋，受《楞嚴》、《法華》、《圓覺》三經。萬曆三十一年，值壽昌無明（慧經）開法董巖，往謁之，反覆徵詰。明云：「此事不可以意解，須力參乃契。」一因看乾屎橛之話，久無所入。一日夜坐，聞僧舉南泉斬貓話有省。萬曆四十五年，年四十，棄妻孥，投無明落髮。凡有請益，明但云：「我不如儞。」一日見明耕歸，逆向云：「如何是清淨光明身？」明挺身立。賢云：「祇此更別有。」明遂行，賢當下豁然，如放重負，隨入方丈，將通所得。明倒拈鋤柄，痛擊三下云：「向後不得草草。」及示偈云：「一回透入一回深，佛祖從來不許人！直饒跨上金毛背，也教棒下自翻身。」賢不及吐一辭而退。萬曆四十六年，以無明入寂，往博山，稟具戒，相依三載。每商榷玄奧，生機橫發。熹宗天啟二年歸閩，住沙縣之雙髻峰。三年，以葬親回建陽，舟過劍津，聞同行僧唱經：「一時謦欬，俱共彈指，是二音聲，遍至十方諸佛世界。」廓然大悟，徹見無明之用處，時年四十有六。爾後掛錫於甌寧之金仙庵，閱《大藏經》三年。天啟七年，徙於建安之荷山。

元賢之著述與示寂　先是賢在博山，以無異（元來，為無明慧經之法嗣）囑誌建州諸釋，及是撰《建州弘釋錄》，無異為之作序。思宗崇禎五年，謁聞谷於劍州（今南平）之寶善庵，水乳相投，宛然如夙契。適宜興曹安祖，欲聞谷作諸祖道影贊，因囑賢代作，容易成百餘贊。谷驚怪不已，及授以大戒。（聞谷廣印，為蓮池大師之弟子）崇禎七年，諸善信延請主福州鼓山湧泉寺，雖請開堂不許，唯為四眾說戒，有請法者，以庵主之禮示耳。崇禎八年往壽昌，掃先師之塔，歸過建州，為淨慈庵，著《淨慈要語》。

是冬，相國張二水（泉州張瑞圖，號二水），侍郎呂天池，率眾入泉州開元寺，請開法，知機緣已熟，始開堂，為無明拈出瓣香。崇禎九年，相國曾二雲，訪賢於開元寺，為建殿請疏楞嚴奧義，楞嚴略疏是也。是秋歸鼓山，建藏經堂。十年，以聞谷之訃至，躬往杭州真寂院弔之。十五年，結制於泉州開元寺，修《開元志》；冬回鼓山，龍象雲從，殿宇鼎新，為入閩叢林之冠。十六年，應建州興福寺之請，期畢至劍州寶善庵，建舍利塔，入冬回鼓山，刻《禪餘內外集》。福王弘光元年，著《金剛略疏》，修《鼓山志》。翌年司空鄭如水及諸縉紳，請至建州淨慈庵，為國祝釐，事畢說戒於寶善庵，著《四分戒本約義》，律學發軔。永明王永曆元年，回鼓山，著《洞上古轍》。是年清兵掠鼓山，以籃輿舁賢，至半嶺，忽顛仆，遂送還山。

永曆三年，著《補燈錄》，以補《五燈會元》之闕。四年作壽塔於寺之西畬，自狀其行。五年作《繼燈錄》，敘自宋至明四百餘年之傳燈相承。六年夏，刻《鼓山晚錄》。秋造報親塔，又遣徒取金陵之《大藏經》。八年著《心經指掌》。九年，興化、福清、長樂皆罹兵變，饑民昑㖢，慘狀不忍見，乃設粥以賑之，死者為具棺，葬之者凡二千餘人，及五十日之長而止。永曆十一年（一六五七）八十歲，上元之日，舉衣拂付上首弟子為霖道霈，命為眾分座。至同年秋，四方咸集請開法，賢自永曆五年以來，禁止上堂，雖力請不許；至是忻然登座，示謝世之意。不久有疾，絕食二十餘日，閉目吉祥而臥，如入定而逝。平生說法語錄及所著述，共二十餘種，凡八十餘卷，盛行於世。山中所依止者，率三百餘人，問道受戒者有數萬人。

元賢之風格

《行業記》記元賢之為人云：「師器宇峻特，具大人相。出世凡歷主四剎，所至深居方丈室，澹然無營，若不事事。而施者爭先，百務皆舉。四方學者，來不拒，去不留。座下每多英衲，皆勉以真參實悟，深誡皆解雜毒。其登堂說法，機辯縱橫，若天廓雲布，其操觚染翰，珠璣滾滾，即片言隻字，無不精絕。曹洞綱宗，從上遭濁智謬亂者，皆楷以心印，復還舊轍。生平慎重大法，開堂將三十載，未嘗輕許學者，至年八十，始舉霈公一人授之，諸方皆服其嚴。且立身如山岳，操行若冰霜，衛道救世，即白刃當前，亦不少挫。嗚呼，師豈常人哉？世稱為古佛再來，福慧圓明，悲智具足，誠不誣耳。」

元賢論時代之弊習　元賢論時弊云：「余聞古之學道者，博參遠訪，陸沉賤役，勞其筋骨，餓其體膚，百苦無不備嘗，並未有晏坐一室，閉關守寂，以為學道者也。自入元始有閉關之說。然高峰閉死關於天目，乃是枕子落地後，非大事未明，而畫地以自限者也。入明乃有閉關學道之事。夫閉關學道，其最初一念，乃是厭動趨寂者也。祇此一念，便為入道之障。況關中既不受知識鉗鎚，又無師友策勵，癡癡守著一句話頭，如抱枯樁相似。日久月深，志漸靡力漸疲，話頭無味，疑情不起，忽然轉生第二念了也。甚至身坐一室，百念紛飛者有之，又何貴於關哉？」

元賢之言，頗中時病肯綮。所謂死關，乃元以來躲懶之弊習。又嘗評當時禪者云：「近日禪人……相與學頌古，學機鋒過日，學得文字稍通，口頭稍滑者，則以拂子付之。師資互相欺誑，而達摩之旨，又安在哉？不特此也，曾見付拂之輩，有顛狂而死者，有罷道還俗者，有嘯聚山林劫掠為事者。他如縱恣險惡，為世俗所不齒者，在在有之。滅如來種族，必此輩也。嗚呼危哉！」

二十、為霖道霈

為霖道霈，為永覺元賢之麟角，其力量不讓於賢。其所著《還山錄》中有題〈旅泊幻蹟〉一文，乃霈之自敘傳。其中云：道霈，字為霖，號旅泊，亦稱非家叟。生於建寧建安之丁氏，時神宗萬曆四十三年。年十四入郡東白雲寺為驅烏（沙彌），明年落髮，習學經教。至十八歲，聞聞谷廣印自楚來居汾常（南平）之寶善，大喜往問出生死路。印授以念佛成佛之說，即諦信之不疑。印知其為法器，指參永覺元賢。自是侍賢左右，看栢子話。思宗常禎七年，隨賢居鼓山，四載無所入。出嶺至杭州，經歷講肆凡五年，適聞谷遷化，賢來真寂弔，往見之，正欲陳經義，賢忽問栢子話作麼生？霈無語。賢云：「入海算沙有什麼限？」霈退不勝慚惶，日夜不安。一日讀《正法眼藏》，至無位真人之話有省，然未知落處。時密雲盛化天童，霈往參問：「山河大地與學人自己是同是別？」雲便打。迷悶之間經六月。一日經行至三鼓，解衣就寢，豁然大徹。次晨呈偈云：「一水一山何處得？一言一默總由伊。全是全非難背觸，冷暖從來只自知。」

雲不肯，便去真寂見賢，告以所悟。賢云：「子已入門，未升堂入室耳。」復辭登天目，訪高峰死關大約一年。後結茅大百丈山，與母同修淨業五載。清順治七年，再上鼓山，賢命充維那。日夕參究，一夜欲抽解，出堂迷悶，不覺撞破石門，廓然開解。次日上方丈云：「某今日有個十成語舉似和尚。」賢云：「汝試道看。」乃背身叉手云：「請和尚鑒。」賢云：「好與七藤條。」後賢出洞上宗旨示之，一一答頌，皆泯然契合，時年三十八。明年，掩關於建寧之廣福庵，三年歸山。順治十四年，賢付僧伽黎麈拂，令於眾為首秉拂。明年，賢戢化，霈繼席開堂，一住十四年，康熙十年，讓席於法姪石潮寧，出山隨緣飄泊，達古稀之齡。以鼓山虛席，應眾請還山，此康熙二十三年也。

霈遷化之年月未詳，〈還山錄序〉云今師年七十四，則康熙二十七年當猶在世。著作有：《秉拂錄》、《鼓山錄》、《餐香錄》、《還山錄》、《開元錄》、《靈石錄》、《旅泊庵稿》、《聖箭堂述古》、《禪海十珍》、《八十八佛懺》、《準提懺》、《淨業常課》、《淨土旨訣》、《續淨土生無生論》、《心經請益說》、《佛祖三經指南》、《華嚴疏論纂要》、《金剛般若經疏論纂要刊定記略》、《護國仁王般若經合古疏》等。

道霈之禪工與嗣法　霈嘗述其工夫之變遷云：「至宋朝始有看話頭作工夫之說，當時只教人提起箇話頭，看是什麼道理。如大慧禪師每教人看箇狗子無佛性話，謂盡大地是箇無字，正當無明煩惱現前時，一提提起云：無如百沸湯中攙一杓冷水相似，當下清涼去，提話頭大約如是。……至元始有作工夫之說，雪巖（祖欽）、高峰（原妙）諸大老，自己既從死工夫上悟明，故每以死工夫示人。」

霈之言為實談，五代以前，無所謂看話；元以前，無所謂死關。道霈七十四歲時，尚無付法門人。曾答人問云：「博山老人非不求人，只是當時無人可求耳。故寧絕其人，存其道，以待後來。豈如今人之濫相授受，便謂之得人可乎？博山嘗謂余集生居士曰：宗門中事，貴在心髓相符。……若不得其人，則乳添水而味薄，烏三寫而成馬，存豈真存？故我意寧不得人，勿授非器；不得其人，嗣雖絕而道自直，自無傷于大法。……以此觀之，則博山當時非無所見，而甘作斷佛種人。愚見亦爾。故十餘載來，欲覓一箇半箇有真心者不可得，又豈肯隨波逐浪，以佛祖慧命作世諦流布乎？」

二十一、費隱通容

明末與鼓山元賢，分庭抗禮唱臨濟宗風者，為密雲圓悟。悟之會下，踰三萬指，機辯縱橫，接手妙密，一時稱為大宗匠。悟之門下有費隱通容，識見雖非特出，而守己見不渝，獨有譏訶諸方之勇，為明末臨濟禪系之代表人物。

通容，福州福清人，俗姓何氏，年十四，禮鎮東慧山出家，首參慧經於壽昌，看狗子無佛性之話。一日，忽覺身世俱空，話頭脫落，乃問經曰：「今日看破和尚家風了也。」經曰：「汝有什麼見處？」容便喝。次參雲門、博山。熹宗天啟二年，聞圓悟寓吼山，冒雨往謁，問覿面相呈事若何？悟便打。容曰錯，悟又打。容又喝，悟祇管打，容祇管喝。至第七打，所有伎倆知見，泮然冰釋。後上天台省覲，悟問：「薰風自南來，殿閣生微涼，汝作麼生會？」容曰：「水向石邊流出冷，風從花裡過來香。」曰：「離此又如何？」容曰：「放和尚三十棒。」曰：「除卻棒又作麼生？」容便喝。曰：「喝後聻。」容曰：「更要重說偈言，悟休去。」既而悟主金粟，命容居西堂。明年，悟付源流衣拂。思宗崇禎六年住黃檗山，九年遷建安之蓮峰院。十一年主金粟。清順治三年，轉主天童，七年應崇德眾檀越請，住福嚴寺，同年徙杭州徑山興聖萬壽寺。順治十七年（一六六〇）示化，閱世六十九。

五燈嚴統之糾紛　通容嘗著《五燈嚴統》，雖稱考訂禪統之訛偽，使雲門、法眼二派屬於南嶽下，實自增其亂統之弊。《宗統編年》卷三十二「順治十一年條」云：容著《嚴統》而逞妄議也，三宜明盂欲訴之官以斷曲直，覺浪道盛，遠門淨柱等亦鼓筆舌責容之罪；箬庵通問、退翁弘儲，往復周旋解之，以得無事。

圓悟父子與天主教　據《燕京開教略》中篇記載：神宗萬曆二十七年，意大利人利瑪竇抵京，欲弘通天主教未果。翌二十八年，購辦西洋珍奇玩好之物，請獻之廷闕。帝見奏疏，命有司送利瑪竇等及其貢物於北京。以是萬曆二十九年一月，利瑪竇等入京獻時計、洋琴等，帝大悅，召見慰勞。同年，利瑪竇疏請進上天主圖像、天主母像、《聖經》等，欲為中國之氓，帝嘉之，命禮部優待，於宣武門賜地建堂居之。

利瑪竇乃教授西學於士人，乘機布教，四五年後，新奉教者二百有餘人，李之藻、楊廷筠、徐光啟等尤著。利瑪竇五十九歲，以萬曆三十八年歿，其友西班牙人龐迪我、意國人龍華民等繼之從事傳道。思宗崇禎七年，徐光啟奏請德人湯若望入京掌曆務，九年為防流賊李自成及清兵，奉朝旨鑄造大礮。順治七年，於北京宣武門之東，賜地建聖堂，任欽天監監正，八年封通議大夫，一時極為榮耀。於是神宗之孫永明王之桂林府中，皇太后、皇后、太子皆受洗禮，為其教徒。

圓悟父子（密雲圓悟與費隱通容）攻擊利瑪竇之說，欲以解天主教徒之惑。悟之《年譜・天啟五年條》云：復陳則梁問道書，陳蓋奉天主教者，中多泰西利瑪竇語，師為答之最詳。又「崇禎八年條」云：著《辯天錄》，為泰西教也。

通容之說，《費隱禪師別集》卷十六有原道闢邪說，乃剖擊利瑪竇所著之天主實義者。據容所言，利瑪竇以天地萬物為天主之所造，且天主無始無終，鳥獸草木有始有終，天地鬼神及靈魂有始有終。通容對之謂：無始無終，乃大道全真，而凡聖皆具之，又論人物天地鬼神俱無始無終。舉其理由云：「其心念無始無終也，身體亦無始無終也，故大道全真備於我。若人人無始無終，則草木鳥獸天地鬼神亦無始無終也。而萬物之所以有差殊者，由有識心分別耳。虛空若無邊際，則收在其中之物亦無邊際也。虛空無始終，故世界亦無始終，眾生天地鬼神草木鳥獸，悉無始終，法爾如是，非強為也。」

通容與通忍之諍論

通容於《別集》卷四有金粟闢謬，乃攻擊同門之朝宗通忍者。通忍嘗出〈說話〉一篇，其中貶剝通容之女子出定話頌，容對之罵以：概以古今言句，變經亂常，以是為非，令人緇素莫辨，煤墨不分，東扯西拽，支離汗漫。又斥通忍以古人之語要配合於三玄三要，斷為扭捏造作，以為臨濟宗旨，豈非尋枝摘葉，韓獹逐塊，迷之又迷，錯之又錯，極言為千百世法門之罪人。倘如通容之言，天童圓悟曾闢通忍之〈說話〉四十餘紙，痛加訶斥，且言應擯出法門。果然，則圓悟何故認通忍之所悟而以為其法嗣乎？是頗可怪。據金粟闢謬下云：圓悟躬至南京，欲打擯通忍，忍已逃遁，乃空棹而返。如是則圓悟無見學人之明，輕以為法嗣，他日見與己不合，即斥之為外道魔道。

通忍嘗作《法錄》並〈自白語〉，排斥圓悟與通容。通容亦作〈規謬見長老〉一篇應之，文載《別集》卷七。據該書云：圓悟刻判說及二判破通忍，且躬到金陵，欲奪回從前所付授之拂子而忍已逃竄無蹤。自是過三年，而圓悟示寂，〈自白語〉乃圓悟死後通忍之所作也。據容所言，彼之作闢謬也，通忍以之質於圓悟，悟是容之說，為忍決斷。又忍於《法錄》之中斥圓悟，又評容云：「彷彿於形聲氣魄之間，未到悟門之田地。」容憤之反駁忍為法門中之亂臣賊子。忍又作《迅雷指迷集》，答容之〈規謬見長老〉書，公言：「圓悟不識玄要，不明綱宗，悟迹未化，末後牢關，未歷點破。」師資昆弟之間，互相毀辱如仇讎，實明末臨濟宗門之醜態。

通容與道忞之諍

通容於《別集》卷十五載〈說木陳欺天童老和尚〉一篇，乃容攻擊其同門木陳道忞者。據容所言，道忞於圓悟滅後，以機心迴謀計，遂住天童，時明崇禎十六年也。先是崇禎十二年，圓悟出天童寓三吳也，忞在山中乘機謀欲自住，圓悟聞之廣語於人。自是忞以粗言惡語罵悟，送還悟所付之拂子，欲絕師資之誼。此為容之怨言，雖未必可信，亦可知其父子之相憎惡矣。此外，通容對於玉林通琇與瑞白明雪，皆曾加以攻擊。茲從略。

二十二、隱元隆琦

隆琦，字隱元，俗姓林，父名德龍，字在田，母龔氏，兄弟三人，師為其季。明萬曆二十年十一月四日生於福州福清縣東林（鄉）。元俗名曾昺，字子房。六歲時，父遊楚地，遂絕音信，元事母與二兄共受一家辛苦。九歲就學，以家道不振，十歲即廢學業，與二兄從事耕樵，事母盡孝。二十歲時，母與兄勸其娶妻，元拒之，遂傾心佛教。請母欲尋其父蹤跡，自是歷遊諸方，適得便船至南海普陀山，祈於觀音大士，欲求父之蹤跡。暫宿潮音洞，任供萬眾茶頭之役，問洞中主僧談法門，始自欲為僧。二十四歲，歸故鄉告母宿志，母不許，元孝心深厚，再事稼穡，日課念佛。

二十八歲時，母病遂去世，元悲歎往請近鄉黃檗之大德，厚盡葬禮。後賜紫鑑源壽公，豫知元有出家南海之志，切諭之。翌年二月，遂禮黃檗山鑑源禪師為師，時二十九歲。自是參訪諸方，問訊學僧，有一德可稱者，必諮而依之。至杭州，暫居紹興雲門，參湛然圓澄禪師。此時始聞本師費隱禪師之名，心竊慕之。聞臨濟尊宿密雲禪師自天台通玄寺留錫嘉興金粟山，立往參之，居五年，大徹法之源底，時師三十八歲。崇禎三年三月，密雲應福建黃檗山萬福寺請，乃從晉山，元離山十年始歸檗。次年因龔夏二居士之請，住獅子巖四年，其間生活極為枯淡。巖中自敘偈云：「眉堆三尺雪，身護萬年藤。」可以想見其禪境。

及本師費隱通容，代密雲圓悟入黃檗山，以元為眾僧首座，是年四十二歲。翌春入西堂寮。元雖參本師更示進境，費隱猶悔以行持之事，元乃再回獅子巖入室。〈孝廉玉谷語錄序〉曾記此時之事云：隱元禪師初入費隱老人之室，覿體承當，全身擔荷，掃去支離，絕無依倚，空中得人，師翹楚也。秋闢團瓢於重巖之上，匾曰遼天居，遂移錫居之。後歷多年，遂承費隱印可，傳臨濟正脈。

崇禎十年五月，元荷眾望，繼黃檗席，冬十月晉山，年四十六歲。時密雲據天童，費隱董法通，元又主黃檗，三代同時唱道，實法門之盛事。元主黃檗，宗風大揚，重興殿堂，營大殿，建經藏，設鐘樓，又造大佛，於是山門、寮舍悉告竣工，寺宇為之一新。黃檗山萬福寺，興於唐，隆於宋，廢於元，至明而重興。崇禎十七年春，元年五十三，讓黃檗席於同門亘信（行彌）禪師，乃往浙江省覲本師費隱，被留主嘉興福嚴寺，轉住福州龍泉寺，旋再住黃檗山。其間前後十七年，到處僧徒如雲參集，公卿碩德，咸來問道。盛譽傳於四方，海內衲子，皆以宗門棟樑目之。

隱元與日本黃檗宗　德川幕府初期（明末清初），中日海上交通頗盛，商賈之外，僧人之東渡者有天童山書□智光（一六一五年渡日），同時又有江西商人劉覺，後剃髮名真圓，於長崎營興福寺（南京寺），是為唐寺之始。崇禎元年（日寬永五年，一六二八），泉州僧覺海，攜了然、覺意二侍僧東渡，開創福濟寺（漳州寺）。翌年福州僧超然渡日，又創立崇福寺，世稱之為長崎三福寺。後江西僧默子如定渡日，以其博識，頗傳中國文化於日本，旋僧逸然又東渡傳漢畫，大受日本朝野歡迎，是時福州僧恆修者赴日在逸然會下，適受崇福寺檀越之託，推薦其法友隱元門下之也嬾渡日，也嬾於航行中溺死於廈門港口，未果其願，是乃造成後日隱元東渡之動機。

清順治十一年（日承應三年，一六五四），長崎興福寺僧逸然再三遣使僧（古石與自恕）懇請，元乃命弟子慧門沛座元繼黃檗之席，決然率一門弟子二十餘人東航，時方兵亂，道程艱險，乃命弟子大眉（性善）先發警戒，取道泉州，抵鄭氏居城。六月三日入廈門，二十一日鄭氏以兵船送之東渡，鄭成功且賦詩贈之，七月五日始抵長崎。逸然及諸檀越迎之入興福寺，道俗相傳，競請參謁，法緣之盛，可以想見。

隱元之東渡，全依僑居長崎明人之請而前往教化者，於是開法於崇福、興福兩寺，緇素歸信，禪風大振。京都妙心寺日僧龍溪、禿翁、竺印諸老宿，嘗聞隱元之名，悉其東渡大喜，竺印特下長崎以通好意，隱元亦喜與相晤。翌年得幕府之允許，入京都，歷訪妙心、南禪、東福諸寺，廣說法要於大阪、京都諸地，駐錫於攝津之普門寺。後依妙心寺龍溪、禿翁等之周旋，至江戶（東京）見將軍家綱，尋辭江戶，還錫於攝津之普門寺，歷遊嵯峨、愛宕、宇治諸勝地，於普門寺自開一門禪風，於諸宗之間，獨樹一幟。順治十八年（日寬文元年，一六六一）遂創立新黃檗於日本。

德川家綱賜予山城國宇治之地，許其建立一寺，此為隱元事業之成立。隱元建立正宇後，乃依福建黃檗山萬福寺規模營造諸堂，擬福州本山同稱為黃檗山萬福寺。並立禪門大乘戒壇，為大眾授戒。隱元開創新黃檗後四年，康熙三年（日本寬文四年，一六六四）九月，讓法席於弟子木菴性瑫，退隱於本山內松隱堂。元既立功於兩黃檗，悠悠度其退隱之生活，年垂八十二歲，老眼猶甚精明，閱《華嚴經》，作五十三參總領。此時示離世之意，康熙十二年二月三日，日後水尾上皇下旨問法要，元奉答稱旨，賜錦織大慈像，添以御香。是月大士誕辰，元坐龕中集眾諭遺事。

三月三十日，日上皇再遣敕使存問，元進偈謝之。午後囑左右散道具即曰：「老僧去後，汝等有志扶持法門者，當以法門為重，以道自尊，不可循俗。苟求名利，自亡至德，若不依吾訓，非吾眷屬。」

四月朔日，元特書偈謝將軍家檀恩。初二日，上皇三下敕使，特賜「大光普照國師」之號，又賜優渥之敕諭。初三日早刻，元戒左右曰：「今日不得遠離，吾行期逼矣。」因眾請遺偈，元揮筆書云：「西來柳栗振雄風，幻出檗山不宰功。今日身心俱放下，頓超法界一真空。」書畢泊然示寂，時康熙十二年（日寬文十三年，一六七三）四月三日未刻也。世壽八十二，法臘五十有四。

隱元嗣法門人，有無得寧等二十三人（一作二十八人），其中十一人東渡。其法派之傳於日本者，有慧門性沛、木庵性瑫、即非如一、慧林性機、獨湛性瑩、大眉性善、南源性派，獨吼性獅（以上我國僧），龍溪性潛、獨照、獨本（以上日僧）十一人。剃髮弟子河陽常等五十餘人，其他宰官居士、清信士女等，及皈依求法名圖像供養者，指不勝屈。

著作有：《普照國師廣錄》三十卷、《示眾語錄》二十卷、《黃檗和尚扶桑語錄》十八卷、《黃檗山志》八卷，《黃檗語錄》、《弘戒法儀》、《扶桑會錄》、

《黃檗和尚太和集》同《續集》各二卷，《龍泉語錄》、《崇福寺錄》、《佛舍利記》、《隱元法語》、《普門草錄》、《擬寒山詩》、《黃檗清規》各一卷，《松蔭集》、《雲濤集》各若干世等。

二十三、木菴性瑫

日本黃檗宗之開立與大伽藍之營造，雖創始於隱元，其大成之功績，實在木菴繼任二代之時。木菴之才華，為隱元門下第一，詩文書畫無所不精，極為日本朝野所重。泉州開元寺之《紫雲開士傳》即木菴之傑作也。

略傳　性瑫，號木菴，泉州晉江人，父名吳博卿，母黃氏，萬曆三十九年二月三日生。天資英敏，氣貌異於常人，上唇露二齒，故鄉人稱為達摩子。童年即敬神禮佛，不與群兒遊戲。四歲時喪母，五歲父又亡，伶仃孤苦，為祖母蘇氏所扶養，七歲入村學，旋因家產不裕，輟學自修。

十歲時偶聞觀音靈感，即有志出塵，而祖母不許；十九歲時，始許出家，遂剃髮為開元寺明印（一作印明）禪師之弟子，時明崇禎二年也。自是閱教聽經，遊方參學。崇禎五年，業師明印示寂，遂歸本房（開元寺房頭之一）圖寺門之興隆。崇禎八年，鼓山永覺元賢應張二水等之請，至泉開堂於開元寺，師始從之受具足戒，時年二十五歲。

翌年出寺，參宗門大事，至杭州接待寺，謁雪關禪師；尋抵天童山，參密雲禪師，猶有疑義，適永覺禪師在杭州真寂寺，乃再參之，猛修忘寢食者十三夜，一夜見燈影動，豁然契悟，始釋宿疑，時年二十七。翌年禮費隱禪師於嘉興金粟山，於是留錫，次年擢為副寺，後居侍者寮三年，遇隱元禪師秉拂，性瑫竊見其語錄，大為歎服，其後多從隱元請益。崇禎十三年辭職回省祖母。

順治二年，三十五歲，登天台山，拜智者大師像；過溫州禮永嘉（玄覺）大師，回寓北山庵。翌年登鼓山謁永覺。順治四年，入開元之珠林室掩關。是秋祖母蘇氏終養，瑫哀慕厚葬之。翌年謁隱元於黃檗山，元留之；次年冬為西堂，結制上堂。順治七年，解制後，辭元應斂石太平寺之請，八年元延為首座，尋付大衣源流，特為立僧（長老首座說法），令分座說法。瑫在斂石三載，道望聞於四鄰。禪暇自耕田，負畚種蔬，時而負樵，人所難堪，瑫自適之。後付此寺於法弟即一，訪慧門（性沛）法兄於獅子巖，入黃檗，省本師隱元。時會隱元有東渡之舉，瑫乃先回溫陵，設館於洛陽之途，與隨侍者五十餘人，共迎本師法駕，請留泉州開元本房五日，自是隨隱元送至廈門，命侍者雪機護隱元赴日本。

順治十一年冬，應永春耆宿，太史確菴張公等之請，出世象山慧明寺，授戒開堂，雖在兵戈騷擾之中，法化大熾，眾皆稱木菴高德所致。瑫最愛象山勝地，曾賦象山八景之詩。翌年春，付寺於鐵山定西堂，遂回紫雲（開元），贖東壁書館兩座為指月堂，購田為祀先考妣之資，囑靈叟徒住之。瑫於故鄉生身父母，已盡孝念。是年（順治十二年，日本明曆元年，公元一六五五年）三月，本師隱元自日本令雪機齋書召之。瑫遂欣然於六月二十六日發錫，七月九日安抵長崎，十一日於興福寺，省覲本師隱元，海外重逢，互道慶賀。瑫又訪法弟蘊謙（戒琬）於福濟寺。謙與瑫俱在開元寺時，為避國變，於七年前至長崎者。是年瑫四十五歲。

翌月九日，隱元赴攝津普門寺之請，瑫送行後，獨留長崎，與即非唱導於長崎市中，大振法化，時人稱為二甘露門。

順治十七年（日萬治三年）五月，瑫為隱元所召，抵攝津之普門寺。翌年（日寬文元年）二月，隨元得德川幕府之允許，至宇治大和，看新黃檗之地。八月從本師隱元進山。越二年，本師進東方丈，瑫移西方丈。是冬結制，瑫為兩堂首座，時眾踰五千指，其盛可想。

康熙三年（日寬文四年），本師退居松隱堂，令瑫繼席，時瑫五十四歲。是年七月抵江戶（東京），謁將軍，賜山林田地朱印，兼賜衣金。康熙九年，日靈元天皇特賜紫衣。是年青山端木居士，刱瑞聖寺於江戶，請瑫為開山，稱為紫雲山，翌年四月竣功。瑫居於是，大振檗宗門風於關東地方（日本東京附近）。後令鐵牛禪師繼其席而歸黃檗山。

隱元之示寂也，瑫慟哭不已，伴龕百日，坐禪以酬慈蔭，其事師之忠實，繼席後十年，孝敬一日不怠，可為列僧規範。康熙十三年（日延寶二年）九月，抵江戶，結制於紫雲山，先是鐵牛等稟於官府，以黃檗、紫雲二處，為日本三壇戒場。此時受大戒者三千，受法名者五千，貴戚豪族甚多。翌年三月歸檗山，七月建萬壽塔院於開山堂後方。

康熙十九年（日延寶八年，一六八〇），瑫七十歲，令法弟慧林繼黃檗第三代法席，而自退於紫雲（黃檗山紫雲院）。翌年，瑠與眾坐禪，偶患風寒，自是色力日劣。康熙二十三年（日貞享元年）正月十三日，舊疾復起，至十八日病勢愈加，瑠預囑左右，飛書召悅山，託其後事。臨終示偈云：「一切空寂，萬法無相。是即老僧，末後句也。」悅山曰：「大眾謝和尚慈示！」

瑠少選，顧左右，怡然而逝，時同年正月二十日丑時。閱世七十四，法臘五十六。嗣法門人鐵山定等，剃度弟子靈叟等若干人；東渡後嗣法門人，鐵牛道機、慧極道明、潮音道海、鐵眼道光等以下四十餘人。時緇素悲哀，如喪父母。

瑠開法三十餘載，主席黃檗十七年，自董二代，盛唱宗風，內繁昌祖庭，外闡明宗規，傳準繩於諸方叢林。又開寺者，江戶之瑞聖、信濃之象山、美作之千年、伊豆之高勝、三河之永福等諸寺，皆尊瑠為開山。時人以木菴為黃檗之白眉，日明治天皇十四年十二月，敕諡慧明國師。

著作有《廣錄》三十卷，《紫雲山草》、《象山語錄》、《紫雲開士傳》各一卷行世。瑠又好畫，畫觀音像，亦善蘭竹等，以風韻優美為世所重。

隱元

隱元，名隆琦，明萬曆二十年（一五九二）十一月初四出生，福建省福清縣人。父林德龍、母龔氏，兄弟三人，隱元是其季子。六歲時，他的父親赴湖北，此後，久不通音訊。幼時，他一面於村塾就讀，一面與兄以耕樵為業。二十一歲時，他為了探尋父親，曾到過南昌、金陵以及浙江寧波、舟山諸親友處，遍尋不獲。他在寧波時，與一畫師相識，因得訪遊紹興各縣名勝古蹟。後來隨南海進香船到了普陀山，對這海山佛地深為愛慕，因入觀音菩薩應化古蹟潮音洞當茶頭。住了一年，這成了他出家的機緣：其間一度回鄉侍母，要求母親允許他出家為僧，再赴普陀山，行至福寧州時，不幸途中旅費被掠，不得已再回故鄉。二十八歲時，母親去世，始決心出家。

隱元出家後，首先於海口瑞峰寺聽道亨法師講《楞嚴經》，初不解其義，後逐漸領會。他為了修建黃檗山，領疏北行募化，因當時北方有警，遂暫往紹興雲門山顯聖寺，聽當時名僧湛然和尚講《涅槃經》。後來又至嘉興興善寺聽講《法華經》，到海寧硤山碧雲寺聽《楞嚴經》。

這時，天台通玄寺密雲圓悟和尚是臨濟下有名尊宿，初聞黃隱和尚之名，他想前往參謁。恰巧當時密雲應請至海塩金粟山廣慧寺開法，海內名衲，多來參學，僧眾多滿五百，他在當時著名叢林金粟山密雲會下前後住了五年，從密雲的高足五峰如學、破山海明、浮石通賢等得到深深的教益。這時他和同參結成一個「頌古社」，專門研究古德參禪的機緣，以詩偈表達參禪的所悟，他寫了〈頌古三十則〉，密雲和尚親自點出二十七則，令金粟大眾歎服，於是始知有隱元之名。

崇禎三年（一六三〇），福清黃檗山僧眾及護法慕密雲名，到金粟山請他前往開法，密雲以黃檗山為斷際（希運）祖庭，欣然允諾，命隱元隨行。密雲於三月進山，當時有名的禪僧，如天童道忞（清初名僧，號山翁）、雪竇通雲、古南通門等，皆在座下。不久，密雲以黃檗常住清淡，命隱元領疏南行募化。他到漳州，見到有名的東里居士王志道（舉人），報告密雲和尚進山的詳細情況；後來又到潮州住草庵，庵主以他衣單齒索，疑非黃檗化士，沒有化到錢物，回頭回到漳州，又訪當時苦行高僧樵雲真常，並贈以偈，他回到黃檗時，密雲和尚已經回浙江去了。崇禎四年

（一六三一），龔夔友、夏象等二居士請住福清縣西獅子巖，他親率剃徒性常、性利等，火種刀耕，怡然自得。

崇禎六年（一六三三），費隱通容繼密雲之後，為黃檗住持，舉隱元為西堂，自是即執師資之禮，奉費隱為法嗣本師，遂嗣其法，益參究法門。崇禎十年，受請繼黃檗山法席，請法弟亘信行彌居第一座，以策勵衲子。時密雲據天童，費隱管法通，隱元主黃檗，三代同時唱道，稱法門盛事。隱元住黃檗七載，同諸衲子，辛苦萬狀，興建大殿眾寮及建鐘樓、費隱壽塔、報恩塔等，範網鐘一千觔以備禪林禮樂。其間與相國張二水（瑞圖）唱和。

崇禎十七年（一六四四）三月，請同門亘信和尚住黃檗，前往浙江金粟山省覲費隱和尚，被擢居為前堂首座。同年十月，浙江崇德（今合併於桐鄉縣）邑候鄉紳請住福嚴寺。越年二月回閩，至福州東郊，掃瑞天祖墳，住長樂縣龍泉寺。三月，居士林陳天緣等士紳請住長樂縣龍泉寺，寺為百丈大智禪師出家發足處。三月二十二日入院，禪林規制一新，遐邇請法，殆居□日，舉慧門性沛為西堂。

順治三年（一六四六），值時有警，時局動盪，福清護法及合僧眾以黃檗祖席，非師莫主，復請回山，正月進院，六月漳州岱山廣嚴寺法姪時學（亘信法徒）禪師入覲，擢為座元。再張法筵，門庭如市。無得性寧、慧門如沛、木菴性瑫、虛白姓願、即非如一等，一時英俊，皆出禪師之門。

順治六年（一六四九）五月，泉州開元寺僧蘊謙（戎琬）應福濟請東渡。順治七年，隱元的法姪道者（超元）揚帆東渡，住崇福寺，給予禪僧盤珪（永琢）很大影響。順治八年，隱元弟子也嫩（性堯）亦應崇福寺之請，辭別隱元出發，不幸途中遇風浪，沒於海上，隱元曾作偈痛惜之。

越年，長崎興福寺住持逸然等，遂奉書厚禮請隱元東渡傳法。當時先到長崎的蘊謙、道者等對於隱元的道德禪風是宣傳於日本的。同年八月再致書懇請，不久又派遣僧自恕、古石等航海，所請更加殷勤。隱元於同年十一月接到第四次邀請，大感其誠懇，乃告諸弟子決定應請東渡，雖經合山兩序大眾和護法等詣方丈哭留，隱元亦憫其誠，躊躇數天，但法語既出，終於決定實踐其言。

於是於清順治十一年（日本承應三年，一六五四年）五月，讓黃檗山法席於弟子慧門（怡沛）座元，率十餘眾東渡。五月初十應長崎請辭眾上堂云：「飯不可失，願不可無，相不可著，心不可昧，言不可不行，道德不可不修，去住不可不當，時節因緣不可不知，接受之際不可不隆重，繼述斯道不可不渾厚。全看斯者，為人不愧，涉世無悶。老僧老矣，事事無能，濫主黃檗十有七載，有負□信者多。茲乃即日啟行，聊敘言別，以慰眾念。所以三請而來，一辭便去。遵上古之風規，為今之法則。行既行過，且道途中得力一句作麼生道：撥盡洪波千萬頃，拈花正脈向東開！」下座便行。

隱元經莆田，於二十日至泉州，木菴首座迎入開元寺，留齋數日，不久漳州南山寺亘信和尚率法姪輩前來敘別，其中有如幻超弘者為當時知名禪匠，六月三日到了廈門。這時，鄭成功以廈門為根據地從事抗清運動，因以前在福州時曾屢參隱元的禪法，便迎入他所住的仙岩別墅接待，其堂兄鄭彩接待，為之作航海準備，同時他的部將也都來參謁，鄭成功當時還有詩送他，並備舟護送。

德川幕府初期（十七世紀），中日交通頻繁，我國僧人之東渡者有寧波天童寺書記智光（一六一五年渡日），同時又有江西僧人真圓於長崎營建興福寺，是為唐寺之始。崇禎九年（一六二八），泉州僧覺海攜了然、覺意二侍僧東渡，開創福濟寺（漳州寺）。翌年，福州崇福寺僧超然渡日，又創立崇福寺，世稱之為長崎三福寺或唐三寺。

隱元於承應三年（一六五四）七月五日率大眉、獨湛、南源、獨吼等諸弟子從海上平安地到達長崎，這時他已經六十三歲了。逸然等驚喜迎之於興福寺，福濟、崇福諸寺亦競相邀請。曹洞宗的禪僧鐵心、獨本，臨濟宗的獨照等相繼馳於門下受教，同時有名的鐵牛、鐵眼、潮音等諸學僧亦來謁隱元問法。隱元到日不到一年，他的道譽已經傳於東西，在日本寂寞的禪海掀起一陣波浪。

明曆元年（一六五五）七月，由於京都妙心寺名僧龍溪（性潛）大德之請，出發長崎，經海路於九月初五至大阪，入富田（今高槻市）普門寺（龍溪剃度的小廟）。不久遊歷大阪、京都、奈良諸寺。

明曆二年（一六五六），福清鼓山黃檗無上侍者，齎黃檗大眾及諸官之書，迎師回山，由是有回邦之意。會寺主龍溪從江府（江戶）回，忌留再回，姑許之。

萬治元年，（一六五八）七月，寺主龍溪自江戶（江府）回，欲延師彼中弘化，堅請至再，勉從其誠。六月，黃檗住持慧門沛公回檀越，復命使致書，延請回此。九月初六率諸弟子啟行，十八日至江戶，宿天澤寺。臘月八日抵三河（今愛知名古屋、岡崎）。萬治二年六月，賜地於山城寧治。未幾，永井信齋居士備舟請遊寧治，宿寶林寺。又承上旨留附京開創梵宇，龍溪寺主請擇地，師擬大和山，上即允許。與龍溪大德相謀，於此開寺基。

寬文元年（一六六一）春，命西堂慧林謝賜地。仍以黃檗山萬福寺為首，示不忘舊，故有東西兩黃檗之語。八月二十九日進山。

寬文二年（一六六二）仲春建法堂。九月，成就院主僧，請迎京師清水寺。

寬文三年（一六六三），上元之日，特承將軍之旨，於齋福禪寺舉行祝國開堂，諸宗高僧聯袂登山，自是禪師之名，振於諸宗之間。

後水尾上皇下敕於龍溪大德，垂問禪旨，禪師乃書法要上呈。上皇有感，賜佛舍利並御香等和金若干，令於黃檗山內建舍利殿，同時江府性溫夫人去，遺囑捨所居第，海運至，師念其難捨能捨，為建於萬松岡下，名曰松隱堂。

翌年四月（一六六四），官城官員等入訪，有問答。九月，讓法席，即日命木菴性瑫座元繼席，退居松堂。

寬文五年（一六六五），復即非座元書，近得故山書，知慧門沛公去世。

寬文七年（一六六七）春，二月，香林信士請遊南都（奈良），首詣東大寺，興福、春日二月堂□問寺，及西之京西大、招提、尊師三古剎。凡所至處，四眾參禮者日以萬計。五月，將軍家綱令（？）旨，發白金二萬兩及西國大木三十餘根，為本山建殿宇。隱元致端山、獨廣二護法書云：「老僧開闢此山，迄今七載，未獲大觀。茲蒙國主（將軍）賜金新建佛殿等，可謂法門盛典，山林有光。老僧雖邁，敢不勉眾薰修，以答國恩。」云云。

寬文八年（一六六八），本山締構經始，大殿、天王殿、應供堂、鐘鼓樓等，次第告竣。□然融示寂，命本山豎石塔，用表請法之功云。鐵眼上座並請刻《大藏經》。

妙空

妙空（一八二六～一八八〇），俗姓鄭，名學川，字書海，號刻經僧，江蘇江都縣人。少時為諸生（秀才），深究儒學。後受河北懷柔紅螺山瑞安之啟發，博覽佛典，而尤深信淨土。

他深慨太平天國之後，明代所刻方冊《大藏經》版湮沒。一八六六年，與杭州許靈虛（樾身）、石埭楊文會（仁山）、揚州藏經院僧貫如等，發願刻經，同年出家，法名妙空。他持戒精嚴，除著述外，專門從事刻經。於揚州東鄉磚橋建接引禪院，為貯藏經版及習靜之處。又於蘇州、常熟、浙江、如皋四地，創立刻經處，前後十五年，刻經垂三千卷。一八八〇年，以未完成之《大般若經》雕刻事業，囑弟子繼續完成，跏趺而寂，年五十五。寂後三年，《大般若經》刻成，弟子朗月於接引禪院西鄰，增建房屋數間，改名法藏寺。

著作有《求生捷徑》、《西方清靜音》、《普救神針》、《百年兩事》、《蓮邦消息》、《施舍合璧》、《彌陀經論》、《地藏經論》、《華嚴小懺》、《五教說》、《婆羅門書》、《樓閣問答》、《樓閣音聲》等，俱收於《樓閣叢書》。

幻人

隆范（一八二八～一九一〇），字獻純，號幻人，俗姓馬，廣東漢白旗人。早年出家於梅山，得法於肇慶鼎湖山。光緒元年（一八七五），負錫遠邁，首參焦山大須和尚（名彌山，字芥航），住二年，繼至寧波天童、育王兩寺參學。光緒九年（一八八三），居奉化雪竇寺，與詩僧寄禪同參，終身結為道侶。光緒中葉以後，先後在寧波天童寺、常州天寧寺、南京毘盧寺，開講《法華》與《楞嚴》，詞無礙辯，當時稱為「廣東法師」。其後任天童寺監院，繼升首座。

光緒二十八年（一九〇二），率眾至長沙上林寺，請寄禪為天童住持。旋即隱居普陀逸雲庵，從事著述。其間與楊仁山居士書札往返，討論天台教義，信見楊氏《等不等觀雜錄》卷五。寄禪屢請繼任天童住持，不就。一九一〇年，寂於上海留雲寺，寄禪迎龕歸天童，塔於玲瓏岩。太虛有〈三遊玲瓏岩謁幻人法師墓〉詩懷之。著有《法華經性理會解併或問》、《穿珠集》。《穿珠集》錄禪宗公案一百六十則，版舊存粵東鼎湖經房。

笠雲

芳圃（一八三七～一九〇八），字笠雲，俗姓陳，江蘇江寧人。早歲出家於長沙黎仙庵，性嗜吟詠。光緒九年（一八五九）與同學朱靜軒、易丁橋、袁筱珊等在黎仙庵組織梅花詩社，即以詩名於湘中。

一八七二年為長沙麓山寺住持，與嶽麓書院張方渠山長為方外交。一八八一年行腳遊方，歷訪九華、普陀及金山、天童諸名剎。到杭州時，太史徐花農（琪）慕其詩名，為營精舍於西湖孤山，牓曰「留雲」，謂留麓山之笠雲也。清末廟產興學風潮澎湃，湖南成立僧教育會，議辦僧學。一九〇三年，得日僧水野梅曉之助，創辦湖南僧學堂於長沙開福寺，是我國近代佛學院之濫觴。

一九〇五年，欲考察日本佛教辦學經驗，由水野梅曉陪同，與門人筏喻、道香，東遊日本，歷時七十餘日，備受日本僧俗歡迎。所至與彼邦朝野詩人長岡子爵、森槐南等唱和無虛日。他能詩工書，深為當時名士王闓運、王先謙、俞越等所推許。王闓運稱他「詩格高深，篆法遒美，行草沉著，俱隨臘進」，著有《聽香禪室詩集》八卷及《東遊記》一卷。

默庵

默庵（一八三九～一九〇二），名果仁，俗姓周，湖南衡陽人。咸豐七年（一八五七）於衡山南峰寺從普照出家，受戒後就郴縣法雲學習天台教義。一八六二年，出外遊方，歷訪五台、九華、金焦諸山，尋求知識。後回南嶽祝聖寺閱《大藏經》，精研天台、唯識教義，並以此教人。曾應漢陽歸元寺及寧波七塔寺之請，宣講天台經論。近代湖南有名學僧道階、佛乘等，多出其門下，是近代南嶽著名的佛教學者。

著作有《法華便蒙鈔》、《楞嚴易知錄》、《教觀綱宗釋義記》、《金剛經刊定記會本》、《續人天寶鑑》、《唯識勸學篇》、《閱藏日記》、《近僧記略》等。

清一

古念（一八四二～一九一六），字清一，號幻影，俗姓舒，湖北鍾祥人。弱冠於當地為僧，以他僻無師，偶讀《古尊宿語錄》，大感興趣，遂深研討，漸習文字之學。後行腳參訪，至浙江天目山禪源寺，寺主廣福見他動靜尊嚴，深器重之，即蒙印可。又遊金山、九華，北上五台；繼至北京，在龍泉寺閱藏三年，於各宗教義，略知其要。復還五台山，隱居西庵茅屋，僧徒謁者日眾，乃創極樂寺，以安置學人。

他原屬臨濟法系，閩中鼓山耀靈禪師，聞其道譽，遠至五台相訪，以衲衣及曹洞源流贈之，自是兼弘臨濟、曹洞二宗。光緒二十三年（一八九七），復至北京，其時名聲大振。新學之士之研究佛學者，多就他請益，遂創佛學會於北京。其間受請為西城廣濟寺（即今中國佛教協會所在）住持，學者問道，接踵而至。前後弟子千數百人，被稱為當時華北佛教界長老。著作有《宗鏡提要》四卷。

通智

尋源（一八四三～一九〇八），字通智，別號憶蓮，俗姓阮，江蘇儀征人。清名宦阮元幼子，幼隨父住北京。繼承家學，深通儒書。父逝後，同治十二年（一八七三），從北京龍泉寺本然首座出家。自是研究經典，精進不懈。

光緒四年（一八七八），受具足戒於房山雲居寺。自是行腳遊方，遍參名宿。光緒十四年，至普陀佛頂山，與信真長老師資相契，遂受記莂。是年即開講《楞嚴經》於普陀法雨寺，其後十餘年間，常應請於寧波天童、育王、鎮江焦山、南京古林、揚州萬壽寺等處講經，聽眾常逾數百。光緒三十二年，在寧波育王寺得疾，弟子悟開迎歸普陀療養，越年四月示寂。

他生平最精《楞嚴》，著有《楞嚴經開蒙》十卷，揚州萬壽寺住持寂山，為之刊布行世。寂後印光為撰《通智法師公堂序》。

妙蓮

妙蓮（一八四四～一九〇五），名地華，號雲池，俗姓馮，福建歸化（今明溪縣）人。其父先出家於福州怡山西禪寺。光緒四年（一八七八），他尋父至怡山；因緣會合，遂投鼓山出家，禮寧德龜山崇熙寺奇量為師，旋就鼓山懷忠受戒。他出家後苦學經論，志願宏深，威儀具足，不久即任鼓山監院。為修復寺中殿宇，曾渡台灣募化，信施競獻淨財，諸事得以成就。

一八八四年，繼奇量法席為鼓山住持。越年，南渡新加坡，勸募重建寧德崇熙寺。一八九一年弘化馬來西亞，見其地未有中國佛寺，即於檳榔嶼（華僑稱為檳城）建一巨剎，作為鼓山下院，名極樂寺，他遂被推為開山。規模壯麗，是南洋最初建立的中國佛寺。

後來他到新加坡，著名漳籍華僑劉金榜，請他重興漳州南山崇福寺。他接任後，大事興建，殿堂煥然一新。一九〇四年，他到北京，請得《龍藏》二部，一部送往檳城極樂寺，一部藏於漳州南山寺。他想將南山寺依極樂寺規模，擴建為模範叢林。其功未竣，以微疾示寂於寧德崇熙寺。今台灣凌雲寺、開元寺、超峰寺僧侶，多屬他的法系。近世著名禪僧虛雲即其剃度弟子。

冶開

清鎔（一八五二～一九二二），字冶開，俗姓許，江蘇江都人。幼出家於鎮江小九華山，從師祖蓮庵學習教義，十七歲時於泰縣祇樹庵受具足戒。歷住常州天寧寺、鎮江金山寺參究，後復與同參結茅終南山苦學潛修。光緒十五年（一八八九）重至常州天寧寺，寺主定念深器重之，遂受記莂。光緒十七年，始任天寧寺住持，道望冠於海內。機鋒迅捷，為談禪者所敬服。造殿修塔，皆應念而成。翁同龢曾撰「敷坐默然大千世界，過江到此第一叢林」一聯贈之。民國二年，中華佛教總會改選，公舉為會長，遂被推為江南五老之首。他為響應楊仁山刻經事業，於天寧寺創設毗陵刻經處，與金陵刻經處分任未刻藏經的雕印。

民國六年，日本臨濟圓覺寺派管長釋宗演來訪我國，他與清虛（妙參）、月霞（顯珠）、濟南（清然）、全振（梵泉），所謂江南五老，會之於上海，為近代中日兩國禪僧友好往來的濫觴。民國九年，寺中傳戒，四眾戒子，多至千五百人。此外，為杭州靈隱寺大殿與上海玉佛寺之修建，他都相當盡力。當時華北連年發生水旱災情，他曾給華北佛教籌賑會會長莊蘊寬予大力支持，起到了積極的作用。

月霞

月霞（一八五八～一九一七），原名識悔，得法後依法派改名顯珠。湖北黃岡人，俗姓胡，生於清咸豐八年。幼讀經書，研治醫學。弱冠經歷變故，感到世間庸醫，只能醫人一身，不能醫家醫國，遂發願探討醫心之道，特閱佛書。後來遭遇咸同間的戰亂，嘗到人生種種痛苦，遂萌出家學佛之念，只愁父母不許。月霞在無計可想之際，遂於光緒八年（一八八二）借故辭別二親，脫離家庭纏縛，自漢口順流東下，直往南京，從觀音寺禪定大師披剃，同年至安徽大通蓮花寺，就因如律師受具足戒。

一日，聞老宿云：宋永明延壽禪師有言，威音王以前無師自悟猶可；威音王以後無師自悟者，乃天然外道。戒期畢，決心遊方參學，便攜瓶缽，著衲衣，孤身遠行，遍禮名山，訪道禪林。途中經西安，訪問賢首國師法藏弘法之地，見其遺跡歷然，殘碑屹立，而華嚴宗風寂寥，無人繼起，遂發願重興華嚴，因思隋唐間各宗大德闡揚佛教者，多在北地，遂一一巡禮祖跡，備致懷慕。

後來，朝禮五台山，參拜文殊菩薩；南旋至九華山，禮謁地藏菩薩，觀其翠峰環境幽寂，隔絕人世，乃誅茅結廬，研習法相，深入堂奧，為他後來弘揚法相宗打下了基礎。

光緒十三年（一八八七），月霞以禪宗盛在江南，乃至常州天寧寺，參冶開（清鎔）禪師。冶開當時為禪門宗匠，名重東南，被稱為江南禪宗五老之一。月霞朝參暮請，大有所悟，深得冶開器重，遂嗣其法。其後，又參鎮江金山大定禪師、河南太白頂了塵上座，均視為禪門法器，於是往來南京與赤山之間者十餘年。月霞在南京時，結識了專研唯識的松岩法師。

光緒二十七年（一九〇一），當時宗門老宿，名重禪林的句容赤山法忍禪師，欲至陝西終南山開法，建立道場，月霞乃率領學人先往，時當地長官蘇公施田若干畝，以充道糧，月霞自領僧眾開墾，樹立農禪並重的家風。越年，親迎法忍禪師至終南，大弘禪法，遂成一大道場。不久，法忍禪師以事南返，月霞又隨他到了赤山，從他學習禪法，晝則搬柴運水，夜則席地圍坐，各言自己的領悟，互相發明，深得法忍禪師稱許，遂被擢為首座，禮佛升堂說法。

清末，吾國青年學子，鑑於日本明治維新以後學術發達，赴日留學者眾。日人以佛教傳自中國，譏當時華人不識佛教，數典忘祖。光緒三十二年（一九〇六），楊仁山弟子留東學密的桂伯華居士等，乃聯名邀請月霞至日本講佛學，組織佛學研究會，主講《楞伽》、《維摩》、《圓覺》等經，消息傳播，轟動日本佛教界，大為吾國佛教徒吐氣。

宣統元年（一九〇九），安徽提學使（今教育廳長）沈子培約主安慶名剎迎江寺，遂就寺創辦僧教育會，期以提高僧侶素質，繼之推廣到江蘇、河北各省。不久又與諦閑法師在南京三藏殿創辦僧立師範學堂，自任監督（即今校長）。這是近代中國最早開辦的僧教育之始。辛亥革命時期，政治發生動亂，同學星散，學堂遂告停辦。這時，沈子培又勸他遊歷歐美各國，考察宗教制度及文化狀況。他到了暹羅（今泰國）、緬甸，因不慣南方炎熱，忽染疾病，遂隻身回國，歐美之行遂成泡影。這是他一生引以為憾的事。

編註：此文似未寫完，因為根據作者闡述高僧大德的一般寫作手法，一定會寫明該大德出生於何年何地，並列出其著述等。但在整理作者遺稿中，搜遍各處而不可得，所幸對於月霞法師一生的參學與弘法已基本描述清楚。

慧明

圓照（一八六〇～一九三〇），字慧明，俗姓溫，福建汀州人。幼年出家於汀州無量寺，光緒四年（一八七八）至天台國清寺受戒。其後於普陀、九華、金山、寶華、天童、育王諸寺，從妙智、大海、曉柔諸法師，聽講經論，精研教理，並學習瑜伽梵唄及水陸儀軌等，佛教叢林之間，推為老宿。一八九一年，應普陀化聞和尚之請，初講《法華經》於法雨寺，後歷講《楞嚴》、《法華》、《金剛》、《彌陀》等經論。於寧波天童、杭州靈隱諸大剎，為一般僧俗所崇仰。

一八九二年，他置寮於杭州瓶窰迴龍真寂寺，俗稱迴龍老堂。隱居禪誦，並時出應請為各寺傳戒的開堂。最後住持靈隱寺十餘年，禪風甚盛。他講經不帶註疏，稱性而談，不滯文句，發揮玄悟，雜以因緣譬喻，詞無礙辯，為學人所敬重。他又重視農業勞動，寺中諸務，大眾一律「普請」，有百丈「一日不作，一日不食」之風。他領眾具有方便善巧，所穿衣服鞋襪，時常施予遠來僧眾，故深受禪和子之愛戴。寂後，太虛為撰〈靈隱慧明照和尚行述〉，稱其「志行純備，宗說兼通，不愧為一代高僧」。

道階

道階（一八六八～一九三四），字常踐，號曉鐘，生平服膺靈峰蕅益，自號八不頭陀，俗姓許，湖南衡山人。早歲出家，師事智勝寺真際，越年得戒於師翁碧岩老人，依之數載；繼執經從默庵法師受學。默庵為湘僧中近百年最有學行之人物，尤精於天台唯識教義。他既深入默庵之室，又從寄禪參究，道譽隆起。一九〇一年，住持耒陽金錢山報恩寺，追溯源流，遂奉碧岩、默庵、寄禪為得法師。一九〇七年，南遊星洲、檳榔嶼、仰光大金塔，普禮東南天竺諸佛跡，越年齎玉佛、舍利及貝葉梵書、佛教各種名蹟圖等法物歸國，博得佛教界的讚歎。

一九〇九年入京請藏，法源寺主慕其道行，延為法嗣，遂主法源寺。民國成立，佛教總會成立於上海，設駐京機關部於法源寺，他兼任主任。是冬，寄禪為教務至京，他迎居於法源寺。未幾，寄禪圓寂，他又奉龕南下至天童入塔。一九一三年，他就法源寺發起佛誕二九四〇年紀念，歷時八日，盛會空前，群歎得未曾有。一九二三年，又就法源寺舉行佛誕二九五〇年紀念大會，盛況如前。其間一九一八年，發起續修僧傳，聘請衡陽喻謙，就法源寺編纂自北宋至清季高僧傳記共六十六卷，名曰《新續高僧傳四集》。

一九二五年冬，出席日本東亞佛教大會，任中國佛教代表團副團長。會畢，率張宗載、寧達蘊漫遊台灣及廈門等地。一九二八年，以法源寺事付囑門人，與英語翻譯王岩濤重遊緬甸、印度及尼泊爾，巡禮佛跡。一九二九年代表中國出席仰光世界佛教大會，提倡大乘佛教。一九三四年，圓寂於馬來西亞怡保三寶洞。他一生業績在講經傳戒及舉辦佛教紀念事業，未遑著述，故無著作流傳。

大春

大春（一八七〇～一九二二），名維新，俗姓劉，江西贛縣人。弱冠出家，禮宏化為師。後朝禮五台、峨嵋諸大名山，參訪善知識，學問大進。當時湖南岐山法隱，德學俱高，乃往親近受教。後因往北京請《大藏經》，未能如願，遂留住南京正覺寺。

不久，應請為贛縣光孝寺住持，修建藏經樓及諸殿宇，寺貌煥然一新。時有揚州天寧寺僧文希（號亞髡），為倡辦僧學，將赴日本考察佛教教育，被讒有革命嫌疑，遠謫江西石城縣，他愍其無辜受累，時往存問。辛亥革命後，寄禪、道階、太虛等，北上成立中華佛教總會，他被舉為江西支部會長。住持光孝寺二十三年，對於佛教頗多興革，為江西道俗所推重。

倓虛

倓虛（一八七五～一九六三），名隆銜，俗姓王，河北寧河人。少學岐黃之術，光緒十九年（一八九三）出關行醫，開中藥鋪於營口。一九一四年，遊懷柔紅螺山，聽寶一法師講經，頗有所悟，即發心出家。一九一七年，披剃於淶水高明寺。同年赴寧波觀宗寺受戒，隨入觀宗佛學研究所，從諦閑學天台教義，遂嗣其法。一九二一年後，講經於營口、井陘、北京、天津、西安各地。得到朱子橋、葉恭綽等的幫助，先後創建了營口楞嚴寺、哈爾濱極樂寺、長春般若寺、青島湛山寺等，並歷任北京彌勒院、法源寺、天津大悲院住持。所至修廟、講經、辦學，是近代北方頗有聲望的僧人。

一九四九年應請赴港，就荃灣弘法精舍，創辦華南學佛院。在香港弘法十餘年，以善說法變，很得一般佛徒的信仰。著作有《心經義疏》、《大乘起信論講義》、《天台傳佛心印記釋要》、《金剛經講義》、《佛學撮要》、《楞嚴經講義錄》、《普門品隨聞記》等。弟子大光為他筆記的《影塵回憶錄》，是他口述的自傳。

文希

密萬（一八七八～一九三〇），字文希，號亞髡，俗姓不詳，江蘇江都人。早歲出家，從南京楊仁山居士問學，詩文佛學，造詣皆深。揚州天寧寺住持銘廉聞其名，延為監院，遂嗣其法，為天寧寺住持。他深感僧人無學，為世詬病。一九〇六年，首創普通僧學堂於天寧寺，開江浙兩省僧徒辦學的先聲。越年，兩江總督端方資送日本，考察佛教教育制度。到上海時，因黨案嫌疑，電召回寧，被監禁於江西石城縣監獄。後經調查，與黨案並無關係。由兩江督署於一九一一年，飭准石城縣知事高通祥釋放，是年辛亥革命。

民國元年，他到北京法源寺，協助道階辦理中華佛教總會事務、修改會章及辦理呈請立案。一九一三年，中華佛教總會召開第一次全國代表大會於上海，選舉常州天寧寺住持冶開為會長，他被選為總務主任，太虛主編《佛教月報》。後以人事關係，太虛、文希先後離去。一九一九年，他有赴歐宣傳佛教之議，事未果，後不知所終。

周人菊有《亞髡和尚小傳》，見《南社叢選．文選》卷六。

慈舟

慈舟（一八七七～一九五七），名普海，湖北隨縣人。家世習儒，幼隨父治文史。光緒二十七年（一九〇一），他亦開始教讀。一九一〇年出家於本縣佛垣寺，冬至漢陽歸元寺從大綸律師受具足戒。初聽元藏講演《楞嚴》、《法華》於揚州長生寺，繼往鎮江金山寺參禪。一九一四年秋，月霞創辦華嚴大學於上海哈同花園，他負笈從學四年，後遷杭州海潮寺，始告畢業。後又隨月霞至漢陽歸元寺聽講《楞嚴經》，及武昌中華大學聽講《大乘起信論》。

一九一八年春，應河南信陽賢首山之請，始講《起信論》。講畢，朝禮五台，繼聽諦閑講《圓覺經》於北京，自是先後執教於漢口九蓮寺華嚴大學、常熟興福寺法界學院、鎮江竹林寺佛學院。一九二九年應請為蘇州靈岩山住持，一九三一年又應請於福州鼓山湧泉寺及法海寺開辦法界學院。一九三六年，應請至青島湛山寺講比丘戒相及提倡結夏安居。秋至北京住持淨蓮寺，即將福州的法界學院遷至北京。一九四五年，應請入閩，於泉州雪峰寺宣講經論，越年被選為廈門南普陀寺住持。他一生專研華嚴，而又持戒講律，和弘一並稱為近代兩位律宗大德。

喜饒嘉措

喜饒嘉措（一八八三～一九六八），青海循化（撒拉族自治）縣人。幼年在循化古雷寺出家，後在甘肅拉卜楞寺及拉薩哲蚌寺學經十餘年。一九一四年在拉薩考取「拉仁巴」格西學位（西藏最高學位），曾主持重刻《甘珠爾》大藏經，任總校編，是我國藏語系文化學術界的知名學者。國民黨執政時期，被聘為國立北京、清華、武漢、中央、浙江五大學西藏文化講座講師，並任歷屆國民參政會參政員、蒙藏委員會副委員長等職。

一九四九年以後，先後擔任青海省人民政府副主席及第一、二屆人大代表，第二、三屆全國政協委員及中國佛教協會會長。他任會長期間，朝拜了普陀、九華、五台、天台諸名山，視察僧尼的宗教生活。先後組織中國佛教代表團，訪問了緬甸、印度諸國，巡禮佛跡和進行國際間的文化交流。此外，又兼任中國佛學院院長，為藏經班講授佛學課程。著作有《西藏文化概論》、《喜饒嘉措大師全集》等。

曼殊

曼殊（一八八四～一九一八），俗姓蘇，名玄瑛，字子谷；出家後名博經，字曼殊，以他時僧時俗，也常稱他為蘇曼殊。關於曼殊的血統與生平，有幾種不同的說法。舊說其「父母都是日本人」，十二歲時在廣州長壽寺削髮為僧，不久便去日本探望生母，在那裡住了幾年，學過美術和陸軍，參加過一些革命活動。但新說（柳無忌考定）「蘇曼殊是中國人」。他的父親蘇傑生，經商日本橫濱，娶河合仙為妾，又與日女名若子者結合，生一子，即曼殊。傑生的大婦黃氏在中山縣瀝溪鄉，一八八六年自瀝溪去橫濱，與傑生相聚。曼殊六歲從嫡母黃氏歸瀝溪，入鄉塾。後傑生因經營茶業失敗，亦自日返鄉，河合氏未同行。

一八九六年，他自瀝溪赴上海，讀英文。後二年，到日本留學，入橫濱大同學校，四年畢業。他在大同學校學會了繪畫。一九〇二年赴東京，入早稻田大學高等預科，後改入成城學校，學陸軍。一九〇三年返國，任上海《國民日報》翻譯，不久離滬赴港，轉廣東惠州，在某寺削髮為僧。此說似較可信。他為了研究梵文，曾赴泰國、錫蘭、新加坡等國，從梵學大家學習，著有《梵文典》八卷。生平與章太炎、陳獨秀、柳亞子、劉師培、劉季平、劉半農等為友，加入過柳亞子主持的「南社」。歷任蘇州、長沙、蕪湖、安慶、南京、爪哇各地學校教員。

在他短暫的一生中，寫下了許多小說、詩歌、雜文、譯作等文學作品，並留下不少繪畫的傑作，豐富了我國文學藝術的寶庫。其名著《斷鴻零雁記》小說，一九二四年，梁社乾為譯成英文，由上海商務印書館出版，早已傳播於歐美。一九二八年，柳亞子、柳無忌父子為編《曼殊全集》五冊，出版於上海，風行一時。曼殊之名，遂著聞於世。（柳無忌的《關於蘇曼殊》考證，見《人物》一九八一年第六期）

能海

能海（一八八五～一九六七），俗姓龔，名緝熙，四川綿松人。早年入陸軍學校，畢業後曾任雲南講武學堂教官。一九一三年東渡日本，考察政教實業，半年回國，任四川省軍政機關駐京代表。時張克誠在北京大學講佛教哲學，他與之交遊，於佛學深感興趣。一九二四年回川，從涪陵天寶寺佛源剃度，旋至新都寶光寺從貫一受戒。

不久，大勇自日本學東密歸，組留藏學法團，欲入西藏學習藏密。他隨學法團至康定，從那摩寺格西學法相。一九二九年與同學二十餘人至拉薩，依止哲蚌寺康薩仁波切七年，為其入室弟子。一九三六年，取道印度回國，赴五台山閉關，集成《文殊根本五字真言念誦法》，總攝佛法要義，爾後教授弟子。一九五二年，參加中國代表團出席維也納世界和平會議。回國後率弟子上五台，於清涼橋吉祥寺講學授徒，且率眾造林，建設五台。

一九五三年，中國佛教協會成立，當選為副會長。一九五四年，由四川省選出為全國人民代表大會代表。一九五五年二月，參加在印度新德里召開的亞洲和平會議。他常講經於成都、上海等地，三學並重，而特重戒律。著作有《四分律藏攝頌》、《律海十門》、《定道資糧頌》、《菩提道次第科頌》、《律海心要》、《比丘日誦》；翻譯有《文殊大威德金剛儀軌》、《嘛哈嘎拿儀軌》等。

萬慧

萬慧（一八八八～一九五九），俗姓謝，名善，字希安，父官安徽，因生於蕪湖。早年習世典，畢業於上海復旦大學。後回四川任教成都，其間對佛教發生興趣，遂披剃於成都大慈寺，受戒於貴州高峰山萬華寺。壯歲經雲南西入印度，專攻梵語。曾致書國內友人，報告留學情況，刊載於當時上海出版的《佛學叢報》。後南遊緬甸，曾教授英文於當地華僑中學。

一九二三年，贊襄仰光大學教授盧斯（Prof. G. H. Luce）氏譯事，致力中英文化之交流。晚居緬甸寶井，後即示寂於此。其兄謝無量之友馬一浮為撰塔銘，稱其「藏身異域，結念宗邦」。他以能詩著稱，並精通英日梵巴諸國文字。著作極富，深受華僑的敬仰。著有《慧業精舍吟草》、《佛學大綱》，《梵漢佛教辭典》以過於龐大而未及出版。

性願

性願（一八八九～一九六二），名古志，晚年改稱乘願，別號棲蓮，俗姓洪，福建南安人。幼喪母，依石井東庵德山披剃，光緒二十七年（一九〇一）至廈門南普陀寺從喜參受具足戒。後至南安雪峰寺，從佛化老人參學，並聽會泉講《楞嚴經》。一九〇九年，與轉逢等出省參學，歷住天童、金山、育王等巨剎。居天童最久，歷任各重要職事，德學為寺眾所推重，遂嗣住持淨心之法。

一九一九年受請回閩，先後歷任廈門南普陀、漳州南山寺、泉州承天寺、開元寺等知事職僧，創辦佛學研究社，培育僧才，最後住持永春蓬壺普濟寺，道風肅然，深受僧俗所敬仰。弘一入閩講律，前後十餘載，和他友誼最篤，往來書札亦最頻繁。一九三七年冬，他應旅菲中華佛學研究會之請，前往馬尼拉，為大乘信願寺開山，慘澹經營，不數載而梵宇巍然矗立於馬尼拉市，這是菲律賓有中國佛寺之始。因此，性願也被稱為中國到菲傳道之第一人。日軍侵菲期間，他為避敵軍騷擾，更於馬尼拉市郊籌建華藏寺，經營數載，其規模較信願寺尤為宏大。

抗戰勝利後，一九四八年，應請回至廈門南普陀寺傳戒，頗極一時之盛。戒期完畢，他又創辦覺華佛學院於廈門太平岩，為女眾研究佛學道場。一九四九年，重返菲律賓，他即著手籌辦能仁學校、普賢學校等，教育華僑子弟。自他渡菲建立信願寺以來，菲島各地已相繼建立普陀寺、寶藏寺、宿燕寺、觀音堂、隱秀寺、圓通寺、蓮花精舍、三寶顏福泉寺、三寶寺、宿務定慧寺、納卯寶蓮寺等十餘處大小寺院，為華僑信仰之所寄託。

靄亭

靄亭（一八九二～一九四七），名滿祥，法派號大觀，別號棲雲，俗姓吳，江蘇泰縣人。母早世，五歲就讀，天資聰穎，父極鍾愛。不久，又遭父喪。年十九，投本縣曲塘宏開寺，從文心、智光落髮，為沙彌時仍好學不倦。一九一三年至南京寶華山受具足戒，後歸本寺，入泰縣儒釋高等小學，深為同學所敬重。世出世學，皆植基於是。

一九一四年，月霞創華嚴大學於上海哈同花園，學者聞風而集，他亦至滬入學。同學後來成名的有持松、常惺、慈舟、戒塵等。不久，華嚴大學以故，遷至杭州海潮寺，他仍隨往參學。對華嚴一宗教理，造詣頗深。其後月霞應請，先後於九華山之東崖寺及宜興磬山澄光寺，宣講《楞嚴經》和《法華經》，他都親近座下。一九一八年至焦山，寺主授以書記任知客。

當時凡任叢林重要職事，禪堂為必經之地。一九一九年，遂參禪於常州天寧寺。一九二七年，受鎮江夾山竹林寺妙智記莂，旋任住持，乃創辦竹林佛學院，先後聘慈舟、南亭為主講。一九三二年退居，應香港何東夫人張蓮覺之請，赴港就青山海雲蘭若創辦寶覺佛學社。後移佛學社於香港東蓮覺苑，發行《人海燈》月刊。由於他的佛教活動，對香港佛教界發生不小的影響，香港士女之信佛者，多奉以為師。

一九三五年，東遊日本，考察佛教教育，購得大量佛典註疏以歸，回港後，隱居青山，埋頭著述。太平洋戰爭時期，他避居九龍鄉間數年，治學不輟。一九四五年，戰爭平定。一九四七年，他回江蘇探視師友，歸途因病示寂於香港舟中。著作有《華嚴教義章集解》、《棲雲文集》等。

大勇

大勇（一八九三～一九二九），名傳眾，俗姓李，名錦章，四川巴縣人。清季畢業於四川法政學校，辛亥革命後，歷充軍政司法等職。博覽群書，不足饜其志。一九一七年，皈依佛源法師，設香光學社於重慶，從事佛學的研究。一九一九年，太虛在上海倡立覺社，乃赴滬從他剃度，隨至金山寺受具足戒。

一九二〇年，巡禮五台山，並隨太虛聽講《法華經》於北平。他以我國密宗久已失傳而猶盛於日本，遂發願研求密乘，東渡日本，從高野山金山穆韶，修習密法，盡得其傳以歸。我國密宗，於茲復振，遂有「東密」之稱。他以「藏密」傳入我國西藏已千餘載，又於北平創立藏文學院，學習年餘。

一九二五年，率眾三十餘人，遠入西藏，抵達箭爐後為英人所阻，乃依大格西潔尊，修學藏文經論，對宗喀巴黃教著作，無不心領神會。後依甘孜札迦寺大喇嘛，窮究密宗奧義，得傳阿闍黎法位。一九二九年，以病示寂於甘孜札迦寺，年僅三十有七。黃教重要教典譯成漢文者，已過其半，惜皆未及出版。

持松

持松（一八九四～一九七二），字旃林，後以嗣法從派，易為密林，讀《西遊記》，慕玄奘之為人，故別號師奘。俗姓張，湖北荊門沙洋人。父為塾師，幼從學四書五經及制藝。一九一〇年，於遠安縣觀音洞披剃，後於漢陽歸元寺受戒，學習經論數載。一九一四年，於上海華嚴大學，從月霞聽講《華嚴經》及各宗教義，師事三載。一九一六年返鄂，謁祖印於當陽玉泉寺，復從研究天台教義。

一九一七年月霞應請為虞山興福寺住持，冬即示寂。越年二月，其法弟應慈宣月霞遺囑，以他嗣法繼任方丈。自是創辦華嚴大學預科，親任主講。一九二二年，應請講《攝大乘論》於漢口九蓮學校；講《觀所緣緣論》於武昌佛學院等處。是冬東渡日本，從高野山天德院金山穆韶，受古義真言宗中院一流傳授。

越年回國，於杭州傳法灌頂。武漢諸居士延主武昌寶通寺，盛弘密教。一九二五年，代表中國佛教徒出席東亞佛教大會，備受日本佛教學者之歡迎。會畢，即往新濕，從權田雷斧受新義真言宗各流灌頂，又登比叡山習台密儀軌，並補習梵文文法。一九一七年，自日歸國。先後傳授密法及講演經論於上海、東北、北平、五台、武漢、宜昌、南京、杭州等地，接受結緣灌頂者凡數萬人。

抗戰勝利後，被選為上海靜安寺住持，一九四九年後任上海佛教會會長。一九五七年，率領中國佛教代表團參加柬埔寨舉行的佛陀涅槃二五〇〇週年的紀念盛典，歸途並訪問了越南。著作有《攝大乘論義記》、《釋迦如來一代記》、《華嚴宗教義始末記》、《密教通關》等。

常惺

常惺（一八九六～一九三八），名寂祥，號稚水沙門，俗姓朱，江蘇如皋人。幼從本縣地藏寺剃度，其師自誠令就讀於本邑省立師範學校。一九一四年就學於上海華嚴大學，從月霞研究華嚴教義。畢業後，至南京寶華山受具足戒，旋至常州天寧寺，從唯寬和尚究心禪觀。一九一七年夏，至寧波觀宗寺，從諦閑習天台教義，並廣泛涉獵各宗典籍。

一九一九年，應同學常熟興福寺住持持松之聘，擔任華嚴大學預科教務。一九二二年，安慶迎江寺創辦佛教學校，聘他為校長兼任主講。不久受泰縣光孝寺培安記莂，擬就該寺設覺海學院，以故未果。一九二五年夏，安慶佛教學校學生畢業，適廈門南普陀寺有創辦閩南佛學院之議，他遂被聘為院長，主講《成唯識論》及《因明入正理論》。

一九二七年初夏，閩南佛學院第一屆學僧畢業。秋應昆明王九齡（竹樹）之請，赴滇弘法，創立四眾佛教會，並領導雲南金卍字救護隊，隨軍出發工作。一九二八年，持松（密林）於上海南園傳授東密真言儀軌，他預列壇場，得受明灌頂。一九二九年，北平柏林寺創辦佛學研究社，聘他為主講，並主編《佛教評論》雜誌。一九三一年，兼任北平萬壽寺住持及泰縣光孝寺住持，創辦光孝佛學研究社，從事講學。

一九三三年，南普陀住持太虛期滿退職，他被選為繼任住持兼閩南佛學院院長。一九三六年冬辭職，專任前中國佛教會祕書長。他的著作有《佛學概論》、《因明入正理論講義》等，寂後其門人為印《常惺法師集》行世。

慧道

慧道（一八九七～一九三八），俗姓金，名雲鵬，江蘇上海人。畢業於北京大學哲學科。他因聽美國杜威教授講演，發心研究佛學。一九三二年，從浙江寧波觀宗寺寶靜剃度，專研天台止觀。後棲隱紹興蒿壩龍會山普淨蓮社，究心天台教義，並從事佛經的英譯。曾譯《童蒙止觀》（*The Practice of Dhyana Beginners*）一書。

美國佛教徒高智安（Dr. Dright Goddard）聞其名，一九三三年特自美來華相訪，數年之間，和他合譯了《金剛經》、《道德經》、《楞嚴經》，在美出版。又應高智安之請，譯《大乘起信論》方脫稿，未及出版，因積勞而逝世。他出家後，持戒精嚴，過午不食，背不著席，孜孜譯經，為佛教界所敬仰。

芝峰

芝峰（一九〇一～一九七一），名象賢，別號止止齋主人，蟄翁、無言、慧風等，俗姓石，浙江樂清人。小學畢業後，從舅氏萬定出家於本邑白龍洞。從塾師攻讀子史詩文。一九一五年，受戒於永嘉妙智寺，初從寧波觀宗寺名宿諦閑研究天台教義。一九一九年，執教永嘉護國寺的雨僧學校。

一九二二年，太虛創辦佛學院於武昌，他前往問學，聽講唯識法相，並隨太虛講學各地，備聞各宗教義。後回永嘉普覺寺，閉關閱藏。未幾，主講天台教義於永嘉護國寺。一九二八年，應聘至廈門南普陀寺閩南佛學院任教務主任，講授唯識及禪學，並主編《現代佛教》月刊，前後六年，造就頗眾。一九三三年，離廈至武昌，任《海潮音》月刊編輯，並主持世界佛學苑研究部。一九三五年，應同學亦幻之請，至慈谿鳴鶴場金仙寺，主講於白湖講舍。

一九四九年以後，返初服，改名石鳴珂。初任浙江平湖師範教員，繼任杭州佛協主辦的佛教小學校長。一九五三年，應請至北京，任中國佛教協會主辦的《現代佛學》編輯，後兼任佛協副祕書長。他生平對天台、法相，都有精深的研究，晚年尤深研禪宗語錄。譯著有《成唯識論講話》、《碧巖錄講座》、《禪學講話》等。其他文字，多散見於《現代佛學》及各佛教雜誌。

顯蔭

顯蔭（一九〇二～一九二五），名大明，俗姓宋，江蘇崇明人。早歲肄業崇明師範講習所，善詩文，聰穎冠於儕輩。年十七，因友人介紹，從寧波觀宗寺住持諦閑出家，受戒於慈谿五磊寺。後在觀宗寺專研天台教義四年，學力大進。一九二二年冬，應聘任上海《世界佛教居士林刊》主編。

一九二三年，東京大地震，災情慘重，他和包承志代表「上海佛教普濟日災會」赴日慰問。事畢，留學高野山，從金山穆韶學習密宗，得授阿闍黎位。以宿慧為金山所器重，方期其大成，以積勞致疾，回國後寂於上海，年僅二十四。金山阿闍黎為建塔於高野山，以誌紀念。他的著作多未出版。一九二一年他剛弱冠時，為丁福保主編《佛學大辭典》所撰之駢體序文，洋洋千言，足以見其學力之一斑。

法尊

法尊（一九〇二～一九八〇），名妙貴，號敬之，俗姓溫，河北深縣人。幼年於五台山出家，一九二二年受具足戒於北京法源寺。旋入武昌佛學院，受教於太虛。一九二四年，大勇創設藏文學院於北平，他參加學習一年。越年，隨大勇所率赴藏學法團到康定，繼在甘孜從札迦格西學習一年。札迦寂後，他入藏學法於拉薩哲蚌寺。又從安東格西受學，留藏十年，精通藏文三藏。

一九三六年，自西藏回重慶，主持漢藏教理院教務十餘年。一九五〇年到北京，初在菩提學會主持譯事。一九五三年，中國佛教協會成立，當選為常務理事。同年，中國佛學院成立，兼任副院長；一九八〇年任院長。他精通西藏語文，在藏期間，隨學隨翻。西藏佛教格魯派重要論著，若宗喀巴的《菩提道次第》、《密宗道次第》、《辨了不了義論》等；漢文三藏闕譯要典若《現觀莊嚴論》、《辨法法性論》等，都由他首譯弘通。此外，又譯《社會發展史》等為藏文。最後，還譯了藏文法稱的《釋量論》及僧成的《疏》二十餘萬言。作為旅行記，他還寫過《我去過的西藏》一書。

法舫

法舫（一九〇四～一九五一），原名法芳，俗姓王，河北井陘人。一九一九年於北京法源寺出家，禮湘僧是岸為師，不久就法源寺受具足戒。北平藏文學校畢業後，一九二二年轉入武昌佛學院，從太虛、張化聲等更攻佛學，尤深研俱舍。一九三〇年，任教北平柏林寺佛教教理院。一九三三年重返武昌，任職世界佛學苑圖書館考校室主任，並任《海潮音》月刊編輯。

抗戰期間，轉入重慶，擔任漢藏教理院教務主任。一九四〇年，奉院長太虛命，率領學僧數人學習南傳佛教於緬甸、印度、錫蘭各地，並宣揚大乘佛教教義，同時致力梵文與巴利文的研究。一九四九年，錫蘭大學聘其為教授，請他以梵漢文對照為錫蘭學徒講授《阿毗達磨俱舍論》。

一九五〇年，代表中國出席在科倫坡召開的世界佛教聯誼會。後因積勞成疾，以腦溢血示寂於錫蘭。他生平博通大小乘佛教，尤精俱舍，著有《俱舍頌講義》，其他著作，多未及出版。

洞山良价之學道

藥山惟儼門下有數子，潭州道吾山之圓智，與雲巖山之曇晟，最為著名。曇晟初投百丈懷海，侍巾瓶二十年，逮海入滅，乃參藥山有省。曇晟之下，出洞山良价。良价會稽人，卅歲出家，聰穎特達，師令參五洩山靈默禪師，靈默為馬祖道一之資。

良价在五洩山未久，靈默遷化，乃至嵩山具戒，尋遊方謁南泉普願，值馬祖道一諱辰，普願向眾：「來日設馬祖齋，未審馬祖還來否？」眾皆無對。良价出云：「待有伴即來。」願云：「此子雖後生，甚堪雕琢。」後參雲巖山曇晟，問無情說法之旨云：「無情說法據何典教？」晟云：「豈不見《彌陀經》云：水鳥樹林悉皆念佛念法。」价有省述偈云：「也太奇！也太奇！無情說法不思議。若將耳聽終難會，眼處聞聲方得知。」

宣宗大中末，价於江西新豐山接學徒，後移筠州（高安）洞山盛化，故以洞山為世所知。咸通十年，剃髮披衣，奄然而逝。弟子悲號太甚，价急開眼云：「夫出家之人，心不依物，是真修行。勞生息死，於悲何有？」乃召主事辦愚癡齋，眾猶哀戀不已。延至七日，食方備。价齋訖戒喧動，沐浴端坐永眠。

良价出家後，因母想念甚切，作〈辭北堂書〉致意，附詩二首：

未了心源度數春，翻嗟浮世謾逡巡。幾人得道空門裡？獨我淹留在世塵。
謹具尺書辭眷愛，願明大法報慈親。不須灑淚頻相憶，譬似當初無我身。

巖下白雲常作伴，峰前碧嶂以為鄰。免于世上名和利，永別人間愛與憎。
祖意直教言下曉，玄微須透句中真。合門親戚要相見，直待當來證果因。

良价自是杖錫南詢，又經十秋，作〈後寄北堂書〉，慕道懇切，情見乎詞，再附一詩云：

不求名利不求儒，願樂空門捨俗徒。煩惱盡時愁火滅，恩情斷處愛河枯。

六根戒定香風引，一念無生慧力扶。為報北堂休悵望，譬如死了譬如無。

其母接書後，回書（附孃回書）云：「吾與汝夙有因緣，始結母子恩愛情分。自從懷孕禱神佛，願生男兒。胞胎十月，性命絲懸。得遂願心，如寶珠惜，糞穢不嫌於臭惡，乳哺不倦於辛勤。稍自成人，遂令習學；或暫逾時不歸，便作倚門之望。來書堅要出家，父亡母老，兄薄弟寒，吾何依賴？子有拋孃之意，孃無捨子之心！一自汝往他方，日夜常灑悲淚。苦哉苦哉。今既誓不還鄉，即得從汝志，不敢望汝如王祥臥冰，丁蘭刻木；但如目連尊者，度我脫沉淪，上登佛果。如其不然，幽譴有在，切宜體悉！」

良价學道之精勵，與其慈母之濃情，讀者能無感動乎？价自誡詩云：「不求名利不求榮，只麼隨緣度此生。三寸氣消誰是主？百年身後謾虛名。衣裳破後重重補，糧食無時旋旋營。一個幻軀能幾日？為他閒事長無明！」

羅漢桂琛

雪峰義存門下的神晏、慧稜、師備、文偃，聲望最高、力量最大者，莫如雲門文偃。然羅漢桂琛亦當代的名匠，他本是雪峰的資，而後嗣玄沙師備的。琛說南方的知識，商量浩浩的，不如我這裡種田摶飯喫，可以想見其思想上的自負。

桂琛，浙江常山（衢州）人，姓李，自幼厭俗，齋茹一餐，調息終日。達弱冠後出家，事萬歲寺無相，學毗尼。一日為眾登台宣戒本了曰：「持犯束身，非解脫也。依文作解，豈發聖乎？」乃自發奮訪南宗，初謁雲居（江西永修縣），去而參雪峰、玄沙二老，未有所得。後得旨於玄沙，於色空明暗，廓然無惑。

師備嘗問：「三界唯心，汝作麼生會？」桂琛指椅子云：「和尚喚這箇作什麼？」備云：「椅子。」琛云：「和尚不會三界唯心。」備云：「我喚這箇作竹木，汝喚作什麼？」琛云：「桂琛亦喚作竹木。」備云：「盡大地覓一箇會佛法底人不可得。」由是愈加激勵。師備誘導學者，皆命琛助發。故雖深韜藏，而道譽甚遠。

王誠與桂琛 漳州刺史王誠，於閩城西之石山創梵宇，名地藏院，請琛演法。駐錫十有餘年，來往有二百眾。後為勤州太保瑯琊王公志所請，移於漳州羅漢院，不數歲，而學徒大集，盛闡玄要。後唐明宗天成三年（九二八）示疾，安坐而終，春秋六十二。

《宋高僧傳》卷十三云：「琛得法密付授耳。時神晏大師，王氏所重，以言事脅，令捨玄沙嗣雪峰，確乎不拔，終為晏讒而凌轢，惜哉！」

桂琛之心要 桂琛之思想，具體難明。但據下面問答，可知其心要。

師見僧來，舉拂子曰：「會麼？」僧曰：「謝和尚指示學人！」「師曰：「見我豎拂子便道指示學人，汝每日見山見水，可不指示汝耶？」

又見僧來，舉拂子，其僧讚歎禮拜。師曰：「見我豎拂子便禮拜讚歎，那裡掃地，豎起掃帚，為甚不讚歎？」

師插田次，見僧乃問：「甚處來？」云：「南方。」師云：「南方近日佛法如何？」云：「商量浩浩地。」師云：「爭如我這裡種田博飯喫。」云：「爭奈三界何？」師云：「儞喚什麼作三界？」

桂琛與文益　羅漢桂琛，出清涼文益。益廣涉經教，尤悟入華嚴圓融之深義。初投新定智通院全偉削染，弱齡納戒於越州（紹興）開元寺，時有律師希覺，盛化於明州鄮山育王寺，乃往聽習，領其微旨，兼探儒典，以遊心文墨，希覺目為我門之游夏，可以知其造詣。後玄機一發，不安持犯，飛錫南詢，見福州長慶院（怡山）之慧稜，稜雪峰義存之嗣也。雖未契玄旨，為眾所推服。尋更結伴侶，出西湖（福州城外），適大雨急至，溪水暴漲，不能進，暫寓城西地藏院，即桂琛之道場也。

琛知文益在長慶門下為脫穎，故銳意接之。琛問：「上座何往？」益曰：「迤邐行腳去。」琛曰：「行腳事作麼生？」益曰：「不知。」琛曰：「不知最親切。」益於言下有省。又舉《肇論》至天地與我同根之處，桂琛云：「山河大地與上座自己是同是別？」文益云別。琛豎兩指，益云同。琛又豎兩指便起去。

文益等欲辭去，桂琛門送之問曰：「上座尋常說三界唯心，萬法唯識。」乃指庭下片石云：「且道此石在心內在心外？」文益云：「在心內。」琛云：「行腳人著甚來由安片石在心頭耶！」益窘無以對，即放包依席下求決擇，近一月餘，日呈見解，說道理。琛語之云：「佛法不恁麼。」益云：「某甲詞窮理絕。」琛云：「若論佛法一切見成。」益於言下大悟。同行法進等，欲歷覽江表叢林，益亦隨行，至臨川，州牧請住崇壽院。

江南國主李昪，於後晉天福二年（九三七）受吳主之禪，即帝位於建康，國號南唐，改元曰昇元。文益為南唐李昪所請，住金陵報恩禪院，旋遷主清涼寺。一日，與李王論道罷，同觀牡丹花，王命作偈。文益即賦云：擁毳對芳叢，由來趣不同。髮從今日白，花是去年紅。豔冶隨朝露，馨香逐晚風。何須待零落，然後始知空。

文益於金陵三座大道場，朝夕演法，諸方禪林，皆靡其風化。玄沙師備之法門，乃中興於江表。後周世宗顯德五年（九五八）七月示疾，南唐元宗李景親加禮問，跏趺而逝，壽七十有四，諡為大法眼禪師，遂為法眼宗之開祖。

永明延壽之禪境

五代喪亂，佛教漸衰，至宋又有復興之象。永明延壽禪師，倡導祖佛同詮、禪教一致之說，折衷法相、三論、華嚴、天台，以融入於禪，持律精嚴，坐禪念佛，持密咒，欣往生，作《禪淨四料簡》，儼然集一切佛法於一身。著《宗鏡錄》百卷，持理高遠，立論雄健，開諸宗融合之端緒。

延壽，浙江餘杭人，姓王，早歲歸心佛門，及冠，日一食誦《法華經》。年二十八，為華亭（今松江）鎮將。一日乘舟歸錢塘，見漁船萬尾戢戢，惻然以錢易之，放之江中。時雪峰義存之嗣翠巖令參，止於龍冊，大闡玄化。吳越文穆王元瓘，知壽之志許其出家，壽乃就參削髮，行清苦頭陀。尋習定於天台山天柱峰下九旬，因謁德韶，韶一見深器之，密授玄旨。壽初住明州雪竇山有詩云：「孤猿叫落中巖月，野客吟殘半夜燈。此境此時誰會意，白雲深處坐禪僧。」

後住西湖永明寺（淨慈），學侶盈二千，有偈示宗旨云：「欲識永明旨，門前一湖水。日照光明生，風來波浪起。」

壽居永明十五年，度弟子一千七百人，常為七眾授菩薩戒。夜施食於鬼神，放諸生類，不可稱算。散花行道，以餘力念《法華經》一萬三千部。道譽聞於海東，高麗國光宗大成王覽壽言教，遣使齎書，敘弟子禮，奉金線織成僧伽黎衣、紫水晶念珠、金澡罐，令彼國僧三十六人，承壽印記，還高麗弘法，於是法眼一宗，行於海外。

雪竇重顯之風格

重顯，字隱之，為雲門禪師四世之法孫，中興雲門宗於宋代之巨匠。其法統之相承為雲門文偃、香林澄遠、智門光祚、雪竇重顯。顯生於宋太平興國五年（九八〇）四月八日，為明州雪竇山（寧波奉化溪口）資聖禪寺第六代。顯四川遂州人，姓李，幼好讀書作文，然懷丘壑之志，初就益州（成都）普安院仁銑落髮，受具後出蜀，浮沉於荊渚之間。嘗與客論趙州宗旨。

客云：「法眼禪師昔邂逅覺銕觜者於金陵，覺趙州侍者也，號稱明眼。問曰：趙州柏子樹因緣記得否？」覺曰：「先師無此語，莫謗先師好。」法眼拊手曰：「真自師子窟中來。覺公言無此語，而法眼肯之，其旨安在？」

顯云：「宗門抑揚哪有規轍乎？」時有苦行韓大伯，輒匿笑而去。客退，顯數之云：「我偶與客語，爾乃敢慢笑，笑何事？」對云：「笑知客智眼未正，擇法不明。」顯云：「豈有說乎？」對以偈云：「一兔橫身當古路，蒼鷹一見便生擒。後來獵犬無靈性，空向枯樁舊處尋。」

顯聞而異之，結以為友。顯與學士曾會為方外交，行腳之中，值於淮上。會云：「何之？」顯曰：「將遊錢塘，絕西興，登天台雁蕩。」會云：「靈隱天下勝處，珊禪師吾故人。」乃以書薦顯。顯至靈隱，三年陸沉眾中。曾會使浙西，訪顯於靈隱，無有識者。堂中僧千餘，物色始得顯。會問以向所附之書，顯自袖中出之云：「公意勤，然行脫人非督郵（送信）也。」會大笑，珊奇之，蓋重其超脫也。時蘇州翠峰虛席，遂舉顯出世開法。後曾會守四明，請顯住明州雪竇山資聖寺，宗風大振，學侶雲集，號雲門宗之中興，侍中賈昌朝奏，賜明覺大師之號。

重顯禪機峻峭，夙稱翰林之才。錦心繡腸，所作詩偈，於古今禪者中，有獨步之概。顯擇古代百則公案，以韻語頌出其奧祕，是為《雪竇頌古》；後圜悟克勤出，附以垂示、著語、評唱，發揮玄微，門人等集之名《碧巖集》，乃基於此一百則之頌也。

據宋善卿所著《祖庭事苑》，舉雪竇遺著八種如下：《雪竇洞庭錄》、《雪竇後錄》、《雪竇瀑泉集》、《雪竇拈古》、《雪竇頌古》、《雪竇祖英集》、《雪竇開堂錄》、《雪竇拾遺》。

可知雪竇之著作，早已廣行於世。其中《頌古百則》，為《碧巖集》之骨子，永留不朽之名。其次雪竇《祖英集》二卷，集有重顯所作感興、懷別、貽贈之作二百二十首，久已流傳禪林，實為禪門詩偈之模範。

蕅益大師與閩南

蕅益大師為明末四高僧之一，平生行解相應，著作等身，其學問道德與平生行業，為近代弘一法師所推重。他與閩南的法緣，亦大略與弘一法師相似。據其自傳《八不道人傳》自稱：俗姓鍾，名際明，字振之，古吳木瀆人。生於明萬曆二十七年（一五九九）。

早歲學儒，誓滅釋老，後閱〈自知錄序〉及《竹窗隨筆》，乃不謗佛，取所著闢佛論焚之。後聞地藏本願，發出世心。夢憨山大師，哭恨緣慳，相見太晚。一月之中，三夢憨師。師往曹溪，不能遠從。乃從憨翁門人雪嶺師剃度，命名智旭。

夏秋作務雲棲，聞古德法師講唯識論，一聽了了。二十七歲，遍閱律藏。三十歲，始述《毗尼事義集要》及《梵室偶談》。三十一歲至博山（今江西廣豐縣博山能仁寺），隨無異禪師至金陵，盤桓百有十日，盡諳禪門近時流弊，乃決意弘律。三十八歲，住九華。四十一歲，住溫陵（泉州），述《大佛頂玄義文句》。（今泉州大開元寺所藏《梵網經》，有蕅益大師親筆題記：「崇禎辛巳（一六四一），古吳智旭，喜捨陸部，奉大開元寺甘露戒壇，永遠持誦。」二十五字，當即在此時）四十二歲，住漳州，述《金剛破空論》。（大師在漳州時，係住岱山廣嚴寺。寺毀於太平天國之役，今已無存）

蕅益大師的主要著作有《靈峰宗論》、《閱藏知津》、《法海觀瀾》、《起信論裂網疏》等。

他對並世高僧最服膺的是顓愚觀衡（憨山弟子），他撰的〈祭顓愚大師爪髮缽塔文〉，於其德行推崇備至。他說：「人不難相愛，難於相知，翁真知我者哉。世縱有一二愛且知者，而志操相攜，某雖不敢擬翁泰山之德，幸三事略無違焉。……故凡聞翁之風者，頑夫廉而不濫，懦夫立而不傾。伯夷之隘，所以為聖之清也。」他在泉州草庵度歲時，曾為學人傳貫、性常講解祭文，寄慨時弊道深，幾乎淚下。

大師名智旭，以蕅益之號聞於天下。然入閩以後，別名「素華」，卻很少有人知道。余特列舉所見資料有關「素華」者，以介紹之，俾未聞者得共識焉。

鼓山為霖禪師泉州《開元語錄紫雲如是思律師傳》：「有素華者，講席義虎也，一見遂有死生之契。道經九華，為眾所留。無何，受業滿公訃音至，不得已，別素奔歸治喪。……復遣人迎素法師來溫陵，大弘教法，且嗇其用力佐之。素之道遂克大行。」

《憨山大師年譜疏》（第八頁）：「憨祖與六祖，同為宗教總持，同現曹溪法身，同無單傳衣鉢。嗣法孫素華智旭，有初緣發心、夢中攝受之因，當世宗教合一人也。」

錢謙益《有學集》卷五十〈書蕅益道人自傳後〉：「予老皈空門，與道人有支許之契。……道人名智旭，號素華，亦云蕅益。傳文不載，法得附書。」

又《有學集》卷四十四，錢氏有〈與素華法師書〉（論修《續燈》）：「孟夏奉手書，感歎無已。……彌天飛錫，仍歸舊隱，恨不能腰包戴笠，撒手因依。……去歲接席，曾談《續燈》一事，深荷許可。……此非獨紫柏老人❶未了之願，實末法一萬年中慧命所繫。」

❶《有學集》又載錢謙益〈答覺浪和尚書〉云：「每思紫柏大師，謂本朝單傳一宗，幾乎熄滅，《續燈》未續，是出世一大負。今世魔外交作，狂瞽橫行，宗師如林，付拂如葦。」

八指頭陀與笠雲芳圃

一

幼時遊漳州南山寺，嘗於丈室壁間見一老僧造像，長髯豐頤，狀貌奇偉，寺僧性願法師謂是八指頭陀。有自題小影詩云：「六十餘年夢幻身，幾多歡喜幾多瞋。儘容蔑戾車成隊，轉與阿修羅結鄰。青鳳山前聊葬骨，白蓮花裡且棲神。髑髏擊碎渾無事，大地何曾有一塵！」詩中梵語音譯雖不了了，頗酷愛之，故至今猶能成誦。其後讀書廈門五老峰前，假得《八指頭陀詩集》，讀其詩想見其為人。又讀太虛法師所撰《中興佛教寄禪安和尚傳》，始知寄禪不僅為近代詩僧，亦為中興佛教之大德，深致敬仰。其傳中第五章云：「和尚既奉賢楷禪師為本師，又以笠雲圃學行超妙，亦事以師禮。」一時某書家偶寫一詩贈余，句云：「得得扶筇上翠微，寒林空見白雲飛。鐘鳴古寺人初靜，月滿蒼松鶴未歸。」記云：「右錄八指頭陀宿嶽麓寺待笠雲長老不歸詩」，以是因緣，余於笠雲，遂心儀之。

八指頭陀詩名滿天下，至今人多知之，《海潮音》（第十二卷）且曾為出特刊紀念，大醒法師又撰《八指頭陀評傳》及年譜，發揚古德之幽光，可謂至矣。笠雲圃不唯以詩名，且為近代首創僧學堂之前輩，其人其事，堪為後學表率；然今世知之者已寡。余生也晚，僅能於《八指頭陀詩集》中得知其與寄禪之師資關係而已。爰以近年所得資料有關笠雲圃者，整理而略敘之，使讀者彷彿其為人，是余之願也。

二

詩僧芳圃，字笠雲，湖南長沙人。早歲出家，行腳江南，曾住西湖留雲精舍，晚年為南嶽七十二峰最北端之麓山寺住持。法系屬臨濟宗，其法嗣法孫，無慮數百人，不僅湖南一省，其支派直蔓延至長江流域。清末中興佛教之寄禪和尚即笠雲圃麓山法派高足之一人也。太虛法師之《中興佛教寄禪安和尚傳》，洋洋十餘章，於笠雲圃僅謂「學行高妙，亦事以師禮」，似未注意其法派之傳承，不無簡略之嫌。

檢《八指頭陀詩集》癸酉年（一八七三）所作〈宿嶽麓寺待笠雲長老不歸〉詩時，似尚未得法於笠雲圃。次十年後之甲申年（一八八四），作〈自海上歸與本師雲和尚夜話〉，始稱本師。詩云：「不侍巾瓶側，匆匆已十年。早知毛布意，何用草鞵錢？夜雨談詩坐，孤燈對榻眠。別來多少事，語罷欲潸然！」其後，乙酉年有〈遊仙四章與笠老人作〉，己亥年有〈十二疊韻呈笠雲本師〉，最後辛丑年所作〈送和莽上人主錫嶽麓萬壽寺〉五古一首自註，記其與笠雲圃之師資關係至明。詩云：「蘭若闢西晉，法崇實初祖。衡山何巖巖，分秀鍾靈宇。……風篁響梵音，鶴皇流法乳。我昔維摩室，瓣香笠雲圃。（自註：笠雲圃公為余嶽麓得法本師）鈍根負虛望，於道曾無補。上人有雄力，龍象繩其武。……伊余忝法親，來聽上堂鼓。卻笑溈山牛（自註：和莽為余溈山法嗣），今作虎岑虎。（自註：麓山寺有虎岑堂，唐景岑禪師遺事，見《傳燈錄》）」

寄禪與笠雲之師資關係，自記甚明；非徒仰其學行超妙，事以師禮而已。

笠雲圃性嗜吟哦，有《聽香禪室詩集》八卷行世，為清末俞曲園老人所推稱，與其法嗣寄禪之《八指頭陀詩集》，同為清末佛教文學史上之佳作。

三

戊戌政變（一八九八）之後，勝清朝野，盛唱變法自強之說。破壞固有舊物，吸收歐美文化之餘，佛道二教之道，殆不足顧。政治上在化無用為有用之口號下，佛教寺院之財產為新學之徒所沒收，僧侶惶惶，無可告訴。讀《八指頭陀詩集》可以窺見一二。其癸卯年（一九〇三）所作〈奉訪陸太史次前韻〉詩云：「相逢休話永嘉年，痛哭金甌缺不全。佛眼亦因塵劫閉，禪心如在滾油煎！七分擬割花宮地（自註：時議僧道十分田產者抽七分充學堂經費），一線憂存杞國天。太息江河今日下，中流砥柱賴公賢。」

又越年甲辰（一九〇四），寄禪所作並序云：「今秋八月，廣東揭陽縣，因奉旨興辦學堂，驅逐僧尼，勒提廟產，時有老僧禿禪者年已八十，不堪地棍衙役之擾，乃斷食七日作辭世偈八首，合掌端坐而逝。余哀之，次其韻以記一時法門之難。其第三及第五首云：『謗佛排僧口爍金，不容地上有禪林。慈悲忠恕原同理，猶感純皇護教心（自註：想忠恕，念慈悲，思感應，三教同心。此純廟難群臣汰僧之語也）。人非豺虎日磨牙，公牘紛紛入省衙。試問揭陽賢大令，老僧何事要拖枷？』」

同時曼殊大師曾斥此輩為「新學暴徒」，其說部《斷鴻零雁記》第六章云：「……二日已至廣州，余登岸步行，思詣吾師而別；不意常秀寺已被新學暴徒毀為墟市，法器無存，想吾師此時已歸靜室，乃即日午後易舟赴香江。」亦為此時毀佛記事之一斑。

青按：廣州舊有光孝、長壽、華林、大佛、六榕、海幢諸巨剎。長壽寺即曼殊所謂之常秀寺（諧音）已全毀，華林寺戰前僅存一羅漢堂，其餘大佛、海幢諸寺，亦蕭條不堪矣。

四

此種破壞佛教運動，當時殆波及於全國。緇素大德雖奔走呼號，終不能制止。然耶教恃歐美列強之關係，勢力極大，其傳道乃受條約所保護。是時日本亦不甘落後，派僧侶深入中國內地開教。近讀印順法師《太虛大師年譜》光緒三十四年條云：「……先數年，清廷廢科舉，興學堂，各地教育會，每藉口經費無著，提僧產充學費，假僧舍作學堂。僧界惶惶不可終日。日僧水野梅曉、伊藤賢道等乘機來中國，誘引中國僧寺受其保護，杭州即有三十餘寺歸投真宗之本願寺，遇事即由日本領事出為維護。事發，清廷乃有保護佛教，僧眾自動興學，自護教產，另立僧教育會之明令。浙江之寄禪、松風、華山，江蘇之月霞，北京之覺先等，先後相共致力於自動興學之舉。」

然是時吾國僧界人材寥落，非設立教育機關，培植人材，不足以禦外侮。於是笠雲圃乃於光緒二十九年秋（一九〇三）與日僧梅曉，首創「湖南僧學堂」於長沙開福寺，是為吾國近代僧教育之濫觴。吾師覺三老人即就讀於湖南僧學堂。印順《太虛大師年譜》光緒三十年條云：「是年，日僧水野梅曉來華，助寺僧於長沙辦湖南僧學堂，以抵制官紳之佔寺奪產，為中國僧寺辦學護產之始。」恐係光緒二十九年之誤？

自湖南僧學堂開設後，南京楊仁山居士亦起而響應，創辦祇洹精舍，遂成大江南北開辦僧學之風尚。楊州文希（別號亞髡）和尚於天寧寺，創辦普通僧學堂，欲赴日本考察佛教教育，為諸山所陷，誣為串通革命黨，為端方所捕，繫獄於江西石城者三年，辛亥革命光復後始釋出。此種辦學護教之全國性運動，既反應於清廷，於是光緒三十一年，德宗乃宣諭禁止地方官紳魚肉寺院財產。自是各地官紳佔寺逐僧之氣燄始稍衰。

五

笠雲和尚為考察明治維新以後日本佛教之改革與設施，於光緒三十一年（一九〇五）三月二十八日，自湖南長沙開福寺僧學堂出發，與開福寺退居筏喻和尚、杲山寺退居道香和尚，及日本曹洞宗僧徒水野梅曉一行四人，乘輪赴漢口，取道上海前往日本。往來七十餘日，著有《東遊記》一冊。余初於《海潮音文庫詩選》中，見有署名虎岑僧笠雲泛海遊日及在日本贈石埭居士詩各一首，未解虎岑為何處。及讀太虛法師遊嶽麓寺詩結句有「虎岑堂寂寂，來覓大蟲聲」，意必為嶽麓寺堂名，後讀《八指頭陀詩集》自註，果然。

笠雲與筏喻、道香、梅曉四人，於光緒三十一年四月三日附船東渡。笠雲有詩記遊云：「光緒乙巳（一九〇五）四月三日由申浦與日本梅曉大師及筏喻、道香兩退閑乘輪之日本，泛海有感：七十年人東海遊，偶扶衰病上船棲。不辭浩瀚風濤惡，來覓蓬萊清淺流。故國回看猶在眼，孤燈挑盡獨成愁。近聞遼瀋方酣戰，糜爛天心何日休！」（時日俄之戰方酣）

笠雲在日本，歷遊長崎、尾道、向島、伊豫、大阪、京都、靜岡、橫濱、東京、江之島、黃檗山等地，遍訪日本佛教各宗本山名剎，與朝野緇素多有唱和。著名長老，有伊豫瑞應寺高田道見和尚、永平寺悟田禪師、福山日置嘿仙禪師、橫濱西有寺穆山長老（悟田與穆山為當時日本法門領袖）。細川道契、石川素堂等，名流有東亞同文會會長岡子爵、森槐南、永井禾原、牛島海雪、大久保湖南、岩溪裳川等詩人，山田湖南、橫尾幽石二詩僧，島津伯爵、榎本子爵、伊澤修二、島田蕃根、柏原文太郎、安宅良孝、永阪石埭等學者。

笠雲至東京，同鄉黃績宣、陳師曾等來訪，設齋慰勞，並以詩贈別。陳師曾為陳三立長子，善畫，與李叔同（弘一法師）同於是時留學東京，為笠雲與八指頭陀之詩友。黃績宣為湖南紳士，後與笠雲等離日同舟返國。笠雲於六月六日歸國至滬，同月十一日返抵長沙。

弘一大師傳

一

弘一大師是我國近代新文化運動早期的活動家，中年出家後成為佛教律宗有名的高僧。他雖然逝世近四十年了，但他的聲名仍為國內外人士所仰慕。

大師的前半生以李叔同（別名很多）馳名於藝術教育界，是我國最初出國學習西洋繪畫、音樂、話劇，並把這些藝術傳到國內來的先驅者之一。一八八〇年舊曆九月二十日生於天津一個富裕的家庭。俗姓李，幼名成蹊，學名文濤，字叔同，名號屢改，一般以李叔同為世所知。他原籍浙江平湖，父名世珍，字筱樓，清同治四年（一八六五）會試中進士，曾官吏部。後來在天津改營鹽業，家境頗為富有。李叔同五歲時，他的父親就去世了。他有異母兄弟三人，長兄早年夭折，次兄名文熙，又名桐岡，字敬甫，是天津一個有名的中醫。他行第三，小字三郎。

李叔同的幼年也和一般當時的文人一樣，攻讀《四書》、《孝經》、《毛詩》、

《左傳》、《爾雅》、《文選》等，對於書法、金石尤為愛好。他十三、四歲時，篆字已經寫得很好，十六、七歲時曾從天津名士趙幼梅（元禮）學填詞，又從唐靜岩（育厚）學書法。這個時期和他交遊的有孟定生、姚品侯、王吟笙、曹幼占、周嘯麟，同時友戚同輩有嚴範孫（修）、王仁安（守恂）、陳筱莊（寶泉）、李紹蓮等。還有一點以前傳記未曾提到的，是他在遷居上海以前，曾以「文童」進過天津縣學，受過八股文（當時稱為時文）的嚴格訓練。

二

李叔同，年十八，在母親作主之下與俞氏結婚。越年戊戌政變，他就奉母遷居上海。這時袁希濂、許幻園（金榮）等在城南草堂組織一個「城南文社」，每月會課一次，課卷由張蒲友孝廉評閱，定其甲乙。這一年，李叔同十九歲，初入文社，寫作俱佳。

許幻園愛其才華，便請他移居其城南草堂，並特闢一室，親題「李廬」二字贈他。李叔同的《李廬印譜》、《李廬詩鐘》、《二十自述詩》等，就是在這裡作的。

這些著作已經失傳，只留下幾篇敘文而已。這時他與江灣蔡小香、江陰張小樓、寶山袁希濂、華亭許幻園五人結拜金蘭，號稱「天涯五友」。

許幻園夫人宋夢仙（貞）有〈題天涯五友圖〉詩五首，描寫五人不同的性格。其中有一首云：「李也文名大似斗，等身著作膾人口。酒酣詩思涌如泉，直把杜陵呼小友！」就是詠他。這個時期，李叔同又與常熟烏目山僧（宗仰）、德清湯伯遲、上海任伯年、朱夢廬、高邕之等書畫名家，組織「上海書畫公會」，每星期出版書畫報一紙，由中外日報社隨報發行。這是上海書畫界最初出版的報紙。李叔同（署名李漱筒），曾於該報刊登鬻書和篆刻潤例。

庚子之役以後，他自上海回津，擬赴豫探視其兄，臨行填〈南浦月〉一闋留別海上，詞云：「楊柳無情，絲絲化作愁千縷。惺忪如許，縈起心頭緒。誰道銷魂，盡是無憑據。離亭外，一帆風雨，只有人歸去。」

時因道路阻塞，未獲晤見其兄，在天津住了半月，仍回上海。他將途中見聞，寫成《辛丑北征淚墨》出版。他回上海以後，正好南洋公學開設特班，招考能作古文的學生二十餘人，預定拔優保送經濟特科。他改名李廣平應考，被公學錄取。南洋公學特班聘請蔡元培為教授，上課時由學生自由讀書，寫日記，送教授批改，每月課文一次；蔡氏又教學生讀日本文法，令自譯日文書籍，暗中鼓吹民權思想。一九〇三年上海開明書店發行的《法學門徑書》和《國際私法》，就是李廣平在南洋公學讀書時期所譯的。當時同學為蔡元培賞識的有邵聞泰（力子）、洪允祥（樵舲），王莪孫、胡仁源、殷祖伊、謝沈（無量）、李廣平（叔同）、黃炎培、項驤、貝壽同等，都是一時之秀，後來成為各方面的有名人物。一九〇二年秋，各省補行庚子、辛丑恩正併科鄉試，李廣平也以嘉興府平湖縣監生資格，報名應試，考了三場未中，仍回南洋公學就讀。

一九〇三年冬，南洋公學發生罷課風潮，全體學生相繼退學。李叔同退學後，感於當時風俗頹廢，民氣不振，即與許幻園、黃炎培等在租界外創設「滬學會」，開辦補習科，舉行演說會，提倡移風易俗。當時流行國內的〈祖國歌〉，就是他為「滬學會補習科」撰寫的。此外，他又為「滬學會」編寫《文野婚姻新戲劇本》，宣傳男女婚姻自主的思想。

一九〇五年四月，母氏王太夫人逝世，改名李哀，後又名岸。他以幸福時期已過，決心東渡日本留學。臨行前填了一闋〈金縷曲〉，留別祖國並呈同學諸子。詞曰：「披髮佯狂走。莽中原，暮鴉啼徹，幾枝衰柳。破碎河山誰收拾，零落西風依舊，便惹得離人消瘦。行矣臨流重太息，說相思，刻骨雙紅豆。愁黯黯，濃於酒。漾情不斷淞波溜。恨年來絮飄萍泊，遮難回首。二十文章驚海內，畢竟空談何有。聽匣底蒼龍狂吼。長夜淒風眠不得，度群生哪惜心肝剖！是祖國，忍孤負。」

讀來真是激昂慷慨，蕩氣回腸。「二十文章驚海內」，看他當時何等自負，但他感到空談畢竟是沒有用的。

三

李哀於一九〇五年秋東渡日本，首先在學校補習日文，同時獨力編輯《音樂小雜誌》，在日本印刷後，寄回國內發行，促進了祖國新音樂的發展。又編有《國學唱歌集》一冊，在國內發行，這些在中國新音樂史上都起到了啟蒙的作用。這時他和日本漢詩界森槐南、永阪石埭、日下部鳴鶴、本田種竹等名士時有往來，很得到他們的賞識。

一九〇六年九月，考入東京美術學校，從留學法國的名畫家黑田清輝學習西洋油畫。這個學校是當時日本美術的最高學府，分別用英語和日語授課。李岸初入學時，是聽英語講授的。當他考入東京美術學校不久，大概由於那時清國人（當時日本人對中國人的稱呼）學油畫的少，所以東京《國民新聞》的記者特別前往採訪。其訪問記題為〈清國人志於洋畫〉，發表於明治三十九年（一九〇六）十月四日的《國民新聞》，並登有他的西裝照片和速寫插圖。

據程淯《丙午日本遊記》同年十月十三日訪問東京美術學校時記載，該校「學科分為西洋畫、日本畫、塑像、鑄造調漆、蒔繪（即泥金）、木雕刻、牙雕刻、石雕刻、圖案等。西洋畫科之木炭畫室，中有吾國學生二人，一名李岸，一名曾延年。所畫以人面模型遙列几上，諸生環繞分畫其各面」。現存李叔同的木炭畫少女像的照片，據豐子愷的題記，是李叔同最初學西洋畫時的作品，看來也許就是那時按照這個「人面模型」所畫的。

李叔同除在東京美術學校學習油畫外，又在音樂學校學習鋼琴和作曲理論；同時又從戲劇家川上音二郎和藤澤淺二郎研究新劇的演技，遂與同學曾延年等組織了第一個話劇團體「春柳社」。一九〇七年春節期間，為了賑濟淮北的水災，春柳社首次在賑災游藝會上公演法國小仲馬的名劇《巴黎茶花女遺事》，李叔同（藝名息霜）飾演茶花女，引起許多人們的興趣，這是中國人演話劇最初的一次。歐陽予倩受了這次公演的刺激，也託人介紹加入了春柳社。

第二次的公演是一九〇七年的六月，稱為「春柳社演藝大會」，演的是《黑奴籲天錄》。春柳社在「開丁未演藝大會的趣意」上說：「演藝之事，關係於文明至巨。故本社創辦伊始，特設專部研究新舊戲曲，冀為吾國藝界改良之先導。春間曾於青年會扮演助善，頗辱同人喝采；嗣後承海內外士夫交相贊助，本社值此事機，不敢放棄。茲訂於六月初一初二日，借本鄉座舉行『丁未演藝大會』，準於每日午後一時開演《黑奴籲天錄》五幕。所有內容概論及各幕扮裝人名，特列左方。大雅君子，幸垂教焉。」

春柳社第二次演出《黑奴籲天錄》，李息霜扮演美國貴婦愛美柳夫人，曾得到日本戲劇家土肥春曙和伊原青青園的好評。（見日本明治四十年，一九〇七年，《早稻田文學》七月號〈清國人之學生劇〉）

四

李叔同在日本留學六年，一九一一年畢業回國。先應老友天津高等工業學堂校長周嘯麟之聘，在該校擔任圖案教員。辛亥革命以後，他填了〈滿江紅〉一闋，表達了他的懷抱。詞曰：「皎皎崑崙，山頂月，有人長嘯。看囊底，寶刀如雪，恩仇多少。雙手裂開鼷鼠膽，寸金鑄出民權腦。算此生，不負是男兒，頭顱好。荊軻墓，咸陽道，聶政死，尸骸暴。盡大江東去，餘情還繞。魂魄化成精衛鳥，血花濺作紅心草。看從今，一擔好山河，英雄造。」

一九一二年春，上海《太平洋報》創刊，李叔同被聘為編輯，主編副刊畫報，曼殊的著名小說《斷鴻零雁記》就是在他主編的《太平洋畫報》發表的。這一年三月，他初次加入南社，並為南社的《第六次雅集通訊錄》設計圖案並題簽。同時在老友楊白民的城東女學，教授文學和音樂。這時他又與《太平洋報》同事柳亞子、胡樸安等創立「文美會」，主編《文美雜誌》。這年秋天，《太平洋報》以負債停辦。李叔同遂應老友經亨頤之聘，到杭州浙江第一師範學校擔任圖畫和音樂教員，改名李息，號息翁。一九一五年，應南京高等師範校長江謙之聘，兼任該校圖畫音樂教員，假日組織「寧社」，借佛寺陳列古書字畫金石，提倡藝術，不遺餘力。

他在浙江第一師範初任教時，寫過〈近世歐洲文學之概觀〉、〈西洋樂器種類概況〉、〈石膏模型用法〉等，發表於「浙師校友會」一九一三年發行的《白陽》雜誌誕生號，並且親自書寫，介紹西洋文學藝術各方面的知識。他教的圖畫，採用過石膏像和人體寫生，在國內藝術教育上是一個創舉。音樂方面，他利用西洋名曲作了許多名歌，同時又自己作歌作曲，對學生灌輸了新音樂的思想。學生中有圖畫音樂天才的，他特別加以鼓勵和培養。如後來成名的豐子愷的漫畫和劉質平的音樂，就是李叔同一手培養起來的。此校設有手工圖畫專修科，課餘還組織校友會，分運動、文藝兩部，文藝部並發行雜誌。一九一四年五月，著名教育家黃炎培到杭州師範參觀時，曾加以介紹說：「其專修科的成績殆視前兩江師範專修科為尤高。主其事者為吾友美術專家李君叔同（哀）也。」（見一九一四年商務出版《黃炎培考察教育日記》第一集）

這個時期，李叔同除從事西洋藝術教育，成立洋畫研究會推動外，對於祖國傳統的書法金石也是極力提倡的。他在學校裡組織金石篆刻研究會，名為「樂石社」，提倡金石篆刻，被推為社長，撰有《樂石社簡章》、《樂石社社友小傳》，南社著名詩人姚鵷雛撰有《樂石社記》，介紹此社的宗旨及李息霜的藝術成就。這時浙江一師的師生中會篆刻的人很多，校長經亨頤（別號石禪）、教員夏丏尊都是篆刻好手。同時，他和西泠印社社長金石大家吳昌碩、葉舟等又是好友，因而和夏丏尊等加入西泠印社為社友。後來，他將出家，因此把生平收藏的印章都贈送給了「西泠印社」，該社社長葉舟為他在社中石壁上鑿了一個「印藏」收藏並加題記，以留紀念。近年從這個「印藏」取出拓印，共成四幅，其中多是陳師曾、經亨頤、夏丏尊等知名人士和他的許多學生所刻的。他自己刻的也有幾方在內。

李叔同在杭州期間，交往比較密切的，浙江第一師範的同事有夏丏尊、姜丹書、堵申甫；校外常往來的有馬一浮、林同莊、周佚生等。馬一浮早已研究佛學，是一位有名的居士，對他的影響特別大。但他這時只看一些理學書和道家的書類，佛學尚談不到。有一次，夏丏尊看到一本日文雜誌上有篇關於斷食的文章，說斷食是身心「更新」的修養方法，自古宗教上的偉人如釋迦、耶穌，都曾斷過食。說斷食能生出偉大的精神力量，並且列舉實行的方法。

李叔同聽後決心實踐一下，便利用一九一六年寒假，到西湖虎跑定慧寺去實行。經過十七天的斷食體驗，經過良好。他取老子「能嬰兒乎」之意，改名李嬰，同時對於寺院的清靜生活也有了一定的好感，這可說是他出家的近因。他斷食後寫「靈化」二字贈其學生朱穌典；將斷食的日記贈堵申甫，又將斷食期間所臨的各種碑刻贈予夏丏尊。從此以後，他雖仍在學校授課，但已茹素讀經，且供佛像了。過了新年，即一九一七年，他就時常到虎跑定慧寺習靜聽法。是年九月，他寫了「永日視內典，深山多大年」一聯，呈法輪禪師，自稱「嬰居士息翁」就是這時的紀念。越年舊曆正月初八日，馬一浮的朋友彭遜之忽然發心在虎跑寺出家，恰好李叔同也在那裡，他目擊當時的一切，大受感動，也就皈依三寶，拜虎跑退居了悟老和尚為皈依師。演音的名，弘一的號，就是那時取定的。從此馬一浮常借佛書給他閱覽，前後借給長水大師《起信論筆削記》、《靈峰毗尼事義集要》、《寶華傳戒正範》等。他也常到虎跑寺去請問佛法。

五

一九一八年舊曆七月十三日，李叔同結束了學校的教務，決心至虎跑定慧寺從皈依師了悟老和尚披剃出家，正式名為演音，號弘一。出家後，別署很多，常見的有一音、弘裔、曇昉、論月、月臂、僧胤、慧幢、亡言、善夢等，晚年自號晚晴老人、二一老人等。他出家以前，將生平所作油畫，贈予北京美專學校，筆硯碑帖贈予書家周承德，書畫臨摹法書贈予夏丏尊和堵申甫，衣服書籍等贈予豐子愷、劉質平等，玩好小品贈給了陳師曾，當時陳還為他這次割愛畫了一張畫。

同年九月，他到杭州靈隱寺受具足戒，從此成為一個「比丘」。他受戒以後，看了馬一浮居士送他的《靈峰毗尼事義集要》和《寶華傳戒正範》，覺得按照戒律規定實不得戒。他是事事認真的人，因此發願研習戒律，這是他後來發願弘揚律學的因緣。

弘一大師受戒之後，先到嘉興精嚴寺訪問了范古農居士，在精嚴寺閱藏數月，又到西湖玉泉寺安居，專研律部。他因杭州師友故舊酬酢太多，而且慕名的人又不斷來訪，一九二〇年夏，假得弘教律藏三帙，決定到浙江新城貝山閉關，埋頭研習。這時在玉泉寺同住的程中和居士即出家名弘傘，和他同到貝山護關。因為貝山環境不能安居，越年正月重返杭州玉泉寺，披閱《四分律》和唐代道宣、宋代元照的律學著述。

一九二一年三月，由於吳壁華、周孟由二居士的介紹，到溫州慶福寺閉關安居，從事《四分律比丘戒相表記》的著作，並親自以工楷書寫，歷時四載，始告完成。出版後部分寄贈日本，很受日本佛教學者的重視。此後幾年間，他出遊各地，曾到普陀參禮印光法師，又到過衢州蓮花寺寫經，為參加金光明法會一度到過廬山大林寺；不久又回杭州，在招賢寺整理《華嚴疏鈔》，繼在常寂光寺閉關。後來為了商量《護生畫集》的出版，也到過上海江灣豐子愷先生的緣緣堂。這時葉聖陶（紹鈞）先生寫了一篇〈兩法師〉（介紹弘一與印光）散文，發表於《民鋒》雜誌，後來收入葉氏《未厭居習作》，由上海開明書店出版，並作為活葉文選，為中學生所愛讀，於是名聞全國。

一九二八年冬，弘一大師為了《護生畫集》的事又到了上海。偶然遇到舊友尤惜陰與謝國樑（後來尤氏出家名演本，謝氏出家名寂云）二居士將赴暹羅（今泰國）弘法，在滬候輪，大師一時高興，便參加了他們南行弘法團。船到廈門，受到陳嘉庚胞弟陳敬賢居士的接待，介紹他們到南普陀寺去住。他在這裡認識了性願、芝峰、大醒、寄塵諸法師，被懇切地挽留，後來尤謝兩居士乘船繼續南行，而弘一大師就獨自留在廈門了。這是他初次和閩南結下的因緣。不久，由於性願法師的介紹，他就到泉州南安小雪峰寺去過年。這一年冬天，夏丏尊、經亨頤、劉質平、豐子愷等，募款為他在浙江上虞白馬湖蓋了一座精舍，命名「晚晴山房」。後來又成立一個「晚晴護法會」，在經濟上支持他請經和研究的費用。他後來從日本請來古版佛經一萬餘卷，就是這個晚晴護法會施助的。

一九二九年春，他由蘇慧純居士陪同，自泉州經福州至溫州。在福州候船時，他和蘇居士遊了鼓山湧泉寺，在寺裡發現了一部未入大藏的《華嚴疏論纂要》，歎為希有，因發願印刷二十五部，後來並以十二部贈予日本佛教各大學和寺院。在他晚年的十四年間（一九二八～一九四二），最初幾年雖然常到江浙的上海、溫州、紹興、杭州、慈谿、鎮海各地雲遊；但自一九三七年以後，除了一度應倓虛法師請到青島湛山寺講律，小住數月之外，整個晚年都是在閩南度過的。他常往來於泉廈之間，隨緣居住。在廈門，他先後住過南普陀、太平岩、妙釋寺、萬壽岩、日光岩、萬石岩和中岩等處。

抗戰初期，一度到漳州，住過南山寺、瑞竹岩和七寶寺。他與泉州特別有緣，曾住過承天寺、開元寺、百原庵、草庵、福林寺、南安小雪峰、慧泉、靈應寺、惠安淨峰寺、靈瑞山、安海澄渟院、永春蓬壺普濟寺等處。前後親近他學律的有性常、義俊、瑞今、廣洽、廣究、曇昕、傳貫、圓拙、仁開、克定、善契、妙蓮等十餘人。

一九四二年秋病革，書二偈與諸友告別，偈云：「君子之交，其淡如水。執象而求，咫尺千里。問余何適？廓爾亡言。花枝春滿，天心月圓。」

同年十月十三日（舊曆九月初四日）圓寂於泉州不二祠溫陵養老院晚晴室，享年六十三歲。彌留之際，還寫了「悲欣交集」四字，一面欣慶自己的解脫，一面悲愍眾生的苦惱。這末後一句，真有說不盡的「香光莊嚴」。滅後遺骨分葬於泉州清源山彌陀岩和杭州虎跑定慧寺，這兩處都分別為他建了靈塔。

六

由一個濁世公子，而留學生、而藝術教育家、最後成為律宗高僧的弘一大師，早年才華橫溢，在藝術各方面都得到了充分的發展。其為人可謂「絢爛之極，歸於平淡」的典型了。他雖避世絕俗，而無處不近人情。值得我們尊敬和學習的，是他的多才多藝和認真的精神。他一生做人確是凡事認真而嚴肅的。他要學一樣就要像一樣，要做什麼就要像什麼。古人有話說：「出家乃大丈夫事，非將相之所能為。」他既出家做了和尚，就要像個和尚。在佛教許多宗派中，律宗是最重修持的一宗，所謂三千威儀，八萬細行，他不但深入研究，而且實踐躬行。馬一浮有詩輓他說：「苦行頭陀重，遺風藝苑思。自知心是佛，常以戒為師」，讀此可謂如見其人了。

弘一大師的佛學思想體系，是以華嚴為境，四分律為行，導歸淨土為果的。也就是說，他研究的是華嚴，修持弘揚的是律行，崇信的是淨土法門。他對晉唐諸譯的《華嚴經》都有精深的研究，曾著有《華嚴集聯三百》一書，可以窺見其用心之一斑。

我國佛教的律學，古譯有四大律，即《十誦律》、《四分律》、《摩訶僧祇律》、《五分律》，到了唐代義淨留學印度回國，又譯出《根本說一切有部律》許多部，後人稱之為「新律」。他初出家時學的是「新律」，即《有部律》。這是唐代義淨所譯的戒律，通行於當時的印度。弘一大師稱讚義淨博學強記，貫通律學精微，實空前絕後的中國大律師。他初學《有部律》時，寫過《根本說一切有部毗奈耶犯相摘記》、《自行鈔》和《學根本說一切有部律入門次第》，對《有部律》是深深用過苦功的。

後來他因友人之勸，改學《四分律》。因為現存的四大律之中，《十誦》、《僧祇》、《五分》三律，後來研究者少，其註釋至今已無一存；而《四分律》獨盛，註疏也多存在。唐道宣所著有《四分律行事鈔》、《戒本疏》、《羯磨疏》，稱為「南山三大部」。宋杭州靈芝元照，著三部記解釋道宣的三大部疏，即《行事鈔資持記》、《戒本疏行宗記》、《羯磨疏濟緣記》，稱為「三疏」、「三記」。南宋禪宗大盛，律學無人過問，這些唐宋諸家的律學撰述，悉皆散失。到了清初，唯存《南山隨機羯磨》一卷。明末蕅益大師不見古代疏記，只能寫出《毗尼事義集要》而已。到了清末，這些唐宋律學的著述，才自日本再傳中國。所以他窮研《四分律》，看了唐宋律學著作之後，花了四年時間，著成《四分律比丘戒相表記》。此書和他晚年所撰的《南山律在家備覽略篇》，是他精心撰述的兩大名著。

弘一大師認為正法能否久住，在於《四分律》能否實踐。一九三一年二月，他在上虞法界寺佛前，發專學南山律誓願。一九三三年，曾集合學者十餘人於泉州開元寺尊勝院研究律學，稱為南山律學院；根據日本請回古版律書，圈點「南山三大部」並講律修持。試讀這時他為南山律學院撰的一聯，可以概見他晚年的志願。聯云：「南山律學，已八百年湮沒無傳，何幸遺編猶存東土；晉水僧園，有十餘眾承習不絕，能令正法再住世間。」

寂雲禪師與巨贊法師

寂雲禪師是和弘一法師與尤惜陰居士同赴泰國弘法而知名的。他俗姓謝，名國樑，號仁齋，別號心醫頭陀。早年留學日本，入早稻田大學習法政，歸國後服官東三省，頗著政績。後受一異僧感化，遂茹素學佛，嘗問法於弘一法師。一九二四年獨資造極樂寺於故鄉天台蒼山之麓，供養法師。聞法師小住數日即他適，但此事他自己未見記載。其徒寬願曾於極樂寺安居數月。

一九二八年冬月，謝仁齋、尤惜陰二居士與弘一法師乘舶擬同赴泰國弘法，道經廈門，法師為道俗所留，遂居閩南。謝與尤惜陰居士至泰國後以淨土法門教化彼邦士女，信者頗眾。歸國後，從轉逢和尚剃度，法名寂雲，號瑞幢。一九三一年赴南京寶華山受具，與巨贊法師同戒（巨贊法師出家後初名傳戒，繼名定慧，亦號緇哉，下均稱巨贊）。具戒後，寂雲禪師號瑞幢，歸杭，任城隍山（亦稱吳山）準提閣住持，巨贊法師以戒兄弟之故，曾於準提閣安居數月。抗戰時期，寂雲入川居樂山，易名了心，與馬一浮居士時相過從。馬一浮曾題他的〈農禪詩鈔〉❶五律一首，深致推崇。

一九五六年，我從上海到京，時巨贊法師任中國佛協副會長及中國佛學院副院長。這一封信是這一年巨贊法師拿給我看的，書法甚美。我以它有關寂雲的後半生蹤跡，特為錄存。今寂雲、巨贊二老，都已先後順世，特錄入《蒙堂隨筆》，以見他們的交誼。原信如下：

巨贊大師法席：

久疏音候，渴念時縈。屢於報端誦讀大著，手眼高出，欽佩無量，然未知為誰之椽筆也。去歲接照喜師（寂雲之剃徒，已去世）來書，始識即昔日在寶華同戒

---

❶ 了心寂雲禪師，晚年在四川樂山所作之詩，稱為《農禪詩鈔》，內分〈山居詩〉、〈行腳集〉、〈了不了草〉三篇。馬一浮居士曾為題〈農禪詩鈔〉云：「萬法誰為侶，相逢尚有詩。漚和雖暫涉，般若本無知。瓶缽猶千里，溪山此一時。祇愁身外句，不遇截流機。」

同居之傳戒大德也。英年特達，穎悟超群。當年目為佛門龍象，今果作中流砥柱矣，贊仰奚似？

老拙自在杭別後，不久輒去結茅終南。迨抗日軍興，乃攜缽入川，寄居荒寺，農國自給，三十四年日寇投降，擬朝峨嵋後即便東歸，道經嘉定，被諸居士留住。至解放後，外緣盡斷，專憑墾山，生產自活，忽忽又六七載矣。

前日閱報，知京中有佛學院之籌設，佛日重光有望。聞訊之下，欣喜莫可言。當此大法絕續之秋，凡為佛子皆應努力，隨時代而改進。拙雖老病殘年，示思奮勉，豈可沉寂空山？因之不揣冒昧，肅箋敬懇　大師，可否為之介紹，加入僧團，學習服務。倘獲依止處，得親善知識，幸何如之！待寶成路（寶雞——成都鐵路）通車後，便可帶一隨侍，能耐勞苦之青年新戒，準備北遷。有無機緣，萬望撥冗賜覆。鵠候

慈音。專此垂頌

禪安

老拙了心　和南

六月十七日（一九五六）

又山居行腳，禪餘結習，偶發留存點滴，自愧不文，從未就正於高明，來樂〔山〕後，偶為嗜痂者所見，強災梨棗。今附上，聊當別後生活之報告，即希不吾慈悲，指錯為幸。

會泉老法師

會泉老法師，別號印月，春秋六十有四，俗同安人。年十九披剃虎溪岩，二十具足於漳州南山寺。爾後行腳於大江南北，苦學潛修，垂五十年，海內大德，親近殆遍，參預講席，無出其右。先後弘法於中國大陸及台灣等處，所至皆受禮敬。

民國十三年，南普陀寺議獻十方，老法師以德隆望尊，被舉為第一任住持。主席三年，興建寺宇，創辦閩南佛學院，凡百興革，不遺餘力。可謂南閩今日最老之宗匠，海內濟濟群賢，無不直接間接受其教訓。

前年以法臘漸老，歸隱於萬石蓮寺，猶大事興建，創設研究社，雖老講論不輟，此種精神，實足垂範後世。去冬南普陀住持常惺法師第四屆任滿告退，老法師復被任為第五屆住持，同時並任佛教公論社社長。

今後南閩佛化之昌盛，可拭目以俟矣。景仰大德，謹拈二十八字以頌。

示跡娑婆六四春　晚年弘法倍精神
若論邊地開荒者　公是南閩第一人

民國二十六年一月三十日　學人廣甫謹誌
（原載於《佛教公論》第一卷第六、七號）

轉道和尚略傳

師名海清，字轉道，俗姓黃，福建南安人。性至孝，童年好道。十九歲披剃於漳州南山寺，依喜修和尚為師。嘗隨佛化老和尚聽講禪理，微有省悟。自是乃決意參學。遂往金山、高旻、天童等處，參惡辣鉗椎並步行朝禮各大名山。歸廈時，適南普陀住持乏人，因暫出任艱鉅。整飾寺觀，成績蔚然。

旋將設僧學院，乃南渡勸募以助學費，至今閩院得以續辦，亦師倡始之力也。師在新加坡，建普陀寺兼任天福宮住持，接引四眾。間為人醫病，譽馳遐邇。所積甚豐，自奉甚儉；然皆喜捐辦慈善及教育諸事業。泉州開元寺，為閩南甲剎，剝落不堪，師愍然憂之，發願修建。乃將十數年所積十餘萬金，慨然捐助。並於寺內，創辦慈兒院，教養孤兒，師任院長。漳州南山寺，開辦學校，入學者皆免費，年費約五千餘元，咸師籌助。

師年屆六旬，由其徒在泉州開元寺，為開壽戒。一時仰慕師德，四方緇白前往登壇乞戒者達七百餘人。現年已六十有五，尚熱心辦理宣揚佛化及僧教育不遺餘力，其詳細行事，難以枚舉。茲不贅述。

（原載於一九三七年《佛教公論》第一卷第三號）

喜參老和尚略史

喜參和尚俗安徽青陽縣人，生於道光二十八年。幼會洪楊之亂，江左鼎沸，隨族人避難閩南，寄身梨園甚負聲望。旋悟世界為劇場，人生如夢，逢場作戲，非安身立命之所。

光緒三年乃盡棄優孟衣冠，至漳州南山寺謁佛乘和尚。時閩南佛法如崦嵫❶落日，唯南山一隅尚稱興盛，佛乘和尚亦以德學為道俗所重，參公遂發心求為薙落。佛乘和尚爾時門下弟子已眾，乃於其師兄佛日和尚像前為代剃度，法號喜參，時年三十。

越年，至寧波天童寺依佛源和尚受具足戒，復參學江南諸名剎，並朝禮諸大名山，所學頗有成就。光緒八年，歸漳州南山寺，甚為佛乘和尚所器重，旋即擢為監院

❶ 崦嵫：山名，位於甘肅天水縣西。古代神話說是日入之處。

重職，經綸寺務，多所擘畫。廈門道俗仰其名，延請主持鴻山寺，時光緒十九年也。爾時南普陀敗瓦頹牆，終日不聞梆磬，古寺蕭條，香火久絕，參公慨然有重興之志。

光緒二十一年，移錫入寺，乃邀集地方官紳及同住大眾共謀恢復，道風漸起。至光緒二十七年，寺中規模漸具。以佛法住世，最重戒法，乃親往寧波天童寺，延請淨心大師來廈，開堂教授律儀，於是冬舉行傳戒。今日閩南長老中，如性願法師、妙月和尚，即此第一期之戒子也。至光緒三十一年，再度開堂傳戒，今日前輩中如轉逢、轉解、轉物、轉博諸公，即此第二期之戒子也。

宣統三年，自知世緣已盡，預囑身後諸事，於六月初八日微疾，入於涅槃，俗壽六十有四，僧臘三十五。寂後，塔於本寺開山塔左。

參公為人風度朗然，不唯接眾有方，且建築寺舍亦獨出心裁，如方圓之合規矩。今日閩南佛學院全部講堂、客舍、祖堂、放生池、普同塔，皆其手建者。嗟乎！參公老人以梨園出身而能為若是勝事，南普陀之有今日，設非有老人重興之基礎，恐不能夢見也。百世之下，其有聞風興起者乎。

民國二十六年佛誕二千五百〇二年四月八日　慧雲謹誌

正道法師傳

正道法師，諱果能，湖北黃安縣人，俗姓楊。幼多病，母禱於觀音大士得癒，因願捨之出家。年十六，投本縣真興庵慧達老和尚剃染，時民國八年也。同年春，受具足戒於武昌蓮溪寺，得戒淨心和尚，奇其英姿，冀成大器。具戒後，並付法焉。旋命其參學江南，初住天寧學戒堂，發心真切，宗門耆宿，咸器重之。

民國十一年秋，安慶迎江寺主竺庵和尚，得省長許靜仁、財政廳長馬驥平居士之助，延常惺法師創辦佛教學校，廣招海內青年僧侶入學。師雖有志向學，而苦於資斧不足，堂師性容和尚慨然助之，因得成行。至皖後，略經筆試，即被編入乙班。師自幼失學，至是力求上進，初期發榜，即名列乙班第一名。其後三年，潛修苦學，師友皆致讚歎。

十四年夏，佛教學校以故結束，學侶皆告畢業。常惺法師應廈門南普陀寺之聘，創設閩南佛學院並主講焉。師復隨同學遠赴南閩，繼求深造。閩院分專修、普通二科，師預列專修，學問益勤。然貧於資，衣單紙筆無由致，而秉性狷介，亦不求助於人，乃請為行單，以功課之隙，躬任搬柴運水之勞役，此同學所不屑為，而師行之若素，其精力過人，有足稱焉。

十五年夏，南京支那內學院，應時代要求，成立法相大學，招考緇素青年，冀養成專攻唯識之人材，以弘法於各大學。師以閩院高材，與同學數人共赴金陵應試。錄取後入學，是時濟濟多士，皆一時英俊。惜未朞年，法相大學以故停辦，師乃摒擋經籍，入宜興龍池山，力行正照。時龍池佛學院初辦，乃聘師任教，是為師作育青年之始。

十七年秋，常熟興福寺延慈舟法師創辦法界學院，聘師為監學。師動靜尊嚴，剛柔並施，學者無不敬畏。興福自月霞老法師中興以來，歷代住持，皆法門龍象。師以行履篤實，任職未幾，即受記莂，與存厚、葦乘為同門昆季。師得法後，越二年陞座，統理大眾，內外翕然。住持期間，修大殿，建法堂，繼辦法界學院，宗風丕振。

二十六年秋，抗戰發生，師在常熟組織僧眾救護隊嚴行訓練，繼奉中國佛教會之召，統籌組織中國佛教會僧侶救護隊，設訓練所於上海。師被舉為中隊長，親率隊員，出入江灣閘北大場諸火線，履險如夷，搶救受傷將士，無慮萬人。某夜出發大場，敵機偵察甚勤，乃摸索前進，聞我方傷兵呻吟，即令擔架隊員輸送登軍，忽聞敵方機槍大作，竟中師一指，師仍奮勇搶救，安然而歸，其後上海慈善團體聯合救災會曾致慰問，並嘉獎焉。

時上海佛教界以戰事擴大，傷兵與日俱增，乃賃上海牛莊路七六四號，設立佛教醫院以便收容。初任院長為弘明法師，弘師後隨國軍入漢，眾乃舉師為院長董理之。迨傷兵離滬，醫院遂改為梵剎，額曰清涼寺。師主其間近十載，常住法事，頗見興隆，金錢出入，未嘗過手。衣單破舊，輒自補綴，遇道友之貧困者，恆量力周濟之。平日澹泊自持，一切外緣，視同塵垢。

近年尤淡於世事，終日閉門閱藏，以充實慧命。師體魁梧，目光炯炯，音聲朗然，為人寡言笑，泯愛憎，與之交，久而彌敬。有病亦不急求藥石，蓋視肉體如臭皮囊也，去夏嬰疾，醫者謂係傷寒，囑加意療治，而師初不介意，一病纏綿，竟以不起。以三十七年夏曆十月十五日申時泊然示寂於上海牛莊路清涼寺。享年四十有五，盛年而逝，嗚呼惜哉！

師興福退隱後，歷住宜興善卷寺、崑山華藏寺、蘇州南禪寺、上海積善寺，皆承廢墮之餘，慘淡經營，一一重興之，其毅力蓋有足多者。嗣法弟子凡若干人，金甫、竺耀、圓覺，今分主上海清涼寺及常熟興福寺。

（一九四八年）

我與正道法師

正道法師於三十七年十月十五日，在上海牛莊路清涼寺悄然地圓寂，這個消息我是第二天早晨才知道的。然而對於他的死，我似乎早就有了一種預感。那幾天時局吃緊，我因為一些私事到南京走了一趟，臨走的前一天我去看他，他那久病的瘦弱的身子已經支持不住，面色也很黯淡，說話已經感到吃力。由於平日我們比較接近，他仍勉強地和我談了許多話，不料這一次的晤談竟成了我們最後的一次！

一個多年的好友忽然死去，比失掉什麼都覺可惜，這種傷逝的心情，對於中年人最為難堪。正道法師是我的許多同學中，交情最淡然而維持最久的一個，他的突然的死，而且那樣盛年的死去，在我自然很感到一種悲傷；可是我也知道：人們和死搏鬥是永遠不會得到勝利的，否則釋迦世尊也不必示寂來顯證他所啟示的生者必滅的原理了。

我最初和正道法師相識是在閩南佛學院，屈指算來，已經有二十餘年了。這二十餘年夢一般的過去，回憶起來，正有著不少悲歡離合的故事。這裡我只敘述一下我們私人間的關係，作為我的追懷。

民國十四年夏間，安慶迎江寺的佛教學校舉行畢業，主講常惺法師南遊廈門，那時南普陀寺的方丈會泉老法師很熱心地招待他，由於時機的成熟，閩南佛學院很快地就創辦起來了。方丈是當然的院長，常惺法師是副院長兼主講，實際的院務是他一手負責的。那年夏天開始招生，到了中秋節後便正式開學了。院中分專修科和普通科兩班，學生人數大約有八十幾名。專修科的學生多半是從安慶佛教學校原班而來的，普通科則就各方投考的學生分別甄審後加以編入。小小的廈門島上，向來不甚為三江注意的南普陀寺，一時竟成了佛教最高的學府，和武昌佛學院南北對峙而馳名海內了。我和正道法師都是這時專修科的學生，因為我的年紀最輕而且是當地人的關係，同學們都另眼看待我，我也樂於接近他們。由於同學們來自各個不同的省份，各種不同的方言便在院中流行，我能夠懂得一些南腔北調，可說是受這個時期生活環境的影響。

專修科第一學期的情形似乎是這樣的：課程方面，常惺法師講《攝大乘論》，蕙庭法師講《解深密經》和印度佛教史，會泉老法師講《大學》，葉長青先生授國文，邵爾章先生教日文，覺三法師擔任監學及教授書法，自安法師任副監學兼代維那。此外，又常請廈大教授陳定謨講西洋哲學，湯綺霞講《三民主義》，及其他教授作星期講演，學術的空氣可謂相當濃厚。

正道法師這個時候的學力雖不怎樣出眾，但到了寒假考試，卻也夠得上水準的。他在童年本沒有受過良好的教育，出家以後又一直在宗下參學，國文的程度自然比較差些。但由於認真努力，文字也還通順，只是要發表自己的思想見解，常常感到不能暢所欲言，這是他一生認為最大的遺憾。他的經濟情形似乎也並不寬裕，所以衣單很是貧乏。然而他為了能夠求學，對於物質上的享受也就不以為意了。這時閩南佛學院對於學生的待遇，除了膳宿免費供給以外，剃頭也由常住按次付給，洗澡是南普陀每星期燒湯一次，全寺依次入澡的，自然無須破費。此外，閩院又恐清苦的學生零用無著，按月發給單銀（津貼）二元，數目雖然不大，如果撙節使用，也可以馬虎對付了。可是要添製衣單被帳，自然還要另外張羅。

同學之中有師長接濟的固然不少，自給自足的人似乎還佔多數。正道法師為了不願求人起見，便犧牲了早睡和自修的時間，請求院長給以服務大眾的工作。本來叢林齋堂裡的行堂是一種行單，是在開飯時間擔任挑飯、排列碗筷、裝飯添菜，及飯後洗滌碗筷、抹淨餐桌等工作的。這種行單，叢林裡有一種特別的犒勞，就當時說每月有五、六元的收入。他為了添補零用之不足，便發心擔任行堂的工作。此外同學們早晨醒來，需用幾擔洗臉的熱水，這工作向來是由工役做的，他也一併兼任，自然因此也可以多得一點收入。據我記憶所及，這些同學們不願操作的勞役，到他離開閩院為止，似乎一直是由他發心的。我為什麼要這樣地記述這些瑣碎的事情呢？因為從這種地方，才可以看出他那獨立的品格和奮鬥的精神來！過去許多高僧大德所以能養成那樣崇高的品格，哪個不是經過一番艱難奮鬥而來呢？

我們在學時期，生活起居都是一致行動的。平日功課很忙，除了聽講之外，大家都忙於自修，只有在午飯前後和夜間自修時間的前後，同學們才能在院內丹墀的荷花缸畔舂舂穀子，然而這種場合，正道法師也是很少參加的。只有在星期日放香的日子，他的行堂工作由人代替，才得抽暇到廈門街上去買些東西，或是和我到各寺巖去觀光。

有一次我們七、八個人整整走了一天，從白鹿洞穿過虎溪岩，再到萬壽岩，山行登雲頂岩，而宿於金雞亭，一共到了五、六個小廟去巡禮，到處都受各小廟的主人親切的

廣告回函
台灣北區郵政管理局登記證
北台字第11073號
免貼郵票

112-44

台北市北投區公館路186號5樓

法鼓文化

讀者服務部 收

寄件人：

地址：

□先生 □小姐

市 縣 路街

區鎮 市區 段

巷

弄

號

樓

讀者服務卡

感恩您對法鼓文化產品的支持。為了提供更好的服務，請您回覆以下的問題並直接寄回法鼓文化。我們非常重視您的想法，因為您的建議將是我們進步的原動力！

＊是否為法鼓文化的心田會員？ □是 □否

＊□未曾 □曾經 填過法鼓文化讀者服務卡

＊是否定期收到《法鼓雜誌》？ □是 □否，但願意索閱

＊生日：________ 年________ 月________ 日

＊電話：(家) __________________ (公) __________________

＊手機：______________________

＊E-mail：______________________________

＊學歷：□國中以下□高中 □專科 □大學 □研究所以上

＊服務單位：______________________________

＊職業別：□軍公教 □服務 □金融 □製造 □資訊 □傳播

□自由業 □漁牧 □學生 □家管 □其它 __________________

＊宗教信仰：□佛教 □天主教 □基督教 □民間信仰 □無 □其它_______

＊我購買的書籍名稱是：____

＊我購買的地點：□書店_____ 縣/市_____ 書店 □網路_____ □其它_____

＊我獲得資訊是從： □人生雜誌 □法鼓雜誌 □書店 □親友 □其它_____

＊我購買這本(套)書是因為：□內容 □作者 □書名 □封面設計□版面編排

□印刷優美 □價格合理 □親友介紹

□免費贈送 □其它______________________

＊我想提供建議：____

□我願意收到相關的產品資訊及優惠專案 (若無勾選，視為願意)

法鼓文化 TEL:02-2893-1600 FAX：02-2896-0731

款待，這次給他的印象最深，所以後來談起廈門的往事，他總是感到非常愉快的。

他沒有讀到畢業就離開閩院。好像是十五年的夏天吧？南京支那內學院為應時代的要求，設立一所法相大學，廣招海內緇素青年，正道法師也和幾個舊同學到南京去了。從這時起，我和他便分別了。過了幾年，他忽從宜興龍池山寫信給我，當時我正要到台灣去，草草回他一信，彼此消息就不甚知道了。十九年冬，我在漳州，聽說他已做了常熟破山興福寺的方丈，常熟雖沒有到過，但那首唐人詠破山的詩是早就讀熟的。「清晨入古寺，初日照高林，曲徑通幽處，禪房花木深。……」這是多麼令人憧憬的古寺！又聽說他正提倡農禪，在破山寺招股養蜂，充分表現苦幹的精神。而且開闢山場種植樹木，力求自給自足，舊日的同學也有幾個在那裡幫助他，一時很有新興的氣象。

二十一年冬天，我在海陵度歲。他陪著了然老和尚也在年底到光孝寺來。了然老和尚對於堪輿宅運很有研究，常惺法師這時是光孝的方丈。他因為光孝是海陵的首剎，歷年不斷發生人事的糾紛，想請了老察看一下哪裡出了毛病。我和他久別重逢，當然有說不出的愉快。我們在光孝寺過了年，他說常熟法界學院要聘一位國文教員，問我願不願意擔任？我對於虞山的風物嚮往已久，而且又能夠和老同學一塊兒為佛教教育盡力，便不加考慮地答應了。記得是二十二年的正月初四日，殘雪未消，春寒料峭，我和正道法師便向常惺老人告別，離開了海陵光孝寺。我們因為都有一些行李，便各雇了一輛獨輪土車，自己坐在一邊，一邊載著行李，這種車子是我有生以來第一次坐的，在冰天雪地的原野裡走著，倒也別有一種趣味。我們自海陵經泰興縣境而至口岸，足足走了一天，自口岸改乘長江輪船到了上海，由上海又到了常熟的興福寺。

興福寺自月霞老法師中興以來，經過持松、惠宗、潭月諸和尚的整理，並創辦過華嚴大學特科，已儼然成為江南的名剎。法界學院是繼承華嚴大學的遺緒，到了我到興福寺時，已經辦了七、八年了。法界學院所在的興福寺，的確是一個很適宜於讀書的環境。這時上下兩院幾個負責的職事，如方丈正道法師、監院葦乘法師、下院正蒙法師、教務主任現月法師，以及那時正在閉關的道航法師等，都是前後很好的同學，所以教學之暇，尤多言笑之樂。

記得那時葦乘當家住在庫房，正道和尚和道航法師住在西邊的玻璃廳，我除了中飯在客堂吃飯之外，晚飯常常是在玻璃廳裡和正道、道航兩兄進食，同學們切磋閒談之樂，今日想來真是一夢！當時我有一詩〈與道航學長夜話〉，很可以想像此時的情景，詩云：「玻璃廳口柳風微，為愛清談坐不歸。何處孤懷憑寄託，小齋清境未相違。山中筍長添新味，門外花開映落暉。二月江南春氣早，滿林初綠照柴扉！」

所謂玻璃廳便是正道和尚的丈室，花木扶疏，庭園曲折，在春夏之交，走進那裡去坐一回，真是充滿著詩情畫意。正道法師日常生活無他好，但對於吃茶卻很講究。我每次去坐，如果他在的話，總要泡一壺新茶出來大家分飲。有時有人送來果物禮品，他也總是拿來共嘗。

他對於體育很是注意，加以他那一副魁梧的體格，和他相見，覺得英偉之氣逼人。那時國內正流行著一種太極拳，無論男女都可以作為室內的運動。他很苦心地在城裡學會了全套，每天早晚無間斷地打著，有時也指導法界學院的學生們學習。我那時因為讀書用功過勞，常感到一種氣喘的毛病，所以身體和氣色都不很好，他勸我學打太極拳，運用調氣功夫，可以使身體強健起來。他雖然苦心地教會了我，可是我對於這種運動，起先雖曾熱心地每天打練，到了後來，竟是一曝十寒，離開常熟以後，便完全忘記了。

常熟分別之後，我回到廈門，不久他的方丈也告退了。彼此仍舊天南地北，雖然有時音問相通，但他這時似乎又忙著經營其他的寺廟，我則過著更忙的教學生活，大家無形中就疏遠了。不料抗戰一起，他由常熟到上海參加佛教救護隊，我也避難香港，輾轉到了上海。那是民國二十八年的秋天，他已住在現在牛莊路的清涼寺，我因一時尚沒有住處，曾在他那裡住了幾天。以後我在南京、蘇州等地住了幾年，彼此的過從又漸密切起來。

三十二年的五月初間，我們住在蘇州，有一天他忽然從上海來，說是要到靈巖山去頂禮印光老法師的舍利，要我們同去觀光，因此我們一行人便乘車到了木瀆，再坐四頂轎子上靈巖去。靈巖的方丈妙真和尚和正道法師是同鄉又是道友，自然很熱誠地招待了我們一番。我們一同拜觀了印光老法師五色的舍利。臨行，我替他個人以及和妙真和尚拍了幾張小影，哂出以後，感光特別清楚，這是我生平攝影中的傑作。他後來放大出來，掛在自己房間的那一張手裡掐著念珠的全身小照，便是我所拍的。

過了一年，我自蘇州遷到上海，住在圓明園路，往來的機會又多起來了。牛莊路清涼寺本自佛教醫院改組而成，寺裡職事茶房也多半是從前佛教醫院的同人，一切事務全由帳房管理，無論接應佛事經懺，採辦糧食物品，以致日常一切瑣事，他概不過問；甚至銀錢出入，他也從不經手。不過，他隔幾天看看帳目而已。他要另用錢，是隨時向帳房拿來的。

他的生活很簡單，飲食和寺內大眾一樣，除了來客，他並不私造飲食。菸酒絕對不吃，連什麼戲他都不看，有時請我們幾個老友吃飯，順便看戲，他總是買好客人的票子讓客人自己去看，他是從來不作陪的。清涼寺以往幾年，佛事相當興旺，收入自然不差，但他當經濟寬裕時，也不過多拿幾錢幫助他所管理的幾個破廟而已。他的衣單非常簡單，破舊的棉襖他也不輕易掉換，在生活方面物質上的享受，他和上海一般當家比較，顯然是落伍的。他唯一的嗜好，似乎只有洗澡。他洗澡的地方雖是上海有名的「浴德池」，但他只在樓下最普通的座位，取其比較經濟。如果他有電話約我吃飯，飯後的去處無疑是「浴德池」了。

他有一種宿病叫做「流火」，每遇勞動過度或遠行歸來，左足上總要發生高熱，因而普及全身，這種毛病往往靜養幾天就會自然好的，所以他每次發流火的時候，也不吃藥，只是默默不語地睡著。只有一次，發得比較厲害，也曾進了仁濟醫院去住過幾天，然而這也是出於被動的。

他的生活很有規律，每天起身很早，午後小睡片刻，夜間也是睡得很早的。所以他的身體平常總是非常健康，想不到他竟在四十五歲的盛年死去。人的生命真是太危脆了！

近幾年來，他更謝絕許多無謂的應酬，每天看經寫字。他有一部《大正新修大藏經》，不知什麼時候請進來的。他從《大般若經》看起，大概全藏都閱過了。可惜他未能永其天年，否則也許可以留下一些有價值的寫作。他這樣的生活決不是虛偽，而是一種真正衲子生活的本色。平常沒有修養的人，是輕易做不到的。

正道法師很重師道，他在安慶、閩南兩處親近過常惺、覺三二老人，因此對於這兩位老人家無時不想到報恩。覺三法師在漳州圓寂以後，他便和幾個同學發起在常熟虞山建塔，迎請覺老的靈骨到虞山來供養。又常惺法師入寂以後，每年夏曆十一月二十四日他的忌辰，正道法師總要在清涼寺設置牌位，陳列香華蔬饌，並邀請在滬同學們一同上供，舉行追悼的哀思。自他去年十月十五日死了之後，常惺老人的第十周年忌日，清涼寺便不再舉行了。

三十四年抗戰勝利以後，他接連住了蘇州的南禪寺和上海南市的積善寺，這兩個小廟都是頹廢不堪，經他住持之後，除了南禪寺不斷駐兵無法興復之外，積善寺真可以說是慘澹經營，略具規模了。他治事富有苦幹的精神，沉著而善於計劃，可惜他的才器不曾得到充分的發展就這樣埋沒了。

（一九四九年）

回憶正果法師

正果法師圓寂已經十周年了。每想起他，就引起我的許多回憶。關於他的學問、道德、修持和弘法的熱情，都是我所敬佩的。

一九五六年，我應《中國佛教百科全書》編委會之聘，到北京擔任佛教《百科全書》編輯。那時我住在佛協所在的廣濟寺，正果法師和法尊法師住在北海永安寺的菩提學會。兩處相距不遠，因此我常去看他。正果法師是一位平易近人的大德，因此我們很談得來。後來他移居三時學會，擔任研究室主任，從事講學工作，從此我們才開始疏遠。

正果法師對於政治，是非分明，所以能以喜悅的心情迎接了全國的解放。當時漢藏教理院，主要依靠法尊法師和他維持教學工作。那時時局緊張，物價飛漲，眾議將漢藏教理院遷往海外，遭到正果法師和法尊法師的堅決拒絕，這是他最初的愛國表現。在「文革」期間，正果法師常說：「有我在就有佛法在」，這是何等的自負！的確，這也只有他配說這句話。可見他是如何的愛教！趙樸初會長在〈正果法師輓詩〉曾說：「排眾堅留迎解放，……我在佛在氣何壯！……」可以說這是對他如實的評價。

正果法師不愧是一位勇於追求進步，明辨大是大非的佛門耆宿。他是一位道高德重、學識淵博、誨人不倦、愛國愛教的高僧。

三十多年來，正果法師從事佛教界對外交往和海外聯誼工作等方面，不辭勞苦，做了大量工作，受到政府的尊重和廣大信教群眾的愛戴。這是有目共睹的。他晚年致力的是禪學，他所編述的《禪宗大意》（一九八六年佛協出版）即可以見其用心。

一九八七年十二月二日，正果法師示寂迴向法會在北京廣濟寺舉行，鄧穎超、康克清、錢昌照、包爾漢等政府各部門知名人士及佛教界緇素大德，或輓聯，或送花圈，表示哀悼。可見他的身後哀榮。當時身任全國政協主席的鄧穎超的輓聯：

論其生平，以發揚佛教優良傳統為職志；
廣為信眾，樹熱愛社會主義祖國之楷模。

這副輓聯概括地表彰了正果法師的生平，作為全國政協主席對於正果法師的高風亮節這樣的推許，在當代高僧大德中恐怕找不到第二人。

一九八九年七月，正果法師的靈塔在重慶縉雲山建成，這副輓聯就被刻在趙樸初會長所題「正果法師之塔」的左右，塔後並刻正果法師的四句遺偈：「堅持無上菩提心，專修四弘誓願行。弘揚佛法令久住，永作菩薩度眾生。」它將千秋萬世，永傳不朽。

正果法師十九歲時，在四川中江縣聖壽寺出家，一生矢志，尋求佛法真理，獻身佛教事業。在他七十五歲圓寂之前，臨終遺囑說：「中江縣聖壽寺，是我出家的寺廟，希望中江縣政府能予修復。」中江縣政府於收到中國佛教協會來信後，經多方考查，以經數十年滄桑變故，該寺不復存在。為了實現正果法師的遺願，決定將縣城附近西山鄉雷神廟修復，更名為聖壽寺，作為本縣佛教活動場所開放。可見人民政府對於愛國愛教高僧的遺願，總會予以成就的。

最澄

最澄（七六七～八二二），日本天台宗的開祖。俗姓三津首，幼名廣野，滋賀縣人，後漢孝獻帝的後裔。十四歲時，就滋賀國分寺行表剃度，名最澄。七八五年（日延曆四年）五月，於奈良東大寺受具足戒；七月，上比叡山建草庵，學習《法華》、《金光明》、《般若》諸經，特別是精究了唐鑑真帶來的天台三大部等註疏。七八八年，改草庵為寺，號延曆寺。

八〇四年，依敕作為入唐請益的天台法華宗還學生（短期留學的研究生，與遣唐使同時往還），隨遣唐使一行入唐。他在天台山從荊濱湛然的弟子修禪寺道邃和佛隴寺的行滿，傳受天台的圓教，並與弟子義真從道邃受菩薩戒。又在禪林寺學牛頭的禪要，離天台山後，更至越州（今紹興）龍興寺從順曉阿闍黎受密教的灌頂，並抄寫許多經疏，在唐約一年，至八〇五年回國。他所傳法門涉及圓密禪戒四宗，稱為四種相承。

他從中國帶回的經論疏記，有《台州錄》百二十部、二百四十卷和《越州錄》

二百三十部、四百六十卷，及金字《法華經》、法具等，奉獻於日本朝廷。教籍被書寫後納於七大寺，他從此致力於天台宗的宣揚，成為日本天台宗的開祖。八一九年（日弘仁十年），上奏欲創建大乘戒壇於比叡山，遭到奈良其他宗徒的反對，他因自撰《顯戒論》三卷、《顯戒緣起》二卷，上之於帝，未蒙敕許。八二二年六月四日，示寂於比叡山中道院。

八六六年，清和帝贈以「傳教大師」之號，是日本有「大師」號之始。他的著書多現存，凡一百六十部，近時編輯者有《傳教大師全集》。一九八二年十月，日本天台宗延曆寺二百五十三世天台座主山田惠諦，率遠孫百有餘人，來華巡禮天台，並立〈最澄大師天台得法靈跡碑〉於國清寺，中日兩國，均有碑記。

空海

空海（七七四～八三五），日本真言宗的開祖。俗姓佐伯氏，幼名真魚，讚岐國（今四國香川縣）多度郡屏風浦人。自幼好漢學，有神童之譽。十五歲時至奈良學《論語》、《孝經》及史傳文章。七九二年，十八歲時遊京都，入大學明經科，學習中國古典文學《毛詩》、《尚書》、《春秋左氏傳》等，尤好佛教。偶讀《虛空藏求聞持法》，深信佛教之誠言，遂離京為優婆塞（居士），尋訪名山勝地，苦修德行，念虛空藏修祕密法。

七九四年，二十歲時，就和泉（今大阪市南部）槙尾山寺（今稱施福寺）勤操剃髮得度，法名教海，後改如空。二十二歲，於奈良東大寺戒壇院受具足戒，改名空海。這時他從勤操學三論及大小乘教義，著有《三教指歸》三卷，其引用漢籍近七十種。當時奈良大安寺時有外國僧人居住，成為國際文化中心的寺院。空海得到出入大安寺的機會，對於大唐的文化深為嚮往；又因讀《大日經》，引起對於真言密教的疑義，當時無人能加以解答，此事遂成為他入唐求學密法的動力。

八〇四年（日延曆二十三年，唐貞元二十年），隨遣唐大使藤原葛野麿，乘第一船自肥前國（今長崎縣）松浦郡田浦（今平戶市，建有「弘法大師渡唐解纜之地」石碑）啟航，到達福州長溪縣赤岸鎮（今福建霞浦縣），從福州經大運河入唐都長安（今西安市）。他在長安先住名剎西明寺，其間歷訪諸德，後移醴泉寺就印度高僧般若與牟尼室利，學習《華嚴經》、《大乘理趣六波羅蜜經》等，又從曇貞學習悉曇梵語。

最後（八〇五）到青龍寺訪問了惠果，於東塔院入學法灌頂壇，親受胎藏界曼荼羅法和金剛界曼荼羅法，並受了傳法阿闍黎的灌頂，取得可為密教之師的資格，自號「遍照金剛」。惠果傳法以後，同年十二月即於青龍寺東塔院圓寂，年六十歲。空海奉唐憲宗之命，撰其師惠果和尚的碑文，並加書寫，全文稱〈大唐神都青龍寺故三朝國師灌頂阿闍黎惠果和尚之碑〉，收錄於空海的漢詩文集《遍照發揮性靈集》（簡稱《性靈集》）。

八〇六年（唐元和元年），他自唐回國，將他在唐所得的經典、法物造成目錄，還獻於平城天皇，稱為《請來目錄》，計有新譯佛經、梵字真言、論疏等四百餘卷，還有佛像、曼荼羅、法具等，其他書籍、碑銘亦不少。他回國後，初住於京都西北的高雄山寺。八〇九年，愛好書法的嵯峨天皇，命空海選擇晉劉義慶撰的《世說新語》的秀文，書寫屏風兩帖獻上，博得天皇的讚賞。即在高雄山寺舉行金剛界的結緣灌頂，入壇受灌頂者有最澄、和氣真綱等四人；後又修胎藏界的結緣灌頂，受灌頂僧俗達一百四十五人，是為日本兩部灌頂之嚆矢。

八一六年，於紀伊（今和歌山縣）的山中，開創高野山，號為金剛峰寺。八二三年，弘仁天皇詔賜京都東寺永為密教根本道場，隨改東寺為教王護國寺，成為「東密」名稱的由來。後隱遁於高野山，聚徒講學。後來還參加了他的故鄉讚岐萬農池的開鑿工作，為農業作出了貢獻。八三五年，示寂於山中真言堂，時年六十二。九二一年，醍醐天皇敕賜「弘法大師」之號。

他善漢文著述，其所著關於修辭論、詩病論、四聲論等的《文鏡秘府論》六卷，近年曾由我國出版。他又工書法，與橘逸勢、嵯峨天皇，並稱為日本三筆之一。其對日本文化影響最大者，據說是他所作的「平假名」（伊呂波歌），即今日本全國通行的草書字母。他的著作很多，重要者為《秘藏寶鑰》三卷、《十住心論》十卷、《性靈集》十卷等。近年，其全部著作已被編為《弘法大師全集》。最近，其故鄉香川縣的佛教徒和高野山真言宗，為紀念弘法大師的留學事蹟，已就西安青龍寺故址，建立「空海大師紀念碑」。

圓仁

圓仁（七九四～八六四），日本天台宗延曆寺第三代座主（比叡山山門派之祖），俗姓壬生氏，下野（今櫪木縣）都賀郡人。幼喪父，禮同郡大慈寺廣智為師。十五歲時，登比叡山師事最澄，學天台要旨。二十一歲時剃髮出家，從最澄受圓頓大戒。旋於比叡山北谷，結庵修行，六年後始出講學於法隆寺及天王寺等處。八三八年（日承和五年），以請益僧資格，隨遣唐使藤原常嗣入唐，在揚州海陵縣（今江蘇泰縣）登陸，於揚州開元寺，就長安西明寺宗叡學梵語，又從崇山院全雅受金剛界諸尊儀軌等大法。他向揚州都督李德裕請求先上天台山，然後至長安求法，未得允許。

越年，隨使回國，海上遇風，漂至山東文登縣，於赤山法華院，得到青州「公驗」（旅行許可證），許巡禮五台山。他在五台山大華嚴寺、竹林寺，從當時名僧志遠等學習天台教義，並抄寫了許多天台典籍，傳受五會念佛會和懺法等。然後入唐都長安，在資聖寺等處住了四年，結織了名僧知玄。其間從大興善寺元政、青龍寺法全、義真等傳受密教兩部大法，又從宗穎學習天台止觀，從寶月三藏學悉曇（梵語）。後遇會昌排佛，天下騷然，遂決意回國。他於八四七年（唐大中元年）回到日本，帶回經書、法物上獻朝廷。八五四年，就任比叡山延曆寺座主。其後深得天皇信任，出入朝廷，建唐院，創文殊堂。八六二年示寂，年七十一。八六六年，敕諡「慈覺大師」之號。

著作凡百餘部，主要有《金剛頂經疏》七卷、《蘇悉地經疏》七卷、《顯揚大戒論》八卷、《止觀私記》十卷等。其最著名者為《入唐求法巡禮行記》四卷，此書與玄奘的《大唐西域記》和馬可．波羅的《東方見聞錄》並稱為世界三大旅行記。一九五五年，已由美國哈佛大學教授前駐日大使賴肖爾（Edwin O. Reischauer）博士英譯，名為*Ennin's Diary—The Record of a Pilgrimage to China in Search of the Law*，並寫成《圓仁在唐代中國的旅行》（*Ennin's Travels in T'ang China*）一書，同時由美國紐約羅納爾書店（The Ronald Press）出版，並已被譯成德、法二語出版於歐洲。

圓珍

圓珍（八一四～八九一），比叡山延曆寺第五代座主，天台宗寺門派之祖。讚岐國（今四國香川縣）人，俗姓和氣氏，字遠塵，空海的俗甥。十歲時開始學習漢文，十四歲時，師事延曆寺的義真，廣學佛典，受菩薩戒。

八五三年（日仁壽三年），乘唐商人欽良暉的船入唐，於福州連江縣登陸。初於福州開元寺就存式學《法華》、《華嚴》、《俱舍》，又從掛錫開元寺的中天竺那爛陀寺三藏般若怛羅學梵字悉曇章，並授梵夾經等。他在福州開元寺求得經論、疏記等總計一百五十六卷，繼至天台山研究天台章疏。

八五五年後，至長安青龍寺，就法全傳學《瑜伽》及胎藏、金剛兩部秘旨，受傳法阿闍黎位的灌頂。八五八年（唐大中十二年）六月回國，十二月入京覲見天皇，依敕命住比叡山天王院，數度入宮講經修法。八六三年（日貞觀五年），於三井園城寺開灌頂會，就寺內創後唐院，收納他所帶回的經疏。八六八年，被任為延曆寺第五代座主，職為僧都。八九一年示寂，年七十八，敕賜「智證大師」之號。

他的著作很多，主要的有《法華論議》十卷、《法華開題》十卷、《瑜伽略記》三卷、《最勝王經錄疏》十卷、《華嚴骨目》等。還撰有《授決集》二卷，記錄他在天台山禪林寺從良諝所授的口訣及其他備忘錄等，共有五十四項，後來成為天台宗寺門派教學的根本聖典。

源信

源信（九四二～一〇一七），日本淨土宗的先驅。俗姓卜部氏，大和國（今奈良縣）葛木郡當麻鄉人。幼時喪父，後師事比叡山良源，十五歲時被任為講師，學殖深厚，為眾所欽，他自忌榮名，屏居橫川慧心院，精修淨業，從事著述，時人呼為慧心僧都，又以其儀容溫厚，被稱為今迦葉。九八四年，撰《往生要集》三卷。九八六年（宋雍熙元年），託人送至我國，願作往生極樂的結緣，台州人周文德得之，施之於天台山國清寺，傳宋真宗見之，頻加讚歎。

一〇〇三年（宋咸平六年），當他的弟子寂照入宋之際，他提出有關天台宗的二十七條疑義，寄問我國四明智禮，智禮驚其造詣之深，作答寄還。從此屢與我國佛教學者互通音信，加深了佛教文化的交流。被補為內供奉十禪師之一，任少僧都。他雖屏居，弟子常滿其室。他又於首楞嚴院東南建花台院，安置丈六阿彌陀佛像，擬聖眾來迎之儀。一〇一七年示寂，年七十六，被尊為「慧心流之祖」，又被稱為淨土真宗相承的第六祖（三國七祖之一）。

主要著作有《大乘對倶舍抄》十四卷、《一乘要決》、《往生要集》等七十餘部、一百數十卷，近代編有《慧心僧都全集》行世。

源空

源空（一一三三～一二一二），日本佛教淨土宗創始人。俗姓漆間，幼名勢至丸，號法然。美作國（今岡山縣）人。九歲其父有故為人所殺，臨終遺命，令投同縣菩提寺叔父觀覺出家，學沙彌法。十三歲登比叡山師事源光，後從皇圓受戒，並學習天台三大部。

一一五一年，十八歲時師事黑谷慈眼房叡空之室，學圓頓戒和密宗教義，讀源信的《往生要集》，傳承佛立三昧法門。一一七五年，讀唐善導《觀經四帖疏》的「散善義」後，始覺彌陀本願的深厚，大有所悟，忽捨餘行，專志於念佛法門，庵居洛東（今京都）吉水，夢中與善導對面，遂以此年為淨土宗開立之紀元，從此專述淨土教法，勸人念佛，化導日盛，開創了「一向專修宗」。

一一八六年，比叡山座主顯真集各宗碩學名僧於大原（今京都一帶）勝林院，與源空辯論淨土法義，使滿座數百人盡歸念佛。此即有名的「大原問答」，記錄成書，名《大原談義》，又稱《大原問答》。一一九一年，為關白（宰相）藤原兼實授戒，並於奈良東大寺講淨土三部經（《無量壽經》、《觀無量壽經》、《阿彌陀經》），並為天皇、皇后授戒。一一九八年，應藤原兼實之請，口述《選擇本願念佛集》（簡稱《選擇集》），由安樂筆錄，以定淨土宗要。其時，他所倡稱名念佛淨土法門日益盛行，引起南都北嶺各宗的反對，至於奏請停止念佛。

他們擬〈七條起請文〉贈之比叡山僧徒，以緩和之。偶因弟子安樂與住蓮等舉行別時念佛會於鹿谷，而收容參加念佛會的宮女自行落髮，人遂譖之於上室，以私度宮女之罪，上皇大怒，一二〇七年（日承和元年）二月，處住蓮、安樂以死罪。源空亦被改名為藤井元彥而流配於土佐（今四國高知縣），其他為此受流刑者頗多。十二月被赦，但不許入京都，於攝津（今兵庫、大阪一帶）勝尾寺凡四年，繼續弘布淨土宗。一二一一年，回到京都，住大谷，越年入寂，年八十二。一六九七年（日元錄十年），敕賜「圓光大師」之號。卒後，歷代天皇先後還賜謚東漸大師、慧成大師、弘覺大師、慈教大師等，但一般稱他為法然上人。

主要著作有《選擇本願念佛集》、《無量壽經釋》、《觀無量壽經釋》、《往生要集詮要》、《往生要集料簡》、《類聚淨土五祖傳》、《淨土初學抄》等。一九五五年編有《昭和新修法然上人全集》一冊，一九七五年又出版《定本法然上人全集》九卷。

榮西

榮西（一一四一～一二一五），日本佛教臨濟宗創始人。俗姓賀陽，號明庵。備中國（今岡山縣）吉備郡人。幼年從父學佛，十四歲在本郡安養寺從靜心落髮，旋登比叡山受大乘戒。十九歲於比叡山就有辯學天台教義，又到佰耆（今島取）的大山從基好學密教，後又還比叡山精讀藏經。

一一六八年到中國求法，先到明州（今浙江寧波）訪廣慧寺，繼往天台山巡禮聖跡，得天台章疏等三十餘部回國。一一八七年再次入宋，原擬去天竺（印度）巡禮佛跡，未獲當地知府許可，即上天台山謁萬年寺虛庵懷敞，後隨虛庵至寧波天童寺，繼承臨濟正宗的法脈。在天台山時曾捨衣缽之資，修理智者大師塔院，到天童寺又贊助重修千佛閣工程，一一九一年回國。一一九六年於博多建聖福寺，弘揚臨濟禪風，為日本禪寺之始。

一二〇二年，將軍源賴家於京都創建仁寺，請榮西為開山，遭到南都和北嶺諸宗反對，乃作《興禪護國論》三卷，駁斥諸宗的謗難，名聲大振。翌年，建仁寺設立真言院和止觀院，作為傳播天台、真言、禪三宗的基地。後應將軍源實朝之請，至鎌倉創壽福寺，初傳禪宗於關東。他融合天台、真言、禪三宗，形成日本臨濟宗。著作還有《喫茶養生記》、《出家大綱》等。

親鸞

親鸞（一一七三～一二六二），日本淨土真言宗（略稱真宗）的開祖，俗姓藤原氏，幼名松若丸，京都人。幼年父母雙亡，為伯父范綱所養。一一八一年，就青蓮院慈圓僧正出家，法名范宴。居比叡山十年，精研天台教義，後赴南都奈良，廣究三論、法相諸宗之學。一二〇一年，隱居頂法寺六角堂百日，因聖覺法印的引導，於吉水謁見法然，遂究念佛易行的淨土法門，改名綽空，後稱善信。一二〇三年，娶藤原兼實之女玉日為妻，時年三十一歲，是為日本僧侶娶妻之始。

一二〇七年，因法然及其門下住蓮、安樂私度宮女的法難，他亦連坐被發配到越後（今新瀉縣）國府，在配所時，自稱「愚禿親鸞」，居五年遇赦。時聞其師法然入滅，遂越東北之常陸（今茨城縣），後移居稻田，前後約十年，在這裡撰《教行信證文類》六卷，是為淨土真宗立教的本典。時其妻玉日已死於京都，乃再娶三善為教之女，是為慧信尼。一二三五年，始回京都，居二十餘年，專事著述。一二六二年，示寂於富小路善法院，年九十歲。一八七六年（日明治九年），賜謚「見真大師」之號。

親鸞生有四男三女，一子范意為玉日所出，後改名印信；其餘六人，都是慧信尼所生。最小的女兒彌女隨親鸞到京都，後來稱為覺信尼。門下弟子很多，真佛為其高足，開有高田專修寺一派。著作有《教行信證》六卷、《淨土文類聚鈔》一卷、《愚禿鈔》二卷、《和讚》（即用和語讚佛祖的行業）三卷等。

道元

道元（一二〇〇～一二五三），日本曹洞宗的開祖，俗姓源氏，號希玄，京都人。自幼早慧，四歲時，能讀唐詩人李嶠所作的《百詠詩》，七歲時解讀《全詩》及《左氏傳》，時稱為神童。後因父母相繼逝世，頓感人世無常。十四歲時，就比叡山天台座主公圓僧正剃髮出家，於延曆寺戒壇院受菩薩戒，自是遍學天台教觀及諸經論。一二一四年，至京都建仁寺就榮西參禪，榮西寂後，師事法兄明全。

一二二三年，從明全入宋留學，時年二十四。初入明州（今寧波）天童山景德寺，參臨濟下的無際了派，繼遊育王山廣利寺，後至杭州徑山興聖萬壽寺謁浙翁如琰，更向台州小翠岩見盤山思卓，再至天台平田萬年寺訪元鼎。他歷訪諸方，尋善知識，未遇師匠，擬再回天童寺見無際，途中曾掛搭於大梅山護聖寺（遺址在今寧波東南）。

至天童寺時，無際了派已遷化，時長翁如淨新任住持，大揚曹洞宗風。一二二五年（宋寶慶元年）五月，參謁如淨，師資相契，隨侍三年。成就一生參學大事，遂嗣洞山十四世正統。臨別，如淨授與芙蓉道楷法衣、《寶鏡三昧》、《五位顯訣》、自贊頂相及嗣書等，並面囑歸國後莫住城邑聚落，莫近國王大臣，只安居深山幽谷，接得一個半個，勿致吾宗斷絕。

道元遂於一二二七年回國，時年二十八歲。他先寓京都建仁寺，後庵居深草的安養院。一二三三年，於城南宇治開創興聖寺，建立日本最初的禪堂，在寺十餘年。一二四三年，因波多野義重之請，與諸弟子赴越前（今福井縣），住永平寺，為其開山，後成為日本曹洞宗大本山。一二四七年，因鎌倉幕府北條時賴之請，赴鎌倉說法，並為其授菩薩戒。此外，未曾下山。一二五三年罹病，以寺務讓於懷奘，八月示寂於京都西洞院，年五十四。一八八〇年（日明治十三年）賜謚「承陽大師」。

著作有《正法眼藏》九十五卷、《永平廣錄》十卷、《永平清規》二卷、《學通用心集》一卷、《普勸坐禪儀》一卷、《寶慶記》一卷等。一九六九年，大久保道舟編有《道元禪師全集》。

日蓮

日蓮（一二二二～一二八二），日本佛教日蓮宗創始人。俗姓貫名氏，幼名善日。祖籍遠江國（今靜岡縣），生於安房國（今千葉縣）小湊。幼年於本縣清澄山寺從道善落髮，名蓮長，後改名日蓮。初學真言宗，後遊鎌倉，偶逢延曆寺尊海，結伴登比叡山，從諸學匠習天台教義十餘年。又巡遊大和（今奈良）、紀伊（今和歌山）等地寺院，結識了禪宗名僧辨圓、道元等。認為「末法」時代，唯有《妙法蓮華經》是諸經中最勝之經，是與時機相應之法。

一二五三年歸鄉訪親，四月二十八日登清澄山，面對旭日，高唱《南無妙法蓮華經》十遍，後世遂以此日為日蓮宗開宗之日。旋於清澄山寺大開法席，依《法華經》反對淨、禪、密、律諸宗，提出四句格言：「念佛進無間地獄，禪宗是天魔，真言宗導致亡國，律宗是國賊。」引起各宗的反對，為其師道善和邑主東條景信所怒逐；遂逃往鎌倉結一草庵，日夜讀誦《法華經》，並時出街頭，高唱《法華經》題目，贊其功德，向來往男女傳教。

一二六〇年，將所著《立正安國論》上之幕府，以立正為因，安國為果，立正就是信仰《法華經》，要求禁止淨、禪諸宗，專奉法華信仰，大觸北條時賴之怒，以誑惑罪發配到伊豆（在今靜岡）之東。兩年後被赦回鎌倉，仍罵諸宗如故。後又被幕府逮捕，發配佐渡（在今新瀉）。他在此為諸弟子撰《開目鈔》、《觀心本尊鈔》等，闡明宗義，採取闡述「攝受門」的態度，三年後被赦回鎌倉。不久至甲斐（今山梨）身延山建一草庵，為弘布《法華經》道場，即今日蓮宗總本山的身延山久遠寺。

一二八二年，因病下山，後示寂於武藏（今東京）信徒池上宗仲之邸，年六十一。寂後，大正天皇追謚「立正大師」號。著作尚有《守護國家論》、《教機時國鈔》等三百餘種。

居士記

黎養正

黎養正（一八?～一九一九），字端甫，江西豐城人，工詩古文詞，為江西有名佛教學者，與桂柏華齊名。中年至金陵，從楊仁山居士治佛學，造詣甚深。桂柏華的〈致楊仁山書〉稱：「有黎君端甫者，係豐城人，同輩中聞佛法者，以彼為最早，氣質亦以彼為最純。」他於佛學，尤精《三論》。光緒末年，曾應宗仰之請，與汪德淵同校《頻伽大藏經》。後來印光聞其名，特請他主持四大名山志的編纂工作。著作有《法性宗明綱論》等，均發表於民初出版的《佛學叢報》。

黃茂林

黃茂林（?～一九三四），廣東人，生於香港。畢業於香港大學，精通英文。他在學時，即對佛典頗感興趣。畢業後經友人介紹，到上海佛教淨業社，從關絅之、葉恭綽等治佛學，其間主編英文佛教雜誌，譯載《成唯識論》等佛教典籍。其後陸續英譯有《六祖壇經》、《十善業道經》、《佛說阿彌陀經》等。

他為了學習梵文和巴利文，對佛學更求深造。一九三〇年，得上海佛教界之助，前往錫蘭（今斯里蘭卡）入佛教學院，從該國名僧納囉達專攻梵文和巴利文。留學期間，時為文發表於國內佛教刊物《海潮音》雜誌。一九三四年一月，因游泳不慎，歿於錫蘭。其英譯之《六祖壇經》深為歐美佛教學者所歡迎，狄平子之《平等閣筆記》曾介紹之。

徐文霨

徐文霨（一八七八～一九三七），字蔚如，浙江海鹽人。幼從師學古文詩詞，後獨學算術，二十一歲時，父母先後去世，遂皈依佛法，閱《大藏經》，深究教義，畢生以弘揚佛法為己任。辛亥革命後，被選為浙江省議會第一屆議員，主編《浙江日報》，並以報社為流通佛經之處，盡力於佛教之推廣。北洋政府時代，一度任審計處長。

他生平服膺楊仁山居士，以其志為志，以其行為行。楊仁山著有《大藏輯要書目》，他為撰《提要》，裨益學林不淺。晚年居天津，一九二二年創辦天津刻經處，致力佛教律藏之研究。校刊佛書近二千卷，以《隨機羯磨》一書為最精。特別是影印我國失傳而流入日本的《四分律》等律學著作等，弘一法師極稱其功。曾與上海黃幼希居士共議釐訂《華嚴疏鈔》，以抗戰爆發未果。著有《楊仁山居士事略》、《大乘起信論科釋義》等。

張仲如

張仲如（一八七一～一九五六），字純一，湖北漢陽人。早歲治儒學，尤精墨子，一九〇八年，先後任教溫州師範與浙江優級師範。一九一八年研究基督教義，不久信奉耶教，並任教南京金陵大學。一九二〇年任教南開、燕京兩大學，教授墨家哲學。他在教學中，認為耶穌教徒若不通佛法，非真實的耶教徒。遂作為居士研究佛經，並從太虛法師等請益，試著《佛化與基督教》問世。其後即專門從事佛教之研究與弘揚。

平生著作，儒墨方面，有《四書真義》、《孝經通釋》、《講易舉例》、《國學闡微》、《晏子春秋校註》、《墨子閒詁箋》、《墨子集解》、《墨學分科》、《墨學與耶教》、《名家惠施學說》；佛教方面有《校訂四十二章經》、《阿彌陀經之研究》、《佛學根本真理》、《心經真空集解》、《重譯佛學行法頌》等。

高鶴年

高鶴年（一八七二～一九六二），號雲溪，江蘇興化（今大豐縣）人，畢生以居士身參禪學道，為佛教界所稱譽。他自一八九〇年開始行腳，歷時六十年，遍參國內名山道場，訪尋善知識，足跡之廣，為前人所不及。他曾參金山大定、天寧冶開二老及金陵刻經處楊仁山居士等，諮詢法要。先後結茅於終南山、羅浮山、雞足山等處，海內名僧如月霞、虛雲等都樂與交遊，並時襄辦水旱義賑，刻苦勵行，有如頭陀。清末光緒年間，他訪普陀時，攜得印光幾篇文章，發表於上海《佛學叢報》，印光因而成名。後來《印光法師文鈔》的風行一時，就是發源於此的。

他的行腳，不在遊山玩水，而在記錄高僧大德的開示法語，以啟示世人。晚年據其雲遊所經及行腳見聞，寫成《名山遊訪記》一書，這是我國一九四九年前佛教寺院情況的寶貴資料。

狄葆賢

狄葆賢（一八七三～一九四一），字楚青，號平子，別號平等閣主人，江蘇溧陽人，工詩詞並長於書法，家藏書畫極富。清末東遊日本，識梁啟超，以詩唱和，並互相研討佛教。梁氏《飲冰室詩話》，盛稱其詩。回國後，又與九江桂柏華交遊，益勤治佛典，所作詩詞，多含禪理。辛亥革命前，曾任江蘇省諮議局議員。

民國初年，他在上海創辦《時報》，延請名記者戈公振等，主持各種週刊畫報，一時頗為風行。後又經營有正書局，以珂羅版印行名人書畫及出版古典文學書籍；同時出版流通佛教經書，並發行中國最初的佛教刊物——《佛教叢報》，開了研究佛教的風氣。他談佛門掌故的《平等閣筆記》及評論詩詞的《平等閣詩話》，在《時報》連載多時，後均印成單行本，由有正書局發行，至今為佛教界所愛讀。

丁福保

丁福保（一八七四～一九五二），字仲祜，別號疇隱居士，江蘇無錫人。少時入江陰南菁書院，從華若溪學習算學，致力於說文詩賦的研究。二十七歲時任無錫俟實學堂算學教習。一九〇二年考入盛宣懷在上海創辦的東文學堂，專攻日文，極得盛宣懷器重。一九〇三年，被聘為北京京師大學堂算學及生理教習。越年任譯學館教習。一九〇五年，於友人余梅生處見有釋氏語錄，假歸讀之，因錄數語為座右銘，這是他讀佛書之始。後回上海，參加譯書公會，從事譯書工作。

一九〇八年，在滬創醫學書局，刊行醫書，並開始行醫。一九〇九年，兩江總督端方特派為考察日本醫學專員，他先後於日本千葉醫科學校等幾所學校參觀學習，歸國後又購佛書及古典文學數千卷，其間得識楊仁山居士，自是得問佛學要義，除著書行醫外，常研讀佛經，並實行素食。

他治學精博，著作等身，先後譯著編纂有《心經》、《八大人覺經》、《四十二章經》、《佛遺教經》、《金剛經》、《觀無量壽經》等箋註多種。一九一八年開始編纂《佛學大辭典》，翻印古德各種註疏及各種佛學經書及佛學箋註。後經營醫學書局，編著出版醫學、數學、佛學、詩詞及文字學等數千種。其主要者有《全漢三國兩晉南北朝詩》五十四卷、《說文解字詁林》六十六卷及補遺十六冊，《老子道德經箋註》，《漢魏六朝名家集初刻》四十種、一七六卷，《算學書目提要》、《歷代醫學書目提要》，《歷代詩話續編》七十六卷，《新本草綱目》（譯）二冊、《清詩話》五十一卷，以及《佛學大辭典》十六冊（一九二五年出版）、《古泉大辭典》。

譯述日本醫學書者有《診斷學大成》、《新撰解剖學講義》、《皮膚病與美容法》、《近世內科全書》、《新纂兒童學》、《產科學初步》、《娠婦診察法》、《胎生學》、《外科學一夕談》、《人體寄生蟲病論》、《病源細菌學》等。

著書有《代數學》等十種，健康長壽法書二十六種、小文字學九種、文學詩詞八種、古泉學八種、雜著九種、佛學三十四種、醫學七十五種，共計一百九十餘種。其醫學著作多譯自日文，對我國近代西洋醫學啟蒙時期作出了貢獻，如上述所譯日本的醫學書多為近代醫學名著。還有《佛學初階》、《佛學起信論》、《佛學指南》、

《佛學之基礎》等各種佛學辭典、佛經箋註，其最重要者為《說文解字詁林》八十二冊，以及《佛學大辭典》十六冊。

蔣維喬

蔣維喬（一八七三～一九五八），字竹莊，別號因是子，江蘇武進人。早年就學江陰南菁書院，專攻經史詞章及地理學。畢業後加入上海愛國學社，與蔡元培、章炳麟、吳稚暉、黃中央（宗仰）等，從事革命活動，曾任上海愛國女學校長。辛亥革命後，歷任商務印書館編輯，江西、江蘇教育廳長，南京東南大學校長等職。中年皈信佛法，在北京皈依諦閑法師，法名顯覺，聽講《圓覺經》，著有《圓覺經親聞記》，又從應慈法師聽講《華嚴經》，於佛學造詣頗深。

佛學著作有《中國佛教史》、《孔子與釋迦》、《大乘廣五蘊論註》、《中國近三百年哲學史》、《佛學大要》、《佛學淺測》、《佛教概論》、《佛教綱領》等。生平好遊歷，足跡遍全國，著有《因是子遊記》，晚年又提倡靜坐健身，著有《因是子靜坐法》。

王季同

王季同（一八七五～一九四八），字小徐，號不輕居士，江蘇吳縣人。早年留學英國，專攻電機工程，為我國科學技術界早期知名人物。歷任前國立中央研究院工程研究所研究員，上海各大學教授。一九二九年，代表中國政府和中央研究院出席在東京舉行的萬國工業會議，提出了科學理論的重要論文，為國際學者所注目。

他早年在南京，從楊仁山居士得聞佛法，研究科學之餘，常以文字宣傳佛教。一九三四年，發表名作《佛法與科學之比較研究》，引起科學界的爭論。其後陸續著作有《因明摸象記》和《佛法省要》等書。《佛法省要》一書，曾由奧籍施華滋（Ernst Schwarz）居士譯成英文，為歐美佛教學者所重視。

劉洙源

劉洙源（一八七五～一九五〇），名復禮，四川中江人。早歲在成都任學校講席，後治佛學，即以弘揚佛法為己任。他對禪宗語錄，尤有研究。曾於成都、德陽、廣漢、金堂各地，開講各種經論，深受道俗所信仰。一九四九年，從德陽延祚寺法光披剃，法名昌宗，旋受具足戒。後回中江白雲寺，專研戒律，世稱昌宗大師或白雲大師。

他的著作有《宗鏡錄總科判》、《釋楞伽章》、《唯識學講義》。晚年，其弟子浙江金弘恕輯與其往復通信、開示、法語等為一書，名曰《佛法要領》，刊布行世。

史一如

史一如（一八七六～一九二五），原名裕如，法名慧圓，四川萬縣人，早歲留學日本，畢業於東京帝國大學。歸國後，歷任北京各大學教授。一九一八年發心學佛，皈依太虛，旋至武昌，任太虛主辦的《海潮音》月刊編輯。一九二一年冬，應請於北京各佛教團體講演經論。一九二二年秋，受聘任武昌佛學院講師，主講佛學。他精通日語，教材多介紹日本佛教學者著作。後以足疾逝世於上海，年四十九。譯著有《印度六派哲學》、《因明入正理論講義》、《小乘佛教概論》、《釋尊略傳》、《大乘起信論講錄》、《金剛經總綱》、《心經要義》等。

王弘願

王弘願（一八七六～一九三七），字圓五，原名慕韓，字師愈，廣東潮安人。早歲刻苦自學，深究西洋文哲史地，並從友人學習日文，自力研修，能閱讀日文書籍。初任中學教席八年，民國初年，升任潮州中學校長。其間對佛學頗感興趣，一九一九年，曾譯日本新義真言宗大僧正權田雷斧所著《密宗綱要》，由潮安刻經處印行。一九二四年，迎接權田雷斧、小林正盛、小野塚興澄等一行十一人，至汕頭潮州傳法灌頂。

他於自宅創立震旦密宗重興會，被推為會長。不久又到日本學習密法，從權田雷斧受兩部傳法灌頂，為真言宗四十九世傳燈大阿闍黎。回國後任中山大學文學院講師，講授因明性相之學，並參加《廣東通志．宗教志》編寫工作。他主張「他宗皆有僧俗之分，而吾（密）宗無僧俗之分。在家居士，皆負荷大法之法器，即身成佛之塔婆也」。一九三二年，他與馮蓮庵在廣州解行精舍，為僧尼傳法灌頂，引發僧眾的反對，即回汕頭創密教重興會，被舉為導師。

著作有《兩部曼陀羅胎藏界通鮮》、《光明真言之研究》、《佛頂尊勝陀羅尼之研究》、《圓五居士護法錄》、《密宗安心鈔》、《纘槐堂詩文集》等。

梅光義

梅光義（一八七九～一九四七），字擷雲，江西南昌人。清光緒二十三年（一八九七）丁酉科江西鄉試舉人。後東渡留學，畢業於振武學堂及早稻田大學。歸國後，張百熙保薦於經濟特科。歷任京師大學堂提調，湖北高等農業學堂、法政學堂、武昌高等學堂、廣州司法研究館監督等職。辛亥革命後，任教育部祕書長、最高法院檢察官、江西高等法院院長等，終生多服務於司法界。

著作有《相宗綱要》、《法苑義林章．唯識章註》、《高僧傳節要》、《宗鏡錄．法相儀節要》、《大乘百法明門論集解》、《禪宗法要》、《因明入正理論疏》、《略述百法義增註》、《五重唯識觀註》、《新舊相宗不同論》、《法相略錄》、《佛藏略考》等，是近代有影響的一個佛教學者。

張化聲

張化聲（一八八〇～一九四七），湖南祈陽人。少時精研詩文史論，於佛學尤有興趣。曾留學日本，入早稻田大學，研究政法文哲諸學。回國後，又入上海中國公學治國學。其間一度研究道家學說，後在長沙購得曹鏡初創辦的長沙刻經處所刻佛經數十種，日夜鑽研，遂究佛學之奧。一九二二年，應太虛之聘，任武昌佛學院教授，兼主編《海潮音》月刊，文采富贍，眾所推許。生平研究三論、俱舍、唯識、天台，尤精三論。

著作有〈世界新文化的標準〉、〈佛化前途與我國的國民性〉、〈佛學研究之歷史觀〉、〈色即是空空即是色之理化談〉、〈叔本華哲學之批評〉、〈佛教心理學與西洋心理學特異之點〉、〈對於邏輯派攻擊佛學之駁議〉等。一九三四年，集為〈化聲〉一書，並作自序。

聶其傑

聶其傑（一八八〇～一九五三），字雲台，湖南長沙人。他出身於官僚買辦階級。父聶緝槼，為曾國藩女婿，歷官上海道台、江蘇、安徽、浙江巡撫（省長）。他自幼隨父住在上海。一八九三年，回鄉考取秀才，其後即從外人習英語及化學工程諸科學，尤精英語。青年時期，信奉基督教，曾任上海基督教青年會總幹事。後讀佛經，改信佛教，為上海著名居士。他歷任復泰公司、恆豐紡織新局總經理，對紡織技術和管理制度有所改革。

一九一七年，與黃炎培等人共同發起中華職工教育社，自任臨時幹事。後來當到大中華紗廠總經理及上海總商會會長，成為上海工商界一時的風雲人物。著作有《戒殺名理》、《人生指津》、《學佛篇》、《歷史感應通記》、《致富法》等。

范古農

范古農（一八八一～一九五一），號寄東，自署其書齋曰幻庵，亦稱幻庵，別號海屍道人，浙江嘉興人。嘗問學於樸學大師章太炎，文字造詣極深。壯年遊學日本，偶得《圓覺經大疏》，讀而喜之。返國後，遂廣搜佛典，專心研究。曾遍閱《華嚴經》章疏，尤精《大乘起信論》。中年在上海從事女子教育，曾任上海坤範女子中學校長。其間皈依諦閑法師，時列他的講席，盡通天台教義，旁及三論、法相諸宗。後來他覺得經義高深，非依論不能確解，而解釋論文，莫過於慈恩。於是精研相宗章疏，通其妙義。

他生平以弘揚佛法為己任，曾任上海佛學書局總編輯，並時在滬杭蘇錫各地講經。曾任杭州佛學研究會主講，春秋講經兩次。先後又主編《世界佛教居士林林刊》及《佛學半月刊》。晚年主講上海省心蓮社及附設法相學社。著作有《古農佛學問答》、《觀所緣緣論解》、《大乘空義集要》、《八識規矩頌貫珠解》、《幻庵文集》等。

李翊灼

李翊灼（一八八一～一九五二），字證剛，江西臨川人。早歲從善化皮鹿門（錫瑞）治經學，繼與歐陽漸、桂伯華、黎端甫、楊昀谷等研究佛學的朋友交遊，於佛學漸感興趣。最後師事楊仁山居士研究佛學。一九一二年，民國肇造，與歐陽漸、桂伯華、黎端甫、蒯壽樞、張世野、陳方恪、濮一乘、邱之恆等十人發起創立佛教會，並擬佛教會大綱，發趣文及要求民國政府承認條件等，呈孫大總統。得其復函，略謂：「近世各國，政教之分甚嚴。在教徒苦心修持，絕不干預政治；而在國家盡力保護，不稍吝惜。此種美風，最可效法。」後以僧俗之間，意見不一，自動解散。

其後，歷任江西心遠大學、瀋陽東北大學、北京清華大學、南京中央大學等校教授，講授佛家哲學。佛學著作方面，有《佛家哲學講義》、《佛學書目要略》、《佛學偽書辨略》、《心經密義述》、《西藏佛教略史》、《印度六派哲學》（清華大學講義本）等。

參考資料：

1.《佛書叢報》第二冊《專件》，上海，一九一二年。
2. 劉劍青〈追念臨川李證剛先生〉，《現代佛學》一九五四年第五期。

呂碧城

呂碧城（一八八四～一九四三），號聖因，晚號寶蓮，安徽旌德人。父為光緒三年翰林、山西學政呂鳳岐，姊為呂美蓀，幼攻詩書，才華橫溢。父歿，從舅氏讀書塘沽，十七歲時任天津《大公報》記者，與女革命家秋瑾為友。清末創設北洋女子公學於天津，自任校長。後從嚴復學《群學肆言》和英文，又從當時名士樊樊山、易實甫學詩古文詞及繪畫，皆卓然有立。中年母歿，留學美國，入哥倫比亞大學，專攻西洋文學。

一九二八年，她於倫敦中國使館看到《印光法師嘉言錄》，遂皈心佛教。自是素食，時與名僧居士太虛、常惺、弘一、徐蔚如、王季同、范古農、李圓淨、聶雲台等書信往來，討論佛學諸問題。她的足跡幾遍全球。在歐洲時常居瑞士，發起保護動物及提倡素食運動，並宣傳佛教於歐美。第二次世界大戰後期卒於香港東蓮覺苑。她擅詩詞，詞家推為近代女界倚聲第一人。

遺著英漢文各十種，命名為《夢雨天華室叢書》；其著作還有《信芳集》、《呂碧城集》、《歐美之光》、《曉珠詞》、《觀經釋論》、《勸發菩提心文》，及英譯《美洲建國史》、《法華經普門品》、《觀無量壽經》、《普賢行願品》、《阿彌陀經》、《十善業道經》等諸大乘經。

黃士復

黃士復（一八八四～一九五八），字幼希，福建永泰人。早歲在江西某宦家任家庭教師，餘暇專攻英文。後留學日本，畢業於早稻田大學法政科。在日本時即與同學研究佛教，造詣頗深。

回國後，初在福建故鄉任教，後與其兄士恆同時應聘為上海商務印書館編輯，前後編著英文字典多種。一九三三年撰寫《佛教概論》一書，編入商務印書館《萬有文庫》第一集；又編有《大乘起信論講義》。抗戰時期擔任上海《普慧大藏經》編校工作及整理弘一大師遺著，成《弘一大師遺著三十三種合刊》，晚年編有《巴英漢和辭典》一書，僅成初稿。

唐大圓

唐大圓（一八八五～一九四一），湖南武岡（今洞口縣）人。早年深究諸子百家之學，曾創設國學院於長沙。一九二一年皈依太虛法師後，致力於佛教之研究，一時聲名籍甚。前後歷任武昌佛學院、武昌文華大學、國立東南大學等校教授，後任武昌東方文化學院院長，其間並主編《東方文化》、《四維》等雜誌，發揚佛學與文化。生平對唯識法相，造詣最深。一九二二年，應溫州吳壁華居士之請，前往溫州一帶弘法，頗受佛教團體的歡迎。晚年在故鄉武岡創辦覺國學院，培養僧俗弘法人材，其一門子姪多有出家為僧尼的。

他的著作有《唯識方便譚》、《唯識的科學方法》、《唯識簡易》、《唯識三字經釋論》、《百法明門論文學觀》、《大乘起信論解惑》、《東方文化》、《佛學講演集》、《性命問題》、《般若行集》、《法相方學》、《唯識新論》、《識海一舟》、《大圓文存》等。

熊十力

熊十力（一八八五～一九六八），字子真，湖北黃岡人。他自清末，即懷有革命思想，曾與同志創設科學補習所於武昌，又設日知會，從事社會教育。革命失敗後，潛心於學術的研究。一九一八年，發表《熊子真心書》，論次佛教，以為「古今言哲理者，最精莫如佛，而教外別傳之旨，尤為卓絕」。蔡元培為他作序，稱他「貫通百家，融會儒佛」，備極推重。一九二五年，受聘為北京大學教授，講授印度哲學，於佛學別有見解。

一九三〇年，他僦居杭州西湖廣化寺，潛心唯識之學，其名著《新唯識論》即作於是時，後來又繼續發表《破新唯識論》和《破破新唯識論》，並將一九二四年至一九三〇年和朋友與學生論學的書簡，編為《尊聞錄》出版。他於佛學，特別重視唯識一宗學說。所著有《唯識學概論》、《十力論學語要集》（略稱《十力語要》）、《佛家名相通釋》、《因明大疏刪註》、《論學書簡》等。晚年更作《原儒》一書，以示他對儒家思想的見解。

黃懺華

黃懺華（一八九一～一九七八），一名參話，別號海因居士，原籍廣東順德，生於南京。清末肄業南京師範，課餘從老師治哲學與佛學，兼學日語。畢業後，加入了柳亞子的南社，從事民族革命文學活動。辛亥革命後，擔任過南京的《中華》、《民魂》兩報編輯。一九一四年赴日本，與陳銘樞從桂柏華研究佛學。返國後在金陵刻經處校刻佛經，並從歐陽竟無研究唯識法相。一九一七年，為蒐集佛教研究資料，重赴日本，考入日本大學法科，研究有關社會主義學說。一九二〇年畢業回國，狄平子聘為上海《時報》編輯。後任有正書局及《民立報》、《天鐸報》等編輯。

一九二八年，因柳亞子介紹，任前立法院法制委員會祕書，後歷任考試院專門委員會、司法行政部祕書等職，其間常參加各種佛教組織活動。抗戰勝利，往來上海、杭州，從事著述。一九五六年，受聘為《中國佛教百科全書》特約編輯。一九六一年，就任浙江文史館館員。

他的佛學著作有《佛學概論》、《中國佛教史》、《佛教各宗大意》、《印度哲學史綱》、《金剛頂發菩提心論淺釋》、《哲學綱要》，其他著作有《近代美術思潮》、《近代哲學概觀》、《西洋哲學史》、《現代哲學概論》、《美術概論》、《學術叢話》等。

王與楫

王與楫（生年不詳），湖南澧縣人。早年專攻法政理化，欲以此救國，曾任辛亥俱樂部常任議員、湘軍政府軍政部次長等職。後隱居專治佛學，發願以佛法化導社會。一九一八年宣講佛學於上海錫金公所，與沈惺叔、陳憲、王一亭等發起上海佛教居士林，被推為首任林長。後發展為世界佛教居士林，他改任居士林講主，布教於浙江杭州、寧波等地監獄，並發起全國監獄布教會。

一九二二年至北京，先後於龍泉寺孤兒院、廣濟寺養老院、信教自由會、北京佛教講習會等處，從事佛教宣傳。後在北京創立中國道德會、大覺精舍等團體，宣講唯識法相。大覺精舍設著述部，徵求海內外佛學家、哲學家的論述和譯著，於當時佛教界頗有貢獻，是居士界很有影響的人物之一。著有《瑜伽學世界觀》、《印度哲學概論》等。

王恩洋

王恩洋（一八九七～一九六四），字化中，四川南充人。早年肄業北京大學，從梁漱溟研究印度哲學，後轉南京內學院從歐陽竟無治佛學，特深究唯識法相。一九二五年，內學院創辦法相大學預科，他擔任主任兼教授。一九三四年回川，於南充創設龜山書房，聚徒講學，儒學與佛學並重。一九四九年後，任四川省文史館館員。一九五六年受聘任北京中國佛學院教授，講授佛教通論。

他的佛學研究，得到印尼華僑黃聯科經濟上的後援。生平著述，多由上海佛學書局出版。主要著作有《唯識通論》、《大乘佛說辨》、《起信論料簡》、《佛教概論》、《佛法真義》、《攝大乘論疏》、《二十唯識論疏》、《八識規矩頌釋論》、《人生學》、《大菩提論》、《世間論》、《儒學大義》、《論語疏義》、《孟子疏義》、《老子學案》、《佛教解行論》、《心經通釋》、《王國維先生之美學思想》、《大足石刻》等。

周叔迦

周叔迦（一八九九～一九七〇），原名明夔，字志和，學佛後改名叔迦，安徽至德（今東至縣）人。祖為清兩廣總督周馥（玉山），父為北洋政府財政總長周學熙。他於一九一八年，肄業上海同濟大學工科。之後旅居青島，精研三藏。一九三〇年至北平，歷任北大、清華、中國、中法、輔仁諸大學講師，講授佛學；並先後任華北佛教居士林理事長、中國佛教學院院長等職。

一九五三年，中國佛教協會成立，被選為副會長兼祕書長。一九五六年中國佛學院創立，被任為副院長兼教務長，並主講中國佛教史。他學問淵博，對佛教教育與文化事業，均極熱心。中國佛教協會成立後所辦的幾件重要事業，如編纂《佛教百科全書》、發掘和拓印房山石經，修建西山佛牙塔、派員調查全國石窟等，他都參與或主持其事。

著作有《牟子叢殘》、《中國佛教簡史》、《唯識研究》、《新唯識三論判》、《因明新例》、《八宗概要》、《中國佛學史》、《蟲葉集》及其他經論疏釋等多種。

張汝釗

張汝釗（一九〇〇～一九六九），字曙蕉，法名聖慧，浙江寧波人。她少學哲學、教育於滬江大學，一九二六年，畢業於上海國民大學，得英文學士學位。初從寧波美傳教士梅立德夫人研究基督教義，歷任四明中學教員、寧波圖書館館長。因遇人不淑，旋即離異。偶遊金山寺，得靜寬禪師啟導，於佛學忽感興趣，遂發願畢生盡力於佛法之弘揚。時投稿於佛教刊物之《海潮音》、《覺有情》諸雜誌，並從印光、太虛諸名僧，請求教益。中年歷任武昌菩提精舍、女眾佛學院及奉化法昌女佛學院講師，盡力於佛教女子教育。

一九四九年，出家為比丘尼，法名本空。先後論文和著作有〈現代思潮與人間佛教〉、〈發心學佛〉、〈白居易詩中的佛學思想〉、〈佛教關於女性之意義〉、〈佛教與耶教的比較〉、〈天台宗與禪宗關係〉、《海漚集》、《般若花》、《煙水集》、《綠天簃詩詞集》等；英文著作有《達摩波羅居士傳》、《寧波圖書館沿革史》。

林藜光

林藜光（一九〇二～一九四五），福建廈門人。一九二八年廈門大學哲學系畢業。初從張頤教授治康德、赫格爾哲學，同時從法人戴密微（Paul Demiéville）博士學梵文，其間並時至閩南佛學院聽常惺法師講《成唯識論》。一九二九年北上，從俄人鋼和泰（Baron A. Von Staël-Holstein）男爵學梵文於哈佛燕京研究所，兼任北大哲學講師。一九三三年，因戴密微教授的推薦，應聘為法國巴黎國立東方語言學校講師，授課之暇，復從烈維（Sylvain Levi）、伯希和（Peliot）、戴密微諸名教授，研究梵文及佛學。

一九四五年春，以四十四歲之盛年病歿於法國。生平致力於梵本佛經之研究，為國際佛教學術界所矚目。遺著法文《諸法集要經研究》（*Dharmasamuccayar*）第一冊，於一九四六年由巴黎某書店出版。此書為烈維教授在尼泊爾所得之梵文寫本，是印度佛教文學的重要經典，由他參照藏譯《正法念處經》和漢譯《正法念處經》及《諸法集要經》，對梵文寫本作比較研究的。其〈緒論〉為「佛教歷史語言演變諸問題」，共分五大章，為世界梵語學界所重視。

高觀如

高觀如（一九〇六～一九七九），亦稱觀廬，別號谷響，江西安義人。青年時期隨父讀書於湖南，入湖南佛教講習所，師事顧淨緣研究佛學。一九二五年，由唐生智派赴日本留學，入京都大谷大學肄業。一九三〇年回國，任謝畏因創辦的《威音》月刊編輯，專門介紹佛教各宗教義而著重於密教。《威音》停辦後，改任上海佛學書局編輯，一九三五年，由上海佛學書局派往北京，任佛學書局分局經理。其間曾與湯用彤、周叔迦等創辦《微妙聲》月刊，擔任編輯。一九四九年後，任職北京三時學會，編有各國佛教史料。一九五六年，《中國佛教百科全書》編纂委員會成立，任編輯室主任，並時以谷響筆名，發表佛學論文於《現代佛學》。

著作有《佛乘宗要》（一名《入佛指南》）、《燕居隨稿》、《佛學辭典》、《佛學講義》十冊，翻譯有日本高楠順次郎原著《印度哲學宗教史》、寺本婉雅原著《菩提正道菩薩戒論》等。

韓清淨

韓清淨（一八八四～一九四九），中國佛教學者、居士。原名克宗，又名德清，河北河間人。十八歲時中鄉試舉人，因研讀瑜伽唯識著作而不解其義，從而發願從事研究。一九二一年，於北京講《成唯識論》，為講經弘法之始。後在房山雲居寺專治法相之學。一九二五年出席在日本召開的東亞佛教大會，宣讀所著〈十義量〉一文，博得與會者讚許。一九二七年於北京創立三時學會，講學刻經並重。講學專重唯識學，對六經十一論，都作深入研究；所刻經典，校勘精細。

著述有《唯識三十頌銓句》、《唯識三十論略解》、《唯識指掌》、《唯識論述記講義》、《般若波羅蜜多心經略讚》、《大乘阿毗達磨集論別釋》、《能斷金剛經了義疏》、《佛法略談》、《因明入正理論科釋》、《瑜伽師地論科句》等。弟子有周叔迦等。

記林藜光先生

我們平時所敬佩的師友，在形跡上也許是最不接近的。但當你感到學術園地荒蕪的時候，你便要從心裡對於那些無視功名孜孜為學的人們致敬。他們不投時俗之所好，不急於學植的表現；他們只是忠實為自己從事的學術而努力，企圖給人類的心靈以永久的滋潤。

有了那些學者不斷的努力，世界的學術才能不斷地進步；有了他們辛勤的墾植，學術的園地才能開出美麗的花朵。然而甘於寂寞的人，畢竟是多麼少啊！

最近偶然讀到《海潮音》月刊，知道林藜光先生已於去年四月在法國的巴黎下世，使我感到一種不可名狀的悲哀。談私人關係，我和他並說不上什麼交情；但是談到他對於努力學術的精神，卻使我永久不能忘記他。

我和林先生的認識，已經是二十年前的事了。那時我們同在廈門讀書，有一個時期並且時常見面；最後的一次晤談，記得是在北平，以後他到國外去講學，我們就沒有機會見面了。

現在想就我記憶所及，寫出一點關於林先生的事情，作為紀念他的意思。

林藜光先生是廈門人，據我所知，他的家境並不富裕，他是苦學出身的一個學者。他的為人沉默寡言，謙讓豁達，天生一副哲學家的風度。他最初在廈門同文書院讀書，同文書院的教育方法，是把英文和漢文分班教授的。他在同文書院的時候，因為漢文很有根柢，所以能專心攻讀英文，不久就考入了廈門大學。

民國十五年，他是廈大文科哲學系的大二生，哲學系主任是北大名教授陳頤博士，陳教授是我國研究黑格爾哲學的先輩，對於印度哲學也有相當的研究。那時有一個瑞士學者、著名梵語學專家戴密微氏在廈門執教（關於戴密微氏對於東方學術的造詣和貢獻，林語堂先生於十幾年前曾在《東方》雜誌為文介紹過他。他在廈門執教期間，曾和廈大教授德愛克氏，合著一部《泉州的雙塔》（*The Twin Pagodas of Zayton*，哈佛燕京社出版）。林藜光先生因為研究哲學的關係，對於印度哲學感到濃厚的興趣，因此他的老師陳頤教授便慫恿他從戴密微氏研究梵文和巴利文，作澈底研究印度哲學的準備。由於他天賦聰明和優越底英日文字的幫助，他的梵文研究，不久便有驚人的造詣。

廈門大學後面有一座著名佛剎南普陀寺，那時正創辦一所閩南佛學院，院長兼主任教授是當時與太虛太師並稱為新佛教運動兩大巨人的常惺法師。因為廈大和閩院相距很近，學術空氣互相震盪，兩面研究哲學的人們，便不期然地接近起來。那時，常惺法師講的是佛學裡面最精微的唯識學。他真不愧是一個辯才無礙的佛教學者，可惜這次戰事發生的第二年，他也在上海圓寂了。那時廈大哲學系的師生常有幾個人按時前往聽講，林藜光先生便是最不脫課的一個。後來他從印度哲學轉入專門佛學的研究，與這一個時期的聽講是很有關係的。

民國十七、八年間，美國哈佛大學和我國燕京大學在北平合辦一個哈佛燕京社，其中有那麼一種類似梵文學會的佛學研究，是委託世界著名俄國梵文學者鋼和泰氏主持的。兩方約定每年經費由哈佛大學供給，研究成績也交他們出版。預備招請大學畢業或於佛教哲學有興趣的學者加入，給他們以講師的待遇。林先生由戴密微氏的介紹，便應哈佛燕京社之聘，前往北平。

林先生到了北平以後，一方面在鋼和泰主持的梵文學會研究梵文和佛學；一方面由他老師陳頤教授的介紹，到北京大學擔任哲學講師。那時梵文學會研究員有二、三十人，對於梵文都是初學的人，林先生因為在廈大時期的梵文已經有了相當的造詣，鋼和泰氏自己教了不久，便請他代自己擔任梵文的講師。

民國二十年春，我到北平的時候，林先生正住在王府井大街的迎賢公寓，我曾訪過他二次，知道他的研究生活的一點狀況和志願。到了夏天，我離開北平以後，就永遠再沒有機會相見了。

鋼和泰氏在北平主持的梵文研究好像繼續得並不久，以後林先生就專心在北大擔任哲學的受課。到了民國二十二年，才由戴密微氏介紹他到法國巴黎東方語言學校擔任教授。二十五年夏，林先生的太夫人在廈門去世，他曾從巴黎回國奔喪，那時我正飄泊江南，沒有機會見到他。據蔡慧誠先生的說法，林先生曾在中國佛學會廈門市分會講演「關於歐洲人士研究佛學之一班」，詳細地介紹了歐洲佛學界研究佛學的狀態。

據我所知，國內學者中懂得梵文的不過四、五人而已。比較有名的是陳寅恪、湯用彤、呂秋逸、許地山和林藜光諸先生。現在許、林二先生已經先後作古，關於印度學術的研究，從此就更加寂寞了。在抗戰勝利，學術文化正待發揚的今日，想起這些為了學術犧牲生命的學者，真不禁有山陽笛韻之感啊！

林先生的治學方法怎樣高明，我無從知道。我只知道他除國文外，還深通英、法、德、日諸國文字，尤其是精通梵文和巴利文，對於研究佛教哲學的工具是足夠的了。他因為治學態度謹嚴，所以有所著作也不輕易發表；不過以他平日勤勞，相信一定有很多已經完成而未發表的傑作。

記得北大羅常培教授所著的英文《廈門方言考》一書，發音是由林先生擔任，而英文據說也是曾經由他潤色的。但是他自己的著作，我卻不很多見。我只記得他將畢業廈大時，曾在廈大同學編輯的文科半月刊上，發表過一篇陳頤教授口述，由他筆記的論文〈論自由〉而已。這篇論文雖然說是他的筆記，實在可以看出他寫作的技巧和研究的態度來。

本來，苦學深思的人，在我國學術界自然不少；而林先生實在是其中最有希望的人物，可惜他不過是四十來歲的人，就在國外逝去，這真是我國學術界極大的損失，這個損失是永遠無從補償的了。聽說林先生有許多關於佛教的遺著，將在巴黎刊布。我希望那些珍貴的遺著能夠早日介紹到我國貧乏的學術界來，不要讓林先生二十年辛辛苦苦研究的成果，徒然點綴在國外已經相當燦爛的學術園地！

民國三十五年八月八日

（原載於《覺群週報》）

憶盧松安居士

我認識盧松安居士，是一九五六年到北京以後開始的。那時我在中國佛教協會，擔任《中國佛教百科全書》的編輯，盧老則在中國佛協負責考古方面的工作。關於拓印房山石經、建造西山佛牙塔，以及調查佛教古蹟文物等，都由他安排。

由於意氣相投，且有共同的佛教信仰，在許多同事之中，我們是比較談得來的。盧老為人忠厚樸實，有長者風度，一言一行，真是藹然可親。那時他家住在西城柏子胡同，我每有暇時或歲時假日，便去訪他。盧老北京人地熟悉，而且非常熱心，行動也很矯健，我們時常一道出去探幽訪友。最初是一九五六年秋，我們曾到達房山縣的石經山（俗稱小西天），這時房山石經正在全面拓印，對佛教來說，這是千載難逢的盛事。盧老仔細地檢查了拓印的工作。我對房山石經研究的興趣，可以說是盧老所啟發的。

其後，我們又同訪過大鐘寺，實地檢驗鐘上的經文，因為相傳鐘身刻的是八十卷《華嚴經》，盧老非常認真地託人將鐘上的經文全部拓下，知道只有《法華》、《金剛》、《彌陀》等經，並無《華嚴》，這也可見盧老研究事物認真的精神。

後來盧老調到北京市文史館工作，我們仍舊時常往來。由於盧老的介紹，我認識了幾位文史館館員——黃二南、李華甫、楊樵谷，恰巧他們都是弘一法師（李叔同）的友人。黃二南是留學時參加李叔同發起的「春柳社」演出話劇的。李華甫是李叔同學成初回國時在天津工業學校的同事，楊樵谷也是他早年的朋友。這些人對我研究弘一法師的往事都很有幫助。

據我回憶，盧老是北京某師範學校畢業的，其同學成名的有作家老舍。老舍幼年是由趙某，即後來的宗月和尚培養起來的。盧老的信佛便是得到宗月和尚的指導而成為他的皈依弟子，終生拳拳服膺。

盧老賦性慷慨，對於友人有困難時，他常不惜給予幫助，充分體現了佛教布施的精神。

今年是盧老誕辰九十週年，他的後人想邀請盧老生前的知交舊友聚會紀念，這是很有意義的。盧老雖然已經逝世多年，但他的慈祥形象，永遠留在我的記憶中。

一九八八年七月十四日

南條文雄

南條文雄（一八四九～一九二七），日本真宗大谷派名僧，近代著名梵文學者、文學博士。幼名格丸，岐阜縣大垣人。早年上京都，學於高倉學寮。一八七六年，奉大谷派本願寺法主現如之命，與笠原研壽同赴英國留學，於牛津大學從馬格斯・牟勒（Friedrich Max Müller，一八二三～一九〇〇）教授學習梵文佛教經典，在英八年，英譯《大明三藏聖教目錄》，略加說明。一八八三年，由牛津大學出版（西歐學者稱為《南條目錄》）。又與馬氏共同刊行梵本《大無量壽經》、《阿彌陀經》、《金剛經》、《般若心經》等。

一八八四年經北美回國，受聘為東京大谷教校教授，翌年為東京帝國大學講師，教授梵語學，為日本大學教授梵文之始。一八八七年，訪問印度佛跡，歸途至上海，特至天台山高明寺，抄寫所傳梵文貝葉經，又至蘇州訪問沈覺塵（善登）、張蓮海（常惺）二居士筆談，是為近代中日佛徒友好往來之始。

一八八八年，他獲文學博士學位，是為佛教界有博士之始。他在英國留學期間，適我國金陵刻經處創始人楊仁山任駐英使館參贊，因與交遊，後來得到他的幫助，從日本找回許多我國久已失傳的佛教典籍。一九一四年任大谷大學校長，在職十年，成材至眾。一九二七年逝世，年七十九。南條回傳由金陵刻經處刊行的中國古德逸書，有北魏曇鸞的《往生論註》、唐道綽的《安樂集》、善導的《觀無量壽經疏》、窺基的《成唯識論述記》、明智旭的《閱藏知津》等。

南條精通漢文，善漢詩，常以詩代替日記。主要著作有英譯《大明三藏聖教目錄》（*A Catalogue of the Chinese Translation of the Buddhist Tripitaka, the Sacred Canon of the Buddhist in China and Japan*, 1883）、英譯《十二宗綱要》（*The Short History of Twelve Japanese Buddhist Sects*, 1886）、梵漢對照《新譯法華經》、《佛說無量壽經梵文和譯》、《佛說阿彌陀經梵文和譯》、《碩果詩草》、《懷舊錄》等。

村上專精

村上專精（一八五一～一九二八），日本近代佛教史學者，文學博士。丹波國（今兵庫縣）冰上郡人。大谷派的僧侶，初名廣崎專精。十八歲時，習漢學《四書》及《十八史略》等。一八七一年時，就越後國（今福井縣）水原武田行忠，研究佛教的學問，後至京都，就學於高倉學寮（十七世紀以來，真宗大谷派最高學府的名稱，以建於高倉，故稱高倉學寮，即今大谷大學的前身）。

一八七五年，為愛知縣入覺寺村上界雄的養子，改名村上專精。一八八二年，初講《唯識三十述記》於高倉學寮；一八八七年任曹洞宗大學林講師。兩年後創立佛教講話所，發行《講演會．佛教講演集》，從事弘教活動；一八九〇年任大谷教師學校校長。四年後與鷲尾順敬、境野哲發刊《佛教史林》，首開日本近代佛教史研究之風。一八九七年，因就自己所屬真宗大谷派改革建議發表意見，被削去學銜和教職。一八九八年著《日本佛教史綱》，翌年獲文學博士學位。一九〇一年，因發刊《佛教統一論》第一編〈大綱論〉，觸犯大谷派本願寺忌諱，自動脫離僧籍（後仍復籍）。

一九〇五年，創辦東洋高等女子學校。一九一七年任東京帝國大學文科教授，主持印度哲學講座。翌年敕任帝國學士院會員。一九二三年辭去教授，被授予東京帝國大學名譽教授。一九二六年，任大谷大學校長。他在明治維新後，致力研究佛教，在日本佛學界有很大影響，至今仍被譽為日本明治時期的佛教啟蒙家和佛教史研究的先驅。主要著作尚有《大日本佛教史》、《親鸞的開宗》、《大乘起信論講話》等。

井上哲次郎

井上哲次郎（一八五五～一九四四），日本著名哲學家兼佛教學者、文學博士。號巽軒，筑前（今九州福岡縣）太宰府人。幼時就鄉里宿儒中村德山習漢文《四書》，稍長進學經史及漢詩。十七歲時到長崎，入官立學校廣運館（後改為外國語學校），學習算術、地理與歷史。

一八七五年，為學校選送東京開成學校預科攻讀。一八七七年，轉入新設的東京帝國大學文學部哲學科，專攻哲學，其間並從大學講師禪僧原坦山聽講《大乘起信論》等，以此山為緣，其後，每與佛教發生絕而不絕的關係。一八八〇年，為東大哲學科第一屆畢業生。一八八二年任東大副教授，開講東洋哲學史。

一八八四年至一八九〇年的六年間，以官費留學德國，於萊比錫大學從嘉白蓮慈（Gabelentz）教授等治語言學及西洋哲學。留學期間，並與東洋語學校講師桂林潘蘭史（飛聲）及中國駐德使館的姚文棟等交遊，各以漢詩相唱和。（潘蘭史《在山泉詩話》）一八九〇年自德回日後，即被任為東京帝國大學教授，直至一九二三年，以例外地六十九歲執教滿三十年，退職後為東大名譽教授。他執教期間，或講西洋哲學，或講東洋哲學、印度哲學，或講日本哲學，主要的為東洋哲學史及宗教哲學等，成為日本學術界傑出人物之一。

一八九五年，他被選為東京學士會院會員，後改為帝國學士院，其後更由帝國學士院被選為貴族院議員。一九〇六年因個人的要求，創刊《東亞之光》雜誌，後更創設東亞協會，每年春秋舉行公開講演，從事東洋哲學及宗教學的研究。一九四四年十一月去世，年八十九。一九六三年，《朝日新聞》為紀念近代一百年來創造國家文化精神的歷史人物，共選現代日本的思想人物六十七人，收載於《日本之思想家》，井上博士為其中之一人。

前田慧雲

前田慧雲（一八五七～一九三〇），近代日本著名佛教學者，淨土真宗本願寺派學僧，文學博士。幼名多聞，伊勢（今三重縣）桑名郡人。其父祖皆為知名學僧，住本郡西福寺。他十二歲時開始學習漢籍，十四歲時師事大賀賚勵。一八七五年，入京都本派本願寺學林，為真宗學者赤松連城所器重。後為本派留學生，就圓城寺大寶守脫修學天台學說。

一八七八年，再命為留學生，於豐前（今九州福岡縣）中津松島善讓處，閱讀當代學者的講錄。一八七八年，至東京與大內青巒居士相謀，組織尊王奉佛大同團。一八八一年重回京都，為本派新法主大谷光瑞學問所的主任講師，餘暇從事著述。一八八八年，進升為本派大學林綜理（校長）。其間兼任哲學館、曹洞宗大學林及東京文科大學等講師。一八九三年，撰述《大乘佛教史論》，獲得文學博士學位。又從事《大日本續藏經》之編纂，被舉為編纂長。其後歷任高輪佛教大學、東洋大學、龍谷大學校長。一九三〇年示寂於東京，年七十四。著作有《真宗學苑談叢》、《本願寺派學事史》、《大乘佛教史論》、《天台宗綱要》、《三論宗綱要》及詩文集等，俱收於《前田慧雲全集》。

高楠順次郎

高楠順次郎（一八六六～一九四五），日本近代著名佛教學者，淨土真宗信徒，文學博士。號雪頂，廣島縣御調郡人。原姓澤井，幼名梅太郎，求學京都時，改名澤井洵，後由實業家高楠孫三郎資助留學英國，入贅為婿，改名高楠順次郎。十四歲小學畢業後，入三原的櫻南會專修漢學。一八八五年上京都，入西本願寺所辦僧俗兼收以施行高等教育為目的的普通教校。一八八七年，與同學組織反省會，從事學生運動，發行《反省雜誌》（後來的《中央公論》）。

普通教校畢業後，一八九〇年留學英國，入牛津大學從馬格斯．牟勒（Friedrich Max Müller）教授專研印度梵文學。一八九四年畢業，得文學士學位。後又師事德、法及義大利著名大學的名教授，改入柏林大學，從胡特（Gearg Huth，一八六七～一九〇六）教授學習西藏語和蒙古語等及其文明史，再於基爾大學從赫爾曼．奧登堡（Hermann Oldenberg，一八五四～一九二〇）與德以先（Paul Deussen，一八四五～

一九一九）學習吠陀文學和優波泥沙陀（奧義書）哲學等。

翌年，更入萊比錫大學修學印度、日耳曼語言學和哲學史等。一八九七年回國，就任東京帝國大學文科講師，越二年升任教授。一九〇〇年獲文學博士學位，兼任東京外國語學校校長。一九〇一年，東大新設梵語講座，他就第一任教授。從此以後直到一九二七年的定年退職的二十七年之間，他以東大為據點，對日本的印度學、佛教學的興隆和門人的養成，作出了顯著的貢獻。他在歐洲留學期間，英譯有《觀無量壽經》和義淨的《南海寄歸內法傳》。他的業績最顯著的是古代印度哲學文獻的《優波泥沙陀全書》和《大正新修大藏經》與《南傳大藏經》所作三大叢書的編纂工作。

此外，還與南條文雄、望月信亨等編輯出版了《大日本佛教全書》。由於《大正新修大藏經》的出版，他獲得了法國學士院贈予「斯太尼斯拉・朱理安獎」和日本朝日新聞社的「朝日獎」。日本政府讚賞其功績，並授予文化勳章。此外，他還擔任過帝國學士院會員、東大佛教青年會會長、東洋大學校長等職，最後創立武藏野女子學院，自任院長。一九四五年六月逝世，時年八十。

著作有英文《佛教哲學概論》、《佛教之真髓》、《世尊的生涯》、《亞細亞民族的中心思想》、《佛教國民的理想》、《生的實現之佛教》、《理智之泉的佛教》、《宇宙之聲的佛教》及《梵文學教科書》、《巴利語佛教文學讀本》等。

望月信亨

望月信亨（一八六九～一九四八），日本淨土宗佛教學者，文學博士，福井縣人。俗姓松原，名勝次郎，十二歲時於本縣坂井郡圓海寺，就加納法宣出家得度，法名信亨，入淨土宗僧籍。隨入曾我東涯之義塾，修習漢學。其後又學於京都淨土宗西部大學林及東京淨土宗學本校。小僧時代以聰慧為神戶藤之寺望月有成所賞識，被收為法嗣和養子，改姓為望月，稱望月信亨。

一八九六年，奉淨土宗之命作為國內留學生，於比叡山及京都專攻天台教義，旋與同學等於京都創刊《宗釋》雜誌，宣揚淨土教義。一八九九年，依淨土宗之命任東京小石川的淨土宗高等學院教授。一九〇五年，與鷲尾順敬等於東京創辦《宗教界》月刊，發表其研究，並刊行《法然上人全集》。一九〇六年，著手編纂《佛教大辭典》，網羅龐大文獻，選出條目，一一明其出典並附以梵巴藏之原語。

一九〇九年先完成了《佛教大年表》一書，其間又與高楠順次郎、大村西崖等從事《大日本佛教全書》一百五十冊之編纂發行。一九一五年，就任宗教大學校長。一九二四年以〈淨土教之起源及發達〉一論文，獲東京帝國大學文學博士學位。一九三〇年，就任大正大學校長。一九三六年，編纂完成《佛教大辭典》七冊，前後費時三十年。一九四五年依淨土宗會推選，就任淨土宗管長。一九四七年被選為日本學士院會員，越年示寂，年八十。

主要著作有《大乘起信論之研究》、《淨土教之研究》、《淨土教概論》、《支那淨土教理史》、《佛教史之諸研究》等。他所編的《佛教大辭典》，一九五四年經塚本善隆等補遺三冊，共成十冊，成為日本近代最有權威的佛教研究工具書。

常盤大定

常盤大定（一八七〇～一九四五），號榴邱，日本真宗大谷派僧侶，中國佛教研究學者，宮城縣人。一八八六年入東京大谷教校肄業，經第一高等中學，考入東京帝國大學，受村上專精之指導，專攻佛教史學。一八九八年，東大畢業後，又進大學院攻讀，後執教於天台宗大學和豐山大學等校。一九〇八年為東大講師，主講中國佛教史。他在講授中國佛教史期間，感到單靠文獻不能解決許多問題，立志要到中國實地調查，訪問歷代高僧的遺跡。

自一九二〇年至一九二八年前後九年間，他五次訪問中國，親自踏查了中國各地的佛教史跡。他旅行的範圍極廣，除我國西南內地等交通不便之處未到外，其足跡幾乎踏遍了大半個中國。他最初從朝鮮入北京，歷訪房山石經、大同雲岡石窟、山西玄中寺、天龍山石窟和風峪（有風峪石經）、洛陽龍門石窟、荊門玉泉寺、廬山東林、歸宗諸名刹；更下南京訪問靈谷寺、牛頭山、棲霞寺，經上海到杭州訪問了靈隱寺、淨慈寺等古賢遺跡，懷著感激的心情回國。第一次寫出了《古賢の跡へ》（即《訪古賢之跡》）一書，介紹訪問的情況和收穫。

其後幾年，又陸續踏查了山東、河南、浙江、江蘇、湖南、廣東、福建各地的佛教古剎，記載當時的佛教情況，拍下了大量的照片。有些地方，如交城玄中寺、廬山東林遠公塔、福清黃檗山等和日本有關的佛教勝地，是他第一次介紹於日本的。他第五次中國史跡踏查的成績，是在福州鼓山怡山發現的許多藏內外佛典，後來他讓他的學生龍池清在鼓山住了三年，把《大藏經》未收的典籍全部攝影寫成〈鼓山．怡山藏逸佛書錄〉，一九三六年發表於《東方學報》東京第六冊，其中的《續廣弘明集》□□大睿編，是學術界未聞的典籍。

一九二六年，他升任東京帝大教授。一九四五年示寂，年七十六。主要著作有《中國佛教的研究》、《中國佛教史跡》和《評解》（與關野貞合著，近再版改稱為《中國文化史跡》）、《印度文明史》、《中國佛教史跡踏查記》等。

鈴木大拙

鈴木大拙（一八七〇～一九六六），日本禪學思想家，石川縣金澤市人。原名貞太郎，後因學禪，改名大拙，別號也風流居士。一八八七年，入石川專門學校肄業，後因父亡退學，擔任過兩年小學英語教員。一八九一年遊學東京，入東京專門學校。一八九二年秋，師事臨濟宗圓覺寺派耆長釋宗演，專門學禪。

一八九三年，美國芝加哥召開萬國宗教大會，他隨宗演赴美參加，擔任其英語翻譯，時年二十三歲。會後因宗演之推薦，為芝加哥美國佛教學者保羅．克拉斯博士的助手。克拉斯著有《佛陀之福音》一書，流行於歐美，鈴木把它譯成日文，介紹於日本。一九〇〇年，英譯漢文《大乘起信論》（*Acvaghosha's Discourse on the Awakening of Faith in the Mahayana*. Translated from the Chinese. The Open Court Publishing Company, Chicago.）引起了學術界的注意。後來又英譯中國的《太上感應篇》，在芝加哥出版。他自己的第一本英文著作是*Outlines of Mahayana Buddhism*（《大乘佛教綱要》），一九〇七年在倫敦出版，翌年又在芝加哥再版。

一九〇八年渡歐歷法、德諸國，於英國就瑞甸波爾研究歐洲哲學。一九〇九年回到日本，就任學習大學院和東京大學講師，後為教授。一九一一年再度赴英，從事佛教禪學之介紹。一九二一年回日，就任大谷大學教授，並創辦英文雜誌*The Eastern Buddhist*（《東方佛教徒》）。一九二七年著《英文禪學》第一輯（*Essays in Zen Buddhism, First Series*），在倫敦、紐約各地出版。一九三三年，以《楞伽經之研究》一論文獲文學博士學位，並將《楞伽經》譯成英文，名*The Lankavatara Sutra*。又出版《英文禪學》第二輯（*Essays in Zen Buddhism, Second Series*）於倫敦，不久被譯成德文。

一九三四年訪問中國，著有英文《中國佛教印象記》。一九三八年所著有英文《禪和它對日本文化的影響》（*Zen Buddhism and It's Influence on Japanese Culture*），亦被譯成德文。一九五九年，他把在美國哈佛、哥倫比亞、耶魯、加州各大學的所作佛教方面的講稿，整理為《禪與日本文化》（*Zen and Japanese Culture*）一書，在紐約、倫敦出版，極受西方學術界的推許。同年，在夏威夷大學召開的第三次世界東西哲學會議上，他被授予名譽博士學位。

晚年回國，隱居鎌倉松岡文庫，擔任漢譯《華嚴經》的英譯監督，並英譯了真宗創始人親鸞的《教行信證》。一九六六年逝世，年九十六。主要著作有《禪的研究》、《禪的諸問題》、《禪思想史研究》、《中國古代哲學史》、《佛教與基督教》等。其全部著作已被收於《鈴木大拙全集》。

宇井伯壽

宇井伯壽（一八八二～一九六三），日本近代印度哲學研究學者，曹洞宗僧侶，文學博士。愛知縣人，幼從曹洞宗活山和尚得度。青年時期遊學東京，一九〇三年入第一高等學校。一九〇六年，考入東京帝國大學，從高楠順次郎博士，專攻印度哲學，畢業後入大學院繼續研學。一九一〇年，任曹洞宗大學講師。一九一三年，以講師資格作為曹洞宗海外留學生，被派赴歐洲留學，先後於英、德及印度各大學學習梵文、巴利語及印度哲學。

一九一七年學成回國，一九一九年任東京帝國大學講師。一九二一年，以〈勝論哲學派之起源成立及其理論之說〉一論文，獲得文學博士學位。其後歷任東北大學、東京帝大及曹洞宗駒澤大學教授，主講印度哲學，並曾至中國訪問，一九四三年定年退職。一九五〇年至一九六〇年，任名古屋大學文學部專任講師，講授佛教有關學說。一九五三年，以其對日本教育的貢獻，榮獲文化勳章。一九六三年因心臟病而逝世，年八十二。

主要著作有《印度哲學研究》六卷、《禪宗史研究》三卷、《印度哲學史》、《佛教論理學》、《印度大乘佛教中心思想史》、《釋道安研究》、《佛教經典史》、《西域佛教之研究》，其他著作如《中國佛教史》、《日本佛教史》等，均被收入於《宇井伯壽著作選集》（全七卷）。

塚本善隆

塚本善隆（一八九八～一九八〇），日本淨土宗僧侶，中國佛教史研究學者，文學博士，愛知縣人。一九一八年，畢業於京都佛教專門學校。一九二六年考入京都帝國大學，畢業後不久留學中國，從事中國佛教的研究。一九三三年以〈唐中期的淨土教──特就法照禪師的研究〉一論文，獲文學博士學位。

一九三四年，組織房山石經調查團，從事石經山全面的研究。回國後寫有〈石經山雲居寺與石刻大藏經〉，發表於京都《東方學報》。一九四九年任京都大學人文科學研究所所長，同年邀請了以郭沫若為首的中國科學代表團訪問日本。一九六一年辭教授之職，擔任京都國立博物館館長十一年。一九七四年，日本佛教各宗派聯合組織日中友好佛教協會，被推為第一任會長。一九七六年，被推舉為日本學士院會員。其間，擔任了望月信亨博士編纂的《望月佛教大辭典》七卷的再版和增補一卷、補遺二卷的監修工作。

一九四九年後，他多次參加或率領代表團來華訪問，從文化和佛教方面促進了中日兩國的友好。西安香積寺的復興和善導塔的修葺，就是由於他的建議而進行的。一九八〇年五月將舉行落成典禮時，他不幸於前兩月示寂，享年八十二。

主要著作有《魏書釋老志的研究》、《中國佛教史研究．北魏篇》、《日中佛教交涉史研究》、《肇論研究》、《淨土變文概說》等，並收入有其他雜著的《塚本善隆著作集》七卷行世。

記世界梵文學家鋼和泰博士

——紀念鋼和泰逝世六十週年

一

鋼和泰男爵是近代世界著名的梵文學家、印度古代佛教史家和中國佛學家。他的一生最後近二十年是在北京度過的，今年是他逝世六十週年紀念。

鋼和泰是俄羅斯沙皇時代白俄的男爵，畢業於聖彼得堡大學，為俄國著名學者沙爾日·奧登堡（Serge d'Oldenberg）博士的門下，與徹爾巴茨基博士同為奧氏的高足。

據我所知，至今還沒有人寫過紀念他的文字。近年胡適的老友兼同鄉石原皋，寫了一本《閑話胡適》（安徽人民出版社出版），其中有一章是〈胡適的三朋四友〉。他說：「胡適的朋友非常之多，各種各樣的人物都有，我現在略談些人。」他介紹了二十三個人，都是當代知名度很高的人物。如汪孟鄒、楊杏佛、陳獨秀、高一涵、劉半農、劉文典、王世傑、陳源、毛子水、陳思亮、蔣夢麟、翁文灝、丁文江、丁西林、傅斯年、徐悲鴻、徐志摩、江紹源、羅文幹、羅爾綱、陳秉志、陳衡哲、程敷模等，都有扼要的記載，獨沒有關於鋼和泰的介紹。

我今不顧耄耋之年，勉強就我所知寫成這篇文字。回憶一九三一年春，我到北平柏林教理院求學，暇時往訪廈門舊友林藜光居士於王府井迎賢公寓，初次聽到鋼和泰男爵的名字。

這時鋼和泰在北京正主持中印研究院，即哈佛燕京研究所，據說由美國哈佛大學資助，每年美金五萬元，研究成果由哈佛出版。該所招收一些中國大學畢業而有志學習梵文的學生，而給予大學講師的待遇。

林藜光畢業於廈門大學，曾從法國梵文學者戴密微博士（Paul Demiéville）學過梵文。一九二九年由戴氏介紹，應鋼和泰男爵之聘到北平研究梵文。

我在北京初次聽到鋼和泰一連串的名字（Baron A. Von Staël-Holstein），知道他是近代世界梵文學界的權威，其梵文造詣極深。數十年來，我一直想寫一文介紹他，但苦於得不到充分的材料。

最初我在一九三〇年《海潮音》月刊第十一卷第五期看到登載一張題為「太虛法師應鋼和泰博士邀請觀中印研究院攝影」，但是什麼附帶的介紹都沒有。圖片載有太虛、台源（時柏林寺方丈）二法師與鋼和泰院長及林藜光居士等七、八人。後來只有印順法師著的《太虛大師年譜》一九二六年條，提到太虛大師於一九二六年八月間的北京講經會在中央公園社稷壇開講《四十二章經》，法會圓滿日，（英）克蘭柔夫婦、梵文學者鋼和泰等，均來會。此外多年，我一直留心中國佛教書刊，未見有關鋼和泰的隻字記載。

後來我留心日文佛教書籍是否有關於鋼和泰活動的記載，發現高楠順次郎博士所著《東方の光としての佛教》所載，有〈影響於明治佛教的西洋佛教學者〉一文，文中舉出十個可以特筆的影響於明治佛教的泰西佛教學者。其中第七位特筆的是俄國的沙爾日．奧登堡博士，其弟子中有數位學者，「現在北京（一九三三）潛心佛典研究的鋼和泰男爵與俄國大學的徹爾巴茨基博士等出色的人物，都出其門下。」

又，日本《佛教大學講座》（第六冊）鷹谷俊之編的《歐美佛教學者傳》，其鋼和泰略傳說：「鋼和泰，男爵而且是博士，於梵語佛教，造詣甚深，且通中國佛教。」寥寥數語，實在有「語焉不詳」之感。

又，高楠博士記述〈影響於明治佛教的西洋佛教學者〉的第十個人托瑪斯（Thomas）博士，他退休之後仍作梵語學教授而活躍著。他在梵語、西藏語造詣之深，是他人不容易追隨的。他說：「有一次，曾經在博士的住宅，與俄國的鋼和泰博士，和我三人相會，想將馬鳴的《犍椎梵讚》構成梵文。我主要從漢文譯意，托瑪斯博士則從西藏文述其大意，鋼和泰博士負責構成梵語。自夜八時至第二天早晨，三人共同感到相互合作的熱心。」

二

要寫介紹鋼和泰這樣世界著名的梵文、佛教學者，沒有掌握充分的材料是不行的。幸而我平時看雜書時，留下一些筆記。如胡適的《南遊雜憶》、梁啟超的〈大寶積經迦葉品梵藏漢文六種合刻序〉（後收入梁啟超的《佛學研究十八篇》下冊附錄，一九三六年上海中華書局出版），最重要的是胡適抗戰出國時留在北京、近年由中國社會科學院近代史研究所中華民國史研究室編，一九八五年北京中華書局出版的《胡適的日記》。此書記載雖然不全，但關於鋼和泰博士在北京大學教授梵文，以及他於一九三七年在北京逝世的情況，總算有了明確的記載。

胡適於一九三五年赴港，接受香港大學名譽博士學位，順遊兩廣，回京寫了一本《南遊雜憶》的小冊子。《南遊雜憶》說：

「香港大學創始人愛里鶚爵士（Sir Charles Eliot），此君是一位博學的學者，精通梵文和巴利文，著有《印度教與佛教》三巨冊。晚年曾任駐日本大使，退休後即寄居奈良，專研究日本的佛教，想著一部專書。書稿未成，他因重病回國，死在印度洋的船上。

「一九二七年五月，我從美國回來，過日本奈良，曾在奈良旅館裡見著他。那一天同餐的有法國的勒衛先生（Sylvan Levin）、瑞士（現改法國籍）的戴密微（Paul Demiéville）先生、日本的高楠順次郎先生和法隆寺的佐伯方丈，五國的研究佛教的學人聚在一堂，可稱盛會。於今不過八年，那幾個人都雲散了。而當日餐會的主人已葬在海底了。

「愛里鶚校長是最初推薦鋼和泰先生（Baron A. Von Stäel-Holstein）給北京大學的

人，鋼先生從此留在北京，研究佛教，教授梵文和藏文，至今十五、六年了。香港大學對中國學術上的貢獻，大概要算這件事為最大。可惜愛里鶚以後，這樣地學術上的交流就不曾繼續了。」（一九三五年八月十二日）

一九五〇年，我在上海靜安寺持松法師房裡，看到一冊梁啟超撰序的《大寶積經迦葉品梵藏漢文六種合刻》。序云：

「（前略）我們六朝唐宋時代，賫來成千累萬的梵本，現在一軸也無存了。印度方面梵經也日加稀少，大乘經典尤甚。鋼和泰先生得著這部經的梵文和藏文，又追尋中國舊譯，除「百衲本」所收外，還有三本，合成六種。據鋼先生說：『這部梵本久已失傳了。』我們別看輕這點小冊子，這也算人間孤本哩！鋼先生將全經逐段分開，把六種文字比較對照，他所費的勞力真不小。我們有了這部合刻本，第一，可以令將來研究梵本藏文的人，得許多利便，增長青年志士學梵文的趣味，為佛學開一新路。第二，用四部譯本並著讀，可以看出翻譯之跡及其得失，給將來譯家很好的參考。就這兩點論，我們學界拜鋼先生之賜實在多多了。

「鋼先生是俄國一位大學者，專研究印度及亞細亞中部的語言和歷史。兩年前，我在北京高等師範學校講演歷史，有涉及大月氏迦膩色迦王事。鋼先生聽見，便找我的朋友丁文江介紹見我，說他自己之到東方，專為捉拿迦膩色迦來的。因為迦膩色迦歷史，聚訟紛紜，所以鋼先生作此趣語。……後來我們還會面好幾次。有一次，我在鋼先生家裡晚飯，他拿出一部北齊時所譯的經，用梵本對照，譯得一塌糊塗，幾乎令我們笑倒了。我因此感覺，專憑譯本去研究學問，真是危險。鋼先生這種精神，真可佩服。

「我初見他時，他到中國不過兩年，他對於全部藏經的研究，比我們精深多了。我盼望他的精神，能間接從這部書影響到我們學界。

「我最後還要向商務印書館致謝。這部書是鋼先生託我介紹向該館印行的。像這類專門書本不為社會一般人所需，該館因為印這區區小冊子，特製梵文藏文字模，還經許多麻煩才印成，純然是對學術界盡義務，我們不能不感謝的。十三年（一九二四）三月九日，梁啟超。」

三

可喜的是，近年我買到了一部《胡適的日記》，這很解決了我許多問題。這部

《日記》是胡適於抗戰時離開大陸不曾帶走而留在北京的，一九八五年由中國科學院近代史研究所中華民國史研究室略加整理，由北京中華書局出版。

鋼和泰博士是哪一年到了北京的？

根據《胡適的日記》的記載，是民國十年（一九二一），這是無疑的。但是《日記》一九三七年三月十六日所載，胡適在鋼和泰逝後，關於他的身世略述說：「民國七年，我因Sir Charles Eliot的介紹，請他到北大來教梵文。」似乎推前了三年。但據一九三五年胡適的《南遊雜憶》說：「愛里鶚校長是最初推薦鋼和泰先生給北京大學的人。鋼先生從此留在北京，研究佛教，教授梵文和藏文，至今十五、六年了。」又據日本鷹谷俊之的《歐美佛教學者傳‧愛里鶚傳》，他是「自一九二一年起六年間，擔任香港大學校長的。」可是「民國七年」（一九一八），愛里鶚還沒有就任香港大學校長，自然無從推薦鋼和泰給北大了。因此，胡適一九三七年三月十六日《日記》的「民國七年」的「七」字應該是「十」字的筆誤，這樣才能符合歷史的事實。一個字的出入關係竟這麼大！

胡適博士是一九一七年到北大的，不到而立之年，很快成為北大的名教授。五四運動之後，他成為中國文化界的風雲人物，鋼和泰博士初到北京就得到他的推重和捧場，社會地位自然也就跟著提高了。一九二一年五月間，胡博士首先陪鋼和泰去參觀京師圖書館，不久又因為「文友會」的事，陪他去美使館見美公使克蘭（Crane）先生，請他幫助。克蘭公使表示他對鋼和泰的特別禮重，並說中國應該為世界愛惜此人。

茲節錄《胡適的日記》與鋼和泰有關紀事，以見其在北京的學術活動。

《胡適的日記》：

（十，五，十一）：「下午，與Baron A. Von Stäel-Holstein, Prof. Bevan, Mr. Gravi同去參觀京師圖書館。先看敦煌石室的唐人寫經，次看宋板『蝴蝶裝』的書，次看《永樂大典》，次看《四庫全書》（文津閣）。《永樂大典》館中今存六十冊，教育部存四冊，此外私家所藏的尚不少。」

（十，五，二四）：「到俄舊使館，赴Mr. Gravi邀吃飯，見著他的母親與妹子。同席為鋼男爵與丁在君。」

（十，五，二六）：「到俄使館，與Bevan, Zucker, Gravi同到美使館，見美公使克蘭（Crane）先生。上月文友會（北京各國人喜歡文學的，前年組織此會）議決倡辦

『東方學圖書館』，舉五人為委員會，去見克蘭先生，請他幫助。鋼男爵與卓克先生擬了一篇長的說帖。今天我們四人帶了說帖去見他。卓克讀說帖，格拉偉說話，克蘭留下說帖，說要細看。我們就走了。」

（十，五，二七）：「七點，文友會在來今雨軒開會，到者二十七人。鋼男爵演說〈佛陀傳說中的歷史部分〉（What is historical in the Budhha legend?）鋼先生是俄國第一流學者，專治印度史與佛教史。」

（十，六，十四）：「與夢麟同訪克蘭公使。克蘭說，他最佩服杜威先生，……克蘭公使又表示他對鋼男爵的特別禮重，他說，中國應該為世界愛惜此人。他如有可以為力之處，他當盡力。」

四

一九二一年前後，歐洲的東方學者方著手整理《佛藏》，有信請鋼和泰在中國方面覓人分任此事。胡適為此寫信給北大校長蔡孑民先生，請求北大給他一個「東方言語學部」名義，以便通信接洽。

不久，胡適去看鋼和泰，答應今年為他譯述古印度宗教史的事。胡適又讀鋼和泰的古印度講義稿，覺其首論梵文一篇甚有用。

《胡適的日記》：

（十，九，二五）：「孑民先生……有一件小事，容易忘卻，故附記於此：鋼和泰先生前夜談及巴黎、倫敦、柏林之東方學者現方著手整理《佛藏》，有信請他在中國方面覓人分任此事。他把信給我看了，信上說他們可以供給他需用的書報雜誌等。他因談起，北大可以向歐洲各東方學研究機關索取各種書報，他可擔任通信接洽的事。但此事須我們給他一個『東方言語學部』的名義，只須印一種信紙信封，上刻

The National University of Peking
Baron A. Von Stäel-Holstein

Department of
Indian and
Central Asian
Philology

字樣，就行了。我想此事定可得先生同意，故允為代問一聲。我又想，圖書館本有『東方室』久同虛設，不如給他管理，將來一定有大成績，因為他的學業名望是歐洲東方學者都公認的。」

（十，十，十）：「今天為『三十節』。……去看鋼和泰先生，談甚久。我答應今年為他任譯述古印度宗教史的事。我並允設法為大學謀藏文的《全藏》——計《經藏》百餘冊，《論藏》二百餘冊。——作為校勘《佛經》的底子。」

（十，十，廿三）：「讀鋼先生的古印度史講義稿，其首論梵文一篇，甚有用，故隨筆記錄一點：

寡婦，英文 widow 德文 witwe

拉丁 vidua 俄 vidová

梵文為vidhavā。v為無，dhava為丈夫。

又女兒，英 daughter 希臘 thygáter

德　　tochter　　　Slavonic——dăśter

Lithuanian——duhter

梵文為dúhitr。itr表作者，duh為「取牛乳」。此如中文婦字從帚。……。

十八世紀以來，學者比較各種歐洲語言，得音韻轉變之律不少，例如梵文之bh當希臘之ph。又 ɢ 為希臘之k，當拉丁之c。又g當拉丁之v。……。

十八世紀下半，Sir William Jones指出梵文與希臘拉丁之種種類似處。一七九〇，Johannes Wesdin始作梵文文法。一九〇八，Schlegel始定Indo-Germanic之名。

印度——日耳曼語約可分七族：

I. Aryan or Indo-Iranian Group:

a. Sanskrit and most of the modern 1 of N. India,

b. Persian

II. Greek Group:

Ionic東，Attic中，Doric西

III. Italo-Celtic Group:

Latin, Italian, Spanish, Portugese, French,
Rumanian, Brittany, Wales, Scotland,
Ireland之Celtic

IV. Teutonic Group:

Norwegian, Danish, Swedish, English

V. Baltic—Slavonic Group:

a.Baltic—old Prussian, Lettic, Lithuanian

b.Slavonic—Bulgarian, Servian, Russian, Czech, Polish

VI. Albanian Group

VII. Armenium Group

此七族之中，第六族文字最晚；然最古之希臘文字亦不過前八世紀，而梵文之

Rigveda乃遠在前十五世紀，故最可貴。」

五

「鋼和泰先生說：錫蘭佛典（Canon）的結語，約在B.C.300，而當時尚無釋迦的傳記。最早之傳記為無名氏的Lalitāvistara，西晉竺法護譯為《普曜經》，唐地婆訶羅（Divakara）譯為《方廣大莊嚴經》，及馬鳴（Asvaghosha）做的Buddhacarita，隋闍那崛多（Jnanagupta）譯為《佛所行讚經》。此兩書約成於西曆第二、三世紀——漢魏之際。一切「本行」的經皆自此二經演申出來。」（十一，二，廿。《胡適的日記》）

「上課。鋼先生說，巴利（Pali）《佛藏》與大乘經藏不同之點，甚可注意。又說，據錫蘭（即今斯里蘭卡，下同）傳說，印度有兩個阿育王，前者在佛死後約百年，後者約二百五十年。此說可解決許多困難。」（十一，五，廿七。《胡適的日記》）

這個期間，胡適又替鋼和泰譯出〈音譯梵書與中國古音〉一文（略）。此文發表於一九二三年胡氏主編的《國學季刊》第一卷第一號，題為「鋼和泰（Baron A. Von

Staël-Holstein Ph. D.）〈音譯梵書與中國古音〉，胡適譯。」

不久，鋼和泰又用英文撰寫〈十八世紀喇嘛文告譯釋〉（略），英文題為「Remarks on an Eighteenth Century Lamaist Document, by Baron A. Von Staël-Holstein」，發表於《國學季刊》第一卷第三號。

胡適又為鋼和泰在北京飯店買了一批外文佛教書籍。

（十一，五，九。《胡適的日記》）：「鋼先生來談，他說，北京飯店到了一批書，需二百六十元左右，他無錢購買，很可惜的。我看了他的單子，答應替他設法。下午一時，到公園會見在君與文伯，向文伯借了一百塊錢，到北京飯店，付了一百元的現款，把這些書都買下來了。（書名略）

（十一，四，四。》）：「今天我在西山旅館裡看鋼先生的〈陀羅尼與中國古音〉一文。鋼先生引法天的梵咒譯音來考證當時的音讀，很多可驚的發現（略）。」

（十，十，三一。《胡適的日記》）：「上課，為鋼先生譯述二時。鋼先生因為我肯替他翻譯，故他很高興。此次的講義皆重新寫過，我也得許多益處。」

（十一，二，十三。《胡適的日記》）：「上課，為鋼先生譯《古印度宗教史》二時。今天講完『吠陀的宗教』，共講了三個月，我自己也得益不淺。」

最近看到北京大學出版社出版的《燕京學報》一九九五年新一期的《燕京學報》，其中史復洋先生的〈《燕京學報》前四十期述評〉介紹（「陣容強大的著者隊伍」）：「在《學報》出版的二十餘年中，先後有二十八人參與其編輯工作。」其中就有鋼和泰的名字。「鋼和泰是俄國人，曾擔任《學報》第七～二十期的編委，在第十七期發表論文一篇，為英文〈佛說聖觀自在菩薩梵贊〉。」

此外，鋼和泰還根據南傳佛教的資料，寫了一篇〈釋迦牟尼佛傳〉，考證精詳，被譯載於當時出版的《哲學雜誌》第一號。以文字過長，本文的介紹從略。

林子青

一九九七年八月十五日

碑銘篇

人物誌

正道法師塔銘　並序

正道法師，諱果能，湖北黃安人，俗姓楊。民國八年，就本縣真興庵慧達禪師剃染，旋具戒武昌蓮溪寺。越二年，至天寧坐夏。十一年秋，安慶迎江寺創辦佛教學校，延常惺法師主講，師遠詣受教。

其後復入閩南佛學院及金陵內學院，致力義學，以弘法自任。十七年秋，應聘至常熟法界學院任監學，旋受興福寺記莂。陞座後，繼辦僧學，修建殿宇，倡導農禪，宗風丕振。二十六年抗戰軍興，至滬領導僧侶救護隊，出入火線，搶救受傷將士，無慮萬人。

迨戰事西移，醫院改為梵剎，額曰清涼寺。師主其間近十載，平日自甘淡薄，一切外緣，視同塵垢。有病亦不急求藥石；詎意一病纏綿，竟於三十七年十月十五日示寂。距生於光緒三十年九月十九日，世壽四十有五，僧臘二十有九，嗣法弟子若干人。

師滅後二月，其門人金甫、竺耀等奉骨歸虞山，擇地建塔，以余與師交久，乞為之銘。自唯闇短，然何敢固辭？因銘之曰：

堂堂道貌，龍象之姿。內懷密行，外具威儀。
出世興福，繼主清涼。動靜尊嚴，道譽日彰。
化緣忽盡，頓證真常。虞山之麓，是涅槃藏。

衣白居士林子青拜撰
（一九四九年三月）

喜參老和尚塔銘　並序

和尚諱性悟，字喜參，俗姓不詳，安徽青陽縣人，生於清道光二十八年（一八四八）。幼遭亂離，隨族人避難入閩，寄身梨園，頗負聲望。旋悟逢場作戲，終非安身立命之道。光緒三年，盡棄優孟衣冠，至漳州南山寺謁佛乘和尚，懇求出家。乘公就師兄佛日和尚像前代為剃落，法名性悟，字喜參，時年三十。

越年至寧波天童寺，從佛源和尚受具，並朝禮諸大名山。光緒八年歸漳，乘公任為南山監院。十餘年間，殿宇為之一新，廈門道俗慕其聲名，延為鴻山寺住持，時為光緒十九年。爾時南普陀宗風寥落，殿宇荒廢，參公慨然有重興之志。

光緒二十一年，受請入寺，力謀恢復，七堂伽藍，次第興建。先後兩期開壇傳戒，閩南法門碩德，如性願、妙月、轉逢、轉物等，皆從座下得戒。辛亥之夏，自知世緣將盡，預囑後事，於六月初八日入寂。世壽六十四，僧臘三十五，原塔於本寺開山塔左。

近百年來，陵谷變遷，塔已傾圮。頃者星洲廣洽、廣淨、廣義諸孫，念參公為本寺一代中興之祖，特施淨財，重建新塔一座，以報法恩。囑余為塔銘，義難固辭，乃為之銘曰：

至人應世，示現何常。梨園尋跡，粉墨登場。
中年悟道，皈信法王。普陀卓錫，祖席重光。
兩期傳戒，澤被南閩。高僧垂範，啟發後人。
五老峰下，舊塔重新。緬懷遺德，勒此貞珉。

公元一九八二年十二月〇日　雪峰居士林子青敬撰

景峰老和尚塔銘

漳州南山寺❶創於唐，而盛於宋至和嘉祐間。長老顯微住寺，僧徒常五百人，建千佛閣成，契嵩大師為撰〈漳州崇福禪院千佛閣記〉❷，稱其規模壯麗，乃吾閩樓觀之冠。其後興衰不一，有明之世，亘信和尚❸主法，南山遠紹臨濟正宗法席，盛於南閩，子孫繁衍，各立門戶，號為五雲綿歷。歲時諸雲俱衰，唯喝雲獨盛，傳至清代。

景峰和尚崛起其間，初主南院，繼承喝雲一脈，學者親炙奉為楷模，祖道稱中興

❶ 南山寺：宋稱崇福禪院或報劬禪院，明稱南山寺，當地皆稱南院，即「南山崇福禪院」之略稱。

❷〈漳州崇福禪院千佛閣記〉：見宋契嵩大師《鐔津文集》卷十二（《大正藏》五十二卷）。

❸ 亘信和尚：名行彌，明末高僧，嗣費隱通容、天童密雲圜悟之法孫，泉州小雪峰如幻禪師即其法子。歷至漳之南院、泉之承天、福州之大雪峰等處，見如幻《瘦松集》。

焉。乾隆末葉，漳浦蔡新❹大學士告老還鄉，深敬其人，為書方丈一匾❺，旌於丈室。晚年繼主鷺門南普陀，修葺伽藍，莊嚴佛事，道望蔚然，深得緇素敬信。惜其入滅年月，史籍缺載。光緒二年丙子，徒孫非劣、曾孫省己悉見、元孫遠茂等，建塔於無盡巖❻中，稱為南山喝雲堂，傳臨濟正宗三十九世景峰老和尚之塔，距今又百年矣。頃者，星洲遠孫廣洽、廣淨等為報法恩，喜捨淨財，重建新塔，以誌紀念，命余為之銘，謹以傳聞於前輩者書之，以諗後賢並銘之曰：

❹ 蔡新：字次明，號葛山，漳浦人。乾隆元年（一七三六）進士，四十八年拜文華殿大學士（宰相職），五十年告老還鄉。嘉慶四年（一七九九）卒，年九十三。

❺ 蔡新所書「方丈」一匾，余兒時曾於南院祖堂見之；後至南普陀，亦見同樣一匾，懸於庫房，今已不見。該匾上款書「景峰大和尚」，下款書「葛山蔡新」。「方丈」一匾，當為其告老還鄉以後至卒時之間所書。

❻ 無盡巖：即南普陀之別稱，舊南普陀客廳有道光時廈門道尹「富陽周凱」（《廈門志》撰者）所書「無盡巖禪室」五字一匾。

喝雲一脈，南院發祥。近三百載，祖道彌昌。
景峰先祖❼，繼往開來。普陀說法，聲響如雷。
經之營之，樓閣參差。人天瞻仰，道俗皈依。
雲仍❽頂禮，一瓣心香。緬懷德化，山高水長。

公元一九八二年臘月　雪峰居士林子青敬撰

❼ 景峰先祖：景峰為法號，先為名下之一字，但景峰之法名上一字，現已不明。
❽ 雲仍：即「遠孫」之意。

轉道和尚舍利塔記

和尚諱海清，字轉道，俗姓黃，本省南安人，生於一八七二年。慧根宿植，弱冠隨父詣漳州南山寺從喜修上人剃染，時為一八九〇年。越年，就寺受具足戒，旋往雪峰親近佛化老人。一八九四年發願參學，歷扣金山隱儒赤山法忍、高旻月朗諸老之門，並朝禮四大名山。

一九〇一年，回閩助喜參和尚傳戒於南普陀寺。一九一三年，南渡星洲創建普陀寺；後又創光明山普覺寺為星洲十方叢林，請圓瑛法師講經於此。談及泉州開元寺歲久失修，慨然以興復為己任，乃與師弟轉物朝禮南海普陀，訪圓瑛法師於寧波接待寺，三人遂同於佛前發願重興。後受紫雲檀越之請，為開元住持。一九二四年同返鯉城進院之日，緇素雲集，歎為稀有。

和尚精岐黃，積十餘年行醫所得，盡以供養常住。一九三一年冬，兩序大眾恭請傳授三壇大戒，得戒弟子凡七百五十六人，求之末法亦稀有矣。和尚前後創辦開元慈兒院，募修東西二塔及法堂、山門，興辦漳州南山學校及星洲佛教居士林，煌煌業績，不能備述。

一九四三年秋，偶患微疾，十月二十一日示寂於星洲普陀寺，世壽七十有二，僧臘五十三。裔孫廣洽、淨二師以和尚有功法門，爰捨淨財，建舍利塔於開元，以永紀念，余因隨喜而為之記。

一九八六年六月穀旦　雪峰居士林子青拜撰

〇〇〇書　星洲普陀寺敬立

光明山普覺寺開山轉道和尚舍利塔碑記

和尚諱海清，字轉道，福建南安縣桐林鄉人。俗姓黃，為溫陵望族，父依汲公，母呂氏，生於一八七二年十一月二十二日。世業農，自幼穎悟異常兒。年十一時，父病篤，竊思兄弟六人，己居其季，父倘有不測，將何所依？惄焉憂之。家世奉佛，習聞菩薩靈感諸故事，遂默禱菩薩垂佑。

俄於夢中得菩薩指示云：汝能持齋，父病可痊。因發願持齋不輟，父旋果病癒。自是堅持素食，不食葷腥。父怪而屢問之，乃跪稟白前因。父聞而感動，遂令全家素食焉。

十三歲時聞人演說《六祖壇經》，心生歡喜，即往邑之仙跡岩為童行。聞雪峰義存祖師初學道時，曾充德山飯頭，為眾服役，心竊慕之，即於仙跡岩為飯頭，以結眾緣。

一八八九年，聞母讚美出家，謂修行禮佛，獲福無窮，即乘機懇求雙親許其出家，以償宿願。翌年遂隨父與眾善友赴漳州南山崇福寺請求披剃。二月十九日落髮，禮喜修上人為師。同年五月，母氏棄養，悲痛欲絕，就寺禮佛迴向，祈母往生淨土。後擬赴南安小雪峰，親近佛化和尚，行至漳東嶺兜石室岩，突患時疫，吐瀉甚劇。夢佛示現金身，伸手摩其頂，遍身出汗而醒。病雖稍瘥，不果雪峰之行，乃回家休養。

一八九二年二月，再往漳州南山寺，從佛學和尚求受具足戒，與會泉同壇為戒兄弟。明年四月，本師西歸，喪事畢，乃往雪峰聽佛化老人講經。不久，以父病回家省親，親侍湯藥。越年父歿，居喪盡禮。由是結伴出外參學，遍參吳越有名宗匠。先後於鎮江金山寺，參隱儒和尚；揚州高旻寺月朗和尚，句容赤山真如寺法忍禪師，皆深蒙器重。

時高旻禪風與金山齊名，曾與虛雲禪師同參。又與圓瑛、會泉諸師，於寧波天童寺，同侍通智法師講席，同聽《楞嚴經》；又從諦閑法師習天台教觀，前後七年，冬禪夏講，無有空過。一九〇一年取天童時，適南普陀喜參和尚欲就寺傳戒，乃代請淨心禪師等大德八人，返廈門開堂，一切依天童傳戒儀式，此為近代閩南叢林傳戒之始。閩南知名大德，如性願、轉逢、轉解、妙月、達明等，皆受三壇大戒於此戒期。

越年禾山金雞亭普光寺，荒廢無人，同安縉紳葉大年、陳鴻猷等，延師住持。諸董事感其高行，重修亭路。於是開緣托缽，前後三年，號稱中興。後厭煩囂，乃攜雙親靈骨，赴漳州萬松關，葬於瑞竹岩，並結廬以居，晨夕禪誦，所以報親恩也。

一九〇四年春，為報慈母成就出家深恩，發願朝拜五台、峨眉、普陀、九華四大名山，遍禮諸大菩薩道場，藉以迴向慈恩，而植德本。一九〇九年，南普陀師叔喜參和尚將掩關淨修，虔請代席。時緇素贊助，倡建寺前放生池，規模宏大，朞年而就。復即辭去，退住廈門養真宮，實非素志。適前金山同參禪宗巨匠虛雲和尚，來自雲南雞足山，欲詣北京，恭請《龍藏》，以無熟人，請師偕行襄助，師喜諾之。時在清之末運，請《藏》手續繁多，至為不易。經師竭力奔走，幾經周折，終於請《藏》回滇，藏於雞足山，為山門盛事。雲公感甚，在雞足山代為傳戒，以報師德。

一九一三年，南普陀寺設立僧伽學院，曰旃檀林，請轉初法師主持。以缺乏經費，請師南行募化，師因赴星洲□□□□□。因徒侄與檀越劉金榜爭地，師遂戲言：汝二人皆不必爭，可將地施我，建寺供佛，作大功德。二人應允，乃同轉岸、瑞等二師，商建殿堂，即今之普陀寺。後又住持天福宮，隨緣弘化。

師道貌魁梧，藹然可親，現身市集，開權化度。又精岐黃，為人治疾，若有神助，故著手回春，門庭如市。且不論貧富，皆以慈眼等視，遇貧者不特贈醫而且贈藥，馳譽南邦，士女皈信日眾。師自奉儉約，所積頗豐，常慨施國內外名剎道糧，眾所稱許。

民國初年，祖國多故，南遊僧侶日眾，星洲乃南洋中心，獨無十方叢林供海眾掛單之所。一九二一年，師以弘化星洲機緣成熟，特喜捨淨資，並得其戒弟子潮陽鄭雨生居士獻地，共建光明山普覺寺；更得胡文虎善士資助，莊嚴光明山殿堂、寮舍，安僧供養，新加坡之有十方叢林，蓋自此始，今已蔚為星洲首剎矣。

越年，即延圓瑛法師，就寺講《大乘起信論》，法會之盛，前所未有。講經期間，轉物和尚談及泉州開元寺，為閩南千年古剎，乃唐匡護祖師所建道場，歷代高僧輩出。初建之時，桑蓮現瑞，紫雲密布。唯因歲久失修，法堂草深，言之淚下，師遂慨然以復興為己任。

一九二四年春，乃與轉物和尚、蘇慧純居士，自廈朝南海普陀山，禮觀音大士，再晤圓瑛法師於寧波接待寺。三人同在佛前發大誓言，願共成中興大業。是年九月同返鯉城，十二日進院，師為住持、圓瑛為都監、轉物為監院，其他知事、頭首職稱，俱依叢林制度。

進院三日，桃開紅蓮，今古輝映，傳為美談。師即罄其十餘年行醫所積鉅金，以充常住修建之用。又於寺中設立泉州開元慈兒院，聘圓瑛法師為院長，收養無依孤兒，給予技能訓練，俾長大立身社會，能得獨立有所貢獻。

師既復興開元，又時返國巡視。曾返漳州祭掃父母墳墓，並到祖庭南山寺禮祖。南山寺為臨濟喝雲法派祖庭，閩南諸山多出此派下。師目睹寺牆坍塌，佛像被水沖潰，滿目荒涼，戚然傷之。乃施資重建，復辦南山佛化學校，委覺三、達如法師主持校務，廣箴、瑞金二法師為監院，莘莘學子，免費求學，咸由師成就之。開辦近六載，人材輩出，校風播於海內外。

一九二七年，師久有朝禮印度佛陀聖跡之念，以致力興復古剎之故，屢未成行。是秋因緣成熟，乃與道侶安心頭陀及道修法師結伴赴印。朝禮天竺佛陀伽耶、鹿野苑、藍毗尼、拘尸那各大聖地，備受各地人士之歡迎。

翌年星洲四眾弟子組織中華佛教會，公推師為會長，蟬聯兩屆，對會務多所盡力。一九二九年緬甸召開世界佛教大會，師被推為新加坡佛教之出席代表，同行者有道階老法師等，深受各國代表之歡迎。一九三一年冬，為師六秩華誕，泉州開元寺兩序大眾及道俗護法，請師傳授三壇大戒，七眾弟子登壇受戒者達七百五十六人。羯磨、教授、尊證、開堂，如會泉、性願、轉逢等，皆閩南知名尊宿，可謂靈山一會，儼然未散。蓋自清初鼓山永覺元賢律師，蒞寺傳戒以後，已有二百餘年，甘露戒壇，久無人蹤，至是可稱為三百年來希有之勝會。

星洲自開埠以來，信佛士女日眾，而迄無居士團體以領導之。一九三四年六月三十日，師乃與李俊承、邱菽園、莊篤明諸居士，發起組織新加坡佛教居士林，師為倡辦人兼領導師。成立以來，以慈悲濟世為宗旨，會務蒸蒸日上，今已歷時六十年，前途方興未艾。

一九七一年，為師七十壽辰，弘一法師特撰〈閩南道耆宿七秩壽聯〉以祝，聯云：「老圃秋殘，猶有黃花標晚節；澄潭影現，仰觀皓月鎮中天。」其頌之意，可謂情見乎詞。一九四三年秋，道體微感不適，臥病多時，知化緣已盡，拒絕醫藥。十月二十一日午時，於新加坡普院寺，安詳示寂，世壽七十二歲，僧臘五十三，戒臘五十一。緇素弟子，無慮千百。其事繁多，不能具述。

余生也晚，未睹師之光儀與聞其謦欬。爰以所知，及參酌諸大德所作傳略而為之記，俾後賢知師生平之盛德云爾。

後學雪峰居士林子青拜撰

光明山普覺寺 住持 瑞今
都監 廣餘 及兩序大眾同立

一九九五年六月穀旦

重建南山寺佛乘和尚舍利塔記

佛乘和尚，俗姓蘇，福建永定縣人，生於一八三四年。幼被掠，賣入梨園學寫雜劇。年二十八，忽有所悟，詣廈門南普陀寺，依有情上人剃染，法號佛乘，受具足戒於浙江台州明因寺。

行腳遊漳，見南山寺規模宏敞，為閩南甲剎。惜殿宇頹圮，梵像剝落，因發願興修為卓錫地。時經兵燹之後，物力維艱，幸得汀漳龍道聯公為佛門檀越，竭力護持，漳郡士女亦踴躍捐輸。顧需財頗鉅，和尚乃遣弟子喜昌出洋募化，得淨財數千，於是鳩工應材，大事興建，閱歲而殿閣俱成，伽藍雄麗，為南閩之冠。落成之日，四眾雲集，士女瞻拜，毋慮千百洵極一時之盛。

時清將左宗棠督師入粵，回師過漳，為書「蓮界重輝」一匾，揭於大殿，益壯觀瞻。喝雲一派之重興，實得和尚之力。規制稍備，先後禮請佛學、符濟二長老傳授三壇大戒。閩南戒法久湮，自是始稍復振。近代閩南知名長老之轉道、會泉、轉初、轉塵等俱先後受戒於此佛化老人之落髮，且由和尚為之代剃，其後分燈續焰，開法於南安雪峰寺，子孫繁衍遍海內外。

其淵源實應溯於南山之喝雲和尚，無恙時積布施財有餘，欲詣京師請《大藏經》未果。一八九九年，自知化緣已盡，遂於七月晦日恬然示寂，世壽六十有六，僧臘三十八。剃徒喜滔等依法荼毗後，為築塔於寺右清泰寺後岡，漳州知府渤海劉湝焴撰〈佛乘禪師塔銘〉，稱師為人誠實篤謹，信道不貳，隨物肆應，僧眾僉服，寥寥數語，可想見和尚之為人。

其塔銘曰：「至人觀世，傀儡登場，榮枯哀樂，代謝何常。師本伶人，忽成法器，西方種子，乾坤清氣，大塊茫茫，孰假孰真，王侯牧監，過眼浮雲，勘破去來，真實了了卅載。皈依神符大道，員山之麓，柳江之濱，衣鉢傳後，視此貞珉。爾後歷數十年，因陵谷變遷，塔亦隨廢。」

建國以後，裔孫廣洽、宏船、廣淨、廣義、廣餘、妙燈等，念南山寺為閩南臨濟喝雲派祖庭，和尚實膺重興之任，爰各捨淨財重建新塔，周以繚垣，以報法乳之恩。余漳人也，自幼結緣於此，熟聞和尚之遺德而仰其高風，爰依劉氏塔銘及余所知而能言者，略述和尚生平及重興南山之功業，以諗後賢，願毋忘其德是為記。

一九八六年〇月

雪峰居士林子青拜撰

廣欽敬禪師紀念塔記

師諱照敬，字廣欽，福建惠安黃氏子，生於一八九二年，幼家貧，養於晉江李姓，翁媪皆篤信佛法，師亦受其薰陶，時有出世之想。逮養父母相繼謝世，師感人世無常，一九二四年，遂投泉州承天寺轉塵老和尚求為剃度。

塵公命門下瑞芳上人為其落髮，取名照敬，字廣欽，時年三十三。後受戒於莆田囊山慈惠寺，時年四十二。秉戒後精參默究，欲求一期取證，乃請塵公允於清源山掩室靜修，食山果野蔬以充飢。曾於山中入定多日，樵夫見之皆以為物化。塵公聞之乃與耆宿多人前往勘驗，始知師深入禪定，歎為稀有。歷時數載，乃返承天寺，道譽遂聞於遠近。

一九四六年，自泉至廈掛搭南普陀，隨眾禪誦，眾亦莫知其證悟之淺深。時台灣已慶光復，師知度生緣熟，一九四七年遂自廈東渡台灣，時年已五十六。師初至台灣，棲止於台北新店，所居茅屋僅足蔽風雨。越年就石山開洞，命名為廣明岩，矢志精修，道望日隆。一九五一年，移居台北縣土城火山日月洞，三度入定，之後道行遂聞於世，善信皈依及從之出家者日眾，遂興建梵宇，創立道場。五年之間，殿堂寮舍次第落成，遂以承天寺為名，示不忘祖庭之意。

一九六九年，又於台灣南部高雄縣興建妙通寺為女眾道場，於是四眾弟子咸集。一九八五年，眾以師高年碩德，請就承天寺傳授三壇大戒，四眾弟子得沾戒品者無慮千人。戒期圓滿後，自知世緣將盡，一九八六年正月略示微疾，拒進飲食，但招剃度弟子囑咐後事。延至正月初五日，彌留之際，眾請最後開示，師云：「無來無去無大事。」

昔慧南禪師問慶閑禪師曰：「汝剃除鬚髮，當為何事？」對曰：「只要無事。」師之末後句亦如是也。於是在念佛聲中，向徒眾頷首莞爾，瞑目坐化，世壽九十五，僧臘六十三。生平所度弟子，無慮數萬人。

茲逢師百歲冥壽，咸議於舊隱清源山建塔，以為紀念。高足傳平、傳顗來書請撰文述其生平，以傳後世，爰以所知，記其梗概，以誌勝緣。

一九九一年　雪峰居士林子青敬撰

剃徒傳悔、傳斌、傳奉、傳顗、傳平、徒孫道誠同立

瑞枝上人紀念塔記

瑞枝上人，名寂金，福建惠安塗嶺人，俗姓吳，生年不詳。弱冠隨族人經商台灣，尋歸里父母先後棄養。因發願學出世法，年二十餘，從轉廷和尚剃度於廈門金雞亭。廷公精武術，善治外傷等症，上人從之學，盡得其祕傳，聲譽頓起。

金雞亭為廈門八景之一，名普光寺，建於明代，盛衰不一。清末幾瀕荒廢，當地善信禮請轉道和尚入寺中興，廷公悉力佐之，規模漸備。道公住持數年，旋又離去。一九一七年，上人繼之經營十年，殿堂、僧舍一一重建，寺貌煥然一新。

上人為人爽直，慷慨尚義，尤善治肺癆、接骨、損傷諸症，受其醫治者無不感戴。余青年時曾親近上人，熟知其為人，上人廣學多聞，於閩南法門掌故平居津津樂道，於前輩嘉言懿行闡揚不遺餘力，於好學青年則獎掖備至。

一九三六年，廈門商業蕭條，南普陀時有匱乏之虞，寺中勤舊以上人交遊素廣，特請為監院，以謀挹注上人行醫之暇，亦以常住為重，任勞任怨，眾所推服。時南普陀辦有閩南佛學院及佛教養正院，住眾常百餘人，生活賴以無虞。越年蘆溝橋變起，廈門風雲緊急，寺僧星散，粵軍某師進駐廈門，各寺盡被駐紮，南普陀受其騷擾最甚，後竟以莫須有罪名將上人捕去，羅織成獄。上人遂罹於難，含冤莫白。今上人遭難已半世紀，尚無一塔以旌其德，不亦可哀耶。

上人剃徒廣餘久住檳城妙香林，自念離師過早，無緣侍奉巾瓶，法乳深恩，無以為報，爰就普光寺祖庭改建一新，並造紀念塔一座以永紀念。餘師以余稍知上人者囑為塔記，以傳後世，爰略述上人之生平如此。

雪峰居士林子青拜撰

一九九一年二月剃徒廣餘敬立

廣洽禪師舍利塔碑記

廣洽禪師，名照潤，俗姓黃，泉州南安縣人。幼年父母先後棄養，孤苦無依，即入故鄉羅東大和尚為齋友。師善根宿植，早有出塵之志。一九二一年，詣廈門南普陀寺禮監院瑞等上人為師，落髮於普照寺，同年冬往莆田廣化寺受具足戒。一九二三年，南渡星洲，居龍山寺數月。以大事未明，又回國於漳州南山寺，親近性願、廣通二長老，深受教益。住數月，仍回廈門南普陀。堂頭轉逢和尚任為副寺，師慕古德楊岐禪師為副寺時，夜用燈盞，公私分明；愛惜常住物如護眼中珠，大眾深敬之。

一九二八年，弘一律師至閩。師聞其戒行精嚴，海內所宗，遂以師禮事之。十餘年間，承事供養，拳拳服膺。律師倡辦佛教養正院，任師為監學。師生濟濟，自相尊敬。師威儀嚴肅，身教重於言教。前後三年，成績斐然，聞於海內。

一九三七年，抗戰爆發，師復南渡新加坡於龍山寺，助師綱維寺務，深受緇素敬重。一九四二年等公示寂，師遂繼主龍山寺法席。興隆佛法，名聲普聞。

師性好交遊，因親近弘一律師之故，得與國內名流交往，如豐子愷、夏丏尊、馬一浮、葉聖陶、郁達夫、徐悲鴻，均甚稱其為人。

師以自幼未受正式教育，爰於龍山寺旁創彌陀學校，培育華僑子弟，寓佛法於社會教育之中。師熱愛祖國，凡桑梓公益及社會慈善事業，無不熱心贊助。自建國以來，屢次回國，除朝禮四大名山，遠至敦煌及法門寺，並施資助建廬山東林寺及鎮江金山寺等，對國內佛教院校亦都量力施助。

師南渡五十餘年，歷任新加坡佛教居士林導師、佛教總會主席，貢獻社會事業，屢蒙當地政府之褒獎。師好施成性，生來自奉儉約。於貧苦大眾常以歲時集資布施，以濟其急。晚年病中，聞國內華中水災嚴重，心急如焚，力勸信徒施資救濟，深得我國政府之讚許。

師自學佛以來，深禮「未成佛道，先給人緣；人天路上，作福為先」之旨，凡興隆佛事利生事業無不樂助。

示寂以後，蒙新加坡政府總統及諸政要親詣靈前，拈香獻花致敬，可謂極一生之哀榮。其事繁多，不能備述。

余與師論交垂數十年，爰以所知，略述其生平事蹟，以諗後賢。

師生於一九〇〇年六月，寂於一九九四年四月，享年九十有五。

編註：此碑記於一九九四年秋，建塔於廈門南普陀寺後山。

南普陀寺妙湛和尚舍利塔銘

和尚諱續林，號妙湛，遼寧丹東人。俗姓褚永康，生於一九一〇年十一月十二日。早年就讀師範，後從事教育，曾任丹東市第一小學校長。時值日寇侵華，東北被偽滿統治，因其名重於學界，且富愛國之情操，與抗日救國會有涉，而遭逮捕，備受折磨。

一九三八年，於獄中經難友指點默持觀音聖號，未幾獲釋。和尚深感持名之益，遂決志學佛。其夙植慧根，頗有勝緣。一九三九年詣鳳城雙泉寺依進修老人剃度，旋赴北京拈花寺受具於全朗律師座下。是年臘月負笈青島湛山寺佛學院，受教於倓虛老人。親近數載，倓老觀其器宇魁梧，動靜莊嚴，知是法器，必為法門龍象，乃勉其行腳，親近善知識。

和尚以大事未明，乃南尋至揚州高旻寺，叩參於來果禪師座下，飽受鉗錘，頗有所悟。服勤有年，乃辭，朝禮九華、普陀等聖跡。一九五七年，卓錫廈門南普陀寺。

時逢運動頻繁以至文革，鐘鼓日稀，僧徒星散。和尚處危不懼，梵行高遠，守志護法，常住文物得以保存。

自一九七九年十一屆三中全會，落實宗教政策，南普陀寺得以恢復，和尚矢志重興道場。因其悲願宏深，為十方善信所護持，數年間修復多所寺院。然常感法門寥落，僧才奇缺。一九八四年以續佛慧命之精神，力排阻難，恢復閩南佛學院及佛教養正院，培養僧才，使慧炬有繼。後又開拓萬石蓮寺及紫竹林寺為閩院尼眾修學處。廣納學子，每達數百人，並極關心全國僧伽教育，曾先後援助中國佛學院及福建、嶺東、黑龍江、江西、陸豐、武昌等佛學院，且不辭勞苦，親往輔導，實為一代佛教教育之宗師。

和尚於住持道場及興辦僧伽教育期間，每事必躬，搬石運磚，身先眾務。一九九五年五月，在中韓日三國佛教友好交流會上，提出佛教大國一定要有佛教大學之構想，力倡創辦中國佛教大學。培養高級人才之遠見，深得中外緇素之讚許。和尚悲願宏深，且為終南、支提、武夷等道場修路建寺。一九九四年十二月，創辦南普陀寺慈善事業基金會，並任會長之職。其不顧耄耋之年，尚以慈悲為懷，等視眾生，尋聲救苦。在臨終之際，猶心繫眾生，寫下「勿忘世上苦人多」之遺訓。一九九五年十二月十九日，和尚行化已畢，泊然示寂於丈室。世壽八十有六，僧臘五十六。荼毗後所得舍利，多呈瑞象，四眾歎為稀有。

和尚歷任中國佛教協會諮議委員會副主席，福建省佛協會長及閩南佛學院院長，並南普陀寺、鼓山湧泉寺、武夷山天心永樂禪寺等方丈之職。

余承南普陀寺囑為誌銘，爰以所知，略述其平生梗概云爾。銘曰：「法門龍象，愛國人雄。為法忘軀，利他願宏。襟懷坦蕩，事理並容。超凡入聖，悲智圓融。中流砥柱，五濁劫中。人天師範，緇素推崇。恭敬頂禮，偉哉妙公。」

一九九六年十二月　林子青敬撰

南普陀寺方丈聖輝率兩序大眾同立

佛曆二五四一年　公元一九九七年秋

名山寺院誌

少林寺千年略史

一、少林寺沿革

少林寺為中國著名的古寺之一，是中國禪宗的發祥地。它座落在河南登封縣嵩山別峰少室山的北麓，背負五乳峰，形勢雄偉。少林寺是以達摩的九年面壁而有名的，但它的創建卻早在達摩面壁的二十三年以前，是北魏的太和二十年（四九六）孝文帝為印度高僧跋陀而建的。嵩山的古寺很多，以少林寺為最有名，故通稱為嵩山少林寺。

少林寺之名，最初見於文獻記載的，是北齊魏收所撰的《魏書．釋老志》：「太和二十年（四九六），又有西域沙門名跋陀，有道業，深為高祖所敬信，詔于少室山陰立少林而居之，公給衣供。」

跋陀一作佛陀，都是梵語Buddha的音譯。稱佛陀的，見於《續高僧傳．魏嵩嶽少林寺天竺僧佛陀傳》。跋陀於北魏時自印度到達當時魏都恆安（今山西大同市），住於特建的別院；太和十七年，隨帝南遷來到洛陽，深為孝文帝所敬信。跋陀性愛林泉，常入嵩山靜坐。孝文帝敕就少室山陰，造寺以居，這是少林寺的起源。

跋陀住少林寺時，四方息心禪侶，聞風而集，住眾常數百人。當時並於寺西造一舍利塔，塔後造譯經台。其時勒那摩提（Ratnamati）和菩提流支（Bodhiruci）兩三藏，各齎世親菩薩《十地經論》來此翻譯（一說譯場在洛陽）。後來兩人意見發生歧異，因而各自譯出一本。跋陀的弟子慧光，先後參加了勒那摩提和菩提流支兩三藏《十地經論》的譯業。他乃校合兩本成為一本，加以註釋，並從事《十地經論》的研究和講述，遂成為「地論宗」的開祖。後來他被召至鄴（今安陽）為僧統，世稱光統律師。

跋陀的另一弟子道房，是專習止觀法門的。勤學世典、備通經史的僧稠從他受止觀、禪法。他住於深山幽谷苦行多年之後，便到少林寺訪問跋陀禪師，呈己所證。跋陀許他是葱嶺以東禪道的第一人。後來經他指授禪法，僧稠就去住持嵩嶽寺，其造詣可以想見。（《續高僧傳》卷十六〈僧稠傳〉）

菩提達摩是南印度的婆羅門種，志存大乘，冥心虛寂，是禪學造詣很高的大師。他欲以法開導邊隅，泛海來華，初達宋境的南越，繼至廣州（相傳廣州的華林寺舊有一匾稱「西來初地」，即達摩最初到華登陸駐錫之地）。末又經梁至魏（當時為南北朝時代，南梁北魏對峙）。他到魏以後，到處宣揚禪教；但當時全國盛行講授，乍聞定法，多生譏謗，無人領教。這是道宣《續高僧傳》卷十六的記載，並未提及他到少林寺。

普通傳說：南朝宋末，菩提達摩自印度泛海而來，初到梁都金陵（即今南京），武帝出城躬迎。昇殿問曰：「和上從彼國將何教法來化眾生？」達摩答曰：「不將一字教來。」武帝又問：「朕造寺度人，寫經鑄像，有何功德？」達摩卻說：「並無功德。」武帝又問：「何以無功德？」達摩說：「此是有為之善，非真功德。」武帝不能理解，達摩即渡江入魏。這個傳說的最古文獻，是敦煌出土的佚名《歷代法寶記》和唐宗密《圓覺經大疏鈔》卷二之上。宋代禪宗著名的《碧巖錄》（日本臨濟宗的根本聖典）把它作為第一則「頌古」流傳。

以後，這個故事便成為禪門眾所周知的故事了。其後由此生出一個故事說：達摩走後，武帝以問志公。志公說此乃聖人，陛下焉可錯過！於是武帝派人急追，到了江邊，達摩遂折葦而渡，後世畫家所畫的「一葦渡江圖」故事，就是由此而來的。《碧巖錄》說：「闔國人追不再來，千古萬古空相憶！」據《碧巖錄》說：達摩渡江至魏，時孝明帝當位。達摩至彼，亦不出見。直過少林，面壁九年，接得二祖，彼方號為壁觀婆羅門。

達摩的弟子慧可，原名神光，是個外覽墳素，內通藏典，解悟超群的學僧，年登四十，遇天竺沙門菩提達摩，遊化嵩洛（嵩山和洛陽）。可懷寶知道，一見悅之，奉以為師，畢命承旨。從學六年，精究一乘。達摩以四卷《楞伽》授可曰：「我觀漢地，唯有此經。仁者依行，自得度世。」後來慧可遭賊斫臂，以法御心，不覺痛苦。《寶林傳》卷八載唐法琳所撰〈慧可碑〉文，記載慧可向他求法時，達摩對他說：「求法的人，不以身為身，不以命為命。」於是慧可乃立雪數宵，斷臂表示他的決心。這才從達摩獲得了安心的法門。因此，「斷臂求法」就成了禪宗有名的故事而廣泛流傳。日本著名畫僧雪舟等楊禪師（一四二〇～一五〇六，入明留學三年，曾任天童寺第一座）畫有慧可「斷臂求法圖」傳世。自達摩經慧可，六傳而後，南能（惠能）北秀（神秀），門徒遍天下，少林寺遂成為中國禪宗的祖庭，而達摩則為中國禪宗的初祖。

其後，北周建德三年（五七四），武帝禁斷釋道二教，少林寺一度被廢。靜帝即位，為追薦先人，於大象中（五七九～五八〇）復建，改名陟岵寺。隋文帝開皇元年（五八一），復名少林寺。大業之末（六一六），寺為兵火所毀，僅存一塔。唐武德二年（六一九），隋故將王世充稱帝於河南，聚眾於少林寺西北柏谷墅。秦王李世民（後為唐太宗）率兵和他戰於洛陽。武德四年（六二一），少林寺僧志操、惠瑒、曇宗等，率僧兵協助李唐，驅逐了王世充，秦王致書慰勞寺主，並施贈柏谷莊地四十頃及水碾於寺。（〈少林寺賜田敕〉）

據史載，玄奘曾上奏唐太宗說：「玄奘從西域所得梵本六百餘部，一言未譯。今知此嵩嶽之南，少室之北，有少林寺，遠離廛落，泉石清閑，是後魏孝文皇帝所造，即菩提流支三藏翻譯經處。玄奘望為國就彼翻譯，奉聽敕旨！」太宗勸他不須在山，可就西京弘福寺翻譯。道宣《續高僧傳．玄奘傳》更詳細地說：「奘少離桑梓，白首言歸，訪問親故，零落殆盡。唯有一姊，迎與相見。……其少室山西北，緱氏故縣東北遊仙鄉控鶴里鳳凰谷，即奘之生地也。下近有少林寺，即魏孝文所立，是翻《十地》之所。意願棲託，為國翻譯。」蒙太宗手敕云：「省表，知欲晦迹岩泉，追林遠

（支道林與慧遠）而駕往；託慮禪寂，軌澄什（佛圖澄與鳩摩羅什）以標今。仰挹芳徽，實所欽尚。朕業空學寡，靡究高深，然以淺識寡聞，未見其可。法師津梁三界，汲引四生。……道德可居，何必太華疊嶺；空寂可捨，豈獨少室重巒。幸戢來言，勿復陳請。」玄奘想到少林寺譯經，雖然未能如願，但他肯定是到過少林寺的。

唐初諸帝相繼給少林寺以施捨，寺況又復隆盛。顯慶二年（六五七）玄奘回到河南故鄉，見到當時的「少林伽藍寺因地勢之高卑，有上方、下方之稱，都一十二院。……其西台最為秀麗，即菩提流支譯經之處，又是跋陀禪師宴坐之所」。（《大慈恩寺三藏法師傳》卷九）永淳二年（六八三），則天武后遣武三思持金絹等物至少林寺重修。（《金石錄》「唐武后少林寺碑」）當時少林寺上坊普光佛堂內外所塑佛菩薩像及金剛、神主、獅子等，皆極精妙。

長安四年（七〇四），寺主義獎特建戒壇，請義淨三藏、護律師、瑳禪師等來寺傳戒。義淨並製銘以誌其事。（義淨〈唐少林寺戒壇銘〉）由名書家李邕書碑勒石。至開元十一年（七二三），寺主慧覺更大事興建，規模如裴漼的碑記所說：「海內靈嶽，莫如嵩山，山中道場，茲為勝殿。地迎貝花，門連石柱，妙樓香閣，俯映喬林，金刹寶鈴，上搖清漢。」（開元十六年裴漼〈少林碑〉）。

到了大曆至貞元年間（七六六～八〇四），四方禪眾，來者日多，住持法真又大增建僧寮廚庫。（唐顧少連〈少林寺廚庫記〉）廣明八年（八八〇），行鈞又葺修大殿及其他堂宇，並舉行傳戒。

五代中原多故，少林寺遭到嚴重破壞。宋元符三年（一一〇〇），哲宗逝世，建永泰陵以餘力為嵩山少林寺修了一座初祖庵，陳師道撰文記其事。（《佛祖統紀》卷四十六）宣和七年（一一二五），寺僧又建初祖庵大殿（即今前殿），規模雖小，而雕飾甚精。金泰和六年（一二〇六）增建六祖殿；興定四年（一二二〇）重修面壁庵（即初祖庵後殿）。

到了元初，曹洞宗匠雪庭福裕奉世祖之命來主少林，極力復興，伽藍規制，煥然大備。除大殿、法堂等主要建築外，尚有大德四年至六年間（一三〇〇～一三〇二）所建的鐘樓和鼓樓，都是富有藝術價值的建築物。但至正之末（一三六七），天下騷亂，海內名刹，焚毀殆盡，少林寺伽藍亦僅存其半。（明山錫之〈少林寺重裝佛像記〉）

明洪武二年（一三六九），松庭子巖主少林寺，續修山門樓閣及諸殿堂。（來復

〈松庭禪師塔銘〉）正德六年（一五一一），寺僧又重修輪藏殿，並建初祖殿（在法堂後）、玉皇殿、甘露殿等。萬曆十六年（一五八八），神宗皇太后命撤伊府殿材，鑿山為基，建毗盧閣於寺後。清順治、雍正、乾隆、道光、光緒各代，均各重修。一九二八年三月，軍閥石友三與樊鍾秀戰於登封，其部下縱火焚寺，天王殿、大殿、法堂等，悉付一炬。劫後僅存毗盧閣、方丈及諸僧寮。（劉敦楨〈河南省北部古建築調查記〉，見《中國營造學社匯刊》第六卷第四期）

二、少林寺規模及建築

少林寺規模本來很大，寺域面積達五百四十畝。中線主要建築有山門、天王殿、大殿、法堂、方丈、立雪亭、毗盧閣共七進。

山門左右有石坊二座，門內立有許多碑碣。天王殿東側為□王殿，西側為跋陀殿。大殿前左方為鐘樓、緊那羅殿，側為東庫房及東禪堂；右方為鼓樓、六祖堂，側為西庫房及西禪堂。大殿後為法堂，上置藏經閣，堂前左右為東西客堂。方丈自為一廓，其中有廓然堂、祖師堂、白衣殿等。其前左右為東西二寮，原為寺僧研學之所。

方丈後為立雪亭，中有達摩像，為慧可立雪求道處。最後為毗盧閣，亦稱千佛殿，殿壁有明代畫僧雨山所繪五百羅漢手搏像。此閣為舊日寺僧學習武藝之所，內部地磚每隔兩步，向下凹陷數寸，縱列成行，故又稱為錘步殿。

現在寺西里許翻經台故址，尚存石基。寺西北二里有初祖庵，位於一小崗上，周圍丘澗環抱，風景絕勝。初祖庵大殿內外諸柱，都用石製八角柱。石柱外向刻天王，四圍刻盤龍、飛天、寶相花、牡丹、鳳凰、孔雀等。東側一柱刻有宋宣和七年（一一二五）廣東仁化劉仁恭施捨的題記。其東西北三面壁下石面，浮雕有很精秀的雲、水、魚、龍、佛像和建築等，都表現極高的藝術手法。後殿稱為面壁庵，內有金興隆七年（一二二一）立的李純甫撰〈重修面壁庵記〉。其處原有達摩面壁影石，現已不存。初祖逶迤南缽盂峰上有二祖庵，中塑慧可像。峰頂有四井，傳為慧可卓錫泉。庵前一峰聳起，有石方廣二丈餘，為慧可經行處，名煉魔台，亦名覓心台。

少林寺的塔院有兩處：在寺東為東塔院，現僅存墓塔二座，一在寺西小石河北岸，為西塔院，稱為塔林。其中聚集有唐至清千餘年間歷代寺僧墓塔。這些墓塔有正方形、八角形和圓形；式樣有單層單牆式、單層多簷式、多層式、喇嘛塔式、經幢式等，是研究古來少林寺人物和墓塔建築形式的很好實例。

少林寺保存有歷史資料的碑銘不少。如唐秦王「告少林寺主教」（開元十六年，七二八年立），永淳二年（六八三）武后製詩碑及玄宗天寶十年（七五一）碑，都雕刻精麗。又開元十六年立的唐吏部尚書裴漼撰並書的〈唐嵩嶽少林寺碑〉（碑陰刻〈少林寺賜田敕〉），此碑螭首方趺，碑身或作神王異獸，或刻寶相花紋，手法精練，為唐碑中最精美的作品。（碑文見《金石萃編》卷七十七）

此後有元延祐元年（一三一四）程鉅夫撰、趙孟頫書的〈開山福裕禪師碑〉，至正元年（一三四七）歐陽玄敘的〈重建達摩大師碑〉。明萬曆三十七年（一六一五）董其昌撰並書〈正道禪師之碑〉（《說嵩》卷十五）。清初海寬撰〈少林釋氏源流五家宗派世譜碑〉（嘉慶七年，一〇八〇年立），此碑詳記曹洞宗的傳承系譜，是研究曹洞宗的重要資料。此外，尚有文彥博、蘇軾、黃庭堅、米芾等宋代名人題刻，為金石學家所重視。

一九五七年以後，人民政府撥款分期重修此著名古蹟少林寺。今方丈以後及寺兩側殿堂已次第修理，恢復舊觀。

三、少林寺法脈及其名僧高僧

少林寺的高僧，北魏時有跋陀和達摩二系，各傳印度的禪法。北周、隋唐之間，轉弘律學。唐初寺僧以助秦王有功，又傳習武藝，形成少林一派。其間有禪僧慧安來主少林，禪風稍振。自五代至於宋金，宗風寥落，禪律具衰。元初福裕，始傳曹洞宗統於少林寺。明代曹洞宗係分傳於江西壽昌和紹興雲門，其法脈即淵源於少林寺。自元至清三百年間，少林住持多為朝命聘任，歷代名僧輩出，如元福裕、文才、義讓，明子巖、了改、文載、宗書、常潤、正道、清海寬等，都是少林歷史上的代表人物。

首先是本寺的開創者跋陀（一作佛陀）禪師，他從魏都來此，四方禪侶聞風而集，眾恆數百。他手畫的神像，至唐猶存。（唐張彥遠《名畫記》）特出的弟子有慧光、道房和僧稠。（《續高僧傳》卷十六）

慧光從跋陀出家，漸通梵語，兼善講說。勒那摩提和菩提流支在寺譯《十地經論》，他參加翻譯著疏釋。他又精研《四分律》，著有《四分律疏記》，後世尊為律宗第五祖。（《續高僧傳》卷二十一）道房的事蹟不詳。據道宣《佛陀傳說》，佛陀曾命他教僧稠以禪學，可能是繼跋陀弘化於少林的人物。僧稠（四七九～五五九）初從道房受學修禪，後呈所證於跋陀，跋陀歎為葱嶺以東禪學第一人，更授以深要，撰有《止觀法》二卷（《續高僧傳》卷十六）。又相傳僧稠為沙彌時，因習角力騰趠，後得神力，為少林武術的鼻祖。（《太平廣記》卷九十一）

其次，菩提達摩到少林寺，相傳他曾面壁九年，傳心法於慧可。但達摩和慧可都未久住少林。達摩晚年出山弘化，終於洛州禹門，塋葬於熊耳山（今河南陝縣）。慧可得法後，亦行化於洛陽一帶。（參照《佛教百科全書》中「菩提達摩」及「慧可」條目）

北周大象二年（五八〇），本寺改為陟岵寺，選優秀沙門十二人入寺居住。其中有高僧慧遠和洪遵。（裴漼〈少林寺碑〉）慧遠（五二三～五九二）依僧統法上受戒。周武帝欲廢佛教，召集名僧赴殿論議，於時僧眾五百餘人，無敢與辯，慧遠挺身往復論難。大象二年，應選入少林寺主講。入隋弘法長安，居淨影寺，著有《大乘義章》二十六卷、《十地經論義記》十四卷等。（《續高僧傳》卷八）洪遵（五三〇～六〇八）初住嵩山少林寺，依睿雲學律及「華嚴」、「大論」，常與慧遠等日夕論學。北周時，被選住少林寺。隋開皇十一年（五九一）住長安興善寺，與天竺僧共譯

梵典。（《續高僧傳》卷二十一）

唐貞觀（六二七）以後，明遵、慈雲、元素、智勤等，盛弘律學於少林。長安四年（七〇四），義淨三藏等被請至寺傳戒，一時稱盛。永淳二年（六八三）禪師慧安（弘忍弟子）至河南滑台草亭居止，敕造招提寺處之。其後入嵩山少林，傳東山法門。神龍二年（七〇六）朝命度弟子二十七人，並召入京問法，次年仍歸少林寺。景龍三年（七〇九）入寂，春秋一百三十許歲。門弟子有嵩嶽破灶墮及元珪等。（《宋高僧傳》卷十八〈少林寺慧安傳〉）其後還有名僧靈運，在少林寺倡導禪學，寂後，門人堅順為建塔於寺。（唐崔琪〈靈運禪師碑銘〉）又有禪僧同光（七〇〇～七七〇）曾受教於北宗大照普寂（六五一～七三九），大弘禪學於少林寺。常隨弟子明心地者有三十餘人。（郭湜〈同光禪師塔銘〉）普寂的另一弟子法玩（七一五～七九〇）精研經律和禪法，也曾住少林寺，為道俗所依敬。貞元六年（七九〇）寂於洛陽敬愛寺，弟子奉全身歸少林，造塔於寺西。（李充〈法玩禪師塔銘〉）嗣後又有行鈞（八四八～九二五）受戒於少林寺，遍歷諸方，勤修道業。廣明八年（八八〇）來主少林，住持四十餘年，臨壇度人無數。（虛受〈行鈞禪師塔銘〉）金代有教亨

（一一五〇～一二一九）號虛明，歷主嵩山戒壇、法王，鄭州普照，中都潭柘及慶壽諸寺，晚年受請主少林寺，大扇宗風。金興定三年（一二一九）在寺圓寂。（《佛祖通載》卷二十）

元代本寺又有名僧福裕（一二〇三～一二七五），受法於燕京報恩寺萬松行秀。曾依世祖命住持少林，大振曹洞宗風。其弟子以他復興少林，稱為開山第一代。其嗣法弟子有文泰、淨肅等。（元程鉅夫〈少林寺開山裕公碑〉）文才（一二七三～一三五二）嗣還源福遇。泰定元年到至正五年（一三二四～一三四五）之間，兩主少林法席，其學德為道俗所歸向。寂後杭州靈隱來復為撰塔銘，扶桑沙門德始書丹。（來復〈淳拙禪師塔銘〉）義讓（一二八四～一三四〇）得法於古巖普就。至元二年（一三三六）應請至少林寺，住持五載，殿宇祖剎，為之改觀。寂後分塔於少林及泰山靈岩，弟子日本僧邵元為撰塔銘，分立兩地。（〈少林寺息庵禪師行實之碑〉）

其後有子巖（一三二一～一三九一）為明初知名宗匠，曾受淳拙文才印可。洪武二年（一三六九）來主少林，力田給眾。十五年被舉為河南僧綱。（來復〈松庭禪師壽塔銘〉）了改（一三三五～一四二一）從子巖得法，隱居二祖庵多年。洪武二十三年（一三九〇），眾請補席少林，住持三年，修理寺宇，頗復舊觀。（「改公禪師宗派之圖」）文載（？～一五一五）參少林無方可從受印可。正德元年（一五〇六）主持少林寺，門人以千計。著有《洞上緒餘》一書，播在叢林。（《宗統編年》卷二十九）

宗書（一五〇〇～一五六七）為文載入室弟子。嘉靖三十六年（一五五七），河南府慕其名，招致授牒，始住持少林。自文載滅後三十餘年，少林宗風漸衰，宗書住持八年，又復前規。嗣法弟子有常潤、常忠等。（德慶〈小山禪師行實碑〉）常潤（？～一五八五）道行清苦，為諸方所稱許。萬曆三年（一五七五），真可北遊時，曾參其會下，時住眾多至千八百人，日夕說法，其道大振。（《補續高僧傳》卷十六）

正道（一五四七～一六〇九），為常潤得意弟子。萬曆二十年（一五九二）為少林住持。領眾十餘年，清規肅然。嘗率眾於寺前植柏樹數萬株，布滿崖谷，為少林壯觀。（董其昌〈少林寺道公碑記〉）海寬（一五九六～一六六六）為正道法孫。崇禎十二年（一六三九）住持少林，清順治年間（一六四四～一六六一）仍繼任。撰有

〈少林釋氏源流五家宗派世譜碑〉，列舉少林歷代傳法世系。他因宋金元明五百年來，諸尊宿宗風大義，泯滅無聞，遂渡河簡拾河朔諸先覺斷碑殘碣，纘續於《五燈會元》之後，名曰《五燈會元纘續》。（《五燈全書》卷六十三）

四、少林寺武術

少林寺在宋室南渡以後，禪道無聞，反以武術蜚聲於國內。這起源於唐初少林寺僧曇宗等助秦王退王世充有功，曇宗官至大將軍，後來僧人就重視武藝。中國技擊，遂有少林派之稱。其實是角力戲之一種，傳說為達摩所傳。並謂元末寺廚中有一僧以三尺鐵棍為武器，擊退潁州紅巾眾的劫掠。其後即以棍術授眾僧而他去，世傳為緊那羅王的化身。由此，少林寺僧便以武勇聞天下。而南北諸寺有了廚房奉祀緊那羅王的風俗。

到了明代，少林寺更有僧兵的組織，且經常從事訓練。明末王士性、袁宏道等「少林寺遊記」，多有記載。公鼎〈少林觀僧比試歌〉，描寫他看少林寺僧操練，有徒手拳術、跳躍鼓躁練習及戈劍棍棒等武藝，完全像訓練軍隊一樣，並提到他們自唐至明，對於保衛國家有了一定的貢獻。

據清嘉慶《上海縣志》卷十九記載，明嘉靖三十三年（一五五四）二月，倭寇犯江浙沿海，兵備僉事仁環，統率民兵三百人及少林寺僧八十八人破之於上海。後以援兵不繼，僧大有、西堂等二十一人殉難於陣中。六月，倭寇又犯嘉興、上海等地。這時南京兵部尚書張經，奉命總督軍務討倭，徵集四方兵卒共剿。八月間，少林寺僧應募而至，稱僧兵。有月空、大造化等三十餘人，都持七尺鐵棍，運轉便捷，驍勇非常。都司韓璽討南匯倭寇時，即用此種僧兵為先鋒，取得很大勝利。僧兵了心、徹堂、一峰、真元等，因乘勝深入倭陣，光榮犧牲。（徐蔚《南上海的倭寇》）由此可見少林寺僧兵之富於愛國思想。

參考資料：

1.《續高僧傳》卷八、十二、十六、二十一，唐道宣撰。

2.《金石萃編》卷七十、七十四、七十七、九十一，清王昶撰。

3.《說嵩》卷八、十三～十五、二十一、二十七，清景日昣撰。
4.《少林寺志》卷一～三，清焦如蘅撰。
5.《支那佛教史蹟評解》，常盤大定著，東京，一九二三年。
6.《菩提達摩嵩山史蹟大觀》，增田龜三郎著，東京，一九三二年。

廈門南普陀寺史話與其法系傳承及石刻與文物

一

南普陀寺是廈門著名的一座寺院，廈門的人自不用說，凡是由廈門出境的閩南華僑，大概也是無人不知的。它座落於廈門市東南六里的五老峰下，所謂「五老凌霄」，成為廈門八景之一。廈門別名鷺島，又稱鷺江、鷺門、鷺嶼等。一九八一年，中國佛教協會會長趙樸初居士來遊廈門，該寺因新建山門，請題字紀念，我適隨行，樸老問我題什麼字，我建議為題「鷺島名山」，刻於東西兩山。從此名山更加生色。

自清道光二十二年（一八四二）鴉片戰爭結果，廈門和上海、廣州、福州、寧波同被稱為五口通商口岸之一以後，廈門已成為華僑出入國的重要商埠，特別是近年被劃為經濟特區之後，廈門工商業更加飛躍發展，高樓大廈，平地矗立；加以自一九四九年以後，廈門大學不斷擴建，宿舍大樓，鱗次櫛比，一望無際。現在南普陀寺已和市區相連，東邊山門與廈大校門，成了望衡對宇，終日肩摩鼓擊，遊人不絕，看不出往日遠離市廛的清淨境界了。據說，建築學家陳從□批評寺外一條路上亂建高低不一的樓房，不但破壞了南普陀的風景，且建築凌亂，說明廈門大學主管人員在建築方面表現無知，給中外遊客以一種不快的感覺。

二

廈門舊屬泉州同安縣。據《泉州府志》記載，南普陀的地理形勢是：其山「大石嵌空，其下虛敞。宋僧文翠，建普照寺。……」《泉州府祠廟・同安縣》條記普照寺說：「普照寺在嘉禾里（廈門舊稱）二十二都海島中五老峰。五代僧清浩建。其初名泗洲院。」

泗洲是指安徽泗洲臨淮縣的泗洲大聖，即所謂「僧伽大師」。唐李北海撰有〈大唐泗洲臨淮縣普光王寺碑〉，記述僧伽大師事蹟。（《文苑英華》卷八五八）相傳，他是觀音菩薩化身。所以唐宋以來，福建的寺名、人名常以泗洲為號（宋代漳州高僧大覺懷璉即號泗洲）。可以想見觀音菩薩的影響。

宋治平間（一〇六四～一〇六七），改名普照院。普照院又名「無盡巖」。明何喬遠《閩書》記載：「文翠，居同安嘉禾嶼，嘗斷腕燃頂，募建普陀寺。」尉（武官）滕翔贈文翠詩云：「海翻波浪繞危峰，無盡巖前世界空。不是灰心求佛者，片時難住寂寥中！」（見《泉州府志》卷六十五〈方外〉引何喬遠《閩書》）照此詩看來，無盡巖當時是在孤島之中、人跡罕到的地方，不是真正看破紅塵求成佛道的人，是片刻也待不住的。六十年前我初到南普陀時，在「無我」廳曾看見一塊橫匾，上書「無盡巖禪室」五字，是清道光間富陽周凱寫的。當時廈門舉人著名書畫家呂世宜（號西村，著有《愛我廬文集》），曾拜他做老師。周凱，字芸皐，是當時廈門道台、《廈門志》著者，是文學家，郁達夫的老鄉，記得郁達夫在抗戰前的《越風》半月刊曾有一文介紹周凱的為人。

三

普照院於元至正間（一三四一～一三六〇）廢。明洪武十八年（一三八五），僧覺光重建，崇奉觀音大士及釋迦文佛。現在南普陀寺鐘樓的一口大鐘，有覺光鑄造的題記，就是明初的遺物。

本寺大殿東邊寺廊拐角處有一塊明末所立的《田租入寺志》，大意說：「吾禾山普照寺，五老開芙蓉於後，太武插雲霄於前。……凡來遊鷺門者，多於此延青扼爽，真吾禾勝地也。寺中有租，遞興，遞廢，不可殫述。至斷臂禪師而租乃大旺。……古碣殘碑，觀者戚然，今不可復得矣。……（所入）不足以供香燈。至僧了蘊，遂有雲遊異國之思。」

這塊碑志，是崇禎十三年庚辰（一六四〇）三月，賜進士嘉議大夫太常寺卿林宗載寫的。從碑文看來，可知當時的寺僧生活是全靠田租收入的。田租時多時少，不足以供香燈，以致僧了蘊有雲遊異國之思，因而可以想見，當時寺廟經濟的困境。從這碑上，可知明末普照寺有一個稱為斷臂禪師（綽號）和了蘊的僧人。然而普照寺則明季又毀於兵火。

四

清康熙二十三年（一六八四），靖海將軍施琅（原為鄭成功的部將，後降清，清以為水師提督），自台灣班師回廈，見普照寺梵宇傾頹，乃施資重建，改名南普陀寺。寺對北方浙江普陀山而言，以在其南，故稱為南普陀。我小時遊南普陀，還及見那時所建的觀音殿與大殿。這時重開山的比丘露踪，募鑄銅鐘一口，有康熙四十二年（一七〇三）春正月題記云：「欽差督理福建沿海等處工程內務府會計員外郎蘭泰同眾建造。本寺開山比丘露踪敬募。」

露踪以後的雍正元年（一七二三），有一位圓誠和尚也是有名的住持。這從寺中庫房（寺務處）現存的「獅窟」匾額的題記可以知道。「獅窟」為當時海軍提督（司令）陳良弼所書。題記這樣說：「鷺門南普陀，唐之普照寺也。余世祖創建莊嚴，明季遭毀。康熙癸亥（一六八三）台平之後，將軍侯施公鼎建。咸謂獅窟重光，不終湮滅。雍正癸卯年（一七二三），余攝提纂，頂禮於斯。因書與圓誠和尚，傳持正法眼藏云爾。」

一說普照寺為唐代寓居廈門的陳肇所創建。肇為陳夷則之三世孫，夷則為陳邕長子，始遷廈門，聚族而居，為陳姓發祥地。《新唐書》有〈陳夷則傳〉，陳良弼說的「世祖」，大概就是指的陳肇。清周凱《廈門志》卷十三引〈清漳雜記〉說：「陳邕，神龍初進士，開元二十四年被謫入閩，自莆移漳。有四子：夷則、夷錫、夷行、夷實。」《嘉禾陳氏譜》云：「夷則遷嘉和嶼，與學士薛令之同里巷，鄉人遂有南陳北薛之稱。」今漳州南山寺傳即陳邕所建，陳邕官至太傅，世稱陳太傅。漳州南山寺內有一座陳太傅祠，即紀念陳邕的建築物。

乾隆年間（一七三六～一七九五），僧約波、景峰相繼住持。約波工詩文，和當時漳州東岱廟詩僧隱愚性發，時相唱和。（見性發《石林集》）景峰住持時，漳浦大學士蔡新（鄉人稱為蔡相爺）與景峰有同鄉之誼，曾書「方丈」二字贈之，上款書「景峰大和尚」，下款書「葛山蔡新」。蔡新漳浦人，字次朋，號葛山，是名儒蔡世遠（《漳州府志》著者）的族姪，乾隆初進士，著有《緝齋文集》。乾隆曾給他的信說：「近日朝臣中，詞章優贍者雖不乏人，唯蔡新究心根柢，猶能守其家學，朕素所深悉。」可見封建帝王對他的敬重。「方丈」這塊匾額，到了道光十三年（一八三三）由景峰的曾孫住持德隆省己重修，十年動亂中，已被破壞無存（今新加坡龍山寺猶存）。嘉慶二十一年丙子（一八一六），其徒孫非劣，曾孫省己、悉見、元孫遠茂，在南普陀後山造了一座「景峰老和尚之塔」，近年改建成為一座新塔。這是一九五四年我在上海佛教協會時，廈門覺星（今已作古）抄寄告知的。

六十年前，我們所知道的最初一輩是佛字輩，如佛乘、佛學、佛日、佛化等。佛字以上是真字，我少年時，只聽說二人即有情、有願，有情的內名為真衷，有願的內名是真和。按照禪門的稱呼，外名（即號）要全稱，內名只稱下一字，所以有情和尚應稱衷有情禪師。佛乘是拜南普陀有情為師的。

五

乾隆四年（一七三九），清朝統治者建立〈平台記功碑〉八座於南普陀寺前東側，炫耀其征台的武功，其中四碑為漢文、四碑為滿文。嘉慶二十四年（一八一九），雲南進士倪琇（字竹泉）來任興泉永道道尹（俗稱道台），道光八年（一八二六）又回任，這時德隆省己正任住持，倪琇為他寫了「無我」二字，上款稱「書為省己大和尚」，下款只署「倪琇」，此額今猶保存，掛於舊客廳前門。寺中舊時通稱它為「無我廳」，周凱所著《廈門志》有他的宦跡記事。道光十年，周凱繼任興泉永道道台，曾為南普陀書「無盡巖禪室」橫匾一方，懸於無我廳正面，今已無存。周凱所著《廈門志》及《內自訟齋文集》都在廈門出版。

同治十一年（一八七二），重興漳州南山寺的佛乘禪師，到廈門南普陀寺從有情和尚披剃。（見〈漳州崇福寺佛乘禪師塔銘〉）這時南普陀的住持是有情和尚，有情名真衷，同時還有他的師弟名有願真和，都是南普陀寺的先後住持。

有情任住持時期，大概自同治末年至光緒初年（一八七一～一八八〇），其後由佛日和尚住持。抗日戰爭以前，「無我廳」懸有泉州名書法家莊俊元寫張瑞圖古言詩三首贈佛日和尚的四張行書條幅，莊俊元的署款是「書張二水先生禪偈，佛日和尚清鑒」，詩云：「皎皎流金一鏡，珊珊戛玉千竿。政爾青鷗飛下，孤琴且駐木蘭。折柳樊場作苦，灌園提甕忘機。但使外事都遠，莫辭草露沾衣。溪畔花繁饒笑，尊前人字莫愁。白鷺青鷗兩岸，玉簫金管中流。」

莊氏的字蒼勁有力，酷似張瑞圖行書。至今泉州開元寺的戒壇和水陸寺還有他寫的幾副對聯。

光緒三年（一八七七），喜參從南普陀佛日和尚披剃，時年三十。越年即到寧波天童寺從佛源和尚受具足戒。光緒二十一年，受請繼主本寺法席。他住持十六年，百廢俱舉，前後兩次迎請天童寺淨心和尚來寺主持傳戒法會，是為本寺弘傳戒律之始。

閩南近代著名高僧轉逢、性願、妙月等，就是在南普陀從喜參和尚得戒的。這時，有個護法名叫楊興的，於光緒三十年寫了一塊「隨緣」匾額，就是為喜參和尚寫的，現在仍懸掛於大悲殿西邊寺廊的門上，和「無我」一匾遙遙相對。

六

清宣統二年（一九一〇），喜參和尚因病一度請南安雪峰寺佛化和尚來任住持，喜參於越年六月初五日圓寂。現在他的新塔（一九八四年建）建在後山，與景峰和尚之塔並列，稱為清代重興本寺的二祖。

佛化和尚住持不久即回雪峰寺，過了不久就圓寂了。辛亥革命以後，南普陀寺務由都監轉塵、監院瑞等諸師負責維持，他們是從南安雪峰寺隨佛化老人到南普陀任職的。此後，香火日漸旺盛，僧眾日增。然而宗風寂寥，佛道無聞。南普陀自景峰和尚以來，其法系乃傳自漳州南山寺的喝雲一派，屬於子孫叢林制度。一九二〇年，乃由監院瑞等與首座本能專程到北京紅螺山資福寺，敦請原屬漳州南山寺喝雲派下歷參三江叢林道學已成、久為諸方推重的轉逢和尚歸任南普陀寺方丈之職。轉逢和尚欣然回到南普陀來，自是名山有主，三年之間，盡以常住積蓄，首先改建大殿。落成之後，首先啟請名僧圓瑛法師宣講《楞嚴經》一座，四眾皆歡喜讚歎，是為本寺近代講經之始。

轉逢和尚以南普陀久為子孫叢林，住持局於喝雲一派，無法廣延十方高人，興隆法事。遂與兩序大眾商議，參照天童選賢制度，將子孫傳承的南普陀獻為十方選賢叢林，並訂立〈十方常住規約〉。〈規約〉第二條規定：「住持資格，必須在三十六歲以上，宗教兼通，行解相應，能說法開導後學，領眾坐禪行道，眾望相孚者為合格。」

一九二四年，依此〈規約〉選出閩南知名度很高的會泉法師為首任十方叢林住持。一九二五年秋，創辦閩南佛學院，延請常惺法師為院長，招生八十餘人。大多數同學是安慶佛教學校畢業隨常惺法師來到廈門的。一九二七年四月，會泉法師住持三年，任滿告退，依例改選太虛法師繼任第二任住持，兼任閩南佛學院院長，第一屆學僧即告畢業。太虛法師為中國新佛教運動的領袖，弘法多忙，不能常住廈門，院務遂由其門下大醒、芝峰、寄塵等負責。前後六年，造就不少僧材。今日在國外知名的法師，如印順、默如、戒德、竺摩、演培等，都是先後畢業於這個時期的閩院的。

一九三三年秋，太虛法師住持兩期任滿，堅決辭退。南普陀兩序大眾公推第一任閩院院長常惺法師繼任住持兼閩院院長。當時常惺法師兼任中國佛教會祕書長，常在上海覺園辦公。閩院由知非主持，是冬學院屢起風潮，導致內外矛盾。一九三四年秋，由弘一法師發起在閩院之外，另辦佛教養正院，由住持常惺法師聘請瑞今法師為主任，廣洽法師為監學，管理嚴格，學風為之一變。

一九三六年冬，常惺法師住持三年任滿，卸任回滬。南普陀改推會泉法師重任住持，由性願法師代理。閩南佛學院與佛教養正院照常上課。一九三七年夏，時局緊張，國民黨軍隊進駐南普陀，學院遂無形停頓。

七

廈門名勝，最初以白鹿洞、虎溪岩較為著名，因為這兩處離市區近，遊人容易登臨。白鹿、虎溪，都是慕廬山之勝而模仿其名的，後來南普陀以背有五老峰，遂效廬山五老峰之稱。凡到廈門的遊客，首先多遊這三個地方。

清廈門著名書法家呂世宜所著的《愛吾廬文鈔》的〈從遊白鹿洞記〉，提到「無盡」、「稜層」二岩。無盡巖即南普陀古稱，「稜層」即虎溪岩。又有〈陪燕劉觀察遊白鹿、虎溪二岩記〉，都是記述一時盛事的。

首先提到廈門八景的是薛起鳳的《鷺江志》。所謂八景，是：洪濟浮日、陽台夕照、萬壽松聲、虎溪夜月、鴻山織雨、篔簹漁火、五老凌霄、鼓浪洞雲。但廈門八景，其說不一。後人又增至十二景，也有說是八大景、八小景的。一般有鴻山織雨、鼓浪洞天、虎溪夜月、白鹿啣煙、雲頂觀日、金雞晚唱、龍湫涂橋、萬壽松聲（山邊岩名萬壽岩，有古松數株，故有「萬壽松聲」之名）、五老凌霄、萬笏朝天（指萬石岩）、太平石笑、白鶴下田（白鶴岩）等名勝。後來由於南普陀馳名中外，五老凌霄好像獨佔鰲頭似的。清乾隆間，寓居廈門的龍溪黃日紀（荔厓）有詩詠五老峰云：「五峰如五老，聳峙入煙霞。毓秀鍾龍象，叢林第一家。」近代華僑黃仲訓寫了「五老峰」三個大字刻石寺後。五老峰的兩頭，有鐘鼓兩山對稱，與五老峰環抱著南普陀寺。當春夏之交，雲霧瀰漫，遠望有如一幅絕妙的南宗山水畫。百餘年來，經過人工培植保護，現在滿眼蒼翠。如果坐在天王殿前放生池的欄杆上，向五老峰眺望，真是一幅仙境！

八

南普陀的中軸線建築物，依地勢高低自下而上是天王殿（兼作山門），大雄寶殿、大悲殿（也稱觀音殿）、法堂，其上為藏經樓。殿閣參差，金碧輝煌。其東是庫房、海會樓、功德樓及新建普照樓等；西面原有海印樓、祖堂、客堂、禪堂、食堂及閩南佛學院（已經改建），錯落有致，令人一入其境，有禪房花木深之感。

《廈門志》卷十六的〈舊事叢談〉記載：「普陀為浙東福地，鷺江亦有古剎，名南普陀。公餘偕同人屢遊其地。西偏有映月軒，殊饒勝致。壁間黏松江程明府運青題句云：『岩花天外散，海若望中迷。』如為靈山寫照矣。（《清綺集》）」（「海若」即「海神」）

大雄寶殿建於一九二〇年，歷時三年完成，是一座重檐的偉大建築。其內佛像莊嚴，中供釋迦、藥師、彌陀三尊，迦葉、阿難二尊者脇侍，其前供千手千眼觀音菩薩一尊。殿窗明亮，為國內所罕見。主持建築的人是轉逢和尚和轉塵都監與瑞等監院、瑞護副寺等。殿外兩廊，近塑十八羅漢，分列左右。殿前左右，鐘樓與鼓樓對峙，其中為一廣闊殿庭。

其次是天王殿，是會泉法師在其任內的一九二六年興建的，也是一座重檐建築。佛像雕塑，一如國內常見的布局。中央正面，為笑口常開的彌勒菩薩，其後為韋馱菩薩的立像。東西兩邊，分塑四大天王，相傳是帝釋天的外將，以居四天王天，故稱為四天王；以各護一天下，故又名護世四天王。東稱持國天（護持國土），又是主樂神，故手持琵琶為標幟。南稱增長天，能令善根增長，故手中持劍。西稱廣目天，能以淨眼護持人民，統領龍神，故手纏一龍。北稱多聞天，右手持傘，表福德之義，多聞天又稱毗沙門天，為護法兼施福之天神。此天常護如來道場而聞法，故名多聞天。

天王殿之前，有一巨大放生池，下有泉眼，終年池水不竭，四面分刻有七如來名號，即南無多寶如來、南無寶勝如來、南無廣傳身如來、南無妙色身如來、南無離佈畏如來、南無阿彌陀如來、南無釋迦如來。放生池是放生當死的魚介之池，起源於《金光明經》流水長者之緣，天台智者大師始立此法。唐肅宗乾元二年，詔天下置放生池，凡八十一所，顏真卿為碑，自宋以後，較大寺院，多設置放生池。南普陀的放生池是轉道和尚施資建造的。

大悲殿，即供奉觀音大士的觀音殿。建於大殿之後，原為一座八角重檐的木構建築，造型極為優美，是南普陀最古的建築物。一九二八年秋，不戒於火，全部化為灰燼。當時住持為太虛法師，即與兩序大眾發起重修。新殿地位稍移於後，仍仿木構建築而以石料水泥重建，形式更為壯麗。四季香火不絕，尤以每年舊曆的二月、六月、九月的十九日，傳為觀音大士的誕生、出家、成道之日，廈門的信佛人士，多來朝禮致敬。現在供的本尊是木塑觀音菩薩像，其他三尊是四十八臂的觀音像（象徵千手千眼），是重建時再塑造的。

法堂藏經樓（上為藏經樓，下為法堂），是常惺法師住持任內的一九三五年，由信徒蔣以德施資建造的。法堂原址是南普陀舊大殿的後方，其台階正是舊大殿的原址。法堂中現在掛的一副木刻對聯，是乾隆甲子仲秋，安定梁須挺題的，原來就是掛在舊大殿內的。這副對聯的書法和聯句都好，書法大家弘一法師在南普陀時，曾稱讚它是他在閩南所看到的最好的對聯。這對聯的聯句是：「滄海臨門，風引慈航箇箇；層巒倚壁，泉飛法雨絲絲。」現在法堂樓上的藏經樓，收藏著許多佛教文物，供遊客觀覽。

除了中軸線的主要建築外，半山還有一座兜率陀院。兜率陀院是一九二八年間，南普陀退居轉逢和尚在寺後五老峰間尋到一條水源，在那裡開闢自來水池，由池後的隙地建築起來的一座別院。依照地勢分別建成阿耨達池、須摩提國和阿蘭若處三個部分。一九三四年間，弘一法師就曾在這裡住過。他在池邊種了一株楊柳，數十年前他的弟子著名漫畫家豐子愷到此憑弔老師的故居，曾畫了一幅漫畫，自題：「今日我來師已去，摩挲楊柳立多時。」寄託他無限的懷思。兜率陀院左邊稍上一點有座太虛台，這座台上有個亭子，太虛法師自題亭聯說：「雲影波光天上下，濤音松籟海中邊。」可說如實地描畫出這裡的風光，是遊人必到的地方。近年，太虛大師的弟子廈門老一輩的居士蔡吉堂發起勸募海外大德施資，在這裡造了一座太虛大師之塔，還請了著名書法家趙樸初題了塔名和詩碑，為兜率陀院平添了一處崇高勝跡。

在兜率陀院下面、法堂的後方，還有一座南普陀最初開山的祖庭叫普照寺，寺是以洞為室的。相傳這就是唐代陳肇公施地開闢的。他施田五十二畝，山一隴（就是五老峰），這寺雖然不大，卻具有歷史價值。後來發現寺後有一股清泉穿石而下，堪稱勝景，明末那位曾寫過《田租入寺志》的賜進士太常寺卿林宗載，在石洞上題刻有「飛泉」二字，筆力極為遒勁。後來廈門舉人池顯方（直夫）為普照寺題了七律一詩云：「千年古剎幾經灰，重見天花散講台。野霧欺人疑結雨，松風刮地每驚雷。一泓碧水和雲下，萬點青山擁海來。若問個中真普照，峰頭夜半日輪開。」對普照寺讚美備至。

普照寺久經荒廢，到了清末，只存一個石洞。從前南普陀叢林自方丈以下的職事是不許在寺內私自收徒弟的，必須在小廟剃頭，然後才能到南普陀叢林居住參學。曾任新加坡佛教總會主席的廣洽長老，就是在這個普照寺禮南普陀監院瑞等為師剃度出家的。所以，後來廈門市人民政府重視這一古剎發祥地，特撥款重修時，當時在新加坡龍山寺的廣洽法師和廣淨法師也捐款支持，作為他們報恩的紀念。在普照寺的西面，有一座會泉法師的塔墓，上面有一座轉逢和尚的塔，建築都十分莊嚴，也是遊人常到的地方。

為了接待日益增加的僑胞和遊客，近年政府更撥款，先後在南普陀東邊蓋了同時可容納數百人就餐的海會樓和普照樓，專辦素齋，微妙香潔，博得了國內外人士的同聲讚美。

九

我國騷人墨客和學者名流們，每遊名山古剎，都喜歡題詩留名，刻石紀念。本寺也有不少題刻可見。但廈門從前地處海隅，交通不便，最早的題刻，是從明末開始的，至今未見宋人的字跡。

本寺以前保存名人墨跡不少，十年動亂中幾全散失。現存四幅虞亭的草書，為中外遊客所稱讚，書法蒼勁，似為元人手筆。惜已部分不甚清晰。內容寫的是四時風光，每幅兩句，只寫四時一景。茲照錄於下：「春景句：春風暖著千門柳，曉色晴開萬井煙。夏景句：柏徑繞山松葉暗，柴門臨水稻花香。秋景句：雲間樹色千花滿，竹裡泉聲百道飛。冬景句：醉歸花徑雲生屨，樵罷松岩雪滿簑。」但已多模糊不清。

就石刻題詩和記事說，最早的是明嘉靖十六年（一五三七）的石刻題詩，刻於法堂西邊的摩崖，作者已不明了。詩云：「敕使出金台，江山絕點埃。乘槎過海島，經鑿入蓬萊。碧印波心月，綠封洞口苔。揮毫題石去，萬里海天開。」從詩意看，作者大概是奉命視察台廈的一個欽差大臣。

第二是萬曆二十九年（一六〇一）陳第和沈有容的題記，刻在法堂右邊的石壁上，其文云：「萬曆辛丑四月朔，三山陳第、宛陵沈有容同登此山，騁望極天，徘徊竟日。」

陳第字季立，號一齋，萬曆諸生，福州連江人，曾入都督俞大猷幕下，教兵法，著有《毛詩古音考》、《一齋詩集》等。宛陵是安徽宣城的古稱。沈有容字士宏，是明末抗荷的名將，近年《泉州文史》有他的詳傳。這段題記，說明他們正在觀察荷夷敵情。現在已被廈門市人民政府定為市級文物，立碑加以保護。這塊題記之下，有一塊題為「萬曆丙午　秋龍洲臥岡、男　顯親立石」的刻字，這是一塊墓地的題記，龍洲是明代池浴愁之弟池浴雲的號。

此外，明代名將晉江俞大猷，也有三詩題壁，詩云：「壁上舊詩拭目看，綱常從昔一肩擔。馳驅四十年來事，莫報君恩祇自慚。」、「扶桑東去更無山，天外浮雲獨往還。劍履半生湖海遍，老僧贏得百年間。」、「借問浮雲雲不語，為誰東去為誰西？人生蹤跡雲相似，無補生民苦自迷。」這幾首詩現已磨滅。

明代還有劉汝楠題〈普照寺〉的二首五律，詩云：「野寺前朝建，空門大壑開。鳴鐘霜氣動，拂席雨華迴。石倚天星落，江涵晚照來。山中詢法侶，塵劫幾成灰！」、「華月蘸清樽，虛庭露氣繁。懸猿啼白壑，歸鳥度黃昏。樹色搖山殿，江聲到寺門。上方詩品寂，永夜不聞喧。」從這兩首詩看來，明代的普照寺還是具有相當規模的。

清代乾隆年間黃日紀題南普陀的五絕一首，稱南普陀為「叢林第一家」，惜其題刻未見。現在太平岩、虎溪岩和仙洞（黃日紀讀書處）三處，都保留著他的題詩石刻，書法相當秀麗。

此外，較顯著的是清呂世宜（號西村）的隸書石刻，刻在法堂東西路邊的摩崖。文云：「大清道光十有二年，歲次壬辰㮈（七）月五日己酉，富陽周凱、侯官楊慶琛，龍溪孫雲鴻、同安呂世宜、海澄葉化成同遊，世宜錄石。」隸書筆力雄健，足與隸書大家汀州伊秉綬比美。可惜他中年遠客台灣，任教板橋林本源家，其名不為外省所知。呂世宜晚年回到廈門，重遊南普陀，已經七十四歲。他在南普陀舊齋堂小路旁邊題了「都放下」三字，並加題記。

在光緒年間，四川、湖南等省幾個名士來遊廈門，其中較出名的進士易實甫（與樊之山齊名），是郁達夫的朋友易君左的父親。題記四行，是陳昌曇的篆書，刻在

「石林」之下的摩崖上，雖然是大書深刻，以不當道，一般人都不甚注意。文云：「光緒乙未（一八九五）九日，蜀人岳嗣佺堯僊、楚人易順鼎實甫、陳昌曇粒庵同遊。時天風吹衣，海波似鏡，感珠崖之新光，聞玉門之被遮。匡衡之疏無功，弦高之志未竟。俯仰徘徊，百端交集。題此以誌歲月，昌曇書。」

遊南普陀後山，一定會看見的，是一個大「佛」字。這個「佛」字高一丈四尺，廣一丈，光緒乙巳年振慧書。乙巳是光緒三十一年，即南普陀住持喜參再度傳戒的時候，是個遊方的掛單和尚名叫振慧的用大掃帚揮寫的。

光緒三十四年，美國海軍艦隊來訪，也有一則題記，是宣統二年仲秋刻石的。文云：「光緒三十四年冬十月，美海軍艦隊來訪，中軍參府葉崇祿、興泉永道郭道直、候補京堂林爾嘉、廈防分府趙時欄、諮議局議員洪鴻儒鐫。」

林爾嘉，字菽莊，就是建造鼓浪嶼菽莊花園的名士。他原籍台灣，是林本源的後裔。洪鴻儒即洪曉春，後來曾任廈門市商會會長，大家都叫他做曉春伯。太虛法師一九二六年第一次到廈門時，在南普陀開歡迎會，大家推他為主席。

一九二六年秋，太虛法師自新加坡弘法歸國，途經廈門，受到廈門佛教徒和一般人士盛大的歡迎。他作了一首〈南普陀題石〉的詩，刻在現在法堂的後面。詩云：「南海普陀崇佛刹，虎溪白鹿擬匡廬。千岩百洞奇難狀，隕石飛星古所都。水鳥皆談不生法，林雲巧繪太平圖。山獅十八驚呼起，一吼當令萬象蘇。」

所有這石刻，留下了中國相當一段歷史變遷的痕跡，使南普陀增加了更多更豐富的歷史文化內涵，也是南普陀寺不可或缺的一部分寶貴財富。

重修南安雪峰寺碑記

泉州南安官田鄉，為唐義存禪師生緣故里。楊梅山雪峰寺，乃其父母先塋所在，世稱白馬墳是也。師生於唐長慶二年，俗姓曾氏，家世奉佛。丱角❶之年，隨父遊莆田玉澗寺，即禮慶玄律師為師。年十七落髮，改名義存，乃往福州芙蓉山，謁靈訓禪師，訓一見器之，留侍左右。大中初結伴北遊，受具足戒於幽州寶剎寺。

後與鄉人禪友巖頭全豁、欽山文邃，遍歷禪林，參訪知識。三登投子❷，九上洞山❸，皆未有契。及至湖南，參德山宣鑑，師資❹道合，遂嗣其法。咸通六年聞靈訓

❶ 丱角：讀如慣角，係兒童束髮形象，即童年之意。
❷ 三登投子：投子指安徽舒州投子山（勝因禪院）的唐代大同禪師。
❸ 九上洞山：洞山，指江西高安縣洞山廣利院的良价禪師。
❹ 師資：佛教傳統用語，師是老師，資即法子，即師徒（傳法關係）之意。

示寂，遂振錫回閩，仍居芙蓉故山。越數載，因道侶行實之勸，移居府西象骨山。是山冬雪夏寒，為安禪勝地。時當地長者藍文卿慕師之道，慨然捨宅為寺，乃名其山曰雪峰。自是之後，雪峰名滿海內，天下釋子，爭趨法席，冬夏不減千五百眾。僖宗聞之，乃賜「真覺大師」之號。

後閩王王審知，禮遇特隆，更為增建梵宇，優施以充其眾。終其治世，為大護法。吾閩法化之盛，實始於義存。先是大順二年，師忽杖策出遊，遍歷吳越。乾寧元年，自吳返閩，乃歸南安故里。為報鞠育之恩，就父母墳墓所在，創立庵舍，以奉香火，而資冥福。俗稱福州之寺為大雪峰，南安之寺為小雪峰，蓋始於此。其後緜歷歲時，幾經興廢。

南宋淳祐中，樗拙天錫禪師慕義存之為人，以其先隴久委荊榛，發願創廬守之，繼建佛閣五間，極輪奐之美。爾後百年，寺宇漸次頹廢。元初夢觀大圭禪師，又募緣重修。有明之初，檀信協力，寶坊復現莊嚴。明末山洪暴瀉，層樓為狂流所決，殿址又生荊棘。

清康熙間，如幻禪師應蘇家檀越之請，來主雪峰，時佛閣久荒，不蔽風雨，至以圓笠，覆佛頂。幻公乃募化稍加修葺，其後弟子道餘、法孫海印，相繼住持，頗復舊觀。光緒間，佛化老人受請重興，喜敏上人佐之，倡導農禪，有百丈之風。老人早通禪法，兼精易理，時於田畝農務之隙，為眾說法，門徒恆逾千指。

近百年來，閩南道風之淳樸，皆沐老人之教化，其後法孫轉逢、轉解，法席相承，亦善紹述遺業。後佛殿又遭蟻蝕，勢將傾墮，海外法裔瑞等上人，念切祖庭，施資倡修，時遇抗日軍興，坐是中輟。

建國以後，人民政府撥款重修，頗壯觀瞻。海外法門後學，聞風相告，並舉轉解和尚復任住持，廣康上人代之，瑞美、性願、瑞今、瑞珪諸師，發心力倡，轉岸、宏船、廣洽、廣義、廣淨諸師，奔走勸募，並組建委會，負責施工，由妙燈上人主之，大殿幸慶落成。

頃者本寺前監院廣淨、妙燈二人，緬懷雪峰為閩南古剎，雲仍遍於海外，飲水思源，俱懷報恩之願，爰謀於故僑領陳嘉庚先生之長女愛禮居士。居士南安李光前博士之德配也，晚年信奉佛法，樂施淨財作諸佛事。聞雪峰為其夫君故里，欣然以修復自任，凡殿宇、像設、莊嚴等皆出其喜捨，願力宏深，求之當代，蓋亦罕矣。今修建工程告竣，殿宇一新，山川生色，廣淨上人書來囑記其顛末，以為碑記。因隨喜讚歎並記義存禪師與雪峰之因緣，以詒後賢。

佛曆二五二八年歲次甲子〇月

雪峰居士林子青敬撰

重修丹霞山別傳寺碑

百粵名山，古來盛稱羅浮。自佛法傳入嶺南，曹溪雲門、鼎湖，先後建立名剎，禪風大振。仁化丹霞山別傳寺，肇建於清初，雖無赫赫之名，然其重岩絕巘，流泉瀑布，茂林修竹，實為人間勝境。

史乘所載，是山原為明末南贛巡撫李永茂（謚文定）及其弟充茂避居之地。時明末進士杭州金道隱（堡）遭逢喪亂，出家於廣西桂林，問關至廣州，從天然昰和尚得法，世稱澹歸今釋禪師。充茂居士慕其節義，遂捨所居為精舍。

澹歸禪師因建別傳寺，時為康熙元年。澹歸慘淡經營，殿堂僧舍，次第落成，即迎其師天然和尚說法於此，而自任監院，時為康熙五年。其全盛時，住眾多達二百餘人，清規整肅，叢席之盛，實與曹溪雲門鼎足。

天然和尚入丹霞山，愛其水石迴環，峰巒林立，因澹歸之請，遂隨足力所及，周覽丹霞諸地，成七律十二章，名曰《丹霞詩》。其中所詠「初入丹霞」、「法堂」、

「長老峰」、「紫玉台」、「篻竹坡」、「芳泉」、「松嶺」、「海螺岩」、「龍王閣」、「錦（石）岩」等諸勝景，後遂成丹霞名蹟。唯自創建以來，至今三百餘年，興衰不一。

澹歸住寺十六年，所建伽藍略備，乃赴浙之嘉興請《大藏經》，以丹霞法席，付法弟樂說今辯。辯公德學兼優，善繼其業。逮乾隆間，宗風猶盛，自是遂漸寥落。民國初年，地方改為中學，丹霞幾成廢剎。其間一度遭祝融之災，全寺成為一片瓦礫，後雖稍事修葺，未復舊觀。逮我建國之初，殿宇規模尚存。十年動亂期間，又被焚毀。幸一九七八年十一屆三中全會以後，宗教政策重新貫徹落實，丹霞別傳寺亦得復興之運，且發展為華南旅遊勝地。

一九八〇年，本煥和尚飛錫蒞寺，愍名剎之荒廢，遂發願中興。煥公早參高旻，遍謁宗匠，得法於五台碧山寺廣慧和尚，繼入曹溪，親近虛雲長老，復嗣其法，住持南華寺有年。後遘陽九之厄十有餘載，庚申之歲，始獲解脫。

煥公入寺之後，深蒙人民政府讚許，信眾亦悉心護持，又得海內外護法施助，尤以香港比丘尼寬純、宏勳師徒之勸施，聚沙成塔，使丹霞山別傳寺次第恢復舊觀，功德誠不可思議。

本年（一九八四）農曆四月初八日佛誕良辰，因就寺中舉行佛殿落成與佛像開光典禮，四眾雲集，因緣殊勝。兩序大眾，謂不可無述。余以勝緣，聞斯希有之事，因略述盛衰之事蹟，以諗後賢。

一九八四年　雪峰居士林子青敬撰

修建美國廣化寺緣起

佛教為世界三大宗教之一，其教義之高深，與歷史之悠久，素為東西各國人士所景仰。故數千年來，佛教之傳播，已遍全球，其影響殊為深遠。

夫學佛之道，發心第一，於發心中，信心第一，故信為入佛之門。然欲信佛，必尊三寶，欲奉三寶，首須建立佛寺，莊嚴佛像，以為禮敬之所。故佛在世時，須達長者不惜黃金布地，以建祇園精舍，供養眾僧。佛曾說法於此，遂成人世福田。

大法東來，梵宮初立，六朝之後，塔院驟增，隋唐盛世，佛閣浮圖，遂遍九域。善信敬禮，始得其所。近數十年，美國各地佛寺漸興，然梵宇尚不普及，不足應信徒之需求。同人等皈信佛法，久有建寺之心。茲者時節因緣成熟，擬集資於某地建立一寺，取名廣化，並於寺內設立佛教養老院，使清信老人俱會一處，虔修淨業，以樂餘年。以此勝緣，藉以加強中美宗教文化之交流，並擬敦請當代高僧圓拙老法師為首任住持，俾法務有所遵循。

然茲事體大，非藉眾力，難成盛舉。所願十方善信大德長者，隨力布施，聚沙成塔，使美國之廣化寺，得以早日建立，以滿信徒之願，布施功德，詎有涯量。

發起人 ○○○ ○○○ 等同啟
○○○ ○○○

一九八九年十二月

重修天台國清寺碑記

天台山國清寺，建於隋開皇十八年（五九八）。初智者大師修禪於天台山，夢隱士定光見告：「寺若成，國即清。」開皇十七年大師寂後，翌年晉王楊廣追念大師遺德，自為檀越，特遣司馬王弘來山督造一寺，始名天台寺。及大業元年（六〇五），知定光夢告，乃賜額為國清寺。

其後章安灌頂，荊溪湛然諸祖相繼傳燈，蔚為天台宗之發祥地。國清寺背依兜率台，五峰環繞，二澗迴抱，蒼松翠柏，風景幽美。古來稱為天下四絕之一，與潤州棲霞寺、荊州玉泉寺、濟州靈岩寺齊名，而國清寺實為第一絕。唐元和間，日本最澄來山，就道邃、行滿二師傳授台宗與禪法，歸而創立日本天台宗。其後圓珍、圓載相繼來此求法。

宋代成尋大師來華，歷訪天台、五台，後得病示寂於汴京（今河南開封）。依神宗敕命，葬於天台山國清寺，塔稱日本善慧國師之塔。凡此皆足證中日法緣深厚，源遠流長。自宋至明數百年間，興衰不一。降及清初，雍正十二年撥帑重建，即今伽藍之規模也。

清末迄今，敏曦、可興、靜權、淡雲諸老相繼重興，慘淡經營，法脈幸未失墜。不幸十年動亂，僧侶四散，法物盡失，千載名山，幾毀於一旦。一九七三年，國務院落實宗教政策，以天台山國清寺為海內名剎，國際觀瞻所繫。爰撥巨款修葺，歷時二載，煥然一新，使國清寺恢復舊觀，海眾雲衲，亦漸歸舊剎。梵誦經行，朝夕無闕，洵盛世之珠林也。余以勝緣，護識唯覺上人，爰隨喜而為之記。

公元一九八七年三月〇日　雪峰居士林子青撰

住山沙門唯覺洎兩序大眾同立

重修廈門鴻山寺碑記

「鴻山織雨」為廈門八景之一。史乘記載鴻山在城東南里許，上有石砦遺址，名嘉興寨。山腰缺處為鎮南關，山麓為鴻山寺，崇奉觀音大士，凡有祈求，靡不立應，開山事蹟已無可考。

明天啟二年，福建都督徐一鳴曾攻剿荷蘭紅夷於此。創寺以來，屢經重修，俱藉善信之力，為之經紀修葺。清道光間，前提督軍門許公等，曾於寺旁建彌陀庵，裝塑十八尊者，備極莊嚴，旋歸荒廢。近世事蹟之可考見者，為光緒十九年喜參和尚應請入寺，住持二年，頗復舊觀。越二年，參公移錫南普陀大弘法化，其後禪門耆宿轉華上人曾說法於此，為眾所皈信。

一九二四年間，陳滌慮、蔡吉堂、蘇鶴松、虞愚諸居士，就寺創設佛教新青年會弘傳佛法，一時稱盛，後寖以衰微。其間信士蔣以德曾施資重修山門、佛殿，頗壯觀瞻。唯數十年來香火斷絕，棟宇傾頹，星洲妙華禪師過而傷之。念此古剎為廈門名勝，地處市區，便於弘法，爰發願重興，並得人民政府贊許，遂傾其缽資並募善信布施淨財，以事修葺。數年之間，殿堂、寮舍及諸佛菩薩聖像，次第完成，寺貌煥然一新，海內外善信參禮者眾。茲將落成，華師囑記重修因緣，爰以所知略記其概，以諗來者。

雪峰居士林子青撰

一九九〇年〇月　住持〇〇敬立

重建惠安平山寺碑記

平山寺為惠安古剎，始建於後梁貞明二年，原名乾峰寺，自宋以後，隆替不一。今遺留者，有元元統乙亥年所建大小石塔兩座，明洪武辛亥年，僧南洲重建後又告廢。明末邑人按察使劉望海之孫太學劉寧重建，以此山原名東平山，故改稱為平山寺，其孫進士劉作梅又重修。

崇禎十六年，縣令吳江進士趙玉成，慨朝政日非，遂從平山寺主僧徹際披剃，法名悟因，道行高潔，為邑人所稱。其後雲遊，不知所終。同時有儒士劉若者，亦惠安人，其父劉佑為潮州府學教授。若十九歲為諸生，喜從方外遊，初遇亘信和尚於平山寺，蒙激發，遂矢志皈依。然羈俗緣，莫遂初心。

及清兵入關，下剃髮令。劉若遂辭別雙親，捨妻子，亦從徹際大德脫白於平山寺，法名超弘，號如幻。旋赴漳州南山寺，親近亘信和尚，隨侍十載，遂嗣其法。後應請重興南安雪峰寺，道望日隆。其詩文書法，為當時名士何喬遠、黃道周所推重，著有《瘦松集》八卷行世。

平山寺既為悟因、如幻二禪師脫白之地，古德高風，為邑人所重。晴暉上人，惠邑黃氏裔也，俗名曉斌，家世奉佛。斌自少受薰陶，嘗於平山習經，善緣日增。逮年而立，遂捨俗，詣泉州開元寺依廣義大德披剃，取名普曜。後遊星洲，歷參尊宿，得法於泉州崇福寺元鎮長老上人。緬念平山寺為桑梓寶坊，惜梵宇久廢，過而傷之，不忍古德遺跡湮沒，爰自捨淨財，並得陳慧中、陳妙馨女居士等大力施助，乃重建斯剎。歷時三載，殿堂僧舍略備，頗壯觀瞻。

今將落成，得星洲龍山寺、普陀寺、普明寺共贈玉佛一尊，以供善信瞻禮。上人亦自請《磧砂大藏經》一部，供養常住。又蒙中國佛教協會會長趙樸初居士賜題寺額及撰書聯語，益令山門生色。

上人以余景慕如幻禪師之為人，及慨悟因禪師之名不彰，囑述其遺事，以詒後賢。爰據史乘，略述其生平，並記重建因緣如此。

一九九〇年歲次庚午臘月

雪峰居士林子青敬撰

塔山人家陳少奎敬書

惠安平山寺修建委員會立

廣欽佛教圖書館建立緣起

佛教東漸，法寶是崇。譯經講學，晉宋已盛。六朝以後，寺院驟增。名山巨剎，多設經藏，以供道俗披覽，意至善也。後世之藏經樓，與佛殿法堂，同屬梵宇之重要建築，不僅增飾伽藍，亦為寺院之文化設施。

承天寺為泉南三大叢林之一，近年重建以來，佛殿法堂雖已落成，頗壯觀瞻，而未有藏經樓，於禪林之制，猶有未備。圓拙長老住寺以來，擬建佛教圖書館，上置藏經樓，廣聚圖籍，以供道俗閱覽而弘化，惜因緣尚未成熟。

適台灣承天寺傳顗、傳平二師來訪，語及其師廣欽老人，乃自本寺振錫赴台，分燈續燄，廣度眾生，飲水思源，欲建祖庭，有所紀念。

欣聞拙老倡此善舉，深為隨喜，擬命名為「廣欽佛教圖書館」，欽公門下四眾弟子聞之，莫不歡喜讚歎，因各捨淨財，成斯勝業。時節因緣，不可思議。今將落成，拙老請略述茲事始末，勒諸貞珉，因略記緣起，以詒後賢。

一九九一年十月〇日　雪峰居士林子青撰

承天寺住山沙門圓拙

廣欽和尚門下四眾弟子　同立

附錄

泉州承天寺歷史沿革

——圓拙法師代表承天寺常住致謝詞❶

各位……

承天寺是「泉南佛國」的三大叢林之一。它本是五代清遠軍節度使留從效的南園，建於南唐時代，初名南禪寺，亦稱月台寺。宋景德四年（一〇〇七），賜名承天寺。古時曾有許多支院，如一塵精舍、圓常院等，至今猶在。而另一支院名招慶院，

❶ 此講話稿為作者受圓拙法師之託所撰。

卻少人知。

六十年前，在朝鮮伽耶山海印寺的《高麗藏》補版中發現的《祖堂集》二十卷，就是五代南唐保大十年（九五二）泉州招慶院的靜、筠兩禪德共編的。《祖堂集》的成書，早於《景德傳燈錄》五十年，被稱為禪宗最古的燈錄。這是承天寺在禪宗史傳承上的重大貢獻。

承天寺早年以來，雖然興衰不一，但歷代屢介高僧出現。遠的如五代的文僜及靜筠禪師，近的如明末清初蕅益大師的至好道友如是思禪師，近代雲果、會泉、轉塵諸長老，歷任住持，宗風為之一振。弘一法師□□□□□也常卓錫於此。廣欽和尚五十年前自本寺赴台弘法，以苦行有德為四眾所敬，分燈續焰，興建道場，亦名承天寺，示不忘本。徒眾達數十萬人，影響極為深遠。

一九六六年，本寺忽遭毀壞，寺僧星散，廣大伽藍先後為工廠所佔用，僧舍改建為民居，法堂前草深一丈，寺門遂告衰落。

一九八二年，海內外佛教界及廣大群眾，以泉州為歷史文化名城，為了保護文物古蹟，紛紛要求修復承天寺。經泉州市人大八屆二次會議審議通過成立承天寺修建委員會，準備進行修復，同時得到海外緇素大德的大力施助。自一九八五年開工以來，由修建會委託前泉州市長王金生先生負責督理工事。經過五年時間，主要殿堂均已次第修復，並裝塑佛像，寺貌煥然一新。其間曾一度為泉州佛學院借用二年，期滿業已遷出。

今天（九月初六）本寺舉行落成開光慶典，承中國佛教協會趙樸初會長親臨剪綵，省市領導部門光臨指導，與海內外星菲台馬及香港等地諸山大德遠道光臨，隨喜勝會，莊嚴隆重，可謂靈山一會，儼然未散，四眾歡喜踴躍，得未曾有。

在本寺堂頭和尚未選定之前，圓拙謹代表承天寺常住向參與本寺開光慶典的政府領導部門及佛教界長者居士，致以深切的感謝。願佛光普照，祝諸位身體健康，萬事吉祥。

一九九〇年十月二十三日

重修泉州開元寺碑記

開元寺為泉州三大叢林之一，始建於唐垂拱二年。其地本為桑園，相傳州民黃守恭夢一僧乞其桑園為寺，恭謂須桑樹生蓮花始可。僧喜謝，忽失所在。越數日，桑樹果開白蓮，因即其地立寺，初名蓮花寺，開山為匡護大師。

開元二十六年，詔天下諸州各建一寺，以紀年為名，改稱開元寺，迄今已千有餘載，歷代名僧輩出，興衰不一。當宋盛時，建有東西二石塔，旁創支院一百二十區。元至元五年，僧錄奏請合支院為一寺，賜額大開元萬壽禪寺。

明洪武間，太祖命僧正映來主開元，頗事興建。崇禎十五年，鼓山永覺禪師應請來寺開堂，纂修泉州《開元寺志》，備述建置及諸人物史蹟，稍復舊。清初開元監院木菴性瑫禪師應請東渡扶桑，助隱元禪師創建黃檗山於京都，至今猶盛。

降及近代，宗風寥落。一九二四年，轉道、圓瑛、轉物三長老同心發願復興殿堂、寶塔，極輪奐之美。一九三一年，道公開壇傳戒，新戒四眾多至千人，可謂盛矣。稍後，弘一律師應請結夏講學於寺之尊勝院，今其紀念館即設於此。

道公等重修之後，至今又歷七十年矣，大殿、戒壇久為白蟻侵蝕，時有傾圮之虞。閩南旅外僑僧宏船、廣洽、廣純、廣淨諸上人，念開元寺為閩南甲剎，國際觀瞻所繫，不忍任其荒廢，爰各捨淨財，發願重修。歷時數載，殿堂次第落成，壯麗更勝於前。主持修建者為州人前市長王今生先生，兩序大眾備極辛勞。余以勝緣，樂觀其成，爰記其始末，以諗後賢。

雪峰居士林子青撰

一九九三年〇月〇日　開元寺重修委員會立石

重建河北容城明月寺碑記

明月寺為河北容城縣古刹，地處白洋澱大澤之濱，風景秀麗，且近溫泉，城各區頗佔地利之勝。考諸史乘，寺創建於唐代，毀於五代兵亂，歷宋金元各代，廢興不一。相傳宋遼抗爭之際，楊延昭六郎曾據此抗遼，寺宇遭毀，清乾嘉時代復建。越百餘年，又毀於文革浩劫，千餘年來滄海桑田，皆與佛法興廢有關。際此深化改革、國運昌隆之時，適白洋澱溫泉城開發集團董事長唐玉先生計畫建設溫泉城，以開社會利用溫泉風氣，復倡議重建明月寺以恢復名勝古蹟。

又蒙中國佛教協會趙樸初會長親題寺額，遂於一九九三年四月三日舉行修復奠基典禮。唐玉先生首捐人民幣壹萬元為倡，繼有香港鄭秀英居士慨施十萬元響應，十方善信聞風興起爭相贊助。是日大殿奠基典禮，十方善信及觀禮者逾千人，佛法所謂時節因緣，誠不可思議也。

衲仰仗佛恩，忝為明月寺住持，深感責任重大，擬先修建大雄寶殿，以壯觀瞻；

次第續建殿堂、寮舍，俾成殊勝道場。敬祈十方檀越，同發信心，共襄善舉，功德無量。余以勝緣，幸逢盛事，爰述明月寺之重建因緣，以誌隨喜。

一九九四年〇月〇日　雪峰居士林子青拜撰

住山沙門純一敬立

會泉宏船紀念堂緣起

會泉宏船師徒二大德為近代閩南知名高僧，道譽久聞於海內外，而與承天寺因緣尤深。宋契嵩大師題遠公影壁云：「遠公事蹟，學者雖見，而鮮能盡之。使世不昭見先賢之德，亦後學之過也。」爰述二老事蹟之梗概而彰其盛德幽光，以諗後賢。

會泉法師諱明性，號印月，俗姓張，一八七四年生於福建同安縣。早年慧根夙植，因父母相繼棄養，深悟人世無常，年十九詣廈門虎溪岩，投善溫長老披剃。越年，依漳州南山寺佛學和尚受具足戒，其後參學三江，徧預講肆，親近通智、幻人、諦閑、月霞諸善知識聽講經論。又詣金山、高旻、天童諸大名剎參禪，飽受宗匠鉗鎚，頗有所悟。

一九〇二年，歸閩南於南安雪峰寺開講《楞嚴經》，並親近佛化老人，依止三年，受喜宗上人記莂。師善說法要，辯才無礙，民國肇造，應台灣靈泉寺之請，前往弘法，備受四眾禮敬。一九一三年，承天寺主雲果和尚示寂，師秉其遺命，繼主法席，講經說法，歲無虛日。法緣之廣，眾所稱讚。一九二四年，被選為廈門南普陀寺十方叢林首任方丈，創辦閩南佛學院，造就僧材至眾。退居後，重興萬石蓮寺為淨土道場，弘一法師撰聯讚為業紹。

廬山抗戰期間，率弟子宏船南渡弘法，首於星洲龍山寺講《六祖壇經》；繼遊化仰光及印尼棉蘭，飛錫到處，席不暇暖。最後建法幢於檳城，曰妙香林。一九四三年，夏曆正月十六日，以微疾示寂於妙香林，世壽七十，僧臘五十一。

宏船法師諱本慈，俗姓朱，一九〇七年生於福建晉江縣。年十六，從泉州承天寺會泉長老披剃，繼依莆田廣化寺本如和尚受具足戒。自是奉侍會泉長老，朝夕親炙，有如唐義中禪師之侍大顛和尚宏宗演教，盡得其心傳口授。

會泉長老歷主廈門南普陀寺、萬石蓮寺及虎溪岩寺，皆奉侍巾瓶，親承教益。一九三八年抗戰之初，隨侍南渡朝禮仰光佛塔後，至檳城得善信之助，創建妙香林，規模粗具，長老溘然示寂。師即赴星洲弘法，受轉道和尚記莂，為光明山普覺寺住持。其間曾巡禮五天佛跡，並主持菲律賓信願寺及華藏寺，匡徒領眾，道望蔚然。師法緣廣大，寺運日隆，普覺遂蔚為星洲首剎。

一九六四年，師以眾望所歸，被選為新加坡佛教總會主席及諸佛教團體導師，弘法利生，不遺餘力，歷時二十餘年。晚歲屢應中國佛教協會之邀，率徒眾巡禮祖國名山大剎，廣結善緣，所至備受政府厚遇，四眾歡迎。

師念承天寺為恩師應化之地，梵宇凋敝，宗風寂寥，乃傾缽資及勸弟子檀施而重新之，殊極輪奐之美。一九九〇年十月二十三日，承天寺重建落成，師力疾回泉主持盛典。不意回星洲後，病情惡化，同年十二月二十五日即捨報西歸，享年八十四。頃者嗣法門人廣餘及諸弟子為報師德，於祖庭承天寺建立會泉宏船紀念堂，以酬法乳之恩，使泉南人士知二老一生弘法之宏願而慕其遺德。

余以宿幸曾聞二老謦欬，承囑記紀念堂之緣起，因以所知，略述其因緣如此。

後學雪峰居士林子青拜撰

一九九四年〇月〇日

星洲光明山普覺寺監院嗣法門人　廣餘

泉州承天禪寺住持　圓拙同立

泉州承天寺修建委員會主任　王今生

重建漳州南山崇福寺法堂千佛閣碑記

漳州南山崇福寺史乘所載，唐太傅陳邕建開山事蹟已無可考。宋至和間顯微，長老住寺，僧徒常五百人。建千佛閣名僧契嵩為撰〈漳州崇福禪院千佛閣記〉載於《鐔津文集》，稱其規模壯麗，為吾閩樓觀之冠。其後閣毀於何時，史籍缺載。

清太平天國之役，寺遭兵燹，劫後佛乘和尚重建大殿告成，左宗棠為書「蓮界重輝」一匾以彰之。乘公欲詣京師請藏未果而寂，光緒甲辰年，妙蓮和尚繼主法席，欲修建法堂亦未成而逝。

大殿之後有隙地一方，久無建築，以形勢觀之，似為千佛閣故址。今閩南諸名剎均次第修復，唯南山祖庭尚未興修，緇素僉以為憾，謂應於大殿之後興建法堂，而建千佛閣於上以復舊觀。住山沙門傳揚因與眾謀，咸表贊成，並得各層領導支持及海外瑞今、廣洽、廣淨、妙燈諸大德慨施淨財，州人善信亦踴躍捐輸，因得鳩工庀材，擇日施工，歷時五年而工竣。內外像設上下結構極輪奐之美，余漳人也聞斯勝事，豈不歡喜讚歎！爰以所知，記其因緣如此。

雪峰居士林子青撰

邑人王作人書

一九九五年〇月　住山沙門傳揚敬立

重建廈門金雞亭普光寺碑記

金雞曉唱，為廈門八景之一。其間有亭曰金雞亭，位於蓮雞村通往禾山要道。明代就亭建寺，曰普光寺，而金雞亭之名獨著。開山事蹟，已無可考。據出土舊碑記載，有清乾隆二十年所刻施資善信姓名，碑文漫漶不可識，知為重修碑記而已。

據近代寂美所撰〈轉道法師略傳〉所記：光緒末年，金雞亭荒廢無人，道公受請住普光寺，該寺董事等慕其道行，為修築寺前通道，以利行人。道公住寺數載，稍事修葺，於是開緣托缽，得以中興，住僧至數十人，道風為廈門諸寺之冠。

其後道公應請南渡，於新加坡創普陀寺，金雞亭遂漸寥落。一九一七年間，瑞枝上人繼主法席，頓呈復興之象。上人早年精練拳術，博通藥性，披緇以後，更精究醫術，善治入輪接骨，跌打損傷，皆得祕傳之術。上人精岐黃，遠近聞名。又廣交遊，喜濟貧困，深體佛教慈悲之旨。

抗戰前夕，上人受請為南普陀寺監院。時方丈虛席，上人領眾匡徒，備極辛勤。

大眾賴其護持，齋粥得以無虞。不意當時駐廈國民黨軍某部，知其有財，誣以不實之罪，將南普陀所存公款，強行沒收，並加以逮捕，上人遂以殉難。時兵荒馬亂，法紀蕩然，有冤未能申雪，至今猶未恢復名譽。上人歿後數十年，其剃徒廣餘禪師居檳城，主持妙香林寺，蔚為一方勝地。

餘師每念本師法乳之恩，無以為報，乃思修復剃度常住，以為永久紀念。唯茲事體大，費用浩繁，爰傾其缽資數百萬，委託南普陀寺妙湛和尚負責監修，又請時常往來於星洲、廈門之廣淨法師，輸款接濟，計畫重建金雞亭；又以舊時寺宇陳舊，規模狹小，未壯觀瞻，乃擬全部拆建，以適應廈門市經濟特區之規劃。

蓋自建國以來，廈門市區不斷擴大，樓房林立，道路縱橫，自金雞亭至禾山，已闢康莊大道，交通至為方便。故重建藍圖，首於西側修建石造繚垣，長數十丈，以隔斷塵囂。繼建山門廣庭，欄楯上下遍植寶樹。中軸線建築，次第為天王殿、大雄寶殿，紀念堂上為藏經樓。兩廡上下俱為僧舍，最後為瑞枝上人之塔。工程歷時五年，清淨莊嚴之伽藍，煥然一新。遂使廈門佛國，多一寶坊，鷺江風景，平添勝地。不特善信皈依，喜有禮敬之梵宇，而旅遊嘉賓，亦多遊覽之景區。古德云：佛法得人則興，不得人則廢，旨哉斯言。

余昔年行腳廈門，曾參禮瑞枝上人於金雞亭，親近承事，深蒙法愛。頃因上人高徒廣餘禪師，為報師恩，重建金雞亭，囑記其始末。爰以所知，略述其殊勝因緣，以告後賢。

一九九六年四月　雪峰居士林子青敬撰，時年八十有七

星洲普覺寺都監　廣餘、本寺監院　安景同立

鼎湖山慶雲寺

鼎湖山，在廣東省肇慶市東北十八公里處，是我國華南佛教的名山。自山下至山頂約八里，周圍百餘公里，林木蓊鬱，風景秀麗，以山頂有湖，四時不竭，初名為頂湖。以民間傳說，黃帝曾鑄鼎於此，故習稱為鼎湖山。

山中有寺，相傳由六祖惠能弟子智常開山，初名白雲寺。當時寺外有招提三十六處，附近勝跡有涅槃台，石平如掌，鐫有「正法眼藏、涅槃妙心」八字石刻，傳為智常說法處。寺旁有羅漢橋、躍龍庵、聖僧橋等遺跡。宋元興廢，史乏記載。明萬曆間，憨山大師弟子金山重興殿寺，迴廊複閣，舊址重新。時憨山大師曾於此養疴（見《憨山大師年譜》），著書講學，有〈鼎湖白雲寺〉七律二首紀事。時雲水輻輳，堂室至於難容。他一日山行，深入谷中，見峰巒環抱，狀若蓮花，因更名為蓮花峰。憨山去後，白雲寺又漸衰落。清咸豐、光緒年間，曾兩次重修。

明末棲壑道丘（一五八六～一六五八），傳江西博山無異元來曹洞禪法，原住廣州白雲山蒲澗寺。崇禎九年（一六三六）應請到山，於白雲寺下十里處重建一寺，名慶雲寺，後即稱白雲寺為老鼎湖（略稱老鼎）。今一般稱鼎湖山，即指慶雲寺。從前自肇慶市北廣口墟乘船到羅人沖，有一鼎湖下院曰憩庵，為往來遊客駐足之所。一庵臨水，萬木參天，風景至美。今公路已自肇慶市經山下直達慶雲寺後，交通便利，憩庵遂廢。

慶雲寺在鼎湖山南麓，規模宏大。山門之內，有韋馱殿、大雄殿、浮圖殿、藏經閣、大悲樓、準提閣、祖師殿、伽藍殿、禪堂、客堂及棲齋堂（即雲水堂）等。浮圖殿中，供有七層鐵塔一座，內藏如來舍利，傳自廬山金輪塔分來，塔形莊嚴殊勝，舊時僧眾常住數百人，平時坐禪念佛，早晚課誦無缺，四月結夏安居，朔望誦經布薩，完全具備叢林的風格。

寺側有一龍潭，名飛水潭，飛泉瀑布，掛於石壁間，旦暮陰晴，千態萬狀。孫中山先生曾游泳於此，今飛水潭石壁上有孫夫人宋慶齡親題「孫中山游泳處」六字石刻。慶雲寺下半山處建有一亭，內立唐代來華迎請鑑真東渡的日僧榮叡於第五次東渡時不幸寂於端州（今肇慶市）的紀念碑——「日本入唐留學僧榮叡大師紀念碑」。碑係一九六三年中日兩國共同紀念鑑真圓寂一千二百週年時，中國佛教協會所立，正面刻「日本入唐留學僧榮叡大師紀念碑」，背面刻有榮叡大師略傳。

鼎湖山中，多稀有樹木，現在老鼎湖白雲寺已被聯合國有關機構列為自然保護區，總面積達一萬七千畝，珍貴樹木，都受到良好的保護。十年動亂期間，慶雲寺受到嚴重破壞，僧眾被逼四散。近經國家撥款修理，寺宇漸次恢復，僧眾逐漸回寺，國內外人士的旅遊也日漸增多。

參考資料：
1.《鼎湖山志》，跡刪成鷲。
2.《名山遊訪志》，高鶴年著。

杭州靈隱寺

靈隱寺是杭州西湖北高峰下的名剎，有「東南第一山」之稱，為東晉咸和元年（三二六）梵僧慧理所建。傳西竺異僧慧理來到杭州，見寺前隔溪一峰，歎道：「此天竺靈鷲山之小嶺，不知何年飛來？佛在世日，多為仙靈所隱。」因名為靈隱寺。慧理榜於山門曰：「絕勝覺場」，榜傳為葛洪所書，後人易為「最勝覺場」，南北朝至隋興廢不明。自唐初詩人宋之問題《靈隱寺志》：「樓觀滄海日，門對浙江潮」後，靈隱之名遂聞於世。唐穆宗時，韜光禪師住此，與詩人白居易時有唱和，名遂大著。會昌廢佛，寺被毀滅。

宋初建隆元年（九六〇），吳越忠懿王錢俶崇信佛教，請永明延壽禪師住持，大事擴建，修造僧房五百餘間，忠懿王錢俶又造一千二百餘間，賜名靈隱新寺。寺成，王錢俶為建二石幢，在今天王殿前有二經幢，其左幢有「天下大元帥吳越王建，時大宋開寶二年己巳歲閏五月□日」刻文，即當時遺物。吳越王並建五百羅漢堂一座，故延壽被稱為「中興第一代」住持。景德四年（一〇〇七），改為靈隱景德禪寺。

南宋時代禪宗大盛，寧宗嘉定時，史彌遠奏請制定著名禪寺等級為「五山十剎」，靈隱被列為五山之第二，稱「北山景德靈隱寺」，與徑山、淨慈、天童、育王同稱為五山。清初康熙帝南巡時，住持諦暉奏請□□，賜額「雲林禪寺」，但一般多稱為「靈隱」。靈隱規模宏大，今大雄寶殿為三層建築物，其高度及形式為國內所罕見。殿建於明末，清順治十五年（一六五八）毀，雍正六年（一七二八）總督李衛倡修。清末又重建，成為今日的規模。一九四九年以後，經幾次大修，殿宇一新，成為東南旅遊的勝地。

自宋以來，靈隱名僧輩出。贊寧僧統、雪竇重顯、大慧宗杲、無準師範、癡絕道沖、松原崇嶽、大川普濟等，多住持或開堂於此，成為一代宗匠。宋嘉祐七年，契嵩更於靈隱閉戶著書，成《輔教篇》、《定祖圖》、《正宗記》等進於朝廷，敕以其書入《大藏》，被賜「明教大師」之號。（《佛祖統紀》卷四十五）宋元之世，日本禪僧之來華參學者多遊靈隱。宋熙寧六年（一〇七三），日僧成尋來華，曾於靈隱謁見雲知。

南宋乾道七年（一一七一），日僧覺阿與法弟金慶同至杭州，即從當時靈隱住持佛眼慧遠（別號瞎堂）參禪，得法以歸。瞎堂門下有僧道濟，飲酒食肉，有若瘋癲，為監寺所不容。瞎堂寂後，移居淨慈，神異多端，世稱為濟癲。明初用貞輔良、見心來復，都是有名的高僧。輔良建直指堂，接納禪僧，與金山寺的大徹堂齊名。來復本為明太祖時十高僧之一，後以詩涉嫌諷刺，為太祖所殺。明末清初的具德弘禮、戒顯願雲（別號晦山），都是一代名僧，德學為當時所重。其後諦暉、石揆、巨濤、慧明等，也是有名宗匠。

靈隱以多名勝古蹟聞名中外，更經歷代詩人題詠流傳（如白居易、蘇軾、李綱、陸游等），遂為遊西湖者必到之地。著名古蹟有九里松、飛來峰、理公塔、神尼舍利塔（隋仁壽二年，文帝命人建塔於此）、翠微亭、龍泓洞、呼猿洞等處。宋時自洪春橋至靈隱九里間，夾道遍植青松，遮天蔽日，故有「九里松」之稱。飛來峰在寺前隔溪，一名鷲峰，起於梵僧慧理的傳說。峰高百餘米，古木參天，岩石突兀。峰下有龍泓、玉乳、射旭諸天然岩洞，各洞多有歷代名人題刻。峰前又有春淙、冷泉、壑雷諸亭點綴其間，為雨後觀賞急流的勝處。沿飛來峰自然岩壁上，有五代、宋元時代佛、菩薩、天人造像三百餘尊，其中最大者為布袋彌勒像，為元代所造，雕刻至為精美。理公塔在靈隱山門外，為六層石塔，稱為開山理公之塔，不知建於何時，底層腰部有明萬曆十八年建造題記。神尼舍利塔今已無存。翠微亭在飛來峰山腰，係抗金名將宋韓世忠為紀念故友岳飛而建。以岳飛〈登池州翠微亭〉一詩中有「翠微」二字，因以為名。

西藏大昭寺

大昭寺，藏名「老木郎」，是藏族僧俗信徒朝拜的中心，位於拉薩市區的八角街，始建於七世紀中葉的唐代。寺廟為土木結構，主殿三層，殿頂覆以藏式金頂與法輪，坐東向西，建築規模極為壯觀。

主殿供奉當年唐文成公主下嫁松贊干布時，帶進西藏的釋迦牟尼佛像。殿內壁畫雕塑絢麗多彩，但深邃幽暗，雖在白晝，亦須燃燭，始能看見殿內聖物。左廊供有松贊干布與二妃唐文成公主及尼婆羅公主的塑像。

傳說唐貞觀八年（六三四），藏族領袖松贊干布遣使唐朝，求婚於王室，幾經周折，終於七年後的貞觀十五年，松贊干布二十五歲時，迎娶了唐太宗的文成公主入藏。由於文成公主篤信佛教，松贊干布也加深了信仰，便建立了大昭寺，以供奉文成公主帶入西藏的釋迦牟尼像。

文成公主對拉薩四周的山，分別以吉祥結、妙蓮、寶傘、右旋海螺、金輪、勝利幢、寶瓶、金魚八寶命名之。

唐貞觀二十二年（六四八），大昭寺建成，松贊干布與文成公主親於寺門之外栽植楊柳（現已成枯木），這就是著名的「唐柳」。隨著朝禮者的增加，七世紀來，該寺四周建有十八座旅舍，供朝禮者借宿。後來，居民房舍漸多，遂形成了以大昭寺為中心的八角街。從此以後，唐朝和天竺等地的僧人也絡繹抵達「邏些」（即今拉薩）巡禮，大昭寺遂成為拉薩的聖地。

明永樂七年（一四〇九），宗喀巴在拉薩大昭寺首創格魯派的「傳昭法會」，從此，大昭寺益形發達。後來，達賴喇嘛每年一度自藏曆正月一日至十五日在這裡召開「傳承大會」，延續集合至一萬個喇嘛，因此又稱大昭寺為大集會所。

大昭寺的建築和壁畫，是由唐代的漢族工匠與藏族工匠合作建成的。傳文成公主自唐率領木匠、泥瓦匠、鐵匠等來西藏，那些工匠們即和藏族工匠們建成了這座伽藍。

大昭寺內外的重要文物，有〈唐蕃會盟碑〉、金瓶、唐柳、痘痕碑等。

〈唐蕃會盟碑〉亦稱〈甥舅會盟碑〉，建於唐穆宗長慶三年（八二三），碑是用漢藏兩種文字記述的。

這塊刻著唐文成公主和金城公主下嫁吐蕃贊普（王），唐蕃結成甥舅關係的石碑，建於唐長慶三年（八二三）、吐蕃彝泰九年二月十四日，故又稱為長慶碑。會盟是由唐穆宗和吐蕃贊普赤祖德贊（《新唐書》作「可黎可足」）於八二一年舉行的。這塊高丈餘、寬近三尺、厚盈尺的石碑，文字雖略有磨滅，今仍巍然屹立於大昭寺正門之前，是西藏地方歷史的重要資料。

金瓶是乾隆五十八年（一七九三）清帝公布〈欽定章程〉二十九條之中規定的，即關於達賴、班禪及其他活佛轉生為靈童的規定。清朝皇帝對此特置一小金瓶，由駐藏大臣掌管，依金瓶抽籤決定。此金瓶現置於大昭寺內。

還有一座痘痕碑，是乾隆五十九年（一七九四）建立的。當時西藏地區天然痘流行，死者眾多。這座碑紀念清朝派來的醫生的治痘功蹟，碑文刻著漢語和藏語。

自五世達賴喇嘛開始，大昭寺傳歷十幾次維修和擴建，到清代十七世紀，已形成現在的規模。

一九六一年，該寺與布達拉宮同時被中國國務院指定為第一批全國重點文物保護單位。

羅浮山

羅浮山自古是中國嶺南的名山，是羅山與浮山的合名。晉時慧遠自北方南行，本來就有棲隱羅浮之意。它位於廣州與惠州之間，橫跨博羅、龍門、增城三縣市，長達百餘公里，峰巒四百餘，岩壑幽深，古來稱為「仙山佛國」，是道教和佛教共有的名山。高數千尺，峰巒瀑布，溪澗川源，不可勝數。羅山峙於西北，浮山位於東南。飛雲頂為羅山最高處，與浮山絕頂三峰並峙，仙蹤佛跡，到處可見。古來好遊者必到此山，故高人韻士，題詠甚富。

自博羅九子潭上岸，陸行十里，經明月寺，即入羅浮初地，車行五里有延祥寺址，唐時建有明月戒壇，度僧於此。壇有鐵佛，寺已衰敗。上山三里許，即寶積寺，宋景泰禪師開山，朝廷曾賜額，嘉祐間並賜《藏經》，今皆無存。寺後有卓錫泉，後人因泉而建寺，遂為羅浮名刹。其上有羅漢岩，老僧幻參居此，再上有通天岩，亦清修之地。

自寶積寺山脊而上，五里而至黃龍洞，為道教名觀，稱黃龍仙境，昔周茂叔、羅洪先等曾遊於此。過抱珠橋，五里，為華首寺，亦稱華首台，山岩峻極，林木幽深。經雨花橋，入頭山門，額曰「仙山佛國」，又曰「嶺南第一山」，寺名「資福」，建於唐開元年間。二門額曰「古華首台」，二門有一聯云：「一門深入羅浮路，五百里登華首台」，是明末高僧空隱道獨所寫的。〈羅浮異記〉謂，有五百華首，遊息於此。華首即白髮老人之意。明末嶺南曹洞宗一系的高僧，空隱道獨、天然函是、千山（在鞍山）函可等禪師，於此大闡宗風。祖堂有「空隱禪師像」，客廳有天然函是詩軸。後山有別洞幾處，登洗衲石，上垂奇壁千仞，有瀑布倒瀉而下龍潭，宋蘇東坡題有「飛雲躍雪」四字石刻。再上有逍遙石室，四圍古木參天，明空隱禪師曾說法於此。上有龍王壇，為宋景泰禪師說法處。

自此東行十五里，有白鶴觀。在羅山之麓，有石刻「羅浮」二大字。五里，沖虛觀，亦在羅山之麓，是道家的叢林；再上數里，遙觀上界三峰，插入雲際；再上三里，石刻分霧嶺，張南山題「羅浮二山分界處」。其餘多處均為道教勝跡，如著名的酥醪觀，傳為葛仙於此飛昇，內有香露亭、洗夢軒、惜陽別墅及浮山第一樓等名勝。

天台石梁

天台石梁，在天台山的方廣寺，是著名的佛教名勝之一，特別是和佛教五百羅漢（譯為應真、應化真人）的傳說有關係的地方。《大唐西域記》說：「震旦（中國）天台石橋方廣寺、五百羅漢堂。」方廣寺在天台山的西北方，距國清寺約三十里。方廣寺本有三寺，曰上方廣、中方廣、下方廣。上方廣寺，今已殘廢，下方廣寺正在修復，僅中方廣寺尚存，已修復一殿，是「石梁觀瀑」的好地方。寺建於石梁南方，古稱石橋寺，建於宋建中靖國元年（一一〇一），後毀於火。紹興四年（一一三五）重建，今大殿已毀，僅存客堂。

石梁萬木掩映，兩溪夾流，滙成一條巨大的瀑布，是天台山的絕景，為古今遊人所盛稱。中方廣寺客堂，臨流而築，遊人可憑窗下覽瀑布。石梁長約三丈，厚一丈二尺，狹處廣不盈尺，跨於大瀑布穿過的懸崖之上，是一座天然的石橋。橋的北岸，有一座精美的銅佛殿，高三尺、闊二尺，內存銅佛像，傳五百羅漢亦供於其中。十年動亂中已被拆去，今尚未修復。

晉孫綽所撰〈天台山賦〉說：「天台山者，蓋山岳之神秀者也。涉海則有方丈蓬壺，登陸則有四明天台。」自此賦發表後，天台山之名遂聞於天下。它提到瀑布和羅漢的名句說：「赤城霞起以建標，瀑布飛流以界道；王喬控鶴以沖天，應真飛錫以躡虛。」五百羅漢的信仰可以上溯到這篇賦。《天台山志》的〈序〉也說：「五百應真行化此山，方廣寺在有無縹緲間，土人時聞梵唄聲，隱之從地中出，石梁旁為其舊跡。」石梁之旁，舊有曇華亭，應為其舊跡，即羅漢現身有如曇花一現，故亭以此為名（中方廣寺即曇華亭也）。

石梁上鐫有「萬山關鍵」與「前度又來」八個大字。周圍崖上，古今遊人題刻極多。晉代興寧中（三六三～三六五）的曇猷自北方來，到此四顧，八峰四抱，雙澗合流，稱為福地，曇猷自慚不能渡過石橋見五百羅漢，遂終身隱於赤城山石室，努力修禪，於是名聞四方。王羲之遠來禮之。今國清寺保存的鵞字，傳即基於王羲之到赤城禮謁曇猷的事蹟。

竺曇猷，敦煌人，少苦行，習禪定，後遊江左，止剡之石城山，乞食坐禪。後移始豐（今天台）赤城山石室坐禪。天台懸崖峻峙，峰嶺邦無，古老相傳云：「上有佳精舍，得道者居之，雖有石橋跨澗，而橫石斷人，且莓苔青滑，自終古以來，無得至者。猷每恨不得度石橋，後潔齋累日，度橋少許，睹精舍神僧，果如前所說。」（《高僧傳》卷十一．〈竺曇猷傳〉）

宋熙寧五年（一〇七二）日僧成尋入宋，至天台山，巡禮諸堂之後，曾到了石梁，向五百羅漢「點茶」（即獻茶），其後成為日僧巡禮天台石梁的通例。（見成尋《參天台五台山記》卷一）

自下方廣寺（近代名僧興慈重興古刹）上望，宋王十朋書「第一奇觀」，其下又題曰「神龍掉尾」。觀瀑布下瀉之狀，的確有此奇觀。

雁蕩山

雁蕩山，亦略稱雁山，是和天台並稱的浙江名山。山有南北雁蕩之分。南雁蕩山在平陽，以交通不便，遊人罕至；北雁蕩山在樂清、溫嶺之間。普通所謂雁蕩山，多指北雁蕩山。山頂有一湖，雜草叢生如蕩，雁多宿之，故稱雁蕩，高一〇四〇公尺，周圍百餘里，風景秀麗，其中千岩競秀，萬壑爭流。相傳十八羅漢中第五尊者諾詎那為開山祖師，後諾詎那尊者於龍湫觀瀑坐化。唐一行禪師有詩讚之：「雁蕩經行雲漠漠，龍湫宴坐雨濛濛。」蓋紀實也。

宋太平興國元年（九七六），僧全了遊方，結茅庵於芙蓉峰，其後興建十八寺，山中諸景之名，相傳為謝惠連所手定。

從前，遊雁蕩山的人，多從北方來，如明末大旅行家徐霞客即取道黃岩。自黃岩經盤山嶺，三十里至大荊鎮，經接佛寺、老僧岩、石梁寺、謝公嶺，而至靈岩寺、羅漢寺、龍湫瀑布。雁山北有雙峰寺，寺北雙峰，高出雲端，北山之美景，薈萃於此。

雁蕩山風景有三絕之稱，靈峰寺為雁蕩風景三絕之一。靈岩寺，四周環山，泉石清美，是雁蕩山十八古剎之一，也是風景三絕之一。大龍湫為東南諸瀑之冠，水從連雲峰傾瀉而下，十分壯觀，故併稱為雁蕩風景三絕之一。《徐霞客遊記》描寫龍湫的風景說：「去靈岩十餘里，過常雲峰，重岩陡起，是名連雲峰。龍湫之瀑，轟然下搗潭中，岩勢開張峭峻，水無所著，騰空飄蕩，頓令心目眩怖。潭上有堂，相傳為諾詎那觀泉之所。」

去靈岩十餘里，是常雲峰、剪刀峰，重岩陡起，是名連雲峰。靈岩寺上面，有小龍湫瀑布。

此外有淨名寺，昔頗壯觀，今已衰落。距靈岩數里，有羅漢寺，明臥雲和尚開山，今俗人所住，前有宋時建造石橋。由筋竹澗約三、四里，即能仁寺，也是個古寺。由能仁寺上行，可達雁蕩山頂。山路崎嶇難行，到達山巔，廣闊數里，人跡罕至。低窪之處即雁蕩，周約里許，滿蕩青草，水藏其下，中有數泉，古有雁宿，今亦不見，可知明時雁蕩的風光。

清末以來，山中寺院，益形衰落，許多寺院，多已名存實亡。一九四九年以後，旅遊事業逐年發展，各寺已逐漸修復，公路四達，遊人不斷。

靈岩、靈峰二寺，夙稱雁蕩之勝，稱為二靈。元李孝光所著〈雁山十記〉說：「山之峭刻瑰麗，莫若靈峰；雄壯渾龐，莫若靈岩。」因為靈岩諸峰，環列如拱，而靈峰則緣澗錯落，自成一境。山頂的雁湖，尤令人神往，但自元以來，已漸淤塞，元李孝光所著〈雁山十記〉已有「長老有言，湖漸淤為葑臼」之語。

千山

千山，原名千頂蓮華山，東西約十五餘里，南北約二十餘里，海拔六百多公尺，由於峰巒重疊，遠望如蓮花吐蕊，故名。後世簡稱為千華山，更簡稱為千山，與長白山、醫巫閭山同為東北三大名山。它在遼寧省鞍山市東南四十公里處，是我國東北的佛教名山之一。山中群峰疊翠，林壑幽深，其名勝古蹟為東北之冠。山中寺院宮觀林立，分為南路、中路和北路。玉龍宮、慈祥觀、太安舍、朝陽宮等道教宮觀，多在中路；有二、三寺院如大道庵、中會寺及大安寺則建於南路。佛教著名寺院多在北路，相傳寺院多建於唐代。

千山有五大叢林，即龍泉寺、祖越寺、香岩寺、中會寺和五佛頂。春秋佳日，遊人多遊北路，南、中兩路遊者較少。

龍泉寺、祖越寺、五佛頂，俱在北路。五大寺之中，以龍泉寺為最大。它以韋馱殿有一泉，水自石罅出，重旱不涸，名為龍泉，寺即以名之。龍泉寺有十六景：龍泉演梵、象山晴雪，悟公塔院、石徑梨花、松門塔影、鼓樓反照、萬松主照、鎮山寶杵、獅吼鐘聲、磐石龍松、風閣涼亭、西閣客燈、龜石朝日、丈石凌霄、講台松風及吐符應生。該寺殿宇宏大，林壑幽深，有韋馱殿、大雄殿、藏經殿、毗盧閣、東閣、西閣及其他建築。藏經殿原藏有明萬曆李太后所賜《明藏》六千七百八十卷，現已無存。山門內彌勒倒坐，與一般笑面向外者不同，為此寺特色。寺內有一口銅鍋，係唐代東征時所遺軍用鍋，熟鐵製成，口徑四尺有餘。

祖越寺為千山古剎之一，殿宇原極宏大，後漸衰落，現正在修復中。寺後峻峭石壁，鐫有「獨鎮群嶽」四大字石刻，說明了此寺過去的地位。

香岩寺亦古剎之一。清初以來，時常傳戒，是一個律宗道場。香岩始建於元代，為雪庵大師所開山。其塔清初尚存，塔銘係元學士陳元景所作、鄂國公史弼所書、昭文館學士李傳光篆額。千山無舊碑，以此為最古。

千山的歷史人物有特別可記者，是清初剩人函可的事蹟。函可粵人，曹洞宗名宿，與天然函是為法兄弟，同得法於羅浮華長台宗室道獨，獨得法於江西博山無異元來。函可於明末亡時在廬山出家，曾住羅浮華長台。後自粵入金陵請《藏》，甲申之變（一六四四），適清兵渡江，以行李中有犯清朝禁忌記事，遂被拘送牢中，後械送北京，下刑部獄，越月得旨，發配瀋陽，於慈恩寺焚修。他在瀋陽期間，先後歷主普濟、廣慈、大寧、永安、慈航、接引、向陽七古剎，會下各五、七百眾。他喜愛千山林泉之勝，前後往遊十餘次，其所作詩二十卷，並命名為《千山詩集》。順治十六年示寂，瀋陽緇素，奉龕入千山龍泉寺，繼迎至大安寺建塔，塔在瓔珞峰西麓，時為康熙元年（一六六二）。（廬山棲聖寺函是撰〈千山剩人可和尚塔銘〉、御史大夫銀州郝浴撰〈奉天遼陽千山剩人可禪師塔碑銘〉，見《千山詩集》）

一九五六年，鞍山市文化、宗教、建設各部門聯合進行全區文物普查工作，以千山為遼寧省著名風景區，首先對千山地區進行普查。結果查明，現存的有道教的十宮七觀，有佛教的六寺四庵。每一單位並作了記錄，內容分為概述、歷史沿革、現狀、景物、寺內現在附屬物、平面圖及照片等，是全國寺院普查的先聲。

狼山

狼山，一稱紫狼山，在長江下游，位於江蘇南通市南六公里處，地當江海之交，古來相傳為僧伽大士道場之一，是蘇北有名的佛教勝地。近來被稱譽之長江的明珠。

狼山與黃泥山、馬鞍山、劍山、軍山四山相連，構成一個以自然山水為主的優秀風景區。其中尤以狼山蔥蘢秀麗，古蹟集中，俗稱為我國八小名山之一。

五山以狼山為主峰，綿亙於長江北岸，南望風景極佳。五山都是平地崛起，屹立大江之濱，狼山高聳入雲，支雲塔冠其顛，可謂名符其實，其東龍爪岩深入江中，削壁危崖，驚濤拍岸，風景絕佳。

據《狼山新志》記載，唐高宗總章二年（六六九）始建寺，今名廣教寺，大約是明代建的。以俗稱僧伽大士為大聖，故俗稱為大聖寺。

《唐大和上東征傳》載：「唐天寶七載（七四八）六月二十七日曾自崇福寺，至揚州新河，乘舟下至常州界狼山，風急浪高，旋轉三山之間。」大概唐鑑真東渡日本時，狼山之間附近已有三個山存在，鑑真所乘的船是在這裡避過風的。按由狼山西望，黃泥山與馬鞍山二山緊貼揚子江面，依江崛起，平崗小坡，由岸圍砂，而昔龍山岩直插江心，視野遼闊。所謂旋轉三山，可能指此。

狼山高約海拔一百米，山上最古的建築物是支雲塔，傳為唐總章二年（六六九）郡人姚彥章所建。據近代建築學家說，係建於宋太平興國年間（九七六～九八三），塔高三十五米，五層四方，黃瓦朱欄，虬檐斗拱，金鈴迎風，現為江蘇省級保護文物。其次為釋迦殿，傳為宋時開山住持僧智幻始建，原稱大雄寶殿，明洪武年間毀，後重建更名釋迦殿。供有釋迦牟尼木雕金像，歷來為蘇北佛教聖地。

開山高僧的事蹟已不可考。可考者是北宋太平興國年間（九七六～九八四）僧智幻（一作知幻）中興狼山，並建了支雲塔，供奉僧伽大士。據《南通州日誌》說：「智幻，山東臨沂人，進士出身，因讀《楞嚴經》有悟，遂落髮為僧，修三摩地法。」云云。

萃景樓，建於明嘉靖十八年（一五三九），在狼山之麓，為二層全木結構樓宇，是遊人休息之所。

幻公塔，建於明嘉靖四十五年（一五六六），位於半山南麓，為七層四方形的磚砌實塔，是明代寺僧為紀念狼山中興祖師智幻而建的。

觀音岩，位於狼山北麓，五代時吳王楊溥天祚元年（九三五），題名為「寶陀石」，宋神宗元豐年間（一〇七八～一〇八五）改題今名，為蘇北僅存石刻。清末民初，南通張謇曾建觀音禪院於此。張謇〈重建狼山觀音院記〉說：「南通五山特恃江界，而狼山居中為之長。寺奉僧伽，釋氏以為觀音化身也。而東岩觀音院以祈嗣輒應有名，故岩亦稱觀音。」今已闢為公園，名為「北麓園」，僅存他所建的「趙繪沈綉之樓」和別墅「林溪精舍」而已。

此外，尚有唐駱賓王墓、清康熙御書碑亭、南宋抗金將軍金應墓、《五山志》著者劉名芳墓和望江亭、大觀台等名勝。

參考資料：

《五山志》、《狼山志》、《神僧傳》等。

雍和宮

雍和宮是北京著名的一座喇嘛廟，座落在東城北新橋雍和宮大街之東，佔地六萬六千多平方米。它原是清朝第三代皇帝雍正胤禛為太子時的「潛邸」（太子住處），稱「雍親王府」。即位以後，雍正三年（一七二五），改雍親王府為行宮，設官置守。

雍正十三年（一七三五），胤禛逝世，諡號世宗，因停其梓宮（靈柩）於永佑殿，乃易覆黃瓦，改名為御神殿。大部殿宇為喇嘛誦經之所，乾隆九年（一七四四）始改為喇嘛廟，仍稱舊名曰雍和宮。

乾隆十六年（一七五一）遴選高行梵僧司守，成為密宗黃教一大道場。《北平廟守通檢》額定喇嘛三百人（一說五百人），皆選自蒙古各旗，其掌教之「堪布」（管理喇嘛之僧官），則由西藏達賴喇嘛所遣派。宮內規模宏大，像設莊嚴，或為內府所贈，或為殊方所獻。其第一任住持傳為吉隆呼圖克圖（俗稱活佛），今其居處仍稱為「吉隆倉」。

雍和宮的伽藍，紅牆黃瓦，形成一個長方形的巨大建築群。其中軸線自南而北約三百米，牌樓後經一長約百米的甬道（舊稱輦道）為昭泰門。進入內院，為雍和門（即天王殿）、雍和宮、永佑殿、法輪殿、萬福閣，最後為綏成樓。

昭泰門與雍和門之間是個大院，東西有鐘鼓二樓，樓後東西為重檐攢頂式的八角碑亭，建於乾隆九年（一七四四）。東為滿漢文字的碑文，西為蒙藏文字的碑文，敘述改建行宮為喇嘛廟的原因。雍和門即天王殿，所以不稱殿而稱門的原因，據說是它原是當年雍親王府的正門。這座殿的佛像布置和一般寺廟的天王殿沒有什麼不同，它當中正面是笑臉迎人的布袋彌勒，背後是帶甲的韋馱菩薩，兩側相對而立的是四大天王。

四體碑亭，是一座重檐脊攢頂的方亭，位於天王殿之後，建於乾隆五十七年（一七九二）。石碑四面分別用滿漢蒙藏四體文字書寫的乾隆御製〈喇嘛說〉，記述喇嘛教的起源與乾隆自己振興黃教的目的。其中漢碑文是乾隆皇帝的御筆，故又稱御碑亭。

雍和宮原為雍親王府的銀安殿，面闊七間，前出廊後帶廈的單檐歇山式建築，原是胤禛親王接見文武官員的場所。改建為喇嘛廟後，相當於一般寺廟的大雄寶殿，中供銅質三世佛，兩側為十八羅漢塑像。永佑殿原是雍正為太子時的寢室兼書房，內供用名貴的白檀木雕製的三尊佛像。其西側懸掛著一幅巨大的「綠度母」補綉像，據說是乾隆之母鈕祜祿氏親手綉成的。

法輪殿是雍和宮的中心建築，平面呈十字形，殿頂建有五個小閣，每閣各建有喇嘛塔一座，是典型的喇嘛廟風格。殿內供高約六米的黃教始祖宗喀巴坐像，左設達賴喇嘛法座，右設班禪喇嘛法座。東西兩牆壁畫，畫著釋迦一生的「八相成道」圖（俗稱釋迦源流圖）。西邊書架陳列藏文《甘珠爾》（經藏），東邊書架陳列《丹珠爾》（論藏）。宗喀巴像後是用紫檀雕刻的「五百羅漢山」，被稱為雍和宮的「三絕」之一。

法輪殿西之戒台樓，建於乾隆四十五年（一七八〇），屋內有唐漢白玉雕成三層戒台，是按照熱河廣安寺戒壇之式建成的，是當時班禪為乾隆授戒而建的。戒台四圍陳列乾隆的戰甲、朝服及各種「跳布札」（即「跳鬼」）服飾。殿東之班禪樓，是六世班禪為乾隆帝授戒休息處。

萬福閣是雍和宮的最高建築，黃瓦歇山頂三層樓閣，閣內有著名的白檀香木雕未來佛彌勒的立像，總高達二十六米（地面十八米，地下八米）。上供萬佛，故稱萬福閣。閣左右並列二閣，東名永康閣，西名延綏閣，東西以懸空閣道相通，將三閣連成一體，結構極為壯麗。最後一層為綏成樓，正中五間，東西各七間，舊傳樓上有「歡喜佛」，對外不開放。據喇嘛教的解釋，這種塑像稱為「金剛」，並不稱「歡喜佛」。

雍和宮兩側的配殿，通稱為「四學殿」，即藥師殿（學習醫道藥物）、數學殿（學習天文曆學）、密宗殿（學習密宗理論）、講經殿（學習顯宗理論）等。此外，在萬佛閣東面還有一座照佛樓，是乾隆的母親鈕祜祿氏燒香禮佛的地方。在樓上向北供一旃檀佛立像，佛龕是珍貴的金絲楠木雕成的，被稱為雍和宮的「三絕」之一。舊有藏經館，光緒三十四年（一九〇八）改為喇嘛聽經處。

雍和宮附近原有許多「倉」，是供歷代活佛居住的。今寺內甬道之東尚存有「阿嘉倉」，即阿嘉呼圖克圖的住處。東牆外舊有「吉隆倉」，即「吉隆呼圖克圖」（活佛）的住處，洞闊爾、土觀、果蟒等活佛居住的「倉」。吉隆倉，是舊時西藏喇嘛來京駐錫之所。

寶光寺與舍利塔

寶光寺是四川成都四大名剎之一（其他三寺為昭覺寺、文殊院、草堂寺），南距成都十九公里，座落於新都縣城北的紫霞山。傳始建於隋初，為智詵律師所開山，名大石寺。他所建九級木塔名福感塔。唐廣明元年（八八〇）黃巢起義軍攻入長安時，唐僖宗避難四川，曾駐蹕於此，建立行宮，命悟達國師知玄重修殿宇。相傳帝在行宮內庭散步，感塔基放出霞光，悟達奏曰，此佛舍利放光，乃吉祥之地，掘地得石函，果有舍利四、五顆，遂命悟達重建浮圖十三，並改寺名為寶光寺，山名紫霞亦以此而得。宋元至明數百年間，興廢不一。

清康熙九年（一六七〇），僧妙勝重建殿宇，較原來規模更為擴大，被尊為中興開山。三百年來，禪門中流傳著「上有文殊、寶光，下有金山、高旻」的說法，可以想見其宗風之盛。

寶光寺現存寺域，面積一二〇畝，有一塔、五殿、十六院，殿堂塔院，雄偉壯麗，佛像雕塑精美。中軸線有山門、天王殿、尊勝幢、舍利塔、七佛殿（唐僖宗行宮故址）、大雄殿和法堂。兩側自南而北，東西對峙，為鐘樓、鼓樓、念佛堂、伽藍殿、觀音堂（原文為「觀堂」，抄錄者認為應是「觀音堂」，故加入「音」字，特此說明）、祖堂、客堂、戒堂、齋堂、禪堂及東西方丈等。其較著名者為舍利塔與羅漢堂。

舍利塔（全稱為「無垢淨光舍利塔」）雄據七佛殿前，為方形十三層建築物，建於唐代，屢經重修，塔高三十米，可以登臨眺覽。羅漢堂在寶光寺東隅，建於清咸豐元年（一八五一），內塑羅漢五百尊，高約二米，全身貼金，姿態各異，是清代留下的一組比較精美的塑像。寺內文物有梁大同六年（五四〇）的石刻千佛碑、明代唐寅的山水畫、清代鄭板橋的畫竹及畫僧竹禪的羅漢人物竹石等名畫。寺內的楹聯、匾額、雕刻等，均保存完好。

鎮江金山寺

一、金山名稱之由來

金山的別名很多，有浮玉山、伏牛山、龍遊山，名簰山諸名稱。其頂有妙高峰，金鰲峰、日照岩、妙空岩、裴公洞諸勝蹟。初稱浮玉山，因為山在江中，風濤四起，勢欲飛動，所以稱為浮玉山。後來多稱金山，據說是唐裴頭陀住金山時，於江際得金，李錡上奏，易以此名，這恐怕是附會之談。因為梁武帝時修建水陸大會於此，已經有金山之稱，可見由來已久，非始於唐了。

行海《金山志略》說：「金山之說，本出華嚴：此閻浮提外，香水海中，有七金山，遶須彌盧，因海水瀠洄，播溢無定，以金山鎮之。此山相似而得其名。梵語須彌，此云妙高，故亦名妙高峰，又烏得而疑之乎？」此說較為正確。金山所在的大江，是長江的最闊處，所謂江心一峰，水面千里，簡直與海無異。

考唐時潤州（鎮江）大江本與揚子橋為對岸，揚子橋在江都縣南十五里，瓜洲乃江中一浮渚。潮水昔通揚州城中，唐李紳詩云：「鷗鷺山頂片雲晴，揚子城裡見潮生。」大曆（唐朝代宗年號）後潮始不通揚州。今瓜洲北與揚子橋相連，南與江濱六圩相接，揚子江的江面已經狹得多了。就京口南岸來說，今日鎮江車站之地，在鴉片戰爭時尚為英國艦隊停泊之江面，今土名猶稱排灣，即竹木排筏泊之處。滄海桑田，令人不可復辨。同治初年，金山與鎮江的交通，據說尚賴擺渡往來，其後江南沙漲，水道北移，遂與陸地相接，至今也有五、六十年了。

二、金焦勝概之比較

金山、焦山、北固山是京口有名的三山。三山鼎峙大江，為東南勝剎。金山在鎮江城西七里處，古時正對瓜洲。扼大運河入江之口，居南北交通的要衝，是過江的騷人墨客所必登臨的。

京口雖有三山，實以金焦為最勝。兩山相距十五里，昔人謂：「焦山山里寺，金山寺里山。」又說焦山如幽人逸士，岩棲谷隱，恐入林之不密，故航葦罕至；金山則超遙擅勝，八面玲瓏，千帆下來，萬客鱗萃。明袁袞〈金焦兩山記〉說：「金焦兩山，屹立大江中流，險峻而奇；然金山當潤州之咽喉，渡江者苟好事必遊焉。而焦山則僻，故遊者鮮，余之遊金山者再矣，而焦獨闕。」東坡屢遊金山，卻較少到焦山。他〈自金山放船至焦山〉的詩說：「我來金山更留宿，而此不到心懷慚；同遊盡返決獨往，賦命窮薄輕江潭。」可見當時遊焦山宜近看，這是《浮生六記》作者的看法。

且說金山，昔金山在江心，寺廊曲折繞山之趾，江水蕩漾環於寺檻之外，紅塵不到，鐘梵時鳴；登妙高峰，遠望焦山北固，竹林招隱諸山，歷歷在指顧間，而對江則極目煙樹，無怪唐代詩人要吟：「青山也厭揚州俗，多少峰巒不過江」的詩了。

宋曾子固〈重建水陸堂記〉：「夫金山之以遊觀之美取勝於天下，非獨據江瞰海，並楚之衝而濱吳之要也。蓋其浮江之檻，負涯之屋，椽摩棟竭，環山而四出，亦有以夸天下者。」試讀蘇東坡「朝來白浪打蒼崖，倒射軒窗作飛雨」及王安石「數重樓枕層層石，四壁窗開面面風」的詩境，這是何等的風光！無怪詩人要歎為「天開兜率在人境」而「掛席登臨每厭回」了。

三、金山寺史之鳥瞰

金山之有佛寺，傳肇建於東晉明帝大寧中（虞集記），一說為稍前之元帝時（趙孟頫記），初名澤心寺。自梁天監四年（五〇五）武帝在金山修建水陸大會以來，已稱為金山寺。唐大曆八年（七七三）靈坦禪師始開為禪宗叢林，故行海《金山誌略》舉靈坦為金山的開山。

貞元年間裴頭陀（裴休之子）來山，重建伽藍於水際，大概通稱為金山寺。至於晉代的澤心寺為何人所開山就無可考了。宋咸平初，澤心寺僧幼聰獻金山圖予真宗，因夢遊此山，詳符五年（一〇一二）詔改山名龍遊；天禧五年遣內侍賜《大藏經》一部，詔山回金山，賜額「龍遊禪寺」。考名山巨剎，多有山名與寺名，如福州鼓山湧泉寺、杭州靈隱雲林寺，俗都簡稱為鼓山和靈隱，而略去湧泉與雲林之稱，金山想來也是如此的。

宋慶曆八年（一〇四八），金山寺遭火，翌年瑞新重建之（曾子固記）。元豐中，寶覺建至遊堂，蘇軾為記。元祐中，佛印住金山，亦多興築。元符末（一一〇〇），丞相曾布建雙塔於山頂，益壯觀瞻。塔初稱薦壽塔，後稱慈壽塔。政和四年

（一一一四）徽宗迷信道教，一度改寺為神霄玉清萬壽宮。南渡以後，仍復為寺。建炎元年（一一二七），圜悟克勤奉旨來住金山，改古曉堂為大徹堂，禪風一時極盛。紹興之末，寺罹兵燹，諸殿傾圮。中興後，軍帥劉寶奮營大殿將成，又厄於火；後郡守韓及祖復築之，旋又燬敗。淳熙四年（一一七七），樞密沈公出治鎮江，又延蘊衷重修。淳熙十年經建，越二年始成，翰林學士洪邁為之記。

元至大二年（一三〇九），應深以天子之命來主金山，大事興築，並依梁代舊儀，屢修水陸法會。至治元年（一三二一），於寺之右建萬壽閣，上嚴萬佛之像，下肖羅漢之容，為位五百，極盡莊嚴，元末之亂，又告頹敗。

明洪武初，別峰印禪師奉敕住山，局部修復。永樂中道瀾創毗盧閣及兩廊，洪熙元年（一四二五）葺大悲殿，重新梵像。正統十一年（一四四六）寺毀於火，明年都綱弘霪重建。景泰間，《北藏版》始成，敕賜金山一《藏》，周忱建藏經樓貯之。誌稱正統十二年侍郎周忱奏請一《藏》，安置本山建殿奉事，當指此。自是百年至萬曆間，金山衰落不堪，據萬曆時尚書陸光祖（育王舍利殿之舍利塔即陸氏捐俸所造）〈書京口三山存恤碑後〉說：「金焦北固三山鼎峙大江……，其梵剎自江左六代僧得道者如林，先朝賜香燭供養田甚多。近歲腴田盡沒於民家，所存磽薄纔什百之一，而賦益重，費益繁，僧益窮困，則千餘年古剎日頹廢矣。」後值兵憲李公視兵鎮江郡，慨然念之，乃下有司議存恤。於是三山之田若干頃，除額稅外，每畝只納勸米二升，其餘夏秋稅糧條編料價，如數蠲免，且給券以為永守。這是萬曆十八年政府對於金山的德政。萬曆二十一年（一五九三）明肅文皇太后深信佛法，增刻北方撰述未入《藏》者四百一十卷（十卷一函），並舊刻《藏經》六百三十七函，出金繒摹印裝繕《全藏》，敕賜一《藏》於金山。

這時金山復興，尚無進展。空滿從萊州來，初居金山朝陽洞，苦行卓絕，學徒景附。悉心經營，頻建重閣，十年間蔚成精舍，四方雲衲往來大江南北者，始有駐足之地。時宋雙塔早毀，空滿乃募資建多寶塔。其後寺僧競任都綱（僧官），遂分列為十二房，宗風一時無法復振。明亡清興，頗事崇佛。箬庵問於順治五年（一六四八）受請進山開法，衲子雲興，戶無衲履，宗風又稍恢復。順治八年，其法嗣鐵舟海繼席，四方衲子，聞風而至。時山門大殿及大徹堂傾圮，皆次第重新。鐵舟住持三十餘年，一切廢墜，無不修舉，手輯《金山志略》四卷行於世。

康熙二十三年（一六八四），帝南巡登覽金山。時住持越淨應對稱旨，賜題「江天一覽」四字。二十五年詔改為金山江天寺。乾隆四十七年（一七八二）敕建文宗閣於金山，以貯《四庫全書》之繕本。嘉慶間賜《龍藏》（北京柏林寺版）一部。咸豐三年（一八五三），洪秀全陷金陵，旋入鎮江，金山毀於火，《龍藏》預先搬出，未及於難，《四庫全書》被焚，為東南文獻一大損失。同治十年（一八七一）由中興將十及地方紳耆修繕；一說由揚州商賈宋天任發願重建，次第恢復舊觀。一九四八年四月六日，又毀於火，全寺建築精華，殆成灰燼，較以往任何一次都為慘重，唯山頂之觀音閣、法海洞和慈壽塔尚存而已。

金山寺自宋代成為禪宗巨剎，名僧前有達觀曇穎與寶覺務周，後有佛印了元與圜悟克勤。宋熙寧六年（一〇七三），日僧成尋率徒來華巡禮，過金山寺時，寺主寶覺務周曾設齋請他（《參天台五台山記》卷八）。淳祐十二年（一二五二），日本法燈國師覺心於金山寺從典座僧傳授了「金山味噌」（豆醬）的製法，成為日本人民生活上不可缺少的食物。元代至正十年（一三五〇），日僧愚中周及（一三三四～一四〇九）來金山寺參學六年，從住持大休契了得法，回日後成為臨濟宗佛通寺派的開祖。

金山名勝，除山頂之觀音閣、法海洞和慈壽塔外，還有「天下第一泉」。寺西二里許，有中泠泉，胡伯芻謂水之宜茶者，以此泉為第一，故通稱中泠為第一泉。泉舊在江中，盤渦深險，今已在陸地。清鎮江知府王仁堪圍以石欄，並題為「天下第一泉」，遂成金山名勝之一。

另一使金山出名的事是：元祐中（一〇八六～一〇九三），佛印了元住金山期間，與東坡詩偈唱酬，東坡不敵，留玉帶於寺，他又請東坡居士書寫《楞伽經》，而留存於金山寺，從此金山更加名聞於天下。

攝山棲霞寺與隋舍利塔

棲霞寺是江南三論宗的發祥地，唐代被稱為「天下四絕」之一的古剎，位於南京東北二十二公里處，以「棲霞紅葉」為金陵勝景之一。此山四面重巒如繖（傘），初稱為繖山；以山中盛產藥草，足以攝生，又稱攝山。南齊永明七年（四八九），高士明僧紹捨宅為寺，迎僧法度為其開山，稱為攝山寺（江總持〈攝山棲霞寺碑銘〉）。

梁代的僧朗，繼法度來主山寺，於此大弘三論教義，世稱為江南三論宗初祖。他自遼東到江南時，梁武帝屢降徵書請他；天監十一年（五一二），特派僧懷、僧慧、僧詮等十僧到攝山向他諮受三論大義。繼僧朗之後的僧詮，即此十僧中之一人。僧詮時改稱為止觀寺。僧詮門下出了四個學者，各有特長。時人為之語曰：「詮公四友，所謂四句（法）朗、領悟（僧）辯、文章（慧）勇、得意（慧）布是也。布稱得意，最為高也。」（《續高僧傳．慧布傳》）

陳至德（五八三～五八六）中，慧布請恭禪師，建立攝山棲霞寺。其後寺名各代時有變更。唐高祖時改為功德寺，增置梵宇四十九所。高宗名之為隱君棲霞寺。武宗時一度被廢，宣宗時重建，名妙因寺。宋太平興國五年（九八〇）改普雲寺。景德元年（一〇〇四）改為棲霞禪寺。元祐八年（一〇九三）又名嚴因崇報禪院，更為虎穴寺。明洪武二十五年（一三九二），敕為棲霞寺，以及於今日。明末雲谷法會住持時，宗風頗盛。袁黃（了凡）曾就他參學。

清代以來，詩人多有題詠，蔣士銓、袁枚、王士禛等多有遊棲霞寺詩。清咸豐五年（一八五五），寺毀於火，現存的木構建築如彌勒殿（山門兼天王殿）、大雄寶殿、法堂（上為藏經樓）等大部分為光緒三十四年（一九〇八）所重建和一九一九年重興棲霞寺的烏目山僧印楞宗仰所陸續修建。法堂以西，近年建有鑑真紀念堂，以紀念他東渡前駐錫的因緣。後來，人民政府撥款重修，並辦佛學院於此，棲霞又恢復了它的青春。

棲霞寺著名的古蹟文物，有千佛岩、舍利塔、無量殿、明徵君碑等。千佛岩在棲霞山後山崖上，齊永明七年（四八九），明僧紹捨宅成寺，嘗夢岩間有佛光，依稀親見，有意創造佛窟，俄而物故。次子臨沂縣令仲璋繼承遺志，於棲霞山西崖開鑿龕窟，雕造無量壽佛及上菩薩像。齊文惠太子、豫章文獻王、竟陵文宣王等諸王臣民，各依崖競造，每龕佛像多少不一，號為千佛岩。舍利塔在棲霞寺大殿右側，初由隋文帝詔送舍利於天下，凡八十三州令各造塔，蔣州（即今南京）棲霞寺其一也。塔以白石為之，高數丈，凡五級，須彌座，腰部浮雕釋迦八相成道圖，周圍邊掛，塔身，悉施獅子、力士及花鳥等雕刻，至為精美。南唐高樾、林仁肇，欽隆佛法，以隋文帝所造舍利塔，歲久剝蝕，二公同志興修，復加嚴飾。可知此塔是隋初創建而南唐時重修的。

一九三一年，何東施資修葺，葉恭綽為撰〈重修攝山隋舍利石塔記〉。近年，政府又整修一新。無量殿，亦名三聖殿，在舍利塔之東。因明僧紹曾請法度在此講《無量壽經》，欲造佛殿未果。僧紹之子仲璋乃於今址築無量殿，琢無量壽佛及觀音、勢至二菩薩像，稱無量殿。明徵君碑為唐高宗御製，當時書法家王正臣書。碑高約三米，建有碑亭。碑文以四六駢文記載明僧侶創建棲霞寺及其沿革，自江總持〈攝山棲霞寺碑〉亡失後，此為寺中最古之碑刻，今存於寺前東側。

雲南雞足山

雞足山，俗稱雞山，在雲南省大理附近賓川縣境西北四十公里處，是我國西南的著名佛教勝地。據史籍記載，雲南古屬西域，漢時始通中國。唐時建立南詔，享祚二百七十餘年，元代始入我國版圖。此山發脈西域，來龍萬里，盤迴行郁，三嶺前伸，一岡後距，儼然雞足，故名雞足山。相傳為迦葉尊者入定處，與五台、峨嵋、普陀、九華並稱已久。惜以遠在遐荒，交通不便，遊者絕少。此山周迴四百里，古剎精藍，鱗次櫛比，其全盛時，不下百餘處。

自明末徐霞客（宏祖）來遊，其名大著。據《雞足山志》卷首大錯和尚〈雞足山指掌圖記〉說：「山跨三州（賓川、鄧川、北勝）之勝，峰秀數郡之間，大寺八，小寺三十有四、庵院六十有五，靜室（茅蓬）一百七十餘所，其間幽澗危崖，奇峰怪石，曲澗清泉，不可名數。」

據徐霞客《雞山志略》二，所列「諸寺原始」（以建築年次為先後），有接待寺、聖峰寺、龍華寺、石鐘寺、放光寺、寂光寺、大覺寺、幻住庵、華嚴寺、那爛陀寺、悉檀寺、補處庵、西竺寺、會燈寺、大士閣、傳衣寺、萬松庵、古迦葉殿、羅漢壁靜室等十九處。這些大小寺院，多是明末嘉靖至永曆（一五二二～一六一九）約百餘年間，由僧人與當地著名護法如李中谿（元陽）等陸續募建的。徐霞客說：「上靈山一會坊（雞足山總門），其西南隔澗，有寺踞坡麓，為接待寺，此古剎也。雞山諸剎，山路未闢，先有此寺。自後來者居上，而此剎頹矣。」（見《徐霞客遊記·滇西日記》）

清康熙三十一年（一六九二），大錯和尚修《雞足山志》時，大寺除徐霞客所舉外，還有首傳寺、迦葉殿、華首門、金殿、鋼瓦寺、彌勒寺、燃燈寺、獅子林、栴檀林、缽盂庵、延祥寺、兜率庵、天竺庵等。

雞足山雖奇峰幽壑，寶剎琳宮，鐘磬相聞，但因山高水缺，屢遭回祿，加以清初「定口」以後，大兵雲集，寺院無力負擔夫馬雜差，僧多逃亡。

據《徐霞客遊記》記載，華嚴寺創自月潭，為雞山首剎，慈聖太后賜《藏》貯之，後毀於火，野池復建，規模雖存，而法藏不可睹矣。

到了二十世紀的清末，虛雲參訪雞足山時，已只剩十幾個小廟了。他因而發願，重興缽盂峰下的延祥庵，開單接眾，並把它改名為祝聖寺。

漳州南山寺沿革考

漳州南山報劬崇福禪寺，在南廂通津橋（在南門俗稱舊橋）之右，唐太傅陳邕建。唐代事蹟已不可考。宋乾德六年（九六八）刺史陳文顯重修，初名報劬禪院，後改崇福，郡守章大任扁曰「南州法窟」（漳州在五代時，一度改稱南州）。明代稱南山寺（俗稱南院），今山門前後有南山寺三字，傳為明末殉國忠臣漳浦黃道周（號石齋）所書。

明崇禎間（一六二八～一六四三）郡人王志道（號東里居士，舉人，有別墅夕佳樓在南山寺左）倡建鐘鼓樓，後因寇亂，毀之。中有石佛閣（即今淨業堂）有彌陀立像，高五十尺。相傳石自西溪，隨流到寺前，因琢為法相，架閣奉之。又大殿後有太傅祠，祀陳邕，南岳行宮（即清泰寺）祀灊霍諸山神。大門外放生池，廣六十餘畝。（光緒《漳州府志卷四十·寺院》：《龍溪縣志卷十一·古蹟》）

宋玄應定慧禪師，泉州晉江人，姓吳氏，幼出家於本州開元寺九佛院。開寶三年（九七〇）屬泉州帥陳洪進仲子文顥，任漳州刺史，於水（漳）南創大禪苑，曰報劬。屢請師住持，固辭不往。師之兄仁濟為軍校，文顥因遣仁濟入山，述意勤懇，師不得已出山。時參學四集，眾千五百人隨從入院，大啟法筵。陳帥以師之道德聞於太祖，皇帝賜紫衣師號。開寶八年將順世，誡諸門人：吾滅後不得以喪服哭泣，有亂規矩。言訖坐化。陳守傷歎，盡禮送終。荼毗收靈骨於院之後山建浮圖。（《景德傳燈錄卷二十四．漳州報劬院玄應傳》）

宋皇祐間（一〇四九～一〇五三）僧顯微主崇福寺，徒眾常五百人。至和元年（一〇五四）得緇素之助，建千佛閣。明年而成，巍然九間，凌空跨虛。閣上塑釋迦、彌勒、藥師三尊於其中，千佛列於前後左右。閣下亦以釋迦、文殊、普賢之像，而位乎其中。五百應真與十六大聲聞則列其四向。嘉祐初（一〇五六），龍岩人曰楊飾者，益於閣之南為大阿羅漢，浴室廊廡環之，備法事也。其規模之壯麗，閩人偉之。謂是閣者，乃吾閩樓觀之冠也。（宋契嵩〈漳州崇福禪院千佛閣記〉，見《鐔津文集》第十二）

清富陽周凱《廈門志》卷十三引〈清漳雜記〉云：「陳邕，神龍初進士，開元二十四年（七三六）被謫入閩，自莆移漳。有四子夷則、夷錫、夷行、夷實。」嘉禾陳氏譜云：「夷則遷嘉禾嶼（廈門古稱嘉禾嶼），與薛令之同里巷，鄉人遂有南陳北薛之稱。島上覺性院，其所創也，今像在焉。」

一說，陳黯與薛沙，稱為南陳北薛。陳黯，字希儒，號昌晦。《廈門志》按，登瀛陳氏宗譜：黯係元通次子，其長子名肇，分派廈門。黯十歲能詩，其婿黃滔序其詩云：「會昌乙丑，逮咸通乙酉（八四五～八六五），其間以寧家兼在疚之斷絕，往來吳楚之江山，辛勤秦雍之槐蟬。……與同郡王肱、蕭樞、同邑林顥，漳浦赫連韜，福州陳蔵、陳發、詹雄同時，而名價相上下。……咸通初，與江東羅隱定交。天復元年（九〇一），江夏黃滔求遺稿，得文三十一首，……為之前序，羅隱為之後序。」（黃滔有《莆陽御史公集》，四部叢刊一七一作《唐黃御史公集》）。

《廈門南普陀寺志．普照寺根源記》：「普照寺之寺址，據云在唐時，由陳護法肇公布施之功德也。肇公三世祖夷則公，喬遷廈島，聚族而居，遂為陳姓發祥之地。肇公因建茲寺，而奉其祀於別殿。後之僧追念首勞，乃並肇公亦祀之。」

【陳邕以後系表】

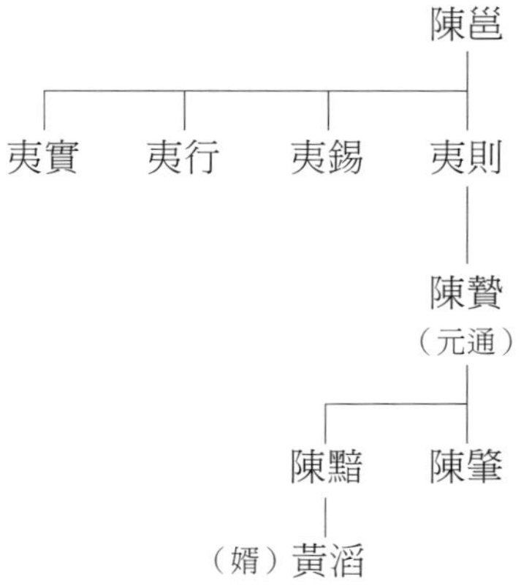

元代無甚可紀。雪巖祖欽，漳州人，為元代有名禪僧，或與南山寺有關。今《福建金石志》卷一，有〈南山崇福寺鐘銘〉，係元延祐（一三一四～?）僧古愚銘。

明末嘉靖間（一五二二～一五六六），閑寂和尚重興。《龍溪縣志》卷十九〈仙釋〉傳載：「知海，初名圓性，自號閑寂和尚。嘉靖間習靜西岩山中。後遍訪禪林，研究經藏，得聲聞之學，十餘年乃歸，駐錫南山寺，大演宗風，緇徒數百人。……所題詠咸有理趣，士大夫多敬禮之。」

漳州萬松關石室岩龍袴國師樵雲真常，從閑寂和尚受戒，見蕅益大師《靈峰宗論·樵雲傳》。明崇禎十三年（一六四〇），蕅益大師曾於漳州南山寺小住，述《金剛破空論》。（見弘一大師《蕅益大師年譜》）

明末，南山寺極為蕭條，及亘信和尚入寺住持，始有重興氣象。《龍溪縣志》卷十九〈仙釋〉：「亘信，南山寺僧，憫寺宇頹墜，於本山開堂，聽法者千餘人。見諸徒眾分門立戶，彼此交訌。（按南山寺舊有「五雲」之稱，今唯存喝雲一系）因一僧問：『如何是宗門大旨？』曰：『去住原非我，棒喝不是他。一個雲門餅，好送趙州茶。』亘信名行彌，為費隱通容法嗣，與隱元禪師為同門法兄弟，歷主福州雪峰、慶城、泉州承天，羅山（南安羅山棲隱禪院）及漳州南山寺與岱山廣嚴寺。」（見《新續高僧傳》卷第二十一〈習禪篇〉第三之十一，《五燈全書》卷七十，如幻超弘《瘦松集》，《隱元禪師全集》）

《嘉興藏·隱元禪師語錄》卷十二，有〈請鳳巢亘信法弟啟〉、〈與亘信法弟啟〉、〈與羅山法弟〉。卷十三有〈仲春訪羅山法弟〉（五言）、〈別羅山法弟〉、〈懷羅山法弟〉。卷十四有〈羅山十四景詩〉，其中第十四首為「鳳巢林」。〈懷羅山法弟〉詩云：「弟兄千里外，注想目悠悠。法愛如山重，道情若水周。夢中頻作夢，愁上更添愁。南北互相憶，恐驚盡白頭。」

又陳垣《釋氏疑年錄》卷十一：「福州雪峰亘信行彌，同安蔡氏，一六〇三年生，清順治十六年卒。」（見《五燈全書》卷七十）

《大雪峰寺志》卷五〈雪峰第一百四代亘信和尚〉：順治十三年（一六五六）住當山，兼住持慶城寺（福州城內），今慶城寺名已廢，僅存路名。至己亥（一六五九）七月十六日示寂，建塔於樫洋後，後改移於漳州，今亦已無可考。亘信和尚住持南山寺前後，又住持漳州北門外岱山廣嚴寺。《隱元禪師語錄》卷十有〈為岱山募齋□□□〉。

《普照（隱元）國師年譜》卷下，清順治十一年甲午（一六五四），隱元禪師應請東渡，五月二十日至泉州，木菴（性瑫）首座迎入開元寺，既而南山亘和尚，率法姪輩來敘別。

又明末崇禎三年（一六三〇），密雲圓悟應請於三月二十七日住福清黃檗寺時，命隱元領疏南行募化，五月至漳州，七月至潮州，寓草庵時，以衣單蕭索，庵主疑非黃檗化士，緣事弗就。回至漳州，聞密雲老和尚答東里（王志道）居士書，有八月初回浙之信，師遂空手歸山。

在漳時有〈示南山禪德〉詩（《隱元禪師語錄》卷十五）云：「幾回打草自忙閒，惹得霜花入鬢斑。踏遍乾坤無覓處，誰知鼈鼻在南山。」（《雪峰義存語錄》，有「鼈鼻蛇」之語）隱元還有〈留題南山〉一詩云：「鳳宿蒼梧氣象閒，金仙現處別人間。到來始見家風舊，獨佔閩南第一山。」可以想見，當時南山寺的情況。《隱元禪師語錄》卷十一〈入室〉：「僧參師。問：『甚處來？』云：『漳州南山來。』師云：『南山有一條鼈鼻蛇，汝摸得著麼？』僧無語。師云：『汝不是南山來！』」

繼亘信主持南山者為笨翁和尚（一六二三～一六七六），和尚名超極，字休耳。晚號笨翁，南靖人，俗姓陳，父為鄉貢進士。師生於名族，英妙之年，值神州鼎革，絕意世榮，乃就南山亘信和尚剃染，信命典藏鑰（管理藏經），中年遍遊閩粵山水，詩名甚盛。晚乃住南山祖席，思建法幢宗旨。而世事更新，兵伍屬聚。康熙十五年

（一六七六）八月，示寂浹旬，奄然坐脫。世壽五十有四，僧臘二十有八，於臨濟為三十三世。其法嗣有明象、明皓等。（如幻《瘦松集．報劬禪寺笨翁和尚塔銘》）

清初漳州被圍，是順治九年（一六五二），閱七月，城中人相食，及清兵南下，轉戰百里，積骸如山。時亘和尚受周方伯諸當道請，於漳州南山寺建水陸大道場。（《瘦松集．無□大師暨徒行勉、達己□□□□塔銘》）

笨翁入滅之後，怡石繼住三年（一六六六），期滿欲請法兄如幻超弘補席，超弘謙讓未允。（見《瘦松集》二部〈復怡石和尚〉、〈復東山逸然和尚〉、〈復非光和尚〉、〈復南山監院及旭師〉）

亘信和尚之風格，觀《瘦松集．偶錄》之記載，可以知其崖略。《偶錄》云：「先師歷住名剎，生平應請，披笠外無一物。自漳南山赴泉郡承天（寺），檀信遺輿近接，見師衣極樸野，曳杖獨行。與人問：『師前來，知亘大和尚將到否？』師謂之曰：『在後尋到矣。』至郭門，檀護山門大眾皆至，始威儀而入。噫，若吾師者，真可謂有古人之風矣。』」

乾隆間，銅山（今東山縣）志融和尚主南山寺，漳州東岱詩僧性發隱愚，贈以詩云「銅山融翁和尚，繼席南山，謹成古體奉慶」：「一進南山寺，立登此刹竿，引人入勝概，修至大定寬。宗旨是法王集龍象，放真光家家蒙指教。道人喜共頒妙手，開覺海造化幾千般。萬類由爐出，煅過證玄關。」

又有一首〈志融大和尚住南山寺開爐喜而奉贈〉：「一入南山爐韛開，陶賢鑄聖手中來。因方造出皆龍象，得與人人大辯才。」（見《石林集》）

余兒時（一九二〇）遊南山，見頂室約有一匾，上款題鼎南大和尚，大概在□□間，其後乾隆間又有景峰和尚住持，漳浦宰相蔡新（萬山），曾書「方丈」二字於祖堂，其後景峰移主廈門南普陀，複製一額懸於庫房懸掛。今廈門南普陀後山，有景峰老和尚塔，下署曾孫有情、有願敬立，約經四代。有情和尚為咸豐間（一八五一～一八六一）南普陀寺住持。（自嘉慶至道光末年為五十五年）

佛乘和尚重興南山寺，當在同治間（一八六二～一八七四），據光緒二十五年漳州知府渤海劉桂熇所撰〈漳州崇福寺佛來禪師塔銘〉記載：

佛乘（一八三四～一八九九），俗姓蘇，福建永定縣人。幼被掠，賣入梨園，學為雜劇。年二十八（一八六一），忽有悟，詣同安南普陀寺披剃，拜僧（真衷）有情為師，得戒台州明因寺（在溫嶺縣）。遊漳見城南崇福寺，規模宏敞，久蕪穢為蒿萊，立願興修為卓錫地。適前任汀漳龍道聯公（滿人，名聯舫，喜奉佛，為佶廬，並遣弟子喜昌出洋募化，聚金數千，鳩工人，大興作，閱歲築竣，紺宇琳宮，龍盤鳳翥，寶相滿月，梵音潮湧，歲時伏臘，仕女瞻拜，毋慮千百。……積布施錢有餘，欲詣京師領藏經未果，遂以光緒二十五年七月晦日（下缺九字））溘然長逝。僧臘三十八。

太平天國之役，洪秀全部將李世賢率兵於同治三年（一八六四）九月十四日入漳，殺傷甚眾。漳城內外各寺如開元、隆壽、岱山廣普寺、崇福諸剎多被毀。歷史學家黃仲琴〈唐三平大師碑〉結尾云：「漳州開元寺倚紫芝山，毀於太平天國之戰。」（《嶺南學報》第三卷二期）佛乘重興南山寺工作，當在太平天國失敗之後。時清將左宗棠以軍機大臣督師入漳，曾為南山寺大殿，大書「蓮界重輝」四字，長沙侯桂舲（名貴）將軍鎮漳時，又為天王殿韋馱像上面書「參最上乘」四字。

佛乘和尚住持期間，曾傳戒數次。一為光緒十九年（一八九三），得戒和尚為佛學（佛乘之師兄弟），後來成為閩南長老的轉道與轉初、定賢（了智之師）即為此年戒子。第二次為光緒二十四年，傳戒和尚為轉濟和尚。泉州承天寺故住持轉空即此年戒子。

光緒二十一年（一八九五），重興南普陀之喜參為南山寺多事興建，歷時十載。光緒十四年，佛化和尚（時未出家）與能輝居士至南山寺，求佛乘和尚為剃度，乘和尚以師年紀與己相若，乃就有情（真哀）和尚遺像前，為之剃落，結為同門昆季，名佛化字如幻。時幻年五十六歲。翌日能輝居士亦從幻師披剃，法號喜敏。光緒十六年，佛化赴鼓山受戒，歸途經南安楊梅山小雪峰，遂有終老之志。

清末，鼓山妙蓮和尚南遊募化，於星洲遇漳籍僑領劉金榜，請興南山寺。光緒三十年甲辰（一九〇四）自鼓山受請，重興南山。鼓山僧淨德（台灣台南慎德堂僧）隨來任監院，大事興築。修大殿、建官廳、造繚垣及開地藏王井於寺左，今為動物園所佔，工未成不幸於寧德龜山寺逝世。其後淨德赴長泰，主一小寺。南山寺由轉一維持數年。西邊建一樓房。不久（一九二一），轉道為住持，性願法師應請為代理住持兼監院，時住三十餘人。龍溪工業學校欲借南山寺為校舍，已經批准，師交涉後得免。（見性願法師年譜及紀念集）

性願法師住持三年，慘澹經營，住眾至四十餘人，梵宇煥然一新。一九二三年布穀聲中，乃請廣通和尚（漳州石碼人，時任寧波天童寺知客）回閩住持，僅閱三秋，而廣通又告圓寂。

時廈門南普陀創辦閩南佛學院一年。一九二六年，又請轉道為住持，由閩南佛學院覺三、廣箴（後改廣清）、瑞金（後改瑞今）、達如、純潔等來寺，創辦南山學校，事務由性願、轉逢和尚負責（初由性願主辦，轉逢主管教務，後由覺三等接辦）。在一九二七年至一九三〇年，為全盛時期，學生達百餘人。陶鑄搞地下工作時，曾居寺中多時。一九三〇年，曾辦錫蘭留學團預備班，請林惠柏教英文。一九三〇年冬，覺三法師圓寂。一九三一年，尚由達如、廣津等續辦一年。這個階段，同住者還有廣心、廣洽、廣開、廣願、法相、義超、宗契、達有諸師。一九三二年，紅軍入漳，達如、純潔（汪慰農）、□海等七人參加紅軍，隨紅軍赴閩西，其後參加長征到了陝北延安。

其後，南山寺由笑溪維持了一個時期。

一九三四年七月，請福州大雪峰首座喜廣上人為南山寺住持，以年老不能蒞事，請廣心（一九〇〇～一九六八）為監院而實際代之。前後由傳證及廣圓任監院。一九四五年，來往漳廈間。一九四九年後，仍由廣心法師維持，直至一九六六年十年浩劫開始。一九六七年冬在漳圓寂，享年六十八。

一九三八年，日寇飛機炸毀淨業堂，但石佛猶存，後修復，並重建祖堂等。

鼓山湧泉寺

鼓山湧泉寺是福建省第一名剎，座落於福州東南郊閩江北岸，距福州市約二十里。鼓山由屴崱峰、白雲峰、獅子峰等組成。後梁開平二年（九〇八）閩王王審知奏立鼓山湧泉禪寺，請神晏住持，號為興聖國師，是為正式開山。

宋咸平二年（九九九），真宗賜額鼓山向雲峰湧泉禪院，明永樂五年（一四〇七）改稱湧泉寺，以至於今。嘉靖二十一年（一五四二）寺毀，僧眾遷居下院。天啟七年（一六二七），曹洞宗禪僧無異元來自江西博山受請，入寺復興，被尊為重開山祖師。

明清之交，永覺元賢、為霖道霈等相繼住持，刻經著述，重振禪風，鼓山遂蔚為海內名剎。近代妙蓮、虛雲前後住持，請藏辦學，宗風大振。妙蓮更於南洋檳城創建極樂寺為鼓山下院，成為我國佛教向東南亞發展的濫觴。

鼓山交通便利，自山麓登山，有古道（石板路）和新道（盤山公路）直達寺門。

古道長三公里，石磴達二千五百餘級。入山處有朱熹所書「閩山第一」門榜，自此登山，歷仰止亭、半山亭、圓通庵、更衣亭等而至湧泉寺。新道為柏油公路，長八公里，汽車可直達寺門。

鼓山規模宏大，叢林體制俱備。其中軸線建築有天王殿、大殿、法堂，左右有鐘鼓樓、客堂、祖堂、庫房、齋堂、白雲堂、明月樓、旦過寮（雲水堂）、聖箭堂（方丈）、藏經殿等。

藏經殿除貯存《明藏》及《龍藏》外，還有許多藏外典籍。日本佛教學者常盤大定遊鼓山時曾驚歎說：「余遊禹域五回，得見藏外佛書，以鼓山為第一，西禪寺為第二。」他為從事佛典調查，於一九三三年命他的學生龍池清到鼓山住了三年，將藏外佛書全部攝影，帶回日本進行研究。

後來龍池清寫了一篇文章，題為〈鼓山．怡山藏逸佛書錄〉，發表於一九三六年的《東方學報》東京第六冊，詳細介紹了調查的經過。常盤曾稱其中的《續廣弘明集》為學術界未聞的典籍。

此外，《華嚴經疏論纂要》一書，是清初為霖道霈所著並自刻的，經版久藏於藏經樓，向不為外間所知。一九二九年弘一律師遊鼓山時才被發現，後來由他發起印刷了二十五部，分贈於國內及日本各佛教大學圖書館。

自湧泉寺左東行約半里，經迴龍閣入靈源深處，順階而下，有靈源洞、喝水岩、國師岩等，都是神晏國師的遺跡。這裡是鼓山風景精華薈萃的地方，有摩崖石刻三百多處，都是北宋以來文人墨客的詩刻和題名。其中宋代蔡襄、李綱、趙汝愚、朱熹等的題刻最引人注目，特別是朱熹所書刻在靈源洞下澗壁的「壽」字，大及丈餘，是國內摩崖石刻的巨擘。在「壽」字左上角，刻著近代名僧太虛一九二七年的題詩。又到朱子讀書堂去的岩石上，還有郭沫若一九六二年遊鼓山的詩刻。

玄中寺

玄中寺（一作玄忠寺），在山西交城西北二十里的石壁山，一般又稱石壁寺，是我國北魏以來曇鸞、道綽、善導三大師弘揚淨土法門的古道場。由於它在古代有時屬於并州，有時屬於汾州，所以古文獻上常稱為并州玄中寺或汾州玄中寺。元代初年，玄中寺改名為永寧寺，所以後來又稱為石壁永寧寺（見《山西通志》卷五十七〈古蹟考〉）。

關於玄中寺建立的年代，依據寺中現存唐長慶三年（八二三）的〈特賜寺莊山林地土四至記〉碑所載：「時大魏第六主孝文皇帝延興二年（四七二），石壁峪曇鸞祖師初建寺，至承明元年（四七六）寺方就。」因而後世各有關史志中，都公認北魏延興二年為本寺的開山年代。

玄中寺所在石壁山，迭巘周環，拱列如壁，南有石崖，峭削百仞（見《山西通志》卷三十七〈山川考〉）。寺最高處有千佛閣，在山巔之半，從殿後盤旋而上，迭嶂層巒，如開屏帳（見清王雲〈重修千佛閣記〉）。這都顯示玄中寺的形勝。

現存北魏延昌四年（五一五）的造像銘，是玄中寺最古的遺物。相傳曇鸞寂後，他的弟子大海和大海的弟子法上相繼住持，近年發掘出來的北齊河清三年（五六四）所造的石佛幢，可能是他們所建立的。

道綽於曇鸞寂後到玄中寺，因讀了曇鸞碑文記載念佛往生許多瑞應，而歸信了淨土法門。貞觀年間（六二七～六四四），唐太宗到太原時，因他的皇后有病，曾至玄中寺禮謁道綽，布施財物，乞像加被。皇后不久病癒，太宗即修整殿宇。貞觀十九年（六四五）道綽入寂，玄中寺成為官寺。其後四十餘年，由於邑宰張令孫的發起，就進行修建，殿閣廊廡都極輪奐之美。開元二十六年（七三八）緇素踴躍布施，公請寺中上座普敬監造鐵彌勒像一尊，林諤撰〈石壁寺鐵彌勒像頌碑〉，詳記鑄像因緣。此碑為唐參軍房嶙妻渤海高氏所書，是我國金石史上婦女名筆。

貞元九年（七九三）住持慎微發願建立戒壇，名「甘露無礙義壇」。元和八年（八一三）尚書李逢吉撰有〈唐石壁禪寺甘露義壇碑記〉。據此碑記載，玄中寺的甘露戒壇和長安的靈感壇、洛陽的會善壇同為唐代全國三大戒壇之一。貞元十一年

（七九五）和元和七年（八一二），唐朝廷前後賜與石壁寺山林土地至一百五十里有餘。長慶三年（八二三）寺僧惠妙、惠志立石紀念，這就是玄中寺現存的唐刻〈特賜寺莊山林地土四至記〉。

宋元祐五年（一〇九〇），玄中寺火災，重要建築物都被焚毀。寺主道珍為了修復殿宇，自建中靖國元年（一一〇一）至大觀三年（一一〇九）之間，遣募化僧順遠、順能等分向交城、文水、孝義各縣僧俗募鑄鐵佛約三百尊，這就是玄中寺有名的宋代鐵佛。

金朝統治北方以後，玄中寺得到了相當的保護。不幸大定二十六年（一一八六）又值火災，殿堂房舍都成為灰燼，連許多碑石也被焚毀。當時住持元釗銳意復興，數年之間，法堂僧舍次第落成；泰和四年（一二〇四）又命他的弟子淨悟、淨行、淨寬等重刊了唐高氏所書〈鐵彌勒像頌碑〉（其刻碑附跋）。元釗善講經論，有及門弟子十八人，是中興玄中寺的一位高僧。

元初惠信禪師住持玄中寺，太宗三年辛卯（一二三一）中書省命太原監納使崔定宣諭，改石壁寺為「龍山護國永寧十方大玄中禪寺」，命惠信領眾為國焚修，並廢除所有地稅。惠信自金末以來住持五十餘年，次第修復伽藍，制定寺規行事，並從事造林，美化了山門的風景，使玄中寺成為天下禪宗的名剎。它的下院分布各地，多至四十餘處，為南北各大名剎所罕見。

明初洪武五年（一三七二），普臻（谿峰）受請為住持，積極復興（見行真〈當山第十八代谿峰禪師壽塔附記〉）。永樂十二年（一四一四），住持福志（無極）與興亮（月堂）師徒修建了正殿五間和莊嚴佛像三尊、聖畫八十四龕（見王瑀撰〈記師徒功德碑〉）。永樂二十二年（一四二四），法雲（福才）為交城僧會司僧會兼玄中寺住持，也銳志復興（見月峰〈交城縣僧會沙門法雲才公禪師德行記〉）。法雲的弟子月庭（興海）於宣德九年（一四三四）繼任住持，修理了大藏經閣安置經典（見全圓立〈月庭海公禪師之壽塔附記〉）。

在正德十一年至嘉靖十四年（一五一九～一五三五）之間，玄中寺得到文水縣信眾的施助又造了鐵佛百餘尊。這些是仿宋代鐵佛鑄造的所謂明代鐵佛，特別表現了明代造像藝術的風格。嘉靖十九年（一五四〇）住持善經（法蕙）又進行重修（見安朝書〈石壁寺重修記〉）。萬曆三十三年（一六〇五）修建的天王殿，是玄中寺現存最古的建築物（見天王殿中樑題記：「時大明萬曆三十三年歲次乙巳季春，文林郎知交城縣事蒲城殷潤、縣丞李、典史王同立。」）

入清以後，玄中寺分為東西兩院。順治十四年（一六五七）東院住持性存，得當地巨族解之麟、解元登等布施，修建了鐘鼓樓及高書〈唐鐵彌勒像頌〉碑樓（見〈唐鐘鼓碑樓暨重修記〉）。康熙二年（一六六三）西院住持智興與性存等共同修建檀鸞、鳩、鴿三祖師殿，遷移安石橋，抄補《大藏經》，並重修了千佛閣（見王雲〈新建檀鸞鳩鴿祖師殿並遷安石橋抄補大藏經創造經櫃重修千佛閣碑〉）。

從清初各種碑記看來，玄中寺的東殿、南殿（天王殿）、東護法堂、善法殿（大殿）、立佛殿、千佛閣、祖師廟、韋馱殿、接引佛殿等主要建築物，都曾經性存、智興等修復一新，尤以乾隆二十二年至三十二年（一七五七～一七六七）十年間的重修最為完整（見乾隆三十二年〈重修石壁永寧禪寺碑記〉）。清代最後重修玄中寺的是嘉慶十一年（一八〇六）東院主僧常樂（無慮），他除修復東西兩院殿宇外，並新建接引菩薩殿、準提菩薩殿各三楹（見〈常樂上人修建石壁寺功德記〉）。光緒十年（一八八四）寺中大殿不慎被焚，千佛閣亦因年久失修倒壞，加以寺僧四散，玄中寺的景象就日漸荒涼了。

玄中寺的歷史人物，自曇鸞以下屈指數十人。據道綽《安樂集》卷下所舉雖有大海和齊朝上統，並未說到他們和玄中寺的關係。但日本聖聰（一三六六～一四〇〇）《淨土三國佛祖傳集》卷上卻有大海為曇鸞嗣法弟子，住玄中寺，弘師教，及法上為大海嗣法弟子、玄中寺第三世住持的記載。道綽所舉的大海禪師，未見傳。而法上是否為齊朝上統亦不明。

道綽於隋大業五年（六〇九）到玄中寺。由於他熱忱教化，使晉陽、文水、太原三縣男女都知稱名念佛。善導於貞觀十五年（六四一）到玄中寺從道綽受《無量壽經》和淨土法門。道綽寂後，他即到唐都長安，熱烈宣揚淨土的教義。善導的教學後來傳入日本，發展成為現在日本佛教的淨土宗和淨土真宗。

貞觀末年（六四二～六四九）玄中寺高僧明度，以誦《金剛經》助修淨業。相傳他常以餘粥餵養二小鴿。後來小鴿學飛墮地而死，轉生人道，皈依明度（見贊寧《宋高僧傳》卷二十五〈唐并州石壁寺明度傳〉）。到了宋代，玄中寺又有龍潭祖師感化鳩鴿二鳥轉世為僧的傳說（見《交城縣志》卷八〈仙釋部宋龍潭祖師〉）。這可能是從上述唐明度的事蹟轉化而來的。

元初改玄中律寺為永寧禪寺的是惠信，他被尊為永寧禪寺第一代住持。惠信所屬禪宗的宗派不明，他有弟子七十餘人，升堂入室者二十餘人，最著名者為廣安。廣安曾為太原路都僧錄，被稱為定慧玄中大師（見一二七八年慧青〈大龍山石壁寺圓明禪師遺行碑〉）。

自元初惠信傳至明初普臻禪師為第十八代。普臻於洪武五年（一三七二）住持玄中寺，一時頗呈復興的氣象（見行真〈當山第十八代谿峰禪師壽塔附記〉）。法雲（福才）於建文四年（一四〇二）任交城縣僧會司，後為玄中寺第二十六代住持（見月峰〈法雲才公禪師德行記〉）。他是明代玄中寺特出的高僧。

自元釗至第十代住持洪選，其排行順序為元、淨、廣、從、洪。洪選於元天歷三年（一三三〇）在〈寬公法行記〉碑陰題刻有〈宗系贊〉二十八字是「普福興全資善淳，因圓智海勝思珍，妙語證明宏法道，宗文寶印志成仁」。明代由普字傳至因字共七世，其代表人物有福志、興亮、全泰、資慧、善經、淳開、因貴等。

清初東院住持通仁，西院住持因江，世系開始分裂。通仁傳法淨，法淨傳性存。

性存以後傳了八代，這一系以真常、無慮（常樂）為最傑出。西院自因江以後，成為玄中寺住持世傳的正統；但傳了幾代以後，其法系就不詳了。

現在玄中寺的殿宇、佛像、莊嚴等，於一九五五年由人民政府撥款，全部重修。一九五七年九月，日本佛教訪華親善使節團高階瓏仙、菅原惠慶、塚本善隆等一行，在訪問我國期間，特地訪問了玄中寺。

他們帶來了日本淨土宗大本山知恩院和增上寺及淨土真宗本願寺派和大谷派分別繪製的曇鸞、道綽、善導三大師的畫像奉贈玄中寺，並在那裡舉行了盛大的報恩法會。這三幅高僧畫像，已奉安於玄中寺新修的祖師堂，作為中日兩國佛教徒友好的紀念物。

參考資料：

1.《山西通志》，卷五七，〈古跡考〉。

2.〈石壁寺鐵彌勒像頌碑〉，唐林諤撰。

3.〈石壁寺甘露義壇碑記〉，唐李逢吉撰。
4.《續高僧傳》，卷六，〈曇鸞傳〉，唐道宣著。
5.《淨土三國佛祖傳集》，卷上，日本聖聰著。
6.《宋高僧傳》，卷二五，〈明度傳〉，宋贊寧著。
7.《交城縣志》，卷八，〈□釋部〉。
8.〈圓明禪師遺行碑〉，元慧青撰。
9.〈法雲才公禪師德行記〉，明月峰撰。
10.〈常樂上人修建石壁寺功德記〉，清胡均墳撰。
11.《中国の淨土教と玄中寺》，道端良秀著，東京，一九五三。
12.〈玄中寺鐵佛〉，《瓜茄》第五號，奥村伊九良，東京，一九三九。

附錄

附錄一

釋迦如來一代記

（日）武者小路實篤／原著
釋慧雲／編譯

自序

釋迦牟尼世尊降世已經是二千五百多年了。在這二千五百多年間，世界上的眾生受著他的直接和間接教化的，恐怕不是恆河沙數所能譬喻的罷。即就我中國民族的文化和世尊發生的關係，也可以說是很久的事了。所以在我們國民的常識上，至少也有知道釋迦的必要的。

然而二千年來我國佛教著述中，要找一冊關於世尊一代詳細的傳記，除了一些應化事蹟的讚詞外，簡直是很難發現一冊令人滿意的，這不是一件不可思議的事嗎？

現在佛教卻因時代的要求，漸漸國際化了。世尊偉大的人格已漸為世界文明各國所崇拜。這時佛教大眾最先要知道的，自然是其教祖為如何的人物與如何成佛的事了。假若不知道其教祖之為人，而想要體會其教旨的真髓，那到底是不能的罷。

釋迦世尊是什麼樣的人呢？在佛教徒之中，假若有完全不知道世尊的人，那真是極大的恥辱。社會的人們倘若還有不甚知道世尊的事的，那更是我們佛徒的恥辱了。

在世界各種宗教的教祖之中，世尊是一個最偉大的人物，那是誰也無疑的罷。世尊的教義，假若能實行起來，這個世界將怎樣和平和怎樣幸福呢？

原來印度國家的組織因屢屢變更，所以對於佛誕年代的異說也非常之多的。因此關於佛誕的年代，印度人的觀念就沒有確立，這是研究過印度歷史的人所知道的。因為印度人與普通的熱帶民族同樣的對於的確數的觀念與時間的觀念是稀薄的。所謂「無量百千萬億載」或「那由他阿僧祇劫」的說法，我想歷史年代的記錄之無明確是不足怪的。

我從披剃以後，就感到佛誕年代的不統一。有的說是佛曆二千九百五十幾年（舊傳周昭王甲寅佛誕之說），有的說是佛滅二千三百八十三年（見光緒年間曼殊《梵文典》

自序和章炳麟的《梵文典》序），相差至五、六百年，幾令人懷疑為前後兩個世尊的降誕。我們反觀耶教紀元和基督降誕的年代雖也有相差四年的異說，然而今日耶教紀元居然成為世界公曆，為人類一切歷史劃時代的水準，它的意義的深長真要與天地同其悠久了。

基督與世尊雖同為世界二大文明宗教的開祖，受其本教教徒無限的崇拜，視為並世無二的聖人。然而所謂聖人是什麼呢？其適確的定義雖然難定，但假若這樣說：就是超越其國家與民族而發揚其人格事業為世界人類所尊崇的偉人，大概不會怎樣錯的罷。

佛教是崇拜世尊為三界的大導師，尊為天上天下的無上尊的。同樣，基督教徒是崇拜基督為人類的救主，尊為唯一真神的獨子的。所以從信者的立場看來，其教祖都是無上尊，可以和他比較的人是沒有的。但我們今離佛教徒的立場，試就二聖的人格加以簡單比較之：

基督的性情，峻烈狷介，愛正義固然熱烈；憎邪惡亦甚激然，因此引起為政者的反感，終於得到被釘殺於十字架上那樣悲慘的結果。他是在春秋尚富的三十三歲之年，就喪失他的生命而升上天國了。假若他有世尊一樣的壽命，他的造詣一定要更可驚人的罷。他的教義是認創造宇宙之神，以他為父，以人類為其子，而把神人結成父子的關係，以自己為其媒介，如《新約》上說：「沒有耶穌，誰也不能到父那裡去。」因此，他便是以支配人類的命運和救濟之神自任了。

世尊的人格，是悲智雙融，從而包容力亦甚宏大。其教徒依其無限的慈悲之力以救濟一切的煩悶懊惱；假使一讀過世尊傳記的人，無論如何的未信者亦不能不感動的罷。世尊年齡達於八十，可說的法已說完了，可度的人也度完了，在娑羅雙樹之間入涅槃時，不單弟子們的悲哀痛哭達於極點，我們試看涅槃圖畫上，連許多鳥獸也來集於涅槃像的周圍而表現其沉痛的樣子，則其人格之偉大，其德之感及於禽獸是能想見的。把他比之於基督與盜賊並列而流鮮血於十字架上的光景時，無論何人亦不難判別其人格的大小罷。

晚近各國學者依印度哲學等作佛教之研究，又作佛教歷史的研究，依現代組織的研究方法，發表其教理的分派、傳記、著書等等研究的業績。這一點，無論為著佛教本身，或為著把佛教教理的價值推行於世看來，我們對於這班學者，都是要表以深深的敬意的。

我發心要寫世尊的傳記已經好幾年了。我深覺得到今日為止中國還沒有一冊普通佛教徒可以看看的世尊傳記；但世尊一代的事蹟是如此的廣，要簡單的敘述也得要費相當時日的，材料龐雜得難以去取且不必說，就是有相當參考的書籍，也是很費布置的。本書的完成是有一點小因緣的：作者於民國二十三年冬天赴台灣弘法，歸途突遭無妄之災，在異國的獄裡送去了一年的光陰，結果雖然是無罪生還，然而所得的教訓是很多的。憶在獄中時，我因略懂英文之故，而且是個和尚，所以看守的石井春雄君也特別青眼，起初是他背著上司借我許多日文雜誌，後來我在一冊雜誌上看見《釋迦》出版的介紹，是日本當代文豪武者小路實篤所著的，這個名字怪面熟的，我便設法託石井君替我向東京買來了一冊。一面固然要欣賞欣賞這位文豪的作風和知道一點日本名士對於世尊的看法；一面實在是欲藉此以打破獄中精神上的寂寞和忘了憂國的痛苦。

《釋迦》寄來了，封面裝訂的華美是不消說的，但看書後的版數，自昭和九年十一月間至十年四月間，已經是第七十五版的發行了。這樣驚人的翻印，在日本近代的出版界是不足為奇的。若在我國恐怕就要令人咋舌了。我除了佩服武者小路先生文筆的優美外，同時更感到日本國民對於世尊崇拜的狂熱。這本《釋迦》使日本青年認識了佛陀生生的面目，同時又為世界不朽的名著，這是我們所相信的。

在我出獄以前的二、三月間，這本《釋迦》是我唯一的伴侶。真的如武者小路先生的〈自序〉裡所說的：「讀下去使人心裡清清，又得種種的教訓，而且直接地感到釋迦的偉大的心。」

現在我寫這本《釋迦如來一代記》，就是以這本日文原著為藍本，而另外再參考幾種關於世尊的傳記寫成的。因為時間急促，我只是粗枝大葉地寫下去。在節目上不得不割愛到半數以上，若要全譯，只有俟之異日了。

本書對於教義完全沒有敘到，因為那方面已有他人的著作，而且要和世尊一代的生涯夾雜寫來也嫌過於累贅了，所以專門教義的敘述只好讓之於他人罷。

二十五年六月二日慧雲自序於廈門南普陀寺之海印樓

編註：「慧雲」即林子青先生。本書曾於一九三六年八月，由佛教公論社及廈門市佛教會共同出版發行。

一、緒言

佛教是什麼？一言以盡之，就是佛陀的遺教。

佛陀是什麼人？當然就是被稱為釋迦的聖者，尊崇他的呼為釋迦牟尼如來的那個人。他就是生於今日印度的中央摩揭陀國迦毗羅城的地方。北方是世界第一高峰的喜馬拉雅山，戴著白雪的峰頭巍然地聳立於雲表，南方是像碧藍的清流的印度大河，映著蔚藍的熱帶的天空，悠悠地流入於大海。人民都是富足繁榮，一面讚美著王德，一面像夢那樣歡喜地送去了日子。

但那是很古很古的事了。由來印度文學上是缺乏歷史性的，世尊的出生年月日，固然無由確知，竟有一種外國學者把世尊一代記當為太陽神話，而否認其實存的事也有的。因為沒有明確的記載，而認為是後來一班教徒所造出的理想的人物也不少的。現在依種種研究的結果，總算是被認定為一個實存的人物，而誕生於距今二千五百年前的四月八日，於八十歲的二月十五日入於常樂的涅槃了。

世界的二大宗教說來，是佛教與基督教。其信徒之數佛教說是四億萬，基督教說是三億二千七百萬，亦有稱為四億萬，大約其數是相同的，一發達於東洋，一發達於西洋。但基督教因近代科學的發達，其影響是漸漸地稀薄了。尤其是物質文明的盛行，更因世界戰亂的勃發，而益證明其無力。

世尊之出現於世，對於我們人類是永遠可以紀念的一大事因緣。說他為歷史上的偉大人物，是誰也不能否定的吧。無論從社會的改革者，或宗教的革命者，或深遠的思想家，或真摯的道德者看來，他都是值得稱為稀世的大英傑的。但那不過只是看見其彪炳於外面的皮相見解而已，還沒有洞察到世尊深深的心靈界的實體。世尊以上各點的傑出，我們不能忘卻的是他內證自得的結果。世尊在心靈界，已經具備曠世偉人的資格了。人類的技能到達某種程度雖亦由於天性，然而大部分是需要修養的工夫的。積修養之功愈深，其力愈強；愈淺其力愈弱，所以人間萬事，修養是最重要的。

世尊以苦心慘澹修行的結果而取得大正覺是很顯明的。對於世界問題、人生問題起大疑問，視浮世尊貴的王冠為土芥而勤苦修行於靈山，終於大悟人生宇宙種種的疑團。人類的意識是由種種觀念集合而成的，使除惡行善的觀念存在於意識之中，而表現於外部的一言一行，這就是大聖人的境界。宗教的觀念，在善的觀念中是第一的。道德的觀念是相對的，宗教的觀念卻是絕對的。沒有達到絕對的境界是不可以說是善的極致的。世尊的修養，就是宗教觀念的養成。勤苦六年的結果，打破一切的癡情妄想，充分發揮其絕對的宗教觀念。世尊之為大救世主的資格就在這點。

一年之中，最平和而最充滿著喜悅的春之中，慶祝一個人類的大先覺者，三界的大導師世尊的降誕，對於我們佛教徒可以說是最自然的感情。在這百花絢爛的春天，我們一想到那無憂樹下世尊的降誕，便會意識到那是象徵著平和美德之美的對象。像那花的平和的心，芬香的情操，希望淨化全人類，使全世界成為花的世界，這是世尊的理想。

二、佛陀降誕的年代

關於世尊降誕的年代，古來研究者之說是很多的。然最可依的正確之推算，以今年而說，就是二五〇一年之說了。佛教學者之所以斷定世尊誕生的年代為二五〇一年，自然是考證研究的結果，而不是臆斷想像假說的。但這能保證絕對沒有錯誤嗎？在不能看見確實歷史的事實的印度這樣的古國，要想得到一個統一推算的結果，實在是很困難的。這裡讓我把佛陀降誕入滅年代的異說，略舉幾種：

1.《佛祖歷代通載》卷四：「周昭王二十六年甲寅（西紀前一〇二七）二月八日，世尊生於迦毗羅衛國。」此說為吾國舊傳最普通的佛曆紀元，就是民國二十五年的今年，正當二九六三年；但依今日東西洋學者史家的研究，已證明此說的錯誤。

2.《歷代釋氏資鑑》卷一：「釋迦如來入涅槃至今，大元至元二年（西紀一二七六）歲丙子，歷計二千二百八十五載。」照此逆推，而算出佛陀降誕的年代，已在三千年以上，此條最不可靠。

3. 法顯《佛國記》：「法顯曾遊西域。……因見師子國三月出佛齒，供養王前，宣曰：佛滅已一千四百九十七載也。」按法顯於姚秦弘使二年（西紀三八七）西渡流沙，六年（西紀三九三）到中印度。停住六年（西紀三九九），學戒律梵語，還經三年達青州。師子國即今之錫蘭。照此上推，佛陀的降誕，亦在三千年以上，當然亦不可靠。

4. 西洋學者所定的《世界歷史上的重要年代》：「西紀前五四三年，佛陀逝世。」照此推算，佛陀降生至今年，為二五五九年。

5.英國《佛學》雜誌的考證（*Bnddhism in England*, vol.6, no.2, page 50）略謂：「佛陀誕生之年代，依小乘派之推算，為西紀前六二三年；依近代歷史學者之研究，為西紀前五六三年。」

6.一九一二年（A. P. Sinnett: *Esoterio Buddhism, Chapter IX Buddha*, page 210）著者在〈佛陀〉一章中，大意謂：「關於佛陀降生的年代，依近代研究精確之考定為西紀前六四三年。」

7.西藏所傳佛滅年代，西紀前五四六年。

8.錫蘭所傳佛滅年代，西紀前五四四年。

9.緬甸所傳佛陀伽耶碑文第一：佛滅西紀前四八一年。

10.佛陀伽耶碑文第二：佛滅西紀前五四三年。

11.《善見律毗婆沙》：佛滅西紀前四七九年。

12.《眾聖點記》：佛滅西紀前四八五年。

依《眾聖點記》推算佛陀降誕的年代，至今年恰當二五〇一年。但日本依高楠順次郎博士的推算，卻多算出一年，而為二五〇二年，此說望月信亨博士，曾以詳密的推算，指摘其多算一年之錯誤。南京內學院之主張，與望月博士正是同一的推算。

今日討論佛陀降誕的年代，非從佛滅年代推算不可的。而記此佛滅年代之說，從前就很多的。但《眾聖點記》之說，似乎比較確實而為一般所採用。

這個《眾聖點記》之說是出於《歷代三寶紀》的。這部《歷代三寶紀》是什麼樣的一部書呢？從大體上說來，此書是隋文帝開皇十七年，翻經學士費長房為獻隋文帝的閱覽而著。但他的內容主要是記載翻譯經典的歷史，全部有十五卷。初三卷是揭載從周代至隋的時代之間的年表。次從第四卷至第十二卷的九卷，記述從後漢代至隋代翻譯經典的事實。最後從第十三卷至第十五卷，是寫入藏目錄和出現於當時的經典。

這個問題的《眾聖點記》，揭載於《歷代三寶紀》中之第十一卷，行於南齊、蕭梁、北周三代之間的經典翻譯之內，寫著南齊的僧伽跋陀羅翻譯《善見毗婆沙律》十八卷（這是律的註釋書，現在的一切經內，均指《善見律毗婆沙》），並附帶寫此書之由來。

也許有人以為《眾聖點記》是一部什麼史書的吧；但那是許多聖賢年年於行自恣終了之後，附以點印的一種簡單的標識。為明瞭起見，茲節錄其全文並加以說明：

「師資相傳云，佛涅槃後，優婆離既結集律藏訖，即於其年七月十五日，受自恣竟（佛涅槃後，弟子優婆離與其他諸弟子，共編纂律藏訖，於七月十五日，受了自恣。所謂自恣，就是從佛在世當時，行於佛教團間的一種行事，每年佛弟子自四月十六日至七月十五日三個月間，行夏安居，其安居終了之日，各各自白其罪過的一種懺悔）。以香華供養律藏，便下一點，置律藏前，年年如是（每年下一點）。優婆離欲涅槃，持付弟子陀寫倶（優婆離死時，將其律藏授予陀寫倶），陀寫倶欲涅槃，付弟子須倶。須倶欲涅槃，付弟子目犍連子帝須。目犍連子帝須欲涅槃，付弟子旃陀跋闍。如是師師相付，至今三藏法師（這樣順次將此律藏傳其弟子，而至翻譯此律的僧伽跋陀羅的老師三藏法師）。三藏法師持律藏，欲至廣州，臨上舶，反還去，以律藏付弟子僧伽跋陀羅。羅以永明六年，與沙門僧猗同於廣州竹林寺，譯出此《善見律毗婆沙》，因安居。於永明七年庚午歲七月半夜，受自恣竟，如前師之法，以香華供養律藏，訖即下一點。當其年，計得九百七十五點，點是一年……。」

其他異說尚多，吾人亦不能一一列舉；但無論是三千年或二千五百年這樣相差至四、五百年的異說，那也只是聽學者研究的自由，對於佛陀本身人格的教化，是沒有什麼影響的。佛陀依然是我們信仰的中心，我們信仰的對象是一點動搖也沒有的。無論是二千年或三千年的說法，是沒有什麼關係的。學者有學者的看法，一般人有一般人的看法。總之，世尊的降誕，對於我們佛教徒實在是超越時間的問題。

三、釋迦的先祖

西曆紀元前六世紀的時候，在現今印度的奧達州（Oudh），北毗赫州（North Behar）的北部，與尼泊爾國（Nepal）國境的一圓形地帶，有各種種族不同的人建設著許多的王國。其中在現時喬拉克坡市（Gorakpore）的北方拉勃底川的北岸的一國，是釋迦種族所建設的王國。

在喜馬拉雅山麓的迦毗羅城，是從前名為迦毗羅的一個仙人修行的地方，後人遂以為名。建都於此迦毗羅，據傳是更前釋迦先祖的三個兄弟所建設的。這裡我想先從他的先祖說起——

很早很早的時候，印度有一個賢明的皇帝叫甘蔗王，是一個福德圓滿的理想的皇帝，受他的國民所尊敬的君王，於印度河下游補陀落迦城建都，以統一天下。

但這個皇帝有兩個王妃，無論怎樣偉大的君王，亦是不能使這兩位王妃都心服的。第一王妃名善賢，生一子名長壽。第二王妃，生四子，一名炬面，二名金色，三名象眾，四名別成，都是不劣於長壽的青年。長壽雖然生來英俊，然而一般的人氣，還是屬於第二王妃所生的四個兄弟。

有一天，第一個王妃潸潸地哭著走到甘蔗王的面前，王很吃驚地問：「你為什麼哭呢？」

「有一點難說的事，不過……。」

「是什麼事呢？」

「長壽的事情啦！」

「他有什麼事呢？」

「我掛慮長壽的未來，日夜都不能安心的。」

「哪有什麼可以擔心呢？」

「你在的時候，當然是可以安心的；但你萬一若有長短，那要怎麼辦呢？」

「他的四個弟弟，決定不是壞的人的！」

「那是很知道的，不過後來的事，誰能料得到呢？」

大王被這麼一說，亦不能反對了；實在大王這時亦有點顧慮了。

「那麼，要怎麼辦才好呢？」大王很急地問。

「你這麼一說，我是不能隨便回答的；但我已考慮過了種種。我知道只有兩種方法而已，一種是我和長壽出到國外去。」

「那是不行的！」

「另一種是炬面等退到國外去。」

「其他沒有再考慮到什麼嗎？」

「是的，倘若恐怕擾亂這國的平和，我想其他是沒有方法的。」

「讓我考慮看看吧。」

「請你好好地給我想想！」

甘蔗王一個人自己想著：知道善賢所說的話是無理的；但若不順其無理，更可怖的事也許就會發生，這是大王非注意不可的。國內分成二派而互相爭奪，對於那些無罪的人民，實在是很可憐的。無論哪一方面失敗都是不好的，若使戰爭繼續下去就更不好了。無論怎麼賢明的大王，對此也是沒有辦法的。

但是這個沒有辦法的問題也是不能置之不理的。於是大王想和那沒有失去理性的四個兒子商量看看。

炬面等四個兄弟被召，想來不知有什麼事，茫然地來到父前。

「有一件困難的事發生了，我想聽聽你們的決心。」

「是什麼一回事呢？」

大王詳細地說了自己所憂慮的事。於是：

「你們想怎麼辦才好呢？」這樣地問。

炬面和其他弟弟們，小聲地不知合語些什麼話，即時決定了。炬面這樣地說：

「父親的話，我們是很瞭解的。哥哥繼嗣此國的王位，是當然的事。我們是歡喜退國的。到那裡去開闢一個未開的地方，在那裡建立一個新的國家。從前我們就夢見建立新國家的事，而且互相談過的。」

「真的嗎？你們這樣一說，我也就安心了。我想是沒有其他方法的。你們真是我的兒子，好好地給我下個決心吧。我當盡可能地幫助你們創造新的國家。」

「非常感謝。」

四個兄弟，一點悲哀的表情也看不見，愉快地垂頭在父親面前退去了。父親含著兩眶老淚送別四個神祕的兒子的後姿。

四、新國的建設

炬面等四人要去國建立新的國家的事，為世間知道了，人們非常驚異，同時又寄予無限的同情。要和四個王子共進退的人頓時多起來了，大王也非常歡喜。

出發的準備，急速地就完成了。一行的同伴，有婆羅門、富豪、力士和百工等等。到快要出國的時候，哭著惜別的人是不少的。但他們是向著新的國家而出門，卻像出征那樣的氣慨。國民送著他們，國王也送著他們，他們對於國王的王親，祝福他的健康。

王子們是青年，燃著熱烈的希望。他們是為著國內的和平而退身的，心中有一種驕傲之氣。他們是被感謝和讚美而越了國境前進了。

他們的心雖然難免寂寞，但心的驕傲覆蓋了它，而且新的希望正招著他們，使他們忘記了一切的不平。

他們終於到達了自己所要尋求的目的地，那就是渡了傍耆羅河而出於喜馬拉雅山脈之麓的地方。那裡的景色是很幽美的，廣大的平原，肥沃的水利，和甘美的果物林，使他們完全滿意了。

幾年以來，甘蔗王從訪問迦毗羅城歸來的臣下聽到了可喜的音信。「炬面、金色、象眾、別成四個王子所建設的新國，果然非常發達，都市也很繁榮，而且大家都是很勇健快樂地生活著。」

大王不禁很歡喜地叫著：「很能幹！」這個「能」字就是「釋迦」的意思。從此炬面等的國人就被稱為釋迦族了。

從大王讚賞的話，便產生了「釋迦」這一個名來。

以後，炬面、金色、象眾，先後的亡了，而別成就成為其國的支配者。其子孫有一個名為獅子頰，這一個人的兒子就是淨飯王。

淨飯王就是釋迦牟尼佛的父親。

姓是什麼時候附上的是不知道的，但後來稱的是喬答摩。

五、淨飯王與摩耶夫人

淨飯王是一個英勇的君主，這是不要說的。他住在迦毗羅城，到達結婚年齡的時候，娶了天臂城的主人善覺長者的長女為妃，她就是摩耶夫人。夫婦兩個的感情，當然是很融洽的。本來摩揭陀國，是什麼也無所虧的，像極樂那樣的國土。但這裡卻被一條幽暗的煩惱之影射了進來，那就是淨飯大王和王妃摩耶夫人，現在年紀是漸老了，卻還沒有生下一個嗣位的王子。

但不知經過幾年，正想著王子大概是不能生了的一個美麗之夜，宮城的高樓行著一年一度的「月祭」的時候，陳列著蘇摩的酒祭著月神，許多的朝臣熱鬧地舉行了祭禮。微妙的音樂奏起來了，隨之是宮中的舞女也舞起來了，大王和王妃都很歡喜地看著。

六、白象託胎

什麼時候月兒也高高地升上天空了，而且那夜的景色的美是什麼也不能譬喻的。摩耶夫人不知什麼時候，在高樓的欄杆上微微地睡著了。其時夢見從月中走出一隻六牙的白象，從右側入了胎內，就這樣地驚醒而懷妊了。

摩耶夫人覺得這個夢太不可思議了，把它告訴了淨飯王。王亦覺得這個夢不是偶然的，急急召了一個巧於占夢的婆羅門來判斷。

婆羅門聽了這夢的話，一時呈現無心的狀態，像考慮著什麼似的，定了定神說：「很好的夢。那是要生王子的前兆；而且這個王子將來若是在俗，定為轉輪王而支配全世界；若是出家，將成佛陀而為人天之師，這樣好的夢是沒有的。」

王和摩耶夫人都非常歡喜。

七、太子誕生

摩耶夫人懷胎，十個月平安地過去了。依當時的習慣，因為要產生王子，須回她的娘家去分娩的。當在迦毗羅城與天臂城的中央，有一個素稱美麗的園林叫藍毗尼園（Lumbini），暑季往返於兩地間的人們，停足在這個園林，休憩於無憂樹下而納涼是常有的事。

摩耶夫人臨行之日，淨飯王以下的朝臣們是一個不留地送她出門。夫人自己看見這樣的情景也感到很是幸福。淨飯王也相信，摩耶夫人這次歸來的時候，不是單單一人而將要帶回一個可愛的王子的。

於是很歡喜地和摩耶夫人道別，並祝她途中平安。

摩耶夫人和淨飯王分別，帶著許多女侍們出了城門，彷佛很舒服，天氣很好，季節也很好，隨從們也很愉快那樣談笑地走著。大家很愉快。

行列到了中途，不意產氣逼來了。隨侍的人很慌張，摩耶夫人反而鎮靜地指揮著，立刻到了附近的藍毗尼花園，四方急急地張了幔幕充為產屋。大家奔走著急地準備，但夫人卻很安穩地看著。

園內有一棵稱為無憂樹的名木，枝葉蓊鬱茂盛，今正盛開著名花。四邊飄散著馥郁的香氣，看著這樣光景的摩耶夫人，休息於無憂樹下，心頭鎮定地徐舉著右手，正欲手折滿開著花的無憂樹枝的剎那，像玉一樣潔白的男孩，從其右脅腹下誕生下來了。那就是後來的釋迦世尊。

《佛本行經》上說：

爾時摩耶后　自知產時至　偃寢安勝牀　百千婇女侍　時四月八日
清和氣調適　齋戒修淨德　菩薩右脅生　大悲救世間　不令母苦惱

其時無憂樹的花下，生著大大的寶蓮花。世尊降地以後，自行七步，右手指天，左手指地，作獅子吼云：「天上天下，唯我獨尊。」繼云：「三界皆苦，我當安之。」

又《佛本行經》記云：

自身光照耀　如日奪燈明　菩薩真金身　普照亦如是
正真心不亂　安庠行七步　足下安平趾　炳徹猶七星……
應時虛空中　淨水雙流下　一溫一清涼　灌頂令身樂……
於藍毗尼園　遍滿林樹間　奇特眾妙花　非時而敷榮

王子落地以後，諸天紛降溫冷二水，奏著種種的天樂，地上湧著歡喜的波，這是諸典一致所記載的。又《涅槃經》亦曾敘述如此。

菩薩初生之時，於十方面各行七步。摩尼跋陀富那跋陀，鬼神大將，執持旛蓋，振動無量無邊世界，金色晃曜，瀰滿虛空。難陀龍王及跋難陀，以神通力，浴菩薩身，諸天形像，承迎禮拜……。

到了二千五百年後的今日，世界四億萬的我們教友，籠罩著熱誠，舉行浴佛會而表示慶祝，就是因為紀念這個歡欣的日子。

八、阿私陀仙人的預言

王子降生的喜色充滿著宮廷，都內的百姓也歡喜地祝福。人們正歡喜之時，阿私陀仙攜著那羅童子訪問迦毗羅城來了，說要看看太子的顏貌。因為來的是有名而且德望崇高的阿私陀仙人，所以淨飯王很歡喜地送太子給他看了。

看來像過了百歲那樣白髯的仙人，恭敬地抱著太子，細細地注視著太子的顏色。左右的人默默地看著，仙人亦默默地看著，但突然淚浮上了目頭，仙人不能忍耐地啜泣起來了。

淨飯王屬下在場的人吃驚了。一股冷氣貫穿著胸，大王亦難禁地說：

「尊者為什麼緣故哭起來呢？」

仙人謹慎地送還了太子說：

「請不必憂慮。但若依古昔吠陀的書籍所記載的，大王的太子不是成為轉輪聖王的；即使轉輪聖王也是沒有具備這樣三十二相與八十種隨形好的。拜見了這位太子的相，只是佛陀的相，必定會出家而成佛道的佛陀的吧。我因為想到自己年老，恐不能等到太子成道說法之日，突然地感到悲哀，終於哭出來了。」

淨飯王以為太子不能為轉輪聖王，卻將成為佛陀，是多少不服的；但說到比轉輪聖王還有更優秀的相貌，想來亦是沒有不歡喜的。

殷勤的招待了阿私陀仙和那羅童子，施予美麗的衣服。臨歸時，阿私陀仙人對那羅童子說：

「你年紀還輕，太子若是成道，你應該作他的弟子才好！」

八、摩耶夫人之死

太子生下五日，命名式是很莊重地舉行的。許多的婆羅門受命，為著要選擇最好的名字互相商量。那商量的結果是因為太子生時，具備一切瑞相，所以應該名為悉達多，那是一切成就的意思，是祝福世尊前途的命名。因為釋迦是種族的名，通常被看為阿利安人種的一派，與今日歐羅巴人種是同源的。

摩耶夫人生了太子的第七日，不幸地去世了，但太子很健康地生活著。摩耶夫人之妹摩訶波闍波提代替姊姊，接受對悉達多的養育。這是不幸中之所幸。

太子是平安的成人了，人們一見其圓滿之相，沒有不從內心表示深深的敬愛的。波闍波提以後生了兒子和女兒，男子名難陀；但自己雖生了子，而尊敬悉達多太子之念，仍然是不薄的。愈看太子是愈聰明，愈健康，愈可愛了。

九、奇異的太子

太子從小時起，對於什麼都是熱心的，而且是聞一以知十。倘若練習一種武藝，沒有徹底的精通，他是不肯放鬆的。誰看見都說是有望的太子，且是因過於有望而驚異了。尤其是淨飯王，他過慮著太子的賢能，但同時也很自傲，盡力的物色相當的教師來教育他。極力想要使他成為英明的君主，武術方面也是很熱心教他的。

父王所考慮的是：當時印度的國情，有五天竺的分歧，中小諸國互相分立而爭霸。迦毗羅城的釋迦族文武的聲譽也是很高的。它是被夾在血統純正的貴族而受到不少的尊敬的拘薩羅與摩揭陀的兩大國之間，受著周圍強國不斷的威脅，所以他只是希望著，印度全民族之理想的統一四海之主的轉輪聖王，乃是屬於賢明無比的自己的太子的。

十、太子求答案的第一個問題

天地間所有的人，哪一個也不能免於生死的，為什麼沒有誰認真地想來解決這個問題呢？尤其是在衣食住的經濟生活沒有因難的順境的人，更加不成其為問題了。世尊之所以為世尊，就在於此處。無論是誰，都要經過一次青春懷疑的時代。具有超常穎敏頭腦的太子，卻常常閉坐一室而沉於憂鬱的思考。目擊這種情形的父王，百般苦心，想以現實的歡樂來魅惑太子的心，而試著種種的設施；但太子的冥想卻更加深刻，而父王所施方法一點效力也沒有。

無論是為博太子之歡的春耕的出遊，或四季宮殿的造營，或以二萬的美人乃至四門的出遊，不過是徒然地驅使太子的厭世出塵的決心更加堅固而已。

外表的生活是沒有變動的。許多女人苦心地想博太子的寵愛，華美的宴會，歡狂的舞樂，日以繼夜。在淨飯王想來，除此，可以阻止太子出家的方法是沒有的。

國民信賴著太子，其無限的慈悲心與優良的品性，是國民崇拜的焦點。太子的武藝是優秀的，特別是弓術，他有著過人的膂力，騎馬是不要說的，象他也很巧於駕御的；而且富有勇氣，是人們所週知的。鄰國亦聽說了太子的英勇而抱畏懼。像這樣的太子還要出家，對於大王和國民真是意想不到的事。

當太子十二歲的時候，淨飯王帶著許多太子小孩們去視察農事。人們在流著汗水勞作，太子在初夏溫暖的微風中，跟在父王的背後走著，心裡充滿歡喜；但看見百姓的勞作，沒有自己這樣的快樂，曝於天日的勞苦，在小孩們的心是沒有不同情的。其他的小孩是隨便看過的；但他卻深思熟慮，他的易感的心，直接感受到了對於人們肉體的苦和心的不平。

尤其是被犁掘起的土內，看見那些掘出的蟲慌忙地要攢下土內，而群鳥爭來啄食的時候，他想那是多麼殘酷和無情，他因此而感到恐怖，感到十分痛苦。這種現實在他眼前出現，那些蟲的恐怖和苦痛，對於他而言，好像不是他人的事。

十一、閻浮樹下冥想

他彷彿不知不覺地遠離了大家，而坐在閻浮樹下的嫩草上，閉目定神，想著種種生物的苦痛。

我們試引《佛本行經》說：

「太子出遊，看諸耕人，赤體辛勤，被日炙背，塵土坌身，喘呷汗流。牛縻犁端，時時捶掣，犁槅研領，鞅繩勒咽，血出下流，傷破皮肉。犁揚土撥之下皆有蟲出，人犁過後，諸鳥雀競飛吞啄取食。太子見已，生大憂愁，思念諸眾生等有如是事。語諸左右悉各遠離，我欲私行。即行到一閻浮樹下，於草上跏趺而坐，諦心思惟，便入禪定。」

在他閉目之間，淋著汗、塗著污泥而勞作的人之姿，被鞭打、垂著涎那樣苦苦地步著的牛之姿，和被群集的鳥爭啄著的蟲之姿，都明顯地浮了起來。他想著這些可憐的現象，沒有方法可以救助他們嗎？但怎樣才好，他是不知道的。他的眼睛滿含著淚，對於這些眾生的不幸，他是從骨髓裡感到的。

他知道，無論怎樣想，這些可哀的事，在此世是不會斷絕的。要怎樣才好呢？正在這樣想著竟忘記了時間的經過。

淨飯王偶然注意到太子不知什麼時候看不見了，著急地命許多人去搜尋，遠遠地發現一個人影，太子依然在閻浮樹下默想著。大王自從聽見這種情形，更加憂慮太子的出家了。他這樣想著：真的中了阿私陀仙人的預言了嗎？

十二、太子結婚

以世尊太子的身分，過其宮廷的生活，自然是極其快樂的。所以早早就迎了天竺第一美人拘利城善覺長者的女兒耶輸陀羅為正妃，不久便懷孕而生了羅睺羅。結婚生活對於悉達多太子決不是不幸的。得著真實愛著自己的年輕而美麗的耶輸陀羅，對於太子也是很歡喜的。

二人並肩攜手散步於中庭之姿，實在是美而幸福的。太子的面上也時時浮著無心的微笑。

淨飯王得到這樣的報告，也完全滿足了。

為要安慰太子的心，把宮殿的外觀和內部更加裝飾布置得十分美麗，妖豔的舞女，不惜重金的雇聘，大王完全想以醇酒、婦人和音樂的三大政策來征服太子的心的。

太子不是不愛快樂的，但那不是滿足的方法。心的表面看來雖像可喜，而心的深處是益加孤獨了。

人生若能永久地生活著，一切的人若能同樣地喜樂，所有的生物若能平和而快樂地生活，太子也許就會安心而感到幸福的；但太子對於人生的無常是過於知道的。從此對於世態人情的煩悶，更加露骨，更加感到一種悲痛，早已萌其出家入道之志了。

我們再略引經上記太子出遊西門和北門的所遇說：

「太子駕車出遊……既又出城西門見一死屍。眾人輦行，無量姻親，圍繞哭泣，或有散髮，或有搥胸，悲咽叫號。太子見已，心懷酸慘，還問馭者。馭者白言，此人捨命，從今以後不復更見父母兄弟妻子眷屬，如是恩愛眷屬生死別離更無重見，故名死屍。一切眾生無常至時，等無差異。太子聞已，命車回宮，默然繫念如前。

「終於城北門更見比丘，鬚髮畢除，著僧伽黎，偏袒右肩，執杖擎缽，威儀肅整，行步徐詳，直視一尋，不觀左右，太子前問，答言我是比丘，能破結賊，不受後身。太子聞說出家功德，會其宿懷。便自唱言：『善哉！善哉！天人之中，此為最勝，我當決定修學是道。』」

十三、太子求答案的第二個問題

生死問題的解決，自然是最重要的，而且每個活著的人類，都是非遭遇不可的命運。太子斷然出家的動機，當然也是為著要解決這個問題的。還有一個動機，是當時大小國家間的鬥爭，與社會階級間差別待遇的問題。

原來佛陀以前二千五百年的印度文明，是以四姓階級最高級的婆羅門教為中心的宗教文明時代。所以這時各種神的崇拜，奉其祭神的吠陀經典，以其教權與神權，為社會思想統制之原理，使人無條件的信奉，因此奉持此神權教權的婆羅門僧族，乃處於社會最高的地位，以統制社會的階級自任了。

永久地自由把持著神權的婆羅門，漸漸逡巡到其自體腐敗墮落的命運，擁護神權的智識和實力也衰落了，實際上已失去統治時代的權能。其反面是人智日漸發達，連神智也懷疑而輕視到神權和蔑視婆羅門之風也起來了；而且長久被壓迫的第二階級的剎帝利王族武士的反動也抬頭了。代之創造了新時代的文明統制社會，因此剎帝利種遂成為上位的階級。這就是世尊出世當時，因出於剎帝利種，以剎帝利文明的代表者，在婆羅門教之上創設佛教的道理。

可以證明這個劃時代的史實，是在《起世經》中，說破婆羅門為第一階級的古風，而強調以剎帝利為第一。如以四姓的順位為：剎帝利、婆羅門等，和佛陀第一期的弟子幾乎全是婆羅門的改宗者，而剎帝利王族又都是佛教教團的外護，皆可以證明的。

世尊對於當時印度那樣弱肉強食的國情，和四姓差別的社會階級間的反目嫉視，以他頭腦那樣的敏感，自然不能像雲煙過眼那樣看過的。倘若說以出離生死是為自己自身的問題，那麼希望國家間的平和與不平等階級的撤廢，可以說是為著國家社會的問題了。世尊是因為沒有抓到解決這兩大問題之鍵，不得已的而以最大的決意飄然勇往邁進的。

十四、太子出家之志白於父王

太子終於不能忍耐了。想面會父王，將自己出家的決心顯明地白於父王，懇求他的允許。淨飯王想著：到底這個時候來了，他是失望了，好像要說什麼似的；但悲哀襲擊著他的心胸來了。淨飯王是一句話也沒有說，只看著太子的面色，可是像聯珠那樣的淚，不禁奪眶而出了。太子看了如此情形，亦情不自禁地哭起來了。

兩人都舉聲啜泣了。稍停一會，淨飯王這樣地說：

「你如此的說，那是很有決心的事，我亦知道的。但耶輸陀羅和羅睺羅的事，你也要考慮才好。我亦年老了，早就想要隱退過些安樂的日子，請你再一次細細地想想，若是其他的事，無論什麼都可以滿你的願的。」

「父王，若是那樣，那麼請你給我四個希望罷。」

「什麼希望都可以的。」

「那麼，我要老實地說了：第一是不給我衰老，第二是給我永久的青年。第三是給我無病，第四是給我無死。假若能滿我這四個希望，我就可以不必出家了。」

淨飯王憤怒地看著太子，但太子是非常認真的，表示著悲壯的態度，所以淨飯王的怒氣也沒有了。父子就這樣無言地分別。

十五、太子出家的計劃

太子雖然想要出家，但太子的使命是不許他隨意出家的，因此他是苦上加苦了。但太子不能忍耐無意義的生活，他知道誰也要死而不能安住於世界的。

一夜，終於決定出家了。

那個前夜，太子比平時還更加愉快，而且召集許多宮妃，載歌載舞，耶輸陀羅和侍女們都歡喜地看著。人們以為太子比平時還更加歡喜，尤其是耶輸陀羅幾乎歡喜到掉下淚來。對於太子是以柔和的態度和他談話，太子也像表示著熱烈的愛那樣地回答。

這一晚上，耶輸陀羅是很平安地睡著了。但太子卻很不容易入眠，出家的事是眠前就決定了。雖然是最後的一夜，也要使大家歡喜一番。那時看見大家是很可憐的，而沒有方法也是事實。太子心裡是含著淚，而故意表示著愉快；所以沒有一個人知道太子的心。

到了夜半，看見大家是寢靜了，太子靜靜地起來。太子注意著不驚動睡著的人起來而出了室。在廣大的宮室中，剛才歌著舞著的少女們都睡著了。那種姿態和他們起來的時候是完全不同的。像倦極而什麼也不知道地睡著了。但有的咬著牙齒作聲，有的抱著繡被，有的脫去了枕，凌亂地示其一切的醜態。

太子靜悄悄地來到殿庭，月是異常的皎潔，庭中看來是異樣的世界。晝間活著的東西是睡著了，晝間眠著的東西卻醒來了。完全和晝間不同的世界在那裡展開了。

十六、車匿和犍陟

太子走近馭者車匿的住室，叩了他的門，輕輕地呼著：「車匿，車匿！」

車匿在夢中聽見太子的聲音而驚醒了。他想那不是夢嗎？但的確是太子的聲音。於是急急地起來穿上衣服把門打開了。

「把犍陟帶來！」

「這樣夜深時分，要到哪裡去呢？」

「月色很好，想出城去走走。」

車匿已知道了他的本意。

「這樣的深夜出城，對於貴體是有妨礙的，請明早再出去罷。」

「車匿，把犍陟帶來啦！」

這樣低低而有權威的聲音，車匿無意地說：

「是。」憂愁地看著太子而畏縮地問：

「是不是要去出家呢？」

「沒有問那樣事的必要，把犍陟給我帶來就好了。」

犍陟看見太子，很歡喜地嘶了一聲。

「別離是人生所難免的，這是我從生時就決定了的命運。」

車匿只是畏縮地點著頭。

城門是由車匿的手開了，誰也沒有注意到。主從默然地走著，只有馬看來像歡喜似的。走了不遠，太子向車匿說了感謝之意，揮了一鞭，馬便向前狂奔了。只有馬蹄的聲音在虛空中響著而已。

車匿一面哭著一面走著。萬物像死一般地睡著了，只有遠處夜鳥的鳴聲時時的響來而已。主從依舊默然地走著。

渡了阿奴比耶邑邊界的阿奴摩河的時候，天空已呈了白色，涼爽的江岸的朝風非常舒服。太子下馬就河畔洗了顏面，在那裡拔出了刀，把髮髻斬斷了。車匿只有默然看著而沒有辦法，淚頻頻地流了下來。太子把剃頭的刀和頭髮交給車匿，對他說：

「辛苦你了，請你把這刀和頭髮給我交給父王罷，並請他把悉達多當做死了那樣的想。我若是達到本願，還想再回來的，否則死亦不回來的了。請你這樣替我說，願父王把我看破了罷。」

「那麼從此將怎樣生活呢？」

「只有乞食而已。我的事請你不必掛慮，一個人地生，一個人地死，這是人類的命運。我已下了最大的決心了。請你好好地給我回去。」

太子就這樣和車匿分別了。

十七、苦行林訪問跋伽婆仙人

太子的出家，實在是脫出了物質的牢獄而求精神的自由的。自和車匿分別以後，他便向王舍城附近的森林走去，歷訪各處山野苦行冥想的婆羅門，努力想以同樣刻苦的修煉而把握得解決生死問題之鍵。他最先訪問當時著名的跋伽婆仙人於優樓頻螺村。當時印度婆羅門是很盛行的，其哲學論理是相當幽妙和精微的。他是信奉現世肉身的受苦，而於來世可得天上之樂的果報那樣的苦行外道。這是不能使太子滿意的。

太子看見跋伽婆仙人的同參，最初所得的印象是近於失望的。他們的行為，的確是難以領教的苦行。有的臥於荊棘之上，讓它刺穿身，流出了生血，那已經是斑黑的令人可怕了。但他們還十分忍耐地臥著，讓荊棘更深地插入身體。又有臥於塵芥之中，對於不潔的東西像無關心似的；有的臥於火旁，半身燒得通紅，有的僅立著一足，有的浸半身於水中，有的以草和木皮代替著衣服，而且一日一食的人也有，二日一食，三日一食的人也有的。

非常慘酷的苦行，是會受人們尊敬的。所以修行者到了這樣的苦痛，也還是顯示著其能忍耐。太子對於這樣的苦行很佩服，但那些人們的顏色卻是沒有一個光彩的，彷佛心裡想著：那是幽暗的，悲慘的，不健全的象徵。

「為什麼要修這樣的苦行呢？」太子突然地這樣問著跋伽婆仙人。

仙人立時很嚴肅地答：

「為著來世要得天上的樂果。」

太子聽了，更加感到失望。自己這樣想著：

「為著要得樂果必須受苦嗎？只有天上可樂而人間就非受苦不可嗎？」

他又靜靜地對仙人說：

「苦行我是十分尊敬的；但為求其報而苦行，那苦終於是不能離的吧。苦與樂是永遠相隨的。……你欲求天上之樂，這不是實在的樂，諸天雖有樂，福報亦是有限的，福業若盡，又要輪迴於六道而受苦，為什麼要修種種的苦因來求苦報呢？」

跋伽婆仙人什麼也不能置答。

太子在那裡宿了一晚，翌日他又繼續其旅行了。

他從跋伽婆仙人的弟子們聽到南方有個高明的阿羅囉迦羅摩仙人。他離去對之失望了的跋伽婆仙人，而決定要訪阿羅囉迦羅摩去了。但他到這裡來，亦不是徒然的；因為使他知道尚有人們能行這樣的苦行，但求者與被求者都是很有缺陷的。

太子以新的決心，向著勝利之道勇往地邁進。

但阿羅囉迦羅摩的所在是很遠的，途中渡了恆河而入於王舍城。王舍城是一個很大的都會，街屋整潔，人口繁多，那裡是頻毗娑羅王統治的國家。他對於太子的出家是很驚奇的。

太子在王舍城乞食的時候，人們看見他的容貌，知道他的以前曾是悉達多太子，誰都喜歡以一瞻這個太子的丰采為榮，在太子端正容貌之內體現了其光輝的精神力，遇著太子的人都會感觸到的，所以太子到處受人尊敬。

十八、就學阿羅囉迦羅摩仙人

太子離王舍城到阿羅囉迦羅摩仙人的地方，仙人的年紀已很老了，但精神還異常地矍鑠，看見太子來很歡喜地迎接了他。一個將近百歲、白髮滿頭的老人，和一個二十九歲雄姿英發的太子對坐談話的光景，看來宛然是一幅名畫。

太子和這位仙人接談以後，自己想著：今天是遇到真的足以為師的人了。今後決定暫住在這裡，依師的指示而修行。後來太子知道這位仙人的所教，不過是依一種修定的方法，入於非想非非想的禪定裡，以求無想天的果報而已，果報盡時，仍然不免輪迴；於是他又不滿意而離開了。

從此，行腳勞勞，到處尋訪有名的婆羅門和修行者，想從他們得個安心立命的入門；可是總不能使他滿意。盡了六年的苦行，覺得畢竟歸於徒勞，依此欲達到目的，到底是不可能的事。因此不如捨去了從來單在外部尋覓悟道祕鍵的方針，而求之於內面的精神力，以達觀人類的本性，透徹宇宙的真理。下了這樣的決心，便抖擻精神，斷然地離了苦行之牀。為著身體的強健和元氣的回復，走近摩揭陀國佛陀伽耶的地方，那裡有條尼連禪河的清流，河畔滿鋪著美潔的白沙，太子遂浸其身體於尼連禪河，洗滌六年間的塵垢，受了牧女乳糜的供養，急速地增加了體力。

十九、尼連禪河畔的修行

太子於是決定了自己的道場。而且下了最大的決心，大願沒有成就是不去此的。但預先受淨飯王派為警護隨身的憍陳如等五個人，看見這種情形，以為太子必定是墮落了，可憐其變心，而向遠遠的迦奢國波羅奈城，入鹿野苑繼續著苦行去了。

太子雖然只剩下自己一人，對於五人去留的事，根本不在乎。隨即體力也恢復了，以爽快之氣，豁達之思，運步於佛陀伽耶的菩提樹下，敷吉祥草為金剛座，而安坐其上。這時，天氣異常明朗，清淨柔和的風吹著，太子像生來初初感到內心的歡喜似的，什麼看來都是清淨和美麗的。太子這樣自誓著：

「若不成正覺，誓不起此座。」

於是凝然入於禪定，什麼恐怖也沒有，眼睛明白地看得見：山河大地，萬物的姿態，都一一正確地認識了。太子什麼都知道了，生死之姿是不二的，也明白的感到了，障礙是什麼也沒有了。與宇宙同化，心和生命都擴大於宇宙。所謂：「佛身遍滿於虛空，而恆處此菩提座。」就是世尊這時自證的境界。

二十、成佛

世尊這時集其精力，省察自己，洞觀法界。種種疑問與煩悶，晝夜二六時中，都在世尊心裡往來起伏無定。有時使他狐疑和懈怠放逸的障礙，亦不知有多少。世尊成道史上的「降魔」一節，正是說明此時的情況。這種境界到底不是一般人所能想像的。終於，經過二十一日，於十二月初八日拂曉，明星閃爍的瞬間，他確信自覺著自己是一個大覺的佛陀了。這時世尊正是三十五歲。

但這種自覺，不是一時的興奮，而是經過長時間的思考的，以前一切妄念的幻影，都像太陽之下的白雲立時消滅得無影無蹤。生命的執著和偏愛也沒有了，死的恐怖是全空的，這時他也完全感到了。人生完全是個幻夢，死更是不成什麼問題了。

可是此時在已經解脫了生死的太子的心中，漸漸湧起來的思想也不是沒有的。那就是眾生的愚迷苦難，他們是有可歸處而忘歸的許多悲哀苦惱的人們，以及對於這些人們偉大的慈悲。太子這樣想著：

只有把握著真理的人才知有愛。那是像沒有絲毫沾著的青空那樣廣大的愛。只有渡於解脫的彼岸的人，才能說是真正的得度。

二十一、初轉法輪度五比丘

佛陀為著救人，要怎樣說教，方法是已經想定了。他最先想著的是要對憍陳如等五人說法，而且知道這五人是在鹿野苑而訪問到那裡去了。

佛陀在途中略為進了一些食物，腹中不再飢餓，身體比以前更加輕快壯健，血色也異常好了。但佛陀在過去六年的苦行中，為著要度眾生和感化當時的外道，的確也是相當忍辱的。如《因果經》上說到伏苦行外道云：「即於尼連禪河側，靜坐思惟，觀眾生根，宜應六年苦行而以度之，思惟是已，便修苦行。於是諸天，奉獻麻米，太子為求正真道故，淨心守戒，日食一麻一米。」

他的勞苦忍辱可以想見。但他的挨餓是有作用而不是徒然的。如《大智度論》說：「諸外道等，信者苦行。若佛不六年苦行，則人不信，言是王子慣樂，不能苦行，以是故佛六年苦行。」

世尊雖然日食一麻一豆，但仍然不能折伏妄想，不能超越生死。又行停息工夫，那就是依外道的方法，塞上了口和鼻，停止了它的出息，依此方法的修行是漸漸深刻而漸漸覺得苦了。耳內發出轟轟的響聲，眼耳現著可怖的深陷，頰骨異常峻峭地顯露出來，只剩下一把骨和一重青薄的皮而已。

此外，又行種種無理的苦行，想征服肉體。那雖然多少有效，但世尊所希望的根本覺悟是遙遙無期的。煩惱難得斷絕，情欲和生死更加不易解脫了。在世尊想：那還是修行不足的，雖然採取所有的方法，克服了煩惱而像入於解脫之境：但有時似乎成功，不久又再回復原來的狀態了。

所以世尊決計放棄這無益的苦行，另依合理的修行方法而達到大覺的境界，這裡我們也可以看見世尊審擇力和實行力的偉大了。所謂自己認為正當的合理的行為，雖千萬人反對亦所不顧的，這是大聖人大英雄的行動和思想。

在鹿野苑的五個比丘，看見世尊變節，以為意志薄弱，和他分別以後，仍然繼續其苦行的生活，依然地是骨和皮而已。他們的精神生活和物質生活，一點也沒有變。而且偶然談起悉達多的話，都以輕蔑的口調，毀謗他的墮落。

一天，他們照平常那樣集合著坐禪，看見從對面走來一個什麼人似的。於是一個人說：

「那是喬答摩啦！」

「沒有那樣的事。」

「不，真的是喬答摩。」

「也許是後悔了吧?!」

「不見得有那樣的事。」

「那麼，他特地跑來，真太厚顏了。」

「也許是因為一人寂寞而來的。」

「墮落的人，想叫我們同情是不能的，更沒有叫我們低首的理由。」

五個人決定了，絕對不從自己開口談話和向太子低首。

太子對於那樣的事情，像無關心地，以很自然的態度來到五人的地方。五人是滿不在乎地注意著，但一點也看不出太子有後悔的神情。他是以莊嚴、圓滿而鎮靜的表情來了，一點也想不到的事。

來到憍陳如等的面前時，五人不約而同地站了起來，低首表示了敬意。佛陀看見說：

「你們不是約定連我來也不站起來迎接的嗎？為什麼這樣客氣地站起來呢？」

五人的心像鏡那樣地開著，佛陀是知道的。

五人吃驚地說：「喬答摩！你不是厭煩了嗎？」

「喬答摩那是我的姓，請你們從今不要再呼我的姓了。我已成為佛陀，而為一切眾生的父母了。」

憍陳如很驚異地說：「你什麼時候成佛陀呢？苦行尚且不能成佛陀，難道停止苦行的人反能成正覺嗎？我真不敢那樣地想。」

「憍陳如！你想以小小的心來測量我有沒有得正覺的事是不可以的。肉體若是苦了，反而會使心惱亂的。身若是樂，便會愛著於情。無論苦樂，都不是成就道的根本。捨苦樂而得正道，正見、正思惟、正語、正業、正命、正精進、正念、正定，這名為八正道。依此而修行，則心自然會安靜，而生老病死之患，也能遠離的了。我是已經行了中道而得正覺的。」

憍陳如等五人聽了佛陀的話，非常歡喜，而且感謝。五人的態度都表現著非常的誠懇。於是佛陀知道這時可以向五人說法了，對他們繼續著說：

「你們知道，這個人世根本是苦的：有生的苦，有老的苦，有病的苦，有死的苦，有愛別離苦，有怨憎會苦，有求不得苦，有五陰熾盛苦。這些苦難誰能免得掉呢？所以，我們要好好地知道這些苦才好。」

五人想來，佛陀的話是實在的，而且傾耳注意著佛陀將繼續說些什麼。佛陀繼續地說：

「這些苦，都以『我』為本源。眾生若是想起有我，這些苦是難免要受的。貪欲、瞋恚、愚癡三毒，亦皆以我為本源，而且這三毒成為種種苦的原因，活著的人若有這三毒，苦是要反覆來去的。這就叫做『集』，這集是非斷除不可的。倘若能夠滅除『我』的想和貪、瞋、癡三毒，諸苦就會沒有了。這就叫做『滅』。為著要行這個『滅』的工作，除行八正道以外是沒有方法的。這就叫做『道』，此道是非修行不可的。」

五人聽了以後，像有什麼領悟似的。佛陀又再說著：

「憍陳如們！要好好地知道才好。先知有『苦』是必要的，『集』是非斷除不可的。而且要滅除此等是非證不可的，所以『道』是非修行不可的。我已知苦，斷集，證滅，修道，所以得了無上道。這些苦、集、滅、道，就叫做四聖諦。若不知這四聖諦，是不能解脫的。這些聖諦若真實的知道，種種的苦，就能解脫了。憍陳如！我說的話，你很能瞭解嗎？」

「是的，我已很能瞭解。」憍陳如很尊敬地回答。

其他四人也已知道佛陀所說的話是真實的，於是五人就成為佛陀的弟子了。

佛陀為著要使自己所得的真理，讓弟子們也要真實的認識，若有一點不周到，他是不能安心的。佛陀問弟子說：「比丘們！色、受、想、行、識五種東西，是常的還是無常的？苦的還是不苦的？空的還是不空的？有我的還是無我的？」

五人很謹慎地答著：「世尊，色、受、想、行、識，實在是無常的，苦的，空的，無我的。」

佛陀聽了很歡喜地說：「比丘們，你們已經解脫，已經能斷除產生諸苦的根源了，苦也不會再來擾亂你們了。我和你們六人是成了世間第一的福田了。具備了佛、僧和四諦法，此因三寶的名，是名實具備了。」

「三寶是怎樣說呢？」

好像誰這樣問著。

「三寶，就是以如來為佛寶，以四諦為法寶，以你等五百羅漢為僧寶。所謂佛寶、法寶、僧寶，名為三寶。這三寶已經具足了。這些若能互助，我的教便能廣布天下，導人們於無上道而得解脫了。」

五人很歡喜的低頭禮了佛陀。這樣說著：

「我們已經很明白了。」

五個比丘：就是憍陳如、摩訶那摩、跋提、阿捨波闍、跋陀羅五人。

這就是世尊成道以來，在鹿野苑轉四諦法輪度五比丘的一段因緣。在佛陀一代史上，有很重大的意義。

二十二、耶舍出家及其父母的皈依

自此，佛陀便帶著五人渡縛囉迦河之岸，在那裡擇了適當的地方住下了。

一天清早，佛陀正在河岸散步。遇著一個青年，垂頭喪氣地連鞋都脫了跣足地渡過河來，佛陀知道他一定有什麼難言之慟，和他接談之下，才知道他是波羅奈國俱梨迦長者之子，名為耶舍，家裡是千萬的巨富，因為家庭的愛情破裂而出奔的。佛陀勸了他一番，談了人生之苦和教以離苦之道，耶舍是完全馴服了。於是脫了寶貴的衣服，穿上了黃衣，便成佛陀的弟子。這時佛陀的弟子才變成了六人。

耶舍的父親，翌日醒來，看見兒子不在，很是驚愕。隨即派了許多人馬四出搜尋，連他自己也出發了。搜到縛囉迦河畔，看見兒子的一雙鞋，他想這樣淺的河水是不會溺死的。於是自己也渡了河，而到了佛陀的所在。佛陀注意到了，命耶舍預先迴避起來，再自己迎接了俱梨迦長者。

俱梨迦長者見了佛陀，急忙地發問：

「沙門，你沒有看見我的兒子嗎？」

「實在是在這裡，如果你願意見他，馬上就可以出來的。」

俱梨迦長者是悲喜交集、半信半疑地說：

「你是沙門，不會說謊的吧？」於是依禮在佛陀的身邊坐下了。

佛陀談了種種的話，說布施持戒是如何的重要，長者聽了也非常感動。他知道了人生是如何的空，富樂是沒有滿足的。佛陀於是安心地使變成沙門的耶舍出現了。

憂慮著也許會自殺的兒子，現在看見他元氣好好地出來，父親也歡喜了。而且贊成他的出家，更請求佛陀於明日帶了耶舍到他的家裡去受供養，佛陀答應了。

長者更當場皈依了佛，成為沒有出家的在俗的弟子。這是最初的優婆塞。

翌日，佛陀依約到了俱梨迦長者的邸第，受了種種供養，為人們說法，其時耶舍的母親也皈依了佛。這是最初的優婆夷。所謂優婆夷，就是在家的信佛婦女。

佛陀播下的種，想不到在這裡萌芽了。

耶舍的友人們，五十人出家，是離此不久的事。

佛陀對於這些弟子們，可以教的是教了；而弟子們可以領悟的是領悟了。於是佛陀對弟子們說：

「比丘們！你們已聞了正法，得了解脫，而斷除種種的苦了。但眾生還是苦的，你們要發心救救他們才好。所以從此大家要各各分往諸國，濟度還沒有得救的人才是。我自此想往伽耶山去救一個被人尊敬著的迦葉。

弟子們都很歡喜地接受，各各到了熟悉的國土去說教了。

二十三、迦葉三兄弟的改宗

優樓頻螺迦葉是當時受著最多人尊敬，有五百弟子，而國王與大臣也尊敬的拜火教的領袖。佛陀在訪問他的途中，到了尼連禪河畔，已經是暮色蒼茫了。

優樓頻螺迦葉見了佛陀，對於他超然的態度是很敬佩的，所以很殷勤地迎接了他。佛陀也客氣地說了來意。「我是從波羅奈國來的，從此想要到摩揭陀國去，但天已晚了，想到尊處來打擾一夜。」

「這樣嗎？那是沒有不可以的！不過這裡有可怕的大蛇住著，大家都是恐怖的。」

「即使大蛇住著也沒有關係的。」

佛陀就入一間關著蛇的石室去了。

大家都吃驚地想：那真是好奇的人，愚騃的傻子。也有人說他是強要找死的，但佛陀並不像他們那樣想。他入了石室看見稀奇的大錦蛇，蜷臥在許多事火的器具之間，但他是沒有恐怖的。解脫了自己生死的佛陀，在那裡也是安穩靜坐入於涅槃之境。錦蛇對於自己沒有害意的人也不恐怖，時時地迴轉，但並沒有加害。翌日，佛陀像很安靜的休養的人，很安詳地出石室來了。大家很驚奇地問著：

「昨晚怎麼樣呢？」

「只要心得清靜，應該是不會受害的。」

有著無比的精神力的解脫者，這樣地回答。聽見的人，連腦袋都膨脹起來了。

迦葉想：這個男子不是平凡的人，也許是為著征服自己而來的吧？

這樣想來，自然不能不心亂了。

佛陀於是請求暫時許他在那裡修行，其時那裡有一種祭典，祭日有各方面的人會集來的。迦葉恐怕人們見到佛陀，因為他知道佛陀吸引人的魔力很大。

到那一天，佛陀不知道避到哪裡看不見了。翌日迦葉問了佛陀：

「昨天你到什麼地方去呢？」

佛陀莞然看著迦葉的面說：

「你不是希望我昨天不要在這裡的嗎？」

迦葉倒啞然了，但並沒有明白佛陀的意思為什麼要說那樣的話。不好意思地說：

「沒有那樣的事。」

「你還沒有悟道，你的心內有著嫉妒心，你恐怕我和大家相見，那我是明白的，所以昨天我特意地逃避了。像你這樣高尚的人，還殘留著嫉妒。在拜火之前，若是不斷了它，你是不得救的。」迦葉於是不能反對了。

「你說的話是實在的。我雖知道年輕的你確比我優勝，但我是很不願意知道它的。我對於真理是不忠實的，請你把我認為弟子，給我洗掉最後的污垢吧。」

「你真是勇敢的，迦葉！但你是有很多弟子的，信仰你的人也很多的。你要好好地考慮，或和弟子們商量之後再決定好了。」

迦葉就召集了弟子們說：

「我到了今日才真的覺悟。才遇著佛陀，我是從今要做佛的弟子了。我要洗去最後的污垢而入於真的涅槃。實際如佛所說的，若不滅『我』，我等都不能離苦的。我已知道，雖然祭火，而心仍著垢，什麼都是徒然的。希望和我有同樣思想的人，與我一齊成為佛的弟子吧。」

弟子們從前就已為佛陀之教所動了，現在因老師這麼說，大家發誓願為佛的弟子。

迦葉是很歡喜的了。於是佛陀改說自己的教，五百弟子們受了感動，把事火的器具，全部投棄於尼連禪河而作了佛的弟子。

迦葉的兩個弟弟：那提伽葉、伽耶伽葉，二人亦各有二百五十個左右的弟子。經迦葉的勸導，也都歡喜地改宗。

於是佛陀集了伽葉三個兄弟的弟子而說法；一千個迦葉的弟子們很敬畏地瞻仰著自己的師。

佛陀引了火的譬喻來說法。

「種種的妄想，像擦著了火石，而愚癡的黑煙便起來了，遂燃上了貪欲與瞋恚之火。其火漸漸強烈地燒著眾生，逼人們於生死的苦火之內。世人都被貪欲、瞋恚、愚癡三毒的猛火燒著，而輪迴於老病死的苦惱之內。諸比丘們，三火之所以盛，是以我為本的。若要滅除三火，我本是非斷不可的。若能斷除我本，三火自然就消失，輪迴三界一切的苦自然會沒有了。你們從來奉此三火，但現今捨棄它了。外部的迷信雖是除了，但三毒的火還在心內燃燒著。那是要早早滅除才好的！」

弟子們從心底感動了，知道自己心內三毒的火是非撲滅不可的。

二十四、竹林精舍的建立

佛陀離了尼連禪河迦葉們的地方，到伽耶山頂去，在那裡暫時住下了。自從迦葉們皈依之後，佛陀的聲望更為高大，連摩揭陀國頻毗娑羅王也知道了。

王派了許多親信的大臣去見佛陀，請他下山說法，佛陀看時機已熟，便帶弟子們下山，先在王舍城附近的林裡住著。王聽見佛陀已至，便帶了大臣和婆羅門及其他的人們來迎接佛陀。在王舍城說法以後，很得頻毗娑羅王的信仰，聽法的人都得一種稀有的法悅。

頻毗娑羅王便命於王舍城內迦蘭陀竹林中，建造精舍，希望得佛常住，常得聞佛說法。那個園林是非常清靜、非常優美的，精舍不久就造成功了。外觀的堂皇華麗不必說，內部的布置裝飾，也都是聘請專家設計的。

王於精舍落成之日，自身招待著佛陀及其弟子們，領他們一一地參觀精舍。弟子只有歡喜踴躍驚歎那精舍工程的偉大，而佛陀便乘便說法了：

「布施是去貪欲，忍辱是去憤怒，造善是遠離愚癡：這三種是入涅槃之門。」

這樣說了之後，佛陀又補充地說：

「沒有財寶可以布施的人，倘若看見布施的人而心隨喜的時候，其福報功德與布施的人是一樣的。」

他知道單單能布施的人是不足救的，這社會不能布施的人是很多的。所以他說，雖然不能布施，看見布施的人而從心裡歡喜，功德是同樣的。這樣造善是誰也能夠的，敬愛佛陀是誰也能夠了。

真的宗教家是對誰都要救度的，不是單愛著有錢的人。真宗教家的佛陀，讚美那些歡喜他人布施的人，是用意至深的，那真是佛陀的聖言。

佛陀領著弟子們，住到這個竹林精舍來了。從來沒有處住的一千餘人，這時是以佛陀為中心而營其共同生活了。

僧院的生活漸漸形成了，到各處去說法的弟子們也陸續地歸來了。他們在別離不久之間，看見佛陀又感化了許多偉大的弟子和許多誠實為道的兄弟們，怎麼不驚奇和歡喜呢？

佛陀也很歡喜他們回來，聽他們報告各處旅行教化的經驗。

二十五、舍利弗與目犍連為佛弟子

佛陀自得王舍城竹林精舍，他的聲望更加大了。可是嫉妒的人，持著反感的人，是自然有的。但同時景仰而皈依佛陀的人也是不斷的，心量廣大的佛陀，一一地接納他們。但佛陀在王舍城感到最滿意的事，是得到兩個最大的弟子，那就是舍利弗與目犍連。

舍利弗本名優波室利，目犍連名拘律陀，兩人都是稀有的聰明而有學問的婆羅門，同為刪闍耶的弟子，是志同道合的同參。而且兩人各有百人的弟子。

一日，舍利弗偶在市上走著，對面一個沙門來了，正披衣持鉢在城中乞食。那個沙門，就是五比丘中的阿捨婆闍。舍利弗見了這個沙門，像驚異似地問他：

「你是誰的弟子？」

阿捨婆闍照實地答：

「從釋迦族出來的佛陀的弟子。」

「是住在竹林精舍的嗎？」

「是的。」

「你們的教義可以開示一點嗎？」

「可以的。佛陀所說：一切萬物是依因緣而生，又依因緣而滅的。……」

兩人像百年知己那樣親熱，一面走著一面談著種種的話。阿捨婆闍興奮地讚美著自己所知的佛陀，兩人談得把時間都忘了。舍利弗尤其感到愉快而且感謝，這個地上有那樣的人嗎？他不禁這樣懷疑著。

兩人分別的時候，舍利弗對於佛陀的思想已領會不淺了。一向難釋的胸中的鬱結，像夏日之下的冰那樣消解了。

翌日，舍利弗和目犍連，各帶了自己的弟子百人來竹林精舍拜見佛陀，佛陀也很歡喜地見了他們。三人談了種種的話，這樣有思想、有根器的人，是佛陀成道以後第一次遇到的。

舍利弗與目犍連的歡喜是不必說了。

二十六、須達長者建立祇園精舍

弟子日漸增加了，知道供養佛陀的人也漸多了。

舍衛國的須達長者也聞風而來了。佛陀對他說了種種行善的法，他很歡喜地說：

「世尊，我想從今皈依三寶，遵守五戒，誓不殺生了。」

「那好極了，你的名字叫什麼呢？」

「我是有一點資產的，對於貧困和孤獨的人，我常盡力施予他們，所以國人都叫我為給孤獨。」

「貴國在哪裡呢？」

「北方的舍衛國。佛陀和僧侶們倘若願意來住敝國，則一切衣服、飲食、臥具、湯藥和其他，由我來供養吧。」

「北方我也想要去的，因為人數過多，恐怕沒有精舍可以給他們安住。」

「那麼，由我來造精舍罷，但世尊必定要跟我來的。」

「那是一定要去的，以前就想要去了。」

須達長者很歡喜地回國去了。他想精舍應該建在哪裡才適當呢？舍衛城的內外都找遍了，結果，須達長者發現一處實在是很適宜於建精舍的地方，但那卻是祇陀太子的園林。園林有秀美的樹木和澄澈的水池，一切都像是理想的天國。那是祇陀太子自己所誇耀的園林，很不容易讓出來的。

須達長者非常熱心地求他，終於以黃金滿鋪著地面作為地皮的代價，而把它買來了。但後來太子知道了那是為招請佛陀而建立精舍所買去的，自己也很慷慨地捐贈了一個園門。

須達長者歡喜地急急動了工事，遣人到佛陀那裡請他派個弟子作工事進行的顧問，於是舍利弗被派來了。

長者過於崇拜佛陀了，不顧金錢任意地捐助，外道的人們當然是不歡喜的。因此時常譏笑長者的迂闊，但須達長者是不理他們的。

二十七、舍利弗和外道辯論

因此他們決計要和佛徒們辯論，爭個高下，像暗示著須達長者不劣於佛陀似的，誇耀著自己教義的崇高。結果他們將要和佛徒辯論的意思向長者提出了。長者驚異地和舍利弗商量應付的辦法。舍利弗說：

「那是很好的機會，就和他們戰一戰吧。」

不久，地點和時間都決定了，辯論者是舍利弗與外道中的一個代表，這一天聞風來聽兩教辯論的人，都是當時印度一些知名的學者和貴族婆羅門，議場空氣的緊張是可以想像的。

舍利弗這一個人，不但在佛徒之內是最大的智慧者，就是普通學問和佛陀也不相上下的，他的父祖都是印度一方有名的數一數二的雄辯家。他是先精通了外道的學問，最後乃依佛陀而得正覺的一個人。所以要和外道議論的代表者，再沒有像他這樣適當的人了。

辯論結果，外道大敗，這位外道的代表也不是平凡的人，他深知佛陀教義的廣大，為了真理的探求，他不久便改宗成了佛的弟子。須達長者很得意地更加熱心於護法了，現在是誰也不能反對了。長者和舍利弗計畫，建造了十六座殿堂，六十座小堂。

這就是名為祇園精舍。

佛陀聽說精舍已造起來，知道機緣已熟，便出發王舍城，沿途教化而向舍衛國去了。佛陀入了祇園精舍，須達長者已達到願望，人們也都歡喜能常聽佛的說法，於是佛陀的名在舍衛國是無人不知道了。

二十八、波斯匿王訪問佛陀

舍衛國君主波斯匿王聽了佛陀的名，一天帶著他的近臣，特意來看看祇園精舍。

波斯匿王遇著佛陀，這樣地問著：

「一生修行到老的人也很不容易得悟，像你這樣年輕而且不是婆羅門，怎樣能夠得悟的呢？」

於是佛陀答道：

「大王！許多人是很卑小的，青年人都有放肆的習慣；但不能輕視的有四種事：一是王子，二是小龍，三是小火，四是小僧。王子雖小，但生長之後，他可為一國的大王而支配天下。雖然是小，他仍然是不失其為國王的。小龍牠任何時候都可以成為大龍，又大龍往往隱於小龍，騰雲吐霧，震動天地。火雖然是小也不能輕視的，無論怎樣小的火，它都有燒著山林、都市的力量。僧只要心常清靜，善修正道，無論貴賤老少，誰都能得無上的覺道；倘若開悟而得真理，惡口毀謗他的人，他的罪業是很深重的，過後就要懺悔也是難消除的。」

王聽了佛言，彷彿恐怖起來了。向來誰也畏懼著自己不敢直言的王，佛陀的話使他驚動了，尤其是佛陀的精神力有著壓倒對手的力量。這時王才變著態度，很誠懇地請佛陀開示。除了真理以外不知恐懼的人，靜靜地征服著波斯匿王而說教了。

「要將天下的人民像自己的子那樣地愛著，壓制不用說是不可以的。無論怎樣小的生命也是非愛惜不可的。自己要克服自己的惡德，捨去不正之教而行於正道。在他人不幸之上建築自己的幸福是不可以的。苦的人要救助，煩惱的人要安慰，病的人要施救才好，不要把王位看得過於特別的尊貴，不要被諂媚的言語所動。不近人情的苦行是不必要的。要得正覺，必先要使心清靜。」

「樹上熱烈燃燒之處，鳥是不能集合和築巢的；同樣，情欲燃燒之處，真理是不能安住的。所以無論如何賢能的人，在被情欲燃燒的時候，是不能冷靜判斷的。不能考慮一國的利害，也不能讓自己的生命安穩地生活著的。所以想要入悟的人，須要正見、正思惟、正語、正業、正命、正精進、正念、正定，就是為此。」

「世間有從光明到黑暗的路，和從黑暗到光明的路。大王！賢明的人是從黑暗到光明去，終入於燦爛光明的世界，救了自己的生命，救了人們的生命。人生是無常的，切不可求幸福於外部，不可侵佔人民的幸福來建成自己歡樂的基礎，只有使心寂靜入於涅槃，是最根本的幸福。」

波斯匿王覺得內心清靜，無量歡喜。

二十九、佛陀父子的再會

「預言者不貴於故鄉」是有這句話的，但佛陀可以說是正反對的。他不是衣錦歸故鄉，而是一身襤褸歸去的，但不用說那只是外表的話。

他是煩悶的結果逃出了宮廷，捨太子的位，抱著要戰勝死苦的決心而出去的。但現在佛陀是達到本願而得了正覺回來了。他帶了許多乞食比丘回來，外表是不美的，看見的人連背面恥笑的人也有的。但有心的人，都是感謝而且垂淚迎了他們的一行，尤其是見了太子莊嚴的面相的人是不由得合掌了。

佛陀沒有一直歸於宮殿，而入於迦毗羅城外的尼拘陀樹林，在那裡先安住下來，以後便入迦毗羅城沿門托缽去了。人們知道那些乞食比丘的首領是佛陀，便驚疑了，但都執著虔敬之念，致其敬禮和發心供養的人也不少。佛陀無論在怎樣貧窮的人家之前，怎樣有錢的人家之前，都同樣地站著。而且無論供養的人，不供養的人，若有求教的人，則隨機說教；若有奚落的人，則殷勤禮拜而去其處。其態度是非常可敬的，怎樣無心的人也被感動了。這樣的消息沒有不遠揚的，所以淨飯王也知道了。

淨飯王著急地帶了近臣，探訪自己太子的住處來了。在道中，兩方的行列相遇了。一邊是淨飯王的行列，極其華美和充滿著威嚴；另一邊是乞食比丘的行列，穿著種種襤褸的衣服，完全曝露在日光之下，靜靜地走著，看來是不很雅觀的。

兩方的行列接觸的時候，淨飯王慌忙地下駕，歡喜地迎接了親子的佛陀。佛陀和淨飯王並話地走著，王的車駕像無主那樣在後面隨著，宮廷的人和沙門，交織著奇妙的行列隨在後面走著。

佛陀和父王已闊別了十年，這樣的相逢，自然是沒有不歡喜的。但他知道自己責任的重大，父子的愛到底是不能久戀的。宮殿中起了一個大大的騷動，佛陀是歸來了。

三十 孤獨的耶輸陀羅妃

佛陀歸來的事，宮廷內的人們是沒有一個不興奮的，而且使他們回憶到太子出家那時的情景。但佛陀並沒有意外的興奮，無論遇著種種的人，或與耶輸陀羅妃和羅睺羅見面，他並沒有感到怎樣的動心。

但宮廷內的樣子完全變了，一個一個都浮上一種念頭。摩訶波闍波提是故意地裝著鎮靜，但好奇心是很強的。變成怎樣了呢？見面時將採何種態度好呢？這樣在她腦裡想著，懷慕之情不禁使她忍不住了。

無論怎樣，最不能無關心的是耶輸陀羅妃，到此是完全看破了。歡喜著羅睺羅的生長的耶輸陀羅，今日也萬感交集，恩怨重重了。

佛陀和父親、姨母及弟弟們，靜靜地入了廣廳，被人們慰問著，那時耶輸陀羅妃被羅睺羅牽著進來了。

與佛陀別後，這是第一次的見面，其間十一、二年經過了。佛陀經六年得了正覺，並沒有立即回來，十年餘像夢那樣過去了。那個夢對於耶輸陀羅妃是一個辛苦的夢，但今日這樣見面，那個夢是過去似的，而眼也醒來了。

人們看見二人相對的戲劇般的場面，身上的神經都緊張起來了。無論怎樣莊嚴鎮靜的佛陀的顏色，剎那間也是難免要挑起悲哀之情的。美麗寂寞的耶輸陀羅妃，籠罩了愛和恨的瞬間的表情，是悽涼而美的劇的姿態，但她的表情瞬間也過去了。二人在無話之中，心與心相印了，耶輸陀羅妃彷佛卸去了心上的重責，同時心弦也不緊張了。但無意地緊握著羅睺羅的手，那手非常戰慄著。羅睺羅則是驚異地看著母親的顏色。

三十一、佛陀對父王說法

佛陀說：

「人生是無常的，人們何時要死是不知道的。人們是不能避免老病死的，其他什麼可怕的事要發生是難說的。我若是這樣想著，一刻也不能安心的。所以我終於出家了，我想一定給諸位很憂念的。但不死的人是要別的，死的人，將會歡喜我的出家的吧？我終於發現了不怕死之道，我已知道這個無上平和、無上安穩、充滿歡喜的世界。知斷滅一切苦，我今穿著襤褸，時時睡於樹下吃著你們不吃的食物，但我因此卻得著心的平靜。在此的時候，我是奢侈的生活著，被諸位愛護著，但我的心是常苦的，煩悶給我與死以上的痛苦。若是想著當時，現在完全能夠入於不同的世界了。我已知道生活於涅槃之內了。人生是無常的、迷的、苦的，但那是能斷滅的。行正道的人便能到達於彼岸，最可怕的是：執著我的世界，而沉入於貪欲、瞋恚、愚癡的泥土中，不知真正之道。……」

佛陀說時，人們靜靜地聽著。

三十二、諸王子出家

佛陀歸來第一動搖的是佛陀的從弟們。淨飯王有三個弟弟，那弟弟們各有二、三個兒子。其中七個最要好的，那是第一動搖的。這七個人的心理非常一致，時常商量出家的事。七人便是：阿那律、跋提、阿難、難提、提婆、婆娑、金毗羅。

阿那律是第一傾心於佛陀之教的，對跋提說了，跋提即刻起了共鳴，終於連其餘的人也贊成了，結果七人一塊兒出家了。以後不知什麼時候，羅睺羅也訪問佛陀而求剃落了。

三十三、淨飯王的死

那是從此不久的事。佛陀單一人坐著禪，心裡非常寂寞，頓然想起了父王的事。他感覺到：也許父親淨飯王病死了吧？但那是事實。淨飯王遣使來報告他身體的不適，說要與佛陀和羅睺羅們再作一次的會面。

佛陀立即出發，帶著阿難、羅睺羅們向迦毗羅城，入宮殿去了。淨飯王還是活著，但已陷於危篤的狀態。看見佛陀們來了，露著寂寞的微笑，伸出了手來，佛陀默然地提著，不由得眼淚也湧起來了。

阿難和羅睺羅們是哭起來了，女人們更放聲號泣了。

「你們不要哭啦！」

淨飯王明白地這樣說著。

「我到今日想來是幸福的。自己的兒子成了佛陀，在我活著之間來了這裡，我尚能看得見他，雖然死了，也是幸福的。」他又這樣說了。

佛陀的心像入於涅槃那樣地觀想著。淨飯王合掌微笑著，終於斷絕了氣息。

摩訶波闍波提和耶輸陀羅們是哭昏了，只有佛陀默然地安慰著父王的死去。父王看來完全像入於涅槃狀態那樣的莊嚴。

王的屍體用香油洗過，以貴重的布裹著他，才收殮入棺，以寶石裝飾了他。然後安置於獅子座上，張著珍珠的圍幔，以種種香花散於其上。佛陀和難陀在棺前，阿難和羅睺羅在棺後，通夜地守護。

淨飯王舉行了盛大的國葬，葬禮的隆重是不要說的，布施也非常的廣大。

淨飯王的棺是佛陀和難陀們自己抬出去的，人們看見了佛陀們抬著棺，不禁一陣鼻酸，連淚也滾下來了。棺通過的地方，大家都跪下禮拜。

三十四、波闍波提等五百女人出家

淨飯王亡了以後，過了幾時，佛陀是遇到一件沒有辦法的事了。他想三十六計不如逃，所以急從迦毗羅城外的尼拘陀林而逃到舍衛國的祇園精舍去了。怎樣使佛陀沒有辦法的呢？

某日在尼拘陀林被波闍波提五百釋種女人包圍著，帶著兩件新衣而訪問佛陀來了。她們說：

「這兩件衣是我細心織成要奉獻的，請你給我收起來罷。」

「謝謝！要施僧吧，那是有大果報的。」佛陀歡喜地回答。

「不，這兩件衣是要供養世尊自己的。請你自己穿罷。」

波闍波提這樣說了。佛陀以為對手，總之是自己的姨母，不像對他人那樣堅決地拒絕，但說：

「我想要施僧才好，我也是僧中的一份子！」

「這兩件衣是為世尊作的，請你收下罷。」

「那麼，我只收下一件，另一件給我施僧罷。」

波闍波提才承諾，施予佛陀和僧，而且說：

「我有一件要求的事，請你對我們女人也依正法給我們出家和授我們具足戒。」

「那是不能的。不要說那樣的事，古來諸佛是不許女人出家的。女人是住在家裡剃頭著袈裟、勤行精進而得正覺的。未來的佛陀也是那樣的吧。所以我想你們還是依那樣的方法，住在家裡而得正覺為妙。」

但波闍波提她們是不滿足的，於是三度要求許其出家，在佛陀未曾承諾之時，竟哭起來了。波闍波提哭了，以下的五百女人也哭了。

因此佛陀沒有方法對付，才迴避這些女人們而逃了，但女人們的一念，不是這樣就能死心的。她們聽到佛陀逃往祇園精舍的報告，波闍波提和許多女人們商量後下了最後的決心。於是五百女人把頭髮都剪去了，穿著袈裟，追著佛陀之後而到祇園精舍來了。她們剛到了大門，像疲極了在那裡息著，阿難什麼都不知的跑出來了。

阿難很吃驚地看著這些截髮的女人們。

波闍波提見著阿難，很無力地哀求著說：

「阿難尊者！你來得很好。請你到世尊那裡去，給我通知說我們來了，並勞煩你對世尊說要收下我們為弟子，我們是下了死也不回的決心而來的。」

這樣說著，波闍波提已忍不住細聲地哭了，阿難也要哭似的。

「我一定盡力幫忙你們。」

阿難是完全出於同情而起了義俠心的。佛陀的心，阿難是不知道的；但女人們的心，他卻是很明白的。

阿難到了佛陀之前，像很難開口地這樣說：

「世尊，我有一點祈求的事來的。」

「什麼事呢？」

「波闍波提帶著許多女人來了。」

「來了嗎？給我拒絕她們罷。」

「剪了髮，完全現了比丘尼相而來的。她們說就是拒絕也是不回去的，十分地疲極了，看來很可憐的樣子。」

「但，無論如何，除了拒絕也是沒有方法的。」

「若是其他的人，那是能拒絕的；但對手是世尊的姨母，養育世尊是費了種種苦心的，所以我不能拒絕了她：若是堅決拒絕，一定會生出什麼意外的事來的。」

「我不是忘了恩情的人，但我是不能承認女人入於教團的。」

「為什麼呢？教上有男女的區別嗎？」

「教上是沒有男女之別的；但教團參加了女人，就像良田生了惡草，會傷著收穫的！想到這裡，我是不能允許女人出家的。」

「若是這樣，波闍波提不是像被遺棄的人了嗎？」

阿難哭出來了。

佛陀無論如何忍心，也不能過意了。女人的一念是怎樣的情形，佛陀是深知的。

「若是沒有辦法，把她們帶來也好罷。」

阿難歡喜地急於傳達她們的喜報去了。

佛陀默默地目送著他的後姿，像考慮著什麼似的。

於是五百女人，以波闍波提為先頭，歡喜勇敢地來了。小語低聲地談著，但那聲音是充滿歡喜、旁若無人地走來了。佛陀卻回味到幾年間的後悔之念。

波闍波提到了佛前，合掌恭敬代表著同來的女人們說：

「謝謝世尊，我們從來沒有今天這樣歡喜，請你為我們開個方便門罷。」

佛陀被纏得沒有辦法才說：

「你們若是說要出家而入教團，是要遵守八件事的。」

「什麼事都可以遵守的。」

三十五、佛說八敬法

佛陀很嚴謹地說：

「第一，百歲的比丘尼，見新受戒的比丘，亦應起而迎逆禮拜，敷淨座請坐。

第二，比丘尼不得罵謗比丘，於在家人之前，不能說比丘的破戒和差違的事。

第三，比丘尼不得舉比丘之罪，說其過失；反之，比丘得說比丘尼之過。

第四，學法女二年修行學戒，應從比丘比丘尼二部僧中求受具足戒。

第五，比丘尼犯（僧殘）誹謗罪時，應於半月間，在二部僧中行摩那埵（自行請罪）。

第六，比丘尼於每半月中，當於比丘眾中求教授之人。

第七，比丘尼在比丘處，不可夏安居。

第八，比丘尼夏安居終了，當於比丘比丘尼眾僧中，求自恣之人（即請求發責自己之罪；自恣，為懺悔之法）。」

這樣的八敬法，若是對於現今的女人說，她們將要發怒的吧。但當時的女人雖是這樣說了也不怒的，她們謹慎地聽著。波闍波提回答說：「我們願遵世尊的所教。」

於是五百女人們禮了佛足而去。

三十六、青年僧伽的質問

某時有個少僧對佛陀這樣問說：

「出家的人對於婦人的態度應該怎樣才好？」

佛陀答言：

「看見女人最好是迴避。假若不能迴避的時候，要像沒有看見那樣，亦不要與共語為妙。假若非說話不可的時候，應以純潔之心與之共語，並作如是想：我為出家沙門如泥中之蓮花，不為彼污而清淨無垢；我在濁世亦當生於清淨無垢。」

「假若女人是老的，當視為母；若為少女，當思為姊為妹，小的當視為女。若對女人生邪惡心，不守淨戒，則非佛陀的弟子。」

「煩惱之力對於人們是非常強大的可怕的東西。所以，執持誠實忍耐的弓和智慧的銳矢是必要的。」

「被女人的美所迷的時候，淫欲是會閉塞人的心目的。此世的女人，無論行、住、坐、臥的時候，她們都希望要看見自己的容姿。她們總希望要以自己的魅力去牢籠對手的。就是對於不動心的沙門也是如此的，所以你們要怎樣守身才好呢？」

「女人的眼淚，女人的微笑，都是要當為敵人的。女人的俯仰之姿，女人的束髮、垂臂，一切都要認為是陷男子的心的係蹄。所以，讓心放肆是很危險的。」

佛陀如此地說了，所以有了比丘尼，將會生出怎樣的結果，他是知道的。

不久，耶輸陀羅也出家而加入於波闍波提的團體了。

這件事對於佛陀也是歡喜的。他覺得心上像卸去了一個重負似的，佛陀不是不知人情、不通世故的男子，他是過於知道人情的。

三十七、佛弟子同志之爭

我們倘若想：凡是佛陀弟子，都是清淨的，理想的人物，那是錯誤的。佛弟子中也有種種的人，我們不能說絕沒有行十惡的佛弟子，那不是真佛的弟子，只有外表是佛的弟子，但他們也是人類！時時墮落忽又上進而得正覺的人也不少的，就如此地墮落不起的人也不少的。尤其是因為許多人同住一處，所以無法的爭鬥，在同志間便發生了。佛陀對此也是沒有辦法的。自然雖說沒有辦法，也還不失其鎮靜的。

某時，佛陀在俱睒彌那個地方，弟子間發生了一件非常執拗的相爭。於是佛陀便這樣地說教：「汝們相爭是不行的。因爭雖可以無爭，而終於無已時的。只有忍始能息爭，所以忍是要尊重的。」

昔拘薩羅國有王，名長壽；又迦尸國有王，名梵豫。某時，梵豫王起著大軍攻入拘薩羅國，於是長壽王亦興兵反討，大破其軍而生擒了梵豫王。但長壽王卻原諒梵豫王說：「你的生死在我手裡，但赦免你吧；可是今後是不可再起戰爭的！」

梵豫王歡喜地謝罪而逃了，但以後不久又興大軍攻來了。

長壽王說：

「我已經勝過他了，再勝他是沒有什麼困難的；但相爭是不好的。我若勝他，他也要勝我；我若加害他，他也要加害我的。他的所欲是國土，為著國土而害著彼此的民眾是不好的。我寧率妻乘車，走入他的王城而終我一生罷！」

長壽王將其國委任於梵豫王，與后一塊到梵豫王城去，改裝易名，博其學問與見聞，以歡喜的顏色，巡遊於街市，以微妙的音樂與跳舞，為城中民眾所娛樂。其后生子，名為長生童子，託人私下養育。那個童子，生來聰明，年輕便精通百藝。

梵豫王知道長壽改名潛入城中，便命朝臣把他尋捕來了。民眾見了長壽王被捕，都悲泣不置。長生童子就化為樵夫而到了父前。

父親見了自己的兒子仰天地說：

「忍吧，忍吧，此名為孝。怨的因果是不可結的，只有慈悲是可行的。含凶、懷毒、積怨，傳禍於萬載的不是孝子，諸佛慈悲包含天地。我尋其道，雖殺身救眾，尚恐不獲孝道，何況報怨報仇，那是我所嚴禁的。」

童子知其父之心而哭起來了，不忍見其父之死而逃入於深林。

城中的豪族，同情於長壽王，請求赦其罪；但梵豫王知長壽王甚有人望，更加畏懼，想要除禍根，終於把長壽王斬殺了。

長壽王雖被斬之時，一點也無變色，看的人更加感服了。

長生童子到了夜間，竊收父屍，以香木把他荼毗，祈其冥福，又隱身不見了。

梵豫王想到童子的復讎，心裡充滿恐怖，安眠也不能了，所以嚴重搜探著童子，但始終沒發現他。

童子以後又入城來，因為是伎樂的妙手，甚得貴族豪族的厚愛，終於在王的目前出現，得了十分寵顧，而為王的左右侍了。王完全信用而賜他護身的刀。

某時，王出遊獵，偶然失途，和眾人分離，隨身只有童子而已。王十分疲倦，枕著童子的膝而睡了。

童子這時思著：「此王無道，殺了無罪的父親，又奪了父親的國土，今在我手中，這是天之所賜的。報怨就在此時了。」

於是童子拔刀正欲殺王，但想起當時父親的遺訓，把刀又反插到鞘裡。

這時王在夢裡驚醒了說：

「啊，真可怕！現在長生童子來要報讎，以刀欲斬我的首了。」

童子聽見了說：

「大王，不要恐怕！我就是那個長生。實在我今是想要報讎的，但想起父親的遺訓，把刀又收到鞘裡了。」

「你的父親有怎樣的遺訓呢？」

「他說：忍吧，忍吧，此名為孝。怨的因果是不可結的，懷毒的禍是要及於萬載的。」

於是王說：

「忍吧，忍吧，我也知道的；但懷毒的禍將及於萬載是什麼意思呢？」

「假若我殺了大王，大王的臣必定會殺我的吧。若殺了我，我的臣又要殺大王的臣的吧！但大王原諒我，我原諒大王，忍能去除禍源，就是這個意思。」

梵豫王完全感服了說：

「我殺聖者，罪真該死！」

於是把國的全體要給予童子。但長生童子說：

「大王的本國，本來是屬大王的，我想單單我父親的本國還我就好了。」

王與童子一塊回去，對許多臣下說：

「假若你們遇著長生童子要怎樣呢？」

臣下們紛紛地說，「截其手」、「截其足」或「斷其命」。於是王指著童子說：

「長生童子，就是這個人啦！」

人們喧鬧著要動手時，王說：「且慢。」詳細地說了先刻的事，而且說了童子曾恩惠自己的命，大家都感動了。

王說：「今後對於長生童子，是不可有惡意的。」

許多臣下也悅服了。於是使童子穿著王衣，使他坐於金牀之上，把自己的公主配他，送他歸於本國，把國土都交還給他。

「比丘們！那個國王是這樣的，自行忍辱，自行慈悲，施予恩惠。你們也非如此不可的。籠著真心信仰，捨家而學道的人，當行忍辱，行慈悲心，讚歎恩惠才好。」

佛陀說完了這個故事，他是有深深的用意的，所以不能改心的人是沒有的。可是無緣的眾生，雖是佛陀也無法度他的；但有心人是為佛陀的話所感動而徹底改心了。

三十八、須提那的破戒

佛弟子中也是有種種的人的。

佛陀在毗舍離國獮猴河邊重閣講堂說法的時候，迦蘭陀村的長者，因為有事而帶了兒子須提那來其近所，順道要聽說法來了。

須提那為佛陀的話所感動了。他想：若能照佛陀說的，脫去恩愛的束縛，送去一生清淨的生涯，而煩悶、執著自然會沒有，會得到天空那樣自由的罷。這樣想著，他決心非出家不可的。說法完了，大家歸去以後，只剩自己來到佛陀面前，請求說要出家。佛陀這樣說：

「那是很好的心事，不過不得兩親的允許是不可的。」

須提那回家以後，對兩親及愛妻，請求要出家；兩親因他是獨子，自然是不易答應的。但須提那的決心，終於要以死相要脅，這才勉強承認了。

須提那大大地歡喜，遂出家成為佛的弟子。

出家以後，他一心修行，人們也讚歎他；但不久遍全國的饑饉襲來了，比丘們的乞食也困難了。於是須提那想起自己的故鄉，任何時穀物都是豐富的，他想帶著大家到自己的故鄉去供養比丘們。

一天，他帶了許多比丘們　到自己故鄉的迦蘭陀村去了。兩親聽了這個消息，非常歡喜，說要看看他，而須提那倒反躊躇了；但他知道佛陀也曾訪過親的，終於想要訪親去了。

知道了他要回家的時候，家中大小忙著準備，尤其是兩親是把他的妻子，盡可能的打扮得極美的容姿，計畫著去誘惑須提那。須提那並沒有注意到那樣的事。但久別的回家，大家都更加親熱的愛顧，妻子也出來殷勤地招待，也自然不感到討厭的。

但他的修行與佛陀是全不同的，長久的獨身生活，偶然聞到嬌妻身上的豔香，加以一家的慫恿，而須提那的心旌也有點動搖了。結果，他終於成為淫欲的奴隸而犯罪了。

同伴比丘們知道他被誘惑以後，紛紛地非難而告訴了佛陀。佛陀便集眾問了須提那，他也承認犯罪是事實，於是佛陀便對他說：

「你是愚人啦，那樣的行為是不對的，那不是清淨之行，不是沙門之法；那樣的行為，會使未信者不得信，信者退心的。」

這樣叱責須提那以後，對大眾說：

「守戒有十種利益，所以非守戒不可的。

一，僧和合故。

二，容納僧故。

三，調伏惡人故。

四，使慚愧者安樂故。

五，無現世煩悶故。

六，無未來煩悶故。

七，令不信者信故。

八，令已信者進步故。

九，令法久住故。

十，令清淨心久住故。

於是佛陀又說：

「比丘假若犯著淫戒，名為波羅夷罪，那是不能與大眾同住的！」

這是採入正法之內最初的戒法。

三十九、賓頭盧與優陀延王

不用說，不好的弟子是有，但非常好的弟子亦不少的。此等弟子的故事之中，最能顯現佛陀面目的話也是不少的，這裡我想只寫其中的一種看看。

佛陀的弟子，有一個名賓頭盧，是佛陀成道後三、四年間為佛陀弟子的。他本來是生於跋蹉國俱睒彌城的國師之家，頭腦非常靈敏，某日來到佛陀的地方說：

「世尊！我國的優陀延王是狂暴而無慈悲心的，好殺生命，溺於聲色，不知正法；而且因為自己是王，所以更加驕慢，不把人民當作人的。所以我想回國去，盡我的能力，為說世尊之教看看他能不能改變。」

世尊允許了他。於是賓頭盧歸於故鄉，宿於城外的林中，每日乞食於城內而歸林坐禪。

優陀延王聽見賓頭盧歸來，歡喜地命駕到林裡去，對尊者說：

「尊者代代是我的國師，和我也是要好的人，這次說是到釋迦的地方受教來的，不知受了什麼教來的？請你照我所想問的回答我吧！」

尊者說：「請你隨便說吧。」

「世間的人，貪一切的五欲，樂於放縱欲情；但你獨處於這樣寂寞的地方，捨世間的愛著，是如何的悠然？容貌看來也崇高，連膚色也鮮豔的是什麼理由呢？我想不是因為好的食物吧。」

「我見世中的人所求的，皆無常而空的，所以我是捨其欲望，像野鹿入於山林，一心修道，斷煩惱的枝葉。我是不入於生命滾轉之流，所以心常無礙，若譬喻說，那是像籠中鳥之飛翔於天空的吧。」

王於是說：

「尊者！若是那樣，讓我老實說吧。我現在的勢力是雄厚的，征服諸國，人們都說我的威德是像如日中天。我頭戴天之冠，身纏瓔珞，美人侍於左右。你看了這樣也不會羨慕的嗎？」

「大王！我是斷煩惱的人，就是天女的美我也不求的，何況羨慕人界的污穢的美呢？修道得智慧眼的人，怎樣會羨慕王呢？明目的人是不羨瞎子的，健康的人是不羨病人的，無罪的人是不羨罪人的。王為著煩惱迷住了眼，沉溺於苦海，把五欲的貪欲當為好事；但五欲是苦之本，像傷害禾苗的冰雹似的。五欲像大網罩著三界，閉塞著人們，那是多麼可怖的東西！大王，榮華財寶是易散失的。懷著五欲是凡人的悲哀，我是不會羨慕它的。」

無論怎樣自負的王也失去驕傲，而想到賓頭盧所說是真實的，從此就改心皈依佛教了。

四十、佛陀與調馬師

佛陀平時對人說法，是無微不至的。

某日有調馬師訪問佛陀來了，這時佛陀便問他說：

「調伏馬有幾種方法呢？」

「有三種方法：一柔軟，二剛強，三柔軟剛強。」

「假若以三種法還不能調伏的時候，怎麼辦呢？」

「那便殺了。」

調馬師的回答是很明瞭的，於是調馬師問說：

「世尊調御人是採取什麼方法呢？」

「我亦以三種方法：一柔軟，二剛強，三柔軟剛強。」

佛陀是照樣重說了一遍。

「那樣若還不行，怎麼辦呢？」

「殺了吧。」

調馬師完全出於意外地驚異。

「殺生不是你所禁止的嗎？」

「如來的法，殺生自然是不淨的，而且殺生也不能說是好事。但以三種方法尚不能調伏的人，是不足與語的，又不可教授，不可教誡的。如來不與語，不教授，亦不教誡的人，不是和殺了同樣的嗎？」

「實在不錯。」

於是調馬師遂成為佛的弟子，而停止殺生了。

四十一、阿難成為侍者

佛陀在王舍城時，對弟子們說：「我的年紀老了，我想左右需要一人照顧，今世所說的話也要記得起來，你們中間若是有適當的人就選一人吧。」

「世尊，我來隨侍照應吧？」

最初的弟子憍陳如這樣說了。

「你自己不是老了嗎？你自己的身體也是非自己照應不可的。」

此外還有四、五人自薦，但都因自己年齡過老而被拒絕了。這時目犍連細察佛陀一定是想要這一個人為侍者的，他想這人是誰？於是靜心入定，佛陀的心是通於目犍連，他感到佛是要阿難陀為侍者的。

阿難的性情是最溫柔的，而且有無比的記憶力，要選佛陀的侍者，像這樣適當的人是沒有的。於是目犍連說：

「我想佛陀所說的話，是什麼事也要記憶而傳於後世的。那麼，除了阿難以外，我不知道有更適當的人；我想除了阿難，要求一個佛陀適當的侍者是不能的；但不知諸位是怎樣想的？」

大家都同意地贊成了。於是目犍連對佛陀說：

「我想請阿難為侍者如何？」

佛陀也像先得我心似的應道：

「若是阿難，我想也適當的；但不知阿難肯不肯呢？大家給我勸勸看吧。」

於是目犍連便領著許多人，直到阿難的住處去了。

「阿難！佛陀希望你為他的侍者，請你發心為佛陀的侍者吧。」

「請你們原諒我！隨侍佛陀的身邊不是一件易事，像我這樣淺學的人，是不能勝任的。」阿難謙遜地推辭了。

「但無論怎樣想，其他比你更適當的人是看不見的，所以請你勉為其難吧。在佛陀的身邊，時時可以親聞種種的妙法，我想要隨侍還得不到呢！」

阿難暫時考慮了一會才說：

「那麼，請答應我三個條件吧。」

「哪三個條件？」

「一，佛陀穿了的衣服，無論新的舊的，我都不受的。二，佛陀被請出門受齋時，我是不一道去應供的。三，在他不會面的時候，是不能強要見他的。」

「那是很好的條件，我想佛陀也是歡喜承受的。」

目犍連這樣地說，其他的人是不知道什麼的。

目犍連照阿難的話那樣傳達了，佛陀歡喜地說：

「阿難是善男子，他這樣地說是提前預防的。他知道在許多比丘之中，將有人說阿難是為衣服而奉事佛陀的，或為食物而奉事佛陀的，這是他的預防。又阿難是善知時的，他知道此刻到如來那裡去好不好，又信徒們和異教的人什麼時候去見如來才好；又如來吃了食物以後，安穩不安穩，能說法不能說法，他都是知道的，阿難真是善男子。」

事實上，阿難對於佛陀的態度意思是很明白的，他是一個處處不忘謹慎的人。所以在佛陀的肉體沒有去世以前，阿難侍者的責任是無人能代替的。

四十二、提婆達多

佛陀自得正覺以後，其弟子中有著各色各樣的人自不必說。佛陀對於無論什麼弟子，只要他是為求涅槃而來出家，佛陀都是不捨的。

佛陀雖然不捨，可是中途餒志而自己逃去也是不少的。又其中互相爭鬥，因此而破壞一個僧院的事也有。但那只是一小部分的事，全體比丘的心是沒有動搖的。

但這裡有一個男子，他是祕密企圖想征服了佛陀，把佛陀的弟子們完全奪取去的。那是七個王子中的提婆達多。他想：其他王子們都受佛陀的寵愛，只有自己是被遺棄的，只有自己為佛陀所嫌，因此而懷恨在心。

他並沒有注意自己心內的不淨，私下恨著佛陀，佛陀也是知道的。某時曾婉曲地勸他返俗，以布施為佛教盡力，但提婆是根本反對的。

他雖要一心修道，但往往盛氣凌人，我執我慢日增，他並沒想到因此為佛陀所不信用。

他在精舍之中，是居心叵測而期待著時機的。在沒有勢力的時候還是好的，可是他終於攫得有勢力的機會了。

四十三、提婆欲害佛

那是得到頻毗娑羅王太子阿闍世的皈依。

於是阿闍世為提婆在王舍城附近，建著偉大的僧房，每朝以五百車，載著種種供養的食品。而且不久又為他度了五百個弟子，他的聲望頓然大起來了，佛陀的弟子們逃過去的也有的。

他說佛陀是老耄，而且庸碌無能了，教團不從根本改良，現在就要被破壞了。於是自己儼然以佛陀的後繼者自任了。

他的內心充滿野心。但不知他的內心的人，只看他的外表，是會被他的巧言所欺騙的。

佛陀是看穿他的內心的，而且注意到人們羨慕提婆的聲勢而作是言：

「愚癡的人，過於布施是會成為惡因的。愚癡的人，不修淨行，但想多收弟子，立於人上。人們假若一方多求供養，一方欲求涅槃是無理的。這樣欲求涅槃之心，反而成為貪欲的心了。過貪他人施予的人，會傷著自己和他人的。所以，你們不可以羨著提婆的多受供養。」

弟子們聽了都有點警醒，但人情的弱點是難免的。佛陀又這樣說：

「芭蕉和竹若是結實，就要因此而死的。驢馬懷胎而喪其身。提婆若多受供養，也是會得到同樣結果的。」

提婆聞此，渾身發怒，他便想起復讎了。

當提婆知道佛陀入於耆闍崛山石窟中坐禪的時候，便以重金收買惡漢而行殺害。但這個惡漢看見佛時，竟失去了殺意，那是被佛陀的威光所征服的。

某時，佛陀正走過耆闍崛山麓的時候，山上的大石滾下來了。佛陀很謹慎地迴避它，但其他的石同時又落下來，不及避開而被它傷了一根足指，阿難吃驚地逃了，佛陀仍然像無事地走著。

「沒有什麼傷害嗎？」

「沒有什麼。」

「足指不感到痛嗎？」

「痛是痛的，但不是不能忍耐那樣的痛。」

佛陀走到安全之處，才把足指療治了。

「誰要殺害世尊而故意滾下大石來的吧？」

「也許是的，但也許不是那樣的。」

滾下這個大石，聽說是提婆自身動手的，但從來佛陀就不注意它。

對於佛陀，死的問題是過於小了，簡直是等於零的事。但佛陀的弟子們，對於佛陀的死是一件大事的吧。

提婆想到佛陀在大眾之前，褒獎舍利弗和目犍連而侮辱自己，而且說出不承認自己為弟子的話。但自己的護法是阿闍世王，必定要把佛陀的弟子一個不留地奪來給他看看。於是他便盡力於作戰的計劃了。

四十四、阿闍世王的懺悔

但後來阿闍世王因名醫耆婆的宣傳感化，已改心信仰了佛陀，因此對於提婆自然是日漸厭惡了。他想起殺了無罪的父王而後悔了，當他見著佛陀的時候，他的良心完全披露了。佛陀很柔和地說：

「現在大王悔過的時機成熟了，過失在這人間，誰也容易犯的。無過的人在這世界是難有的，但真實能自改過的人是最勇敢的人。我法極其廣大，只要時時懺悔就好了。」

阿闍世王完全五體投地感服了，因此大大皈依佛陀。人們知道提婆的言行互相矛盾，自己的良心未黑的人，沒有不捨提婆而皈依佛陀的。提婆的聲望從此一落千丈，終於到了什麼地方，都被人排斥了。連有著利害關係的人也捨去提婆了。

四十五、目犍連的死

佛陀後來仍然同樣地生活著，但皈依者是更增加了。佛陀的心更加慈悲，態度更加可親，人們的信賴愈增，而佛陀的心也愈愛著眾生。

但嫉妒佛陀的全盛的人，不只是提婆一人；就在異教徒之內，不滿佛陀的隆盛的人也不少的。尤其是阿闍世王皈依了佛陀，對於其他宗派不持平等厚意，所以這些異教徒們更加憎恨起佛陀來了。

他們是不敢蔑視佛陀的。他們想：王的憤怒是可怕的；又釋迦假若真是佛陀，其罪也是可怕的。因此他們想定先奪取佛陀的兩手，第一被狙擊的是大目連。

舍利弗和大目連的確是佛陀的兩手，而且是佛陀特別信賴的。實際上，佛陀因什麼事不能說法的時候，有了二人代替說法，佛陀也就安心了。

舍利弗常是病弱之身，而大目連卻是很健康的。大目連修道於伊私耆利山的時候，狙擊他的異教徒是裸形外道和不良的佛徒所下手的。

他們予重金與許多浮浪人，使他去殺大目連。浮浪人們來到大目連坐禪的所在，四面八方地包圍著紛紛地投下石來。大目連靜靜地坐著，終於被石打得血肉模糊了。浮浪人們是恐怕大目連的神通力，雖死也不敢走近的，更加投下大石，大目連終於失去了他的身形，只穿著一件鮮血淋漓的衲衣，倒臥於血泊中而已。浮浪人們這才唱著凱歌，把他的肉塊捨於林中而逃了。

比丘們知道這個悲慘的消息，已經是幾天以後的事了。比丘們的失望和憤慨，幾乎達於極點，有一個弟子對佛陀說：

「像大目連尊者這樣的人，也非得到這樣悲慘的最後不可嗎？」

「是的，肉體是無常的。只是大目連這樣的人，雖在死時也是不迷而沉靜入於涅槃的。生死的問題，對於悟者不是大大的問題。大目連的死，是無限的美的死。」

我們試看高尚的宗教家和曠世的英雄，為著要完成其人生的美，最後都是非演悲劇不可的。

知道大目連被殺而怒了的是阿闍世王，他不久就把殺大目連的人們捕來了。依這些人的話，才知要殺大目連的主使者是裸形外道。王大激怒，捉了這些人投於火坑殺了。

四十六、佛陀知將涅槃說種種法

佛陀自己知道在這世間將不久了。他想在自己尚活著之間，再為弟子們說些未說之法。於是到了王舍城的竹林精舍，為諸比丘再說了關於戒律、禪定和智慧種種的法。

在竹林精舍，可以教化的人都教化了的，佛陀又到巴連弗城去了。他在一棵大樹之下安坐如入禪定。

聽見佛陀來了的那些信徒，都想要看看佛陀而來了。看見佛陀端坐的圓滿之姿，是無人不受感動的。大家到佛前去行了最敬禮，並請求明日要敷座來請佛陀說法，佛陀也歡喜答應了。

信徒們歡喜地歸去，搭了一間大大的臨時講堂，掃除清潔，敷上法座而招待佛陀。佛陀到了那裡，盥手洗足入於講堂，登座而說：

「人若犯戒，有五種損失；若守戒，有五種功德。哪五種損失呢？」

「一，雖求財不能盡如所望。二，雖有所得，仍每日損之。三，無論到何處去，皆不受人尊敬。四，醜名惡聲，流於天下。五，身死命終，墮落地獄。這五種名為五損。五種功德者：一，所願可求，因不求非分之事。二，所有淨財益增無減。三，無論行到何處，受人敬愛。四，得大名譽。五，死後得生天上。」佛陀觀看聽眾的根器，說了這樣的法，大家聽見垂老的佛陀的誠懇說法，都感動了。

第二天，佛陀離了巴連弗城，渡恆河而入於越祇國。像平時托缽的生活繼續其長途旅行，到拘利村，於一森林中，又為比丘們作一場訓話。

「你們知道有四種甚深的法嗎？要好好地記得才好。一者聖戒，二者聖定，三者聖智慧，四者聖解脫。此法甚為微妙，難以了知。一切人們若能全知道它，我法就可以成就了。我尚未入涅槃之時，你們要更加精進，真實理解此微妙的四法才好。」

佛陀從此帶著阿難許多弟子們，從王舍城經毗舍離國而至竹芳邑。這時雨期正在開始，印度雨季時節是每天不斷降著；可是乾的時節，烈日成月炎炎地照著，兩個季節是顯然對立的。

佛陀以下的許多弟子們，一年中巡歷四方諸國、沿門乞食，依托缽而受人供養，宿於涼爽的樹林，有可以說法的因緣則說法，以堅苦的行持、嚴肅的規律和柔和的容姿，自然使人們感動而受人尊敬和皈依了。

但一入雨期，旅行就困難了，求宿也不方便，所以只有停住一處，靜靜坐禪，聽佛陀的說教，專心磨練自己的身心了。這就是叫做「安居」。雨期大約是從五月至八月的三月間決定的。竹芳邑的安居，是佛陀一生最後的安居了。這次的安居，我們可以推定是他七十九歲的五月至八月間的。

七十九歲，已經達到老人的高齡了；但佛陀仍然運其高齡的老軀，在熱射的烈日之下，從一村到一村地作其教化的旅行。

四十七、菴摩婆利美人與離車族青年

毗舍離是當時一個富國，市街很繁盛，那裡的人們都豐富地供養了佛陀。以富有而且美麗聞於國中的菴摩婆利這個女性，和離車族闊綽的青年們，爭先說要供養佛陀的故事來說，在佛傳中也是特別豪華的一個場面。

一天，菴摩婆利帶了許多侍女乘寶車來迎了。佛陀以前就知道菴摩婆利的事，所以見了她帶了許多侍女乘著漂亮的馬車前來的時候，便對弟子們說：

「對面來的菴摩婆利，是像天女那樣美麗的女人，誰也要被魅惑的；但你們要把握正心，不要為她所奪才好。」

弟子們被佛陀這樣特別地提醒注意，有興味地望著。等車停了下來，菴摩婆利盛妝帶著侍女們，靜靜地走到佛前而拜了佛陀。垂老的佛陀和弟子們的光頭和襤褸的衲衣，與美麗裝束的婦人們的一行，是很好的一個對照。

佛陀請女人們坐下，自己也坐著，開始說法了：

「你的心的美，在顏色和姿態都已表現了。有著青春、財富、美德而且美麗，但信仰正法是困難的。男子有智慧，雖有樂於正法，亦不能說怎樣稀奇的。但女人意志是薄弱的，智慧是淺的，愛欲是深的，所以女人要說樂於真正之法，是非常困難的。」

「但生於此世的人，只有法是可娛的。財與色不是永遠不變的寶，只有正法是永遠不變的寶。無論怎樣健者也是難免有病的；怎樣年輕的人，也隨即要老的。生命是不能免於死苦的，只有行法的人，才不受眾苦的侵犯。」

「愛的人是終非離別不可的，不愛的人是不能同處的。依賴他力是最苦的事，但自在力是可喜的。女人是一切依賴他人的，所以要受他人的苦。所以，女人要更加勇猛精進去掃除女人的弱點才好。富與美是不足誇耀留戀的，依法而生的人，自然會謙遜起來了。」

菴摩婆利聞佛所說，深深歡喜，遂皈依佛陀而受了五戒。

另外一班離車族的青年們也為請佛陀說法來見了佛陀，佛陀對他們說：

「此世有五種寶，要得到它是非常困難的。一，如來出現於世說法甚為稀有，所以要逢其時是非常難的。二，信仰如來正法，修學而得覺悟是甚難的。三，聞如來說法，善正思惟，得明智慧是甚難的。四，敬愛如來之教，脫離三惡道而入涅槃是甚難的。五，聞佛道，知本生與死之因緣，斷情絕欲而入涅槃是甚難的。現在你們已能逢如來出世和聞如來說法了。以後自己要努力精進，達於彼岸。因為最要緊的事，是要知道怎樣到達彼岸和入於涅槃。」

離車族的青年們聽了也都歡喜感激。

當晚佛陀便領著弟子們到了菴摩婆利的地方去了，在那裡受了種種華美的供養是不要說的。

四十八、佛陀示疾

竹芳邑的供養，比之於毗舍離豐盛的供養，真是何等可憐的狀態！那是為什麼呢？因為竹芳邑自春以來，天氣缺乏順調，農作物都無收成，四邊一帶已有饑饉的現象，人們連自食的東西都常感不足，所以要潤澤佛陀及其許多弟子們的供養，自然是不能了。

佛陀的顏色日日衰老了，於是吩咐阿難傳集弟子們說：

「照現在這種饑饉的情形，一處安居是不可能了。你們要各各分部，到毗舍離和越祇國的各村去安居才好！但我要對你們說的就是：竹芳邑一向是沒有什麼供養的，但毗舍離和越祇國，是有相當美味的供養的。遇有美味的食物亦不必喜，遇到缺少供養的地方也不能嫌惡的。比丘的心是平靜沒有分隔的，貪著於物，追求美食是不可的。世中的苦爭，一切都是從此執著與貪心而起的，所以要斷絕才好！」

佛陀這樣懇切地教了他們，弟子們各各別了佛陀而向食物豐富的國土出發了。只有佛陀和阿難二人，安居於竹芳邑，在山窮水盡的供養中，靜靜地過了一個雨期。但在安居將要終了的時候，佛陀突然得病了。

據經典中云：「佛身有疾，舉體皆痛。」什麼病是不明白的。但那恐怕是因為粗劣的飲食，和長期間降雨的濕氣所侵，壞了胃腸而得了劇烈的痢疾的吧。

痛苦很尖銳地絞著全身，幾像要絕息那樣的痛苦，佛陀知道大概這是死的預告了。他想：「我現在是和弟子們分離的，不和弟子們見面就如此入於涅槃是不好的。雖然是苦也要忍耐精進，不再稍活幾時是不可以的。」

於是佛陀並不慌亂，靜靜出了臥室，而坐於清涼之處。阿難是在稍離一點的樹下坐禪，看見佛陀的顏色太壞了，急跑到佛陀身邊來說：

「世尊顏色像很壞的，有什麼不舒服嗎？我實在非常掛慮！世尊，不是要近於涅槃了嗎？倘若是，請在未絕息之前，為弟子們說些可以遵命的話！」

「阿難！比丘們要聽我說什麼話呢？我若是自己說：我有許多弟子，或我領率著許多弟子，這樣的人對於弟子們才應說些遺教；但如來自己並沒有說有許多弟子們的，如來是站在大眾之上，不在大眾之外的。是在大眾之中，與大眾同起居的。大眾自身真正的生活，那裡便是如來的所住。所以大眾各各都是如來，我亦是大眾的一人。」

「阿難！人們沒有依自己的命令，依自己的發意，自己警策自己行道是不可以的。依他人的命令，受外力的督促，要進於真正的生活，斷斷是不能的。」

「阿難！我自成道以來四十五年之間，可以說的都說了。我的教，都在弟子們之間。現在只需精進努力以行實踐而已，其所行和實踐之處，是永遠生著妙法身而放光的。」

「阿難，我是老朽的人了，八十之年即刻將近了。舊車雖怎樣修補，亦只存其車形而已，我身亦是如此。以方便力，今只稍延頃刻的壽命而已。阿難，勿憂！怎樣劇烈的苦痛，我自己也能精進忍耐的。只要這樣靜靜坐著，連痛苦也會忘記了。阿難，不必過於為我勞心，我是完全很安穩的。」

佛陀對於阿難這樣懇切地說了。平素侍奉佛陀最為真實，而且待遇大眾有無限親切的阿難，對於佛陀的垂訓是十分體會的。

佛陀的病體，因自己攝身的謹慎和阿難看護的周到，已多少得到輕快了。於是再和阿難離了竹芳邑，向西方行去，從一個樹林到一個樹林走去，繼續其蹌踉的旅行，終於在一株涼爽的樹下安坐了。

這個時候，住在各方的弟子們，聽見佛陀的病苦，都急急地從遠處馳集來了。這些弟子們看見佛陀的樣子，知道快近於涅槃的時候了。

佛陀在柔軟的草上結跏趺坐，阿難侍在其側。弟子們散坐在稍遠的地方，或坐禪，或合掌跪著，誰也沒有說出話來，只在深深的憂苦中，默然而已。

透過樹梢的月光射入來時，默坐的人們的影繪，微微現出了其橫顏。遠遠的河流，潺潺地響著，也是因為深深的寂寞而得聞了。

佛陀這樣說：

「地上的東西，一切是無常的，比丘們懈怠放逸是不可的。我所以要這樣反覆地說，是因為我在最近將入涅槃了。」

弟子們聽了都吃驚而感到悲哀了。於是佛陀又說：

「悲哀是不必的。天地人物，有生則必有終，那無論如何是所不能免的。我以前不是說過了嗎？愛的人必定要分離的，人們的身體是無常的，不能依自己的希望的。人的生命是不能久存的，我不是曾這樣說過的嗎？你們在法之中，要調和、敬順、無爭，受了同一師之教，是要像同一的水和牛乳的。在我法中，精勤修學，是可以樂的。」

四十九、淳陀的供養與請問沙門的種類

從此佛陀又運其疲憊的身體，向著涅槃之地的拘尸那揭羅，徐徐地前進，途中遇有人問法他都一一地說了。到了波婆城的闍頭園，被那裡的一個鐵工淳陀，請至其家受了供養。雖說是個鐵工，也還是一個頭目，自然家道也是相當富有的。他煮了世間所最珍貴的旃檀耳以供養佛陀。供養訖，他便問著佛陀：

「雖然同樣說是出家，也是有種種的人的，世間的沙門究竟有幾種呢？願世尊詳細開示！」

淳陀此問，與漫然只是問著出家有幾種是不同的。出家沙門，因印度特殊風俗，婆羅門一切須到晚年，才成為出家沙門而住於林中，所以不是依世尊初創的出家沙門的制度。婆羅門的出家，淳陀向來是看得無數了；但像世尊這樣自然尊貴，充滿威光而平和的手姿的沙門，還是第一次遇見的。

佛陀徐徐地開口：

「沙門有四種類：一行道殊勝沙門，二善說道義沙門，三依道生活沙門，四穢道沙門。」

「行道殊勝沙門，是其所行殊勝，離於我執，超越天人之道的真解脫的沙門。善說道義沙門，是其自己所行雖尚未及第一種沙門，而對於沙門之道的純正與無垢的境界，卻能隨順法悅；為使一切眾生透徹理解，決其所疑，而解說正法的沙門。」

「依道生活沙門，是一面雖知道純正無垢，而且能將它說與人聽；但他要依道而修練自己的力量是沒有的。換言之，道只是一種工具，一種生活的手段而已，到無垢之域還是很遠的。」

「穢道沙門，是外裝清白，雖似沙門，而虛偽欺人，比世間的人還更無恥的人。這樣的沙門，污沙門之名，破壞道體，所以名為穢道沙門。」

「雖然同是沙門，也有真的、偽的、善的、惡的種種不同。不善者是常謗賢者的，譬如生於苗中的惡草，沒有薅去，良稻是不能十分生長的。世上外面清淨而內懷污濁的人是不少的。知善的人要修自己，遠離於惡，除去貪欲愚癡，如此得道便容易了。」

從淳陀那裡回來的途中，佛陀覺得背中又劇烈痛起來了，阿難急在樹下設座使他休息。背痛步行的困難，可以想像是從胃腸的痙攣而來的症狀。阿難說：

「一定是旃檀耳所障礙的吧。假若是，淳陀的供養是什麼功德也沒有的。因為淳陀的供養，使世尊的病惱更加激增了。」

「阿難！不要隨便地說。淳陀是尊沙門，敬重依道而生的生活，自己發心行於正當的行為，淳陀的供養就是這樣的表現，為什麼可以說沒有功德呢？發心不是已經有很大的功德了嗎？」

「阿難！尼連禪河之畔，當我欲成道之時，供養我一杯牛乳的少女的真心，和我在滅度之時，淳陀供養的真心，其功德是兩者相等的。阿難！你趕緊到淳陀那裡去，對他說：淳陀，我是親聞佛說，受佛之教的；但你的供養，是要獲大福利，得大果報的。」

阿難即刻遵命，把它對淳陀說了。淳陀是恐懼不知所云，阿難同時為淳陀無限的同情所感動而哭了出來。

五十、佛陀向涅槃之地

佛陀又繼續前進，弟子們默默地隨著。到了一株樹下，綠葉被微風吹著蕭蕭作響，佛陀仰望著清清的天幕，對阿難說：

「我的背痛得很厲害，讓我在此稍息一會吧。」

阿難急在樹下敷設座位，親扶世尊坐於其上，弟子們默默分開坐著。

那時有一個婆羅門名為福貴，偶然從拘尸那揭羅城向波婆城而來，途中見了佛陀的安坐，而停了足。他被佛陀容貌的莊嚴所感動，同時同情於其病苦，將自己的二條黃毛氈奉贈佛陀，佛陀收了它，一條交給阿難。佛陀為福貴竟忘了痛苦說法，福貴歡喜而頭面禮足皈依了佛陀。

這時佛陀的顏色看來，特別光輝照耀，比平時更為圓滿和光澤。阿難驚異地說：

「我自侍世尊之侍已二十五年，但像今日這樣光澤的顏色，是不曾拜見的。」

「真的嗎？如來的光色是有兩種因緣的：一是初成道得無上正覺之時，二是將捨肉體而入涅槃之時。這兩個時候，如來顏色的光澤是特別顯明的。」

像朝日初出那樣的明朗，又像傍晚落日滿天通紅，那樣世尊的美姿，迎著涅槃和成道之時，同樣光輝的照耀，這是何等意義深深的暗示！

再向前進到了河岸，佛陀對阿難說：

「阿難！口渴極了，請你拿點水來給我飲吧。」

「世尊，剛才許多的車正從上流渡過，所以水是濁的，還沒有澄淨，洗足是可以的，但飲是不能的。」

「隨便好了，拿點來喝吧。」

「世尊，再忍耐些！拘孫河就要到了，到那裡再拿給你喝吧。」

「阿難，拿點水來啦！」

阿難無法才端了水來。佛陀把它洗了面和足，精神好了一些，再向前步去。拘孫河到了，那裡世尊才得飲著清清的冷水。

這樣佛陀是被阿難擁著，許多弟子們包圍著，而到拘尸那揭羅城了。佛陀對阿難說：

「阿難！在娑羅雙樹之間，為如來敷設牀座，頭向北，面向西，讓我臥著。為什麼要這樣呢？因為我教流布，將永住於北國的。」

於是阿難折著四條僧伽梨（袈裟），敷於其右脅，使他疊足橫臥著。這時突然開了的娑羅雙樹的花，香氣四溢，零亂地落到佛陀的頭上來。佛陀看著阿難和弟子們說：

「娑羅雙樹之靈！你是散華要供養我的嗎？花的供養不是真的供養。善守我教、善行我法，才是真的供養如來。」

但娑羅雙樹的花，是潔白地像雪片那樣落滿四圍了。

阿難這時對佛陀說：

「世尊，為什麼要在這小小的城市，而且荒涼的林中入涅槃呢？像毗舍離、王舍、舍衛那樣的大國，國富人盛，而且信仰世尊的人很多的地方，入於涅槃，不是很好嗎？」

「止，止！阿難，那樣想是不可以的。」

依經典上的記載，佛陀對阿難更作如次的開示。

「我自憶念，曾於此處，為六度轉輪聖王，終置骨於此處。今我成無上正覺，又捨性命而置身此處。」

於過去之世，佛陀曾六度轉生而亡於此地。轉輪聖王，就是王中之王，統一世界的最大之王。所以這個拘尸那揭羅，寂寥的廣野之畔的小市，對我是有著深深因緣的土地。

佛陀說了這話的本旨在哪裡呢？是不是單說拘尸那揭羅是過去世有深深因緣的土地呢？真的愛民治國的忠實的王，雖如何邊鄙的土地，或豐饒殷盛的土地，都是一視同仁的。所以說因為邊鄙土地之故，就不能在那裡終命，這樣狹隘的思想是不能有的。邊鄙的土地雖然邊鄙，但對於王是一樣可愛的領土，如來也是這樣的。死於信樂皈依的人環圍之中，和死於寂寥的土地娑羅花香之下，其間是沒有什麼不同的。

五十一、最後的弟子

這時，拘尸那揭羅有一個知名的婆羅門，名為須跋陀羅，已經活到百二十歲的高齡了。智慧和學問都是非常通達而受人尊敬的，這個婆羅門是為聞法而來的。阿難擔心著佛陀的病幾度拒絕了他；但婆羅門想，佛陀若入了涅槃，要依何人才能決疑呢？所以，無論如何非在這頃刻之間求教不可。

佛陀遠遠聽見婆羅門懇切的哀求，呼著阿難說：

「允許他吧。」

須跋陀羅聽了，歡喜地來到佛前，恭敬地問著：

「喬答摩，我要奉問的是：而今世間的沙門、婆羅門、外道六師的人們，都說自己有一切智，說其他宗派是邪見。自己所行是解脫之道，說他人之道是迷之道，互相非難。要如何知道其是非邪正呢？如何的人才可說是真正的沙門呢？怎樣修行才能真實解脫呢？」

佛陀聽了歡喜地說：

「你問的很好，你細聽吧！那是要說明的。諸法之內，沒有八正道法的人，不可說是沙門。就是不行正見、正思惟、正語、正業、正命、正精進、正念、正定的八正道，是不可說勤修善法滅惡業的。所以，沒有八正道是不得為沙門的，不為沙門是不得解脫的。沒有解脫是不得一切智的。須跋陀羅！唯我法中有八正道，一切眾生，聞我所說，信仰思惟，其人必得解脫。」

「須跋陀羅！我居王宮之時，世間一切被六師所迷，還無沙門之實。我二十九歲出家修行，三十五歲於菩提樹下思八正道，極其根底，成道得一切智。於波羅奈國之鹿野苑，始為憍陳如等五人說四諦法。彼等得悟之時，此世沙門始生，而福利於眾生。須跋陀羅！我說的話你明白嗎？我法能得解脫，如來是一切智的源泉，你明白了嗎？」

須跋陀羅突然頭面頂禮的說：

「我已明白了，我的心內的迷已完全開了。我今決要出家，願世尊慈悲救度，收為弟子吧。」

佛陀微笑著對阿難說：

「阿難！須跋陀羅是外道，但善根成熟之時，只有如來能知，能使他改宗。但我入涅槃以後，外道雖說欲依我法出家，你們也不可立刻就允許的。先要四月間使他學習經典，試看其人的本心是真實、還是虛偽，看其是否真實樂於我法，不可輕易許其出家的。因為你們的智慧是不易見眾生的本心的。」

這就是佛陀最後的弟子。

須跋陀羅開悟，同時佛陀也隨即入於涅槃了。

五十二、佛陀安慰阿難

這時阿難站在佛陀臥牀的背後，以手撫著佛陀的床，悲不自勝地啜泣起來了。

「世尊為什麼非這樣早去世不可呢？我實在受了世尊深深的恩惠，受了他的聖教，但到今日還未得悟，世尊入滅以後，誰是可以皈依的人呢？」

阿難心裡這樣想著，痛苦悲哀更加不能壓抑了。

佛陀望著周圍，看不見阿難，問弟子們說：

「阿難在什麼地方呢？」

「尊者阿難，現在世尊背後撫床啜泣！」

「阿難，勿哭勿悲！你為我侍者二十五年間，身口意善行慈悲，沒有一人能和你比較的。又供養我的功德之大，是任何人所不及的。你只要精進，隨即要成道的吧！」

佛陀這樣說了，再對其他弟子們說：

「過去奉侍諸佛的弟子亦如阿難，未來奉侍諸佛之弟子亦如阿難；但同以奉侍之點而言：過去奉侍諸佛的弟子，是聽說話之後才知所為的，阿難則我若舉目，他就會知道如來要做什麼了。這是阿難的未曾有之法，大家要記得才好！」

「轉輪聖王有四種奇特之事：一者行時，二者住時，三者坐時，四者臥時，國內人民，見之歡喜，聞其說話而又喜，望著他那巍然而充滿威嚴的顏色，是不厭足的。現在我們阿難亦有四種奇特之事：一比丘們（出家的男子），二比丘尼們（出家的女子），三優婆塞（皈依佛法的男子），四優婆夷（皈依佛法的女子）。比丘、比丘尼、優婆塞、優婆夷，此名四眾。這四眾見著阿難默然的態度而喜，聞其說話而喜，永遠不厭煩的。阿難所以受人們的仰慕，因為他是慈悲的人。」

五十三、最後的說法

夜隨即來了，恰好是二月十五的滿月之夜，皎皎的月光，在廣野蓊鬱的娑羅樹林，像鍍著白金那樣照耀著。林中蒼黑的洞窟，漏入樹梢的月光，像銳箭那樣的流線射了進來。

先刻蕭蕭地發著爽亮的風聲，突然停止了，四邊完全變成沉靜寂寞的世界，只有娑羅樹影深黑地印在地上。

佛陀沒有想到身體上劇烈的苦痛，安穩閉目，暢然地橫臥於床上。圍繞床座的弟子們，像墨繪那樣重重圍繞著，銀色月光的流線，或在比丘肩上像真珠那樣閃爍地照眼著，或在比丘哭濡了的頰上，照耀得連一顆顆的淚珠都看得見。

在微微的嗚咽聲外，什麼聲音也聽不見。

「汝等比丘！」

弟子們突然聽見佛陀的呼聲，全體立即抬上了頭。「目不暫捨」，這是經典中屢屢發現的話。這是描寫著弟子們信樂渴仰，不停目地看著世尊的狀態。

「釋迦牟尼佛，初轉法輪，度阿若憍陳如，最後說法，度須跋陀羅。所應度者，皆已度訖。於娑羅雙樹間，將入涅槃，是時中夜，寂然無聲。」

這是《遺教經》冒頭一節，最膾炙人口的話。帶著無限悲哀的調子，非常簡潔，但不在想像拘尸那揭羅的夜景之中，是描寫不出的。

阿若憍陳如，是佛陀初成道之後，自赴鹿野苑所教化的五個比丘之一人，以阿若憍陳如代表五個比丘，示其最初的弟子，舉著這個最初的弟子，與最後得到教化的須跋陀羅，所謂弟子們，悉皆總收。對於他們可教的話，已全教了；可度的人已全度了。今將於拘尸那揭羅的娑羅林中入於涅槃。此時中夜，寂然無聲。《遺教經》再如下記著：

「為諸弟子，略說法要。」

這是什麼修飾也沒有的記事，但其所含蓄之意是很深的。就是可教的事已悉教了，可度的人已悉度了；但以深慮弟子們之故，更重說教理的肯綮，以示其概要。

《遺教經》第二節說：

「汝等比丘，於我滅後，當尊重珍敬波羅提木叉！如闇遇明，貧人得寶，當知此則是汝等大師。若我住世，無異此也。」

第一佛陀所說的是：尊重波羅提木叉，波羅提木叉就是戒律，換言之就是淨身。如闇見光，如貧得寶，那樣尊重波羅提木叉，再重要言：

「戒是汝等大師，若我住世，無異此也。」

充其意義的極限，善守戒律的人，即淨身的人。世尊即是其人，其人即是世尊。

佛陀這樣說：

「淨戒是解脫的根本。從此淨戒，生諸禪定，滅苦而生智慧。所以比丘當持淨戒，不可犯之。若能持淨戒，善法則生。若不能持淨戒，諸功德是不會生的。所以當知，戒是第一安穩功德的住處。」

在月夜靜寂的空氣中，臨死老人的佛陀，不知從什麼地方來的這樣聲音，與平常無異的說法的調子。聽的人雖然不悅，但沒有不感動的。

我們可以想到，佛陀是到了最後的一息，也是要將自己身內的至寶，連最後一粒也要播於地上的。

《遺教經》又說：

「汝等比丘，已能住戒。當制五根，勿令放逸，入於五欲。譬如牧牛之人，執杖視之，不令縱逸，犯人苗稼。若縱五欲，非唯五欲，將無涯畔，不可制也。亦如惡馬，不以轡制，將當牽人，墮於阬陷。如被劫賊，苦止一世。五根賊禍，殃及累世。為害甚重，不可不慎！是故智者，制而不隨。持之如賊，不令縱逸。假令縱之，亦皆不久見其磨滅。」

「此五根者，心為其主。是故汝等，當好制心。心之可畏，甚於毒蛇、惡獸、怨賊，大火越逸，未足喻也。譬如有人，手執蜜器，動轉輕躁，但觀於蜜，不見深阬。譬如狂象無鉤，猿猴得樹，騰躍踔躑，難可禁制。當急挫之，無令放逸。縱此心者，喪人善事。制之一處，無事不辦。是故比丘，當勤精進，折伏汝心。」

夜漸漸深了，聽得到的只是佛陀的聲音。月光更加明朗，樹影更加濃黑了。人們忘記了佛陀將入於涅槃和病苦。只有佛陀所說的真理和佛陀堅強的心力，支配了人們的心。

「汝等比丘，受諸飲食，當如服藥。於好於惡，勿生增減。趣得支身，以除飢渴。如蜂採花，但取其味，不損色香。比丘亦爾。受人供養，趣自除惱，無得多求，壞其善心。譬如智者，籌量牛力所堪多少，不令過分以竭其力。」

「汝等比丘，若有人來節節支解，當自攝心，無令瞋恨。亦當護口，勿出惡言。若縱恚心，則自妨道，失功德利。忍之為德，持戒苦行，所不能及。能行忍者，乃可名為有力大人。若其不能歡喜忍受惡罵之毒，如飲甘露者，不名入道智慧人也。」

「所以者何？瞋恚之害，則破諸善法，壞好名聞，今世後世，人不喜見。當知瞋心，甚於猛火。常當防護，無令得入。劫功德賊，無過瞋恚。白衣受欲，非行道人，無法自制，瞋猶可恕。出家行道無欲之人，而懷瞋恚，甚不可也。」

「汝等比丘，……若起驕慢，當疾滅之。增長驕慢，尚非世俗白衣所宜；何況出家入道之人，為解脫故，自降其身而行乞耶？汝等比丘，諂曲之心，與道相違，是故宜應質直其心。當知諂曲，但為欺誑。入道之人，則無是處。」

「汝等比丘，當知多欲之人，多求利故，苦惱亦多。少欲之人，無求無欲，則無此患。……少欲之人，則無諂曲以求人意，亦復不為諸根所牽。行少欲者，心則坦然，無所憂畏。……有少欲者，則有涅槃。」

「汝等比丘，若欲脫諸苦惱，當觀知足。知足之法，即是富樂安穩之處。知足之人，雖臥地上，猶為安樂。不知足者，雖處天堂，亦不稱意。不知足者，雖富而貧。知足之人，雖貧而富。汝等比丘，欲求寂靜無為安樂，當離憒鬧，獨處閑居。靜處之人，帝釋諸天，所共敬重。」

「汝等比丘，若勤精進，則事無難者。是故汝等，當勤精進。譬如小水長流，則能穿石。汝等比丘，於諸功德，常當一心。捨諸放逸，如離怨賊。大悲世尊，所說利益，皆已究竟。汝等但當勤而行之……。我如良醫，知病說藥。服與不服，非醫咎也。又如善導，導人善道，聞之不行，非導過也。汝等若於苦等四諦，有所疑者，可疾問之。勿得懷疑，不求決也。」

這時在有數弟子中的阿那律，觀察眾心，合掌白言：

「世尊！是諸比丘，於四諦中，決定無疑。於此眾中，所作未辦者，見佛滅度，當有悲感。若有初入法者，聞佛所說，即皆得度。譬如夜見電光，即得見道。若所作已辦，已度苦海者，但作是念：世尊滅度，一何疾哉?!」

四圍像死一般的寂靜，什麼聲音也聽不見，只聽得遠近啜泣的聲音，像大海小波相蕩的聲音，在娑羅林間繞著而已。

五十四、佛陀入於涅槃

於是佛陀又說：

「汝等比丘，勿懷憂惱！若我住世一劫，會亦當滅。會而不離，終不可得。自利利他，法皆具足。若我久住，更無所益。應可度者，若天上人間，皆悉已度。其未度者，皆亦已作得度因緣。自今以後，我諸弟子展轉行之，則是如來法身常住而不滅也。」

「是故當知，世皆無常，會必有離。勿懷憂惱，世相如是。當勤精進，早求解脫。以智慧明，滅諸癡闇。世實危脆，無堅牢者。我今得滅，如除惡病。此是應捨之身，罪惡之物，假名為身。沒在老病生死大海。何有智者得除滅之，如殺怨賊而不歡喜！」

剎那間繼續著沉默以後，佛陀又靜靜地說：

「汝等比丘，常當一心勤求出道。一切世間，動不動法，皆是敗壞不安之相，汝等且止，勿得復語。我欲滅度，是我最後之所教誨。」

終於像獨語那樣說著：

「諸行無常，是生滅法；生滅滅已，寂滅樂也。」

無限的淒絕和莊嚴的沉默暫時繼續著。阿難垂淚地說：

「世尊現在入於涅槃了！」

阿那律說：

「不，世尊還是入於最深的無心的狀態。」

沉默又支配一切弟子們的心，停了一刻，阿那律又說：

「這時，世尊真的入於涅槃了。」

沉默的世界，人們一再忍耐的悲哀之堤，崩潰了。嗚咽號泣的聲，籠罩著天地，佛陀終於入涅槃了。

娑羅雙樹的花，一時像雪片那樣零亂地落滿地面。

這時滿月正要沒於西山，現出了更大更美的雄姿。而且四邊曙色已透了出來，但誰也沒有注意到它。

五十五、最後

遺骸七日七夜之間，由比丘們及拘尸那揭羅的人誠懇地供養，待弟子中的長老摩訶迦葉的到來，於天冠寺舉行了火葬，因各方的懇望，分舍利於八國，各各建塔供養。

佛陀去世以後，弟子們失力了嗎？不。

弟子們在佛陀入滅以後，更立了新的決心。而且第一便是努力要將尊貴的遺教，永遠殘留於地上。

佛滅後九十日，於六月十七日，決定了結集的第一日。

那天被選定的五百弟子們，從竹林精舍而集於西南一里許竹林內的大石室。

大迦葉為上首，盲目的阿那律坐於其旁，優婆離為戒律的誦出者，阿難為契經的誦出者，其他的人為補充者。

阿難是弟子中以「多聞第一」著名的，他很能記得佛陀的話。佛陀在鹿野苑所說的《轉法輪經》，是阿難誦出的。

那時，佛陀最初弟子的憍陳如，感動地說：

「尊者大迦葉！我是從前聞此說法的，此教實是為我所說的。它是乾了我迷的血，盡了我淚的海，所以我才能越過這生死的大山。我和許多弟子們，聞此尊貴的法寶時，始得法眼淨而解脫了惡業。」

垂老的憍陳如這樣說時，連淚也滾下來了；大家都彷彿像聽著佛陀的說法，憶慕著佛陀，而刁起新的悲哀來了。

他們知道佛陀真理的日益光輝，同時也知道，也感覺到，他們自己非起來代替傳述的責任不可的。

所以佛陀去世二千幾百年間，其真理至今還像佛陀生時，觸得我們的心一樣的。今後人心所在之處，佛陀無限的美和廣大的心，將繼續存在而引導我等向光明之路。

一切的人得入涅槃之時，也是佛陀的教導完成之時，同時也是人類完成之時的吧。

佛陀實在是我們人類偉大的導師！

附錄二

譯經僧——求那跋陀羅

一九八〇年九月，以中村元博士為團長的日本東方思想學術交流訪華團，來訪中國佛教協會，由趙樸初會長接見於法源寺，進行了一次佛教友好的交流。本文作者野村隆昌博士是該團的副團長，現任立正大學教授。他根據《梁高僧傳・譯經篇》的〈求那跋陀羅傳〉，參考《宋書》、《南史》等以及各種經錄的佛教歷史知識，詳細地描述這一位印度譯經僧波瀾重疊的一生經歷和譯經成就，並穿插著劉宋王室政治鬥爭的歷史故事，寫成譯經僧求那跋陀羅的傳記，讀來頗覺趣味，並能增加許多佛教史的知識。因而譯出，以嚮讀者。原文載於一九七四年日本《大法輪》雜誌十月號。

譯者附記

當時的中國佛教界

中國到了東晉時代，始建都於建康（今南京市），其後南朝的宋、齊、梁、陳歷代，都以此地為都。中印度的譯經僧求那跋陀羅到中國時，就是在南朝的劉宋時代。但在劉宋建國者的武帝時代，北印度出身的有名譯經僧佛陀跋陀羅（覺賢三藏）還健在，精力旺盛地從事經典的翻譯。據《出三藏記集》九、《開元釋教錄》三記載，知道他於宋武帝永初元年（四二〇）譯完那有名的六十卷《華嚴經》後，第二年十二月又奉命再校。又曇無讖在北方的北涼譯完《大般涅槃經》四十卷，是在北涼的玄始九年，即相當於南朝宋武帝的永初二年。

還有一個作為旅行僧有名的寶雲，在這時候也已完成西域的旅行回國，於同年譯出《無量義經》二卷；翌年，永初三年（四二二）譯出《佛本行經》七卷。到了少帝景平元年（四二三）七月，罽賓國（克什米爾）僧佛陀什又來南京，他於文帝元嘉元年（四二四）十二月，譯出了《五分律》三十卷、《比丘尼戒本》一卷、《羯磨》一卷。這些翻譯工作，曾得到道生、慧嚴、智勝等的幫助，這是和以前弗若多羅所譯的《十誦律》、佛陀耶舍的《四分律》、佛馱跋陀羅的《摩訶僧祇律》足以媲美的偉業，就中國來說，律典至此可以說幾乎是譯完了，因此他的名聲普聞於世。還有，在文帝朝廷活躍的罽賓僧求那跋摩，是從爪哇請來的（來時是元嘉八年，四三一）。罽賓僧的曇摩密多、西域僧的畺良耶舍、印度僧的僧伽跋摩等接踵來到南京，也是在元嘉年中，而且是在求那跋陀羅來中國以前的十年間。

文帝在他歷時三十年之久的元嘉統治時期，對佛教大表關心、加以保護。其間，佛馱跋陀羅寂於元嘉六年（四二九）；畺良耶舍於元嘉八年來華，僅九個月即以六十五歲示寂；又，北涼的曇無讖也圓寂於南朝年號的元嘉十年；羅什門下的逸材道生，也於元嘉十一年示寂。這個時候至少羅什門下的俊才多還生存。還有廬山慧遠教團的人們，以南京道場寺為中心的什門的慧觀，以旅行僧著名的老僧法顯，同是旅行僧途中與法顯共同行動而先回國的寶雲等，都盡力於新佛教流布的時代，所以元嘉十二年最初踏上廣州之地的求那跋陀羅的名聲，為那些外國僧和中國僧的名聲所掩蓋，想來當初並不是那麼出名的。

青年時代

求那跋陀羅的傳記，見於《梁高僧傳》三，及《出三藏記集》十四、《歷代三寶記》十、《開元釋教錄》五、《佛祖歷代通載》八等。據這些傳記記載：他出生於中印度的婆羅門種（貴族），梵名「求那」是「功德」、「跋陀羅」是「賢」的意思，所以中國意譯稱為功德賢；又因為他是學大乘的人，也稱他為「摩訶衍」（大乘）。因為他生於信奉婆羅門教的家庭，所以自幼即學五明諸論，即：一、聲明（文典訓詁之學）；二、工巧明（工藝、技術、曆算等學）；三、醫方明（醫學、梵咒、藥石之學）；四、因明（論理學）；五、內明（四吠陀論），通達了這些天文、書算、醫方、咒術等，其後偶然讀了《阿毗曇雜心》（小乘之論）感到驚異，同時心有所悟，遂深深皈依佛法。

但其家系是和佛教對立的婆羅門種，父母禁止他皈依佛教，因此求那跋陀羅遂棄家，背離家人逃亡，遠求可以為師的人，剃頭出家，專心於佛教的研究。到二十歲受具足戒時，他已經成為博通經律論三藏的小乘佛教學者。他為人和藹而又認真，他親近師長盡禮而不怠慢，後來再辭別小乘的師長進而學習大乘。大乘之師，命他入經藏探取經匣時，他探得的是《大品般若經》和《華嚴經》，所以老師非常喜歡，讚賞他說：「汝於大乘有重緣！」因此他就決心讀誦和講說這個「大品」和「華嚴」，同門之中沒有能夠和他匹敵的人。於是他更進而受大乘的菩薩戒法，又寫信給他父母，勸他父母從婆羅門教轉變為佛教徒。

他在青年時代以前的這些經驗，想來是極其重要的。如果他開始就生於佛教徒之家，那是小乘的佛教徒呢？還是大乘的佛教徒呢？因為大小乘是各異主張的，所以互不相容。就是說，如果他生於小乘教徒之家，他的一生作為小乘教的信奉者而僅學習這個方面的學問，那麼大乘佛教之為何物他是不會理解的吧！又即使生於大乘教徒之家，也是同樣的，他對小乘將只敵視而不瞭解其內容以終其一生。在新天地的中國，弘揚自己的所信，抱著埋骨於外國的覺悟，踏上中國土地的許多譯經僧也是不外其例的。

學過小乘的學僧，便守著其師的傳承而鼓吹小乘佛教，認為這才是佛教的真髓而弘揚之；大乘的學僧又認為小乘說的不是佛的真髓，強調我們大乘才是傳承佛陀的真精神，而接受他的中國人究竟以何為正統？就不得不迷於判斷了。如前所言，小乘的僧人不知大乘，大乘的僧人也不知小乘。這一點，無論是婆羅門教的特質，和小乘所主張的或大乘所強調的，他都是完全知道的。說來他作為譯經僧是具備著最重要的特性的，這樣的特性在當時是極罕見的。他和那位在他到中國的三十四年前已入長安、他到中國時已在長安大寺逝世的不世出的著名譯經家鳩摩羅什所具有的例外的特性是共通的。

到達中國

求那跋陀羅初赴錫蘭島（今斯里蘭卡），想從這裡乘船到中國去。據本傳說，這次航海是極困難的，途中風止，飲水亦盡，船中的人非常憂慮。這時他對人們倡議說：「諸位一心念十方佛，唱觀世音菩薩的名號吧！」大家一心祈禱時，順風吹來了，雲氣濃濃，開始下雨，大家都得救了。

於是，他終於元嘉十二年（四三五）在廣州上陸，這時他已經四十二歲了。這件事情被認為也是不能忽視的重要事項。因為當時跋涉於絲綢之路來中國的許多譯經僧，總是冒著沙漠與山脈之間的危險而旅行的。所以老僧的體力很難繼續，多數是熱心的青年僧。因此我們對那種熱烈的信心與傳教的努力雖然表示敬意，可是個人要運大量的經典是不可能的。相反，航行海路來中國的僧侶們，途中儘管有航船遇難的危險，和那靠駱駝之背運搬是不同的，所以能夠運來經過湊集的大量經典（梵本）。而且佛教的真理深遠，無論怎樣善於理解，對青年僧來說總是有限的。如不深積人生的經驗，也有不少是不能充分體會的。他之選擇海路，而且來中國時已經四十二歲，這件事對於中國佛教可以說是很幸運的。

這個時候，廣州的地方長官名叫車朗。他的任務是立即把印度僧求那跋陀羅在廣州上陸的情況，報告於劉宋太祖文帝的朝廷，文帝也立即派遣使節隆重地迎接這個印度僧人於首都南京。

本來這個南朝的劉宋王朝，第一代是武帝劉裕，他雖從貧賤的身分起家，但卻長於武略，所以在東晉時代之末，他討伐逆賊孫恩、盧循，攻略南燕、山東，又征伐一時奪了晉朝王室的桓玄，更斬了在長安擁有勢力的後秦第三代姚泓，由於內外的武功，在東晉的貴族之間很有名聲，終於受東晉的恭帝讓位，建立了劉宋這個國家。但他在位僅僅三年就死了，其後劉宋王朝的歷代帝王，除了一二例外，多是愚暗淫虐的人。如武帝的長子第二代少帝義符（傳記見《宋書》四）亦不外此例。因此被從武帝時代受信任的徐羨之、傅亮等廢之，迎請有聲望的武帝第三子義隆（傳記見《宋書》五）為第三代，這就是文帝。他在劉宋是唯一的名君。他一即位，即誅徐羨之和傅亮，而用王弘、王華、王曇首、殷仲堪等名族，致力於文治，地方長官的任期限定六年，並次第實施政策，經濟、外交兩方面都一改舊觀。在他治世的三十年間，世稱「元嘉之治」。

祇洹寺時代

求那跋陀羅被邀請到首都南京，正是劉宋王室最輝煌的時代。據說文帝即敕慧嚴與慧觀慰勞求那跋陀羅於新亭寺（新亭一名勞勞亭，在今南京南郊，三國吳時所建，是東晉時代送別賓客之處，並非寺名。《高僧傳》本傳作〈新亭慰勞〉，就是說在新亭這個地方郊迎慰勞——譯者）。慧嚴和慧觀都是羅什的高足。當時慧嚴在南京的東安寺，時年已七十三歲，慧觀也在同屬南京名剎的道場寺，元嘉年中以七十一歲示寂，想來還是相當高齡的。文帝讓這兩位高僧去歡迎求那跋陀羅，所以這時他的名聲在南京轟動一時。

後來，他止住於祇洹寺。此寺曾為同樣由海路在元嘉元年（四二四）到達廣州、最初弘化於始興縣虎丘山的罽賓僧求那跋摩，於元嘉八年所止住，但他於同年九月便以六十五歲寂於此寺。又同是罽賓之僧的曇摩蜜多，其晚年雖住於南京鍾山的定林上寺，但在此前後也住過中興寺與祇洹寺（中興寺如後所說是次代的孝武帝時，為求那跋羅改修而稱為中興寺，而求那跋摩在此以前的元嘉十九年七月以七十八歲高齡示寂，所以這裡應該正是改修前的祇洹寺。今依僧傳，照樣記之）。因此，求那跋羅和曇摩蜜多當然也是認識的；但求那跋陀羅繼承這兩位罽賓出身的高僧之後住祇洹寺，很得到文帝的優遇。因為有過這樣的因緣，來拜訪他的劉宋顯貴紳士不絕其跡。

根據記錄，如當時有名的琅玡臨沂（今山東）的文人顏延之（三八四～四五六），相傳曾正裝（束帶）進入山門謁他。顏延之傳詳於《宋書》卷七三、《南史》七四，據說當時曾與名門、聲望很高的謝靈運競其文名，元嘉三十年（四五三）以老齡請求退職。其長子俊據說在當時也是一位無與倫比的權威。延之歿於孝建三年（四五六），時年七十三歲，追贈為散騎常侍特進之位，逆算起來，元嘉十二年，應為五十二歲。當時比求那跋陀羅大了十歲，而且是聲名籍甚的文人。

又據傳云：這時大將軍彭城王義康與丞相南譙王義宣，也曾師事過他。劉義康是武帝的第四子，官為江州刺史，封竟陵王，出鎮荊州十年餘，兵強財富，但被臧質遊說共同謀反，事敗自刃（兩人的傳俱見《宋書》卷六八）。關於這些原委，以下再詳述之。無論如何這兩人都是第一代武帝之弟。據傳義康於元嘉十二年為太子太傅加侍中的重職，作為能吏有名。又據說義宣生來舌短，言語不能明了；他元嘉十二年為南譙王兼石頭戍事。

翌年，他出於江州，拜命為豫州的西陵、晉熙、新蔡三郡諸軍事、鎮南將軍、江州刺史，當所封的南譙王雖然不變，但已決定離開南京。《梁高僧傳》雖無關於年的記載，但顏延之、劉義康、劉義宣之師事求那跋陀羅，可知他被迎到南京不久以後（元嘉十二年中）的事。義康據傳是在元嘉二十八年（四五一）四十三歲時死的，故元嘉十二年，當時是二十六歲。義宣是第四代孝武帝即位，孝建二年（四五五）五月二十一日自刃的，但歿年不明。總之，義康是第四子，義宣是第六子，兩人都還是青年，這是無誤的。

後來，求那跋陀羅從事譯經，在祇洹寺集合義學諸僧譯出《雜阿含經》五十卷，在慧嚴所住的東安寺譯《大法鼓經》二卷，後在丹陽郡又譯出《勝鬘經》一卷、《楞伽經》四卷，時徒眾七百餘人，寶雲為傳譯沙門，慧觀筆受，優秀的譯經陸續地產生出來。

荊州辛寺時代

又據僧傳記載，當南譙王義宣鎮荊州時，求那跋陀羅也隨行於辛寺，更於辛寺創建房殿。在這裡譯出《無憂王經》、《央掘魔羅經》、《相續解脫地波羅蜜了義經》、《現在佛名經》三卷、《第一義五相略集》、《八吉祥經》等，這是弟子法勇譯語的。荊州地處建康的上流，既是形勝之地，同時那裡出身的兵也很強悍，所以按照武帝的遺言，是他的諸子按照順序為長官的土地。最初是彭城王義康（第四子），繼之是江夏王義恭（第五子），其後是宋室威望最高的武帝的中弟長沙景王道隣之子、繼嗣武帝的少弟臨川烈武王道規之後，愛好文義、在宋室之中人格最優的《世說新語》的著者、臨川王義慶為荊州刺史。

繼之按順序說，應該輪到義宣（第六子）；但文帝（第三子）鑑於他的為人多缺點，元嘉十六年（四三九），把他的弟弟衡陽王義季（第七子）為義慶的後繼者擔任荊州刺史，以義宣任義季從來所鎮的南徐州（今鎮江）刺史，到了元嘉二十一年，始任義宣為荊州刺史。後來，他之謀叛其兄文帝的背景，這時已經布置好了。義宣是憑藉這荊州之地的富庶與強兵經十一年形成其叛軍的，而求那跋陀羅隨著義宣赴荊州，據此為元嘉二十一年是正確的，推算他這時是五十一歲。又他自五十一歲起歷時十餘年之久居住的荊州辛寺，也是曇摩耶舍、卑摩羅義曾經居住、著名的旅行僧法顯示寂的名剎。

他在辛寺十年餘，如前所記，譯了許多佛經，為義宣講《華嚴經》，受到南譙王義宣的禮遇。但如前提到，南譙王義宣是文帝於四十七歲時為皇太子劉劭等所殺，文帝的第三子劉駿討之而即帝位，劭戰敗被殺；改元為孝建的孝武帝孝建二年（四五五），因與臧質同謀發起叛亂，事不成而自殺。《梁高僧傳》三的〈求那跋陀羅傳〉，關於年紀全未提及，對於元嘉末年譙王做了怪夢，求那跋陀羅預言「京都將起禍亂」。孝建之初，譙王起了叛亂，他這時也極力進諫說：「不會成功的，我不能隨去！」可是譙王不讓他離開身邊，梁山之戰，求那跋陀羅一心唱觀世音名號而投身於江中，由於神異的一個童子的引導而得上岸。

如果對照前說的事件，則元嘉末年他的預言，文帝為皇太子劉劭所殺，劉劭又為第三子劉駿（後來的孝武帝）所殺這一連串的事件，是在荊州預言的。又梁山之戰的經過，詳記於《宋書》六十八的〈義宣傳〉。傳裡說義宣於孝建元年（四五四）的秋冬間舉兵，同二年（四五五）二月二十一日，叛軍合流編成了十萬的舟軍，但這時遇著大風，受了很大打擊。

五月，義宣又與孝武帝派遣的王玄謨軍相隔一里，於蕪湖對陣屯兵，同月十九日利用激烈的西北風，臧質進攻王玄謨，這時雖贏得了一時的勝利，但到同月二十一日，義宣到梁山，臧質自東岸出兵攻王玄謨，吃了大敗。這時布陣於西岸的義宣，也因舟軍的起火，被飛火燒著了陣營，兵眾一時潰走，義宣與臧質也就失去了聯絡，各自分散，以輕舟向東逃走，義宣以白刃結束了自己的生命。據僧傳記載，求那跋陀羅投身於江而又回到了岸，從前後的經過情況看來，可以推測他是捲入於這孝建二年五月二十一日的戰鬥的。試一推算，這時求那跋陀羅是六十二歲。

中興寺時代

總之，王玄謨在梁山之戰取得了壓倒的勝利。他的傳也在《宋書》七六和《南史》十六，及其他散見於《宋書》卷五、卷六、卷七、卷八，是仕於文帝、孝武帝二代的武人。回頭再看僧傳說，孝武帝對於在亂軍之中的求那跋陀羅，曾下命令：如果捕到了他，應好好待遇，迅速送都。於是求那跋陀羅遂為王玄謨軍所保護，以輕舟送都，孝武帝即時引見。僧傳記載著下面的問答——

帝問：「待望已久，今天總算見面了。」

求答：「我是在血腥的戰場過來的，生命恐怕難保。今得接見，深感再生之德！」

帝問：「誰做過賊軍？」

求答：「出家之人，和軍事本無關係，不圖宿緣所迫，竟捲入這次戰爭。」

帝問：「不，很是失禮，請不必介意。」

又，他為南譙王義宣信奉禮遇住過荊州辛寺，是自元嘉二十一年至元嘉末年的十年。他寫給南譙王很多書信，那些都是被很好記錄保存的，但到義宣的叛軍失敗，檢點其記錄時，沒有片言涉及其軍事。因此孝武帝知其為人，更加以高僧禮重之。後來偶然在閒談時，孝武帝曾戲問說：

「怎麼樣，現在您還懷念南譙王義宣嗎？」

「貧道受南譙王義宣供養十年，怎麼能忘其德呢？今向陛下懇求，請許我代為義宣燒香三年。」

對此回答，孝武帝亦悽然未出一言。他的懇求當然是被允許了。後來求那跋陀羅入首都時，過去文帝一時居住過的南京新亭（原文仍作新亭寺，仍有誤），經孝武帝之手大加改建成為中興寺（後被改為天安寺），這時求那跋陀羅奉敕居於新修的中興寺，特別為他興建了三間房。又他在秣陵（今江蘇江寧縣）的鳳凰樓之西曾建了一寺，據說這在唐代被稱為白塔寺。又大明六年（四六二，此據《梁傳》，依《名僧傳抄》、《出三藏記集》十五是「七年」），天久亢旱，這時依孝武帝之請，誦經祈雨有驗，大受朝野施捨。

後來他受劉宋歷代帝王的尊信，宋第六代明帝泰始四年（四六八）正月，預知死期，與明帝、公卿告別，午前十時許示寂，時年七十五歲。自陣中被捕護送於南京至歿為止，是十四年。

譯出經典

他譯出的經典，《出三藏記集》二，在上記的諸經之中省去《現在佛名經》而加上《釋六十二見經》一卷，作十三部；但《歷代三寶記》十，作七十八部；到了《開元錄》五，成為下記五十二部百三十四卷。

1.《勝鬘師子吼一乘大方便方廣經》（勝鬘經）一卷，2.《大方廣寶篋經》三卷，3.《相續解脫地波羅蜜了義經》一卷，4.《楞伽阿跋多羅寶經》四卷，5.《菩薩行方便境界神通變化經》三卷，6.《老母女六英經》一卷，7.《申日兒本經》一卷，8.《阿難陀目佉尼阿離陀經》一卷，9.《央掘魔羅經》一卷，10.《大法鼓經》二卷，11.《大意經》一卷，12.《十二頭陀經》一卷，13.《樹提伽經》一卷，14.《雜阿含經》五十卷，15.《鸚鵡經》一卷，16.《鞞摩肅經》一卷，17.《四人出現世間經》一卷，18.《十一想思念如來經》一卷，19.《阿速達經》一卷，20.《過去現在因果經》四卷，21.《摩訶迦葉度貧母經》一卷，22.《十二品生死經》一卷，23.《罪福報應經》一卷，24.《眾事分阿毗曇論》十二卷，25.《四品學法經》一卷，26.《賓頭盧突羅闍為優陀延王說法經》一（卷以上現存，收於《大正藏經》。又《大正藏經》之外，《相續解脫如來所作隨順處了義經》、《撥一切業障根本得生淨土神咒經》二部，也是作為求那跋陀羅譯，現存），27.《虛空藏菩薩經》一卷，28.《無量義經》一卷，29.《諸法無行經》一卷，30.《小無量壽經》一卷，31.《八吉祥經》一卷，32.《無崖際持法門經》一卷，33.《貧子須賴經》一卷，34.《現在佛名經》三卷，35.《淨度三昧經》三卷，36.《無憂王經》一卷，37.《本行六波羅蜜經》一卷，38.《異處七處三觀經》一卷，39.《雜藏經》一卷，40.《目連降龍王經》一卷，41.《曰難經》一卷，42.《釋六十二見經》四卷，43.《請般特比丘經》一卷，44.《十二頭陀經》一卷，45.《阿那律七念章經》一卷，46.《十報法三統略經》一卷，47.《六齋八戒經》一卷，48.《阿蘭若習禪經》二卷，49.《菩薩訶欲經》一卷，50.《那先經》一卷，51.《十二遊經》一卷，52.《第一義五相略集經》一卷（以上佚失），計五十二部百三十四卷。

這些多數的譯經，如前所述，首先是在祇洹寺與寶雲合作譯出的，在求那跋陀羅一生中居住該寺十年間，即自四十二歲至五十一歲之間，恐怕是有最充分的時間的。

其中如《雜阿含經》五十卷的小乘經典和《勝鬘經》一卷的大乘經典，都是貴重的譯品，這說明青年時代他的學識的淵博。再依義宣的傳來看，知道他也是不亞於其兄文帝的佛教大信者，所以也把最尊信的求那跋陀羅請到他的任地荊州辛寺去。

又求那跋陀羅本身雖然進行過諫言，也想到將與叛軍共其行動；試想到孝武帝與求那跋陀羅的問答時，可以想像他在與因作叛軍的統帥而自殺的劉義宣在辛寺的十二年間（五十一歲至六十二歲）是肝膽相照的。其間似乎只有弟子法勇一人隨侍，但譯經的量很多。即使不像祇洹寺時代那樣，他自己還是自省而無所悔的時代。

但晚年自六十二歲至七十五歲的十四年之間，既受孝武帝的禮遇，又居住於中興寺，他的生活也許是安定的；但他已入老境，作為一個譯經僧，不是傾注其精力的時代。他一吃完了飯，如他的傳記所示：就有那些尋求殘飯的飛鳥來集，從他手中取食的一個場面；這可以作為想像他晚年在中興寺生活的一個插話。異邦印度的譯經僧求那跋陀羅的葬禮是在南京舉行的，明帝以下許多公卿都參加，表示哀悼之意，雖在肅穆之中，也是很隆重的。

（原載於《法音》雜誌一九八二年第六期）

附錄三

林子青小傳

林子青，是中國佛教文化研究所教授級研究員，歷任中國佛教協會第三、四、五屆理事會理事、常務理事，第六、七屆理事會諮議委員會委員。他是中國近代佛教界的著名學者，終生致力於佛教教學及文史研究工作。他是弘揚弘一大師人格精神和佛學思想的第一人，也是中國佛教史上研究房山石經的第一人。他著作等身，作品署名除早年常見的慧雲和後來常用的雪峰居士林子青外，還有廣甫、元白、衣白、林春暉、林朝暉、林元白、林正道、曉暉等。

一九一〇年十月十日，林子青出生於福建漳州小浦南鎮，父親林霧主要務農，也從事木屐的手工製作。幼年喪母，家有兄妹三人：姊姊林錦、妹妹林梭和林子青。他的姊妹均於年幼時出嫁。父親兩度續弦，首任繼母待孩子們不好，但她早亡，第二任繼母戴榮對他的父親照顧尚好。

林子青幼時曾讀過私塾，也進過小學。他聰穎過人，為人正直俠義。有一次仗義打了地主家的孩子，並將對方拋入水塘，人家來找他算帳，他便躲進離家不遠的南山寺。這大概是他接觸佛教的開始，也使他一生與佛教結下了不解之緣。此後，他常主動去寺裡做雜工，和尚們見他勤奮又聰敏，教他讀書背詩，他一教便會，一讀便記牢，誇他是神童。

後來，他的父親要他留在家中，便請他的大姊從蔡家村找個女孩到家中照顧老人，當時人們叫做招「童養媳」。一九三九年，十四歲的蔡雅姑便到了林家，但林子青卻早已離家而消失得無影無蹤。蔡雅姑以童養媳的身分留在林家侍奉老人，後改名林蔡雅，作為女兒，一直侍奉二老到終老（林父及繼母先後於一九四〇年和一九五八年去世）。林蔡雅後來於一九四二年嫁人，但家中至今始終供奉著林子青的父親及兩位繼母的牌位。

林子青離家出走後，曾偷偷地回過老家，但因當時已出家，未與家人謀面；直到一九五八年，他向老家鄉親們打探得姊姊、妹妹以及林蔡雅的情況，此後，每年春節、端午、中秋三個節日，他必定寄錢給林蔡雅與姊妹們，感謝她們對父親的關照，直到他去世前，從未中止。

一九二五年，在廈門鼓浪嶼日光岩從瑞美法師剃度出家，住時由轉岸和尚住持的太平岩，法名廣甫、號慧雲。是年夏，考入閩南佛學院專修科。一九二七年畢業後，至閩院研究班就讀半年。曾與印順、瑞今、竺摩、亦幻、芝峰、正道等法師先後同學，並成為好友。

一九三一年初，慧雲曾赴台灣雲遊，足跡遍及台北、北投、台中、日月潭、台南等地，作有詩多首。一九三二年，至北京柏林教理院深造，親近常惺法師，對於佛教藏經中的佛教史籍大致涉獵一遍，從而培養起對佛教史進行研究的濃厚興趣。後因患病，移居鎮江竹林寺，一面自修，一面養病。

一九三三年，遊訪普陀山半年；後廈門南普陀寺成立佛教養正院，瑞今法師主持院務，慧雲與守一、廣義、義俊等應召任教師。不久，應常熟興福寺住持正道法師之請，至該寺法界學院任教一年。

一九三四年，應靄亭法師之邀，至鎮江竹林寺竹林佛學院任教，同時隱居閱藏。

隨後又先後至泰縣光孝寺佛學研究社和廈門閩院任教。是年年末，到光孝寺與常惺法師共度歲末。

一九三四年冬，應台南開元寺住持得圓和尚之請，與隆耀法師同往台灣弘法傳戒，任教授阿闍黎。當時台灣已淪為日本殖民地四十年，漢語被禁止傳播，僅允許吟風弄月的漢語古詩存在。慧雲係閩人，又被認為是「曼殊第二」的詩僧，大家便開詩會請他吟詩唱和，日本政府因而懷疑他是間諜，將他和隆耀法師二人逮捕禁錮一年之久。

慧雲在獄中義憤填膺，作詩達百餘首，處處流露其思鄉憂國的心境與哀怨愁憤。此外，他在獄中得讀日本武者小路所寫的《釋迦》一書，出獄後即據此書譯述而出版了《釋迦如來一代記》。

一九三五年底至一九三六年，在會泉法師支持下，慧雲與瑞今法師共同創辦了《佛教公論》月刊，瑞今法師任社長，慧雲任主編。當時他筆耕甚勤，散文、詩作亦多，除署名「慧雲」外，曾用「廣甫」、「白衣」、「霽青」等名發表文章，竭力提倡加強僧教育。

一九三六年間，慧雲行腳至浙江雪竇、白湖、天台等地，後又訪鎮江金山寺、竹林寺、泰州光孝寺，並作短期的講學。下半年，得到南京松泉老和尚的施助，出版了《煙水庵詩稿》，弘一法師為之題寫書名。《詩稿》分兩部分，前半部多為記遊之作，清新雋逸，脫盡人間煙火味；後半部分為台灣獄中詩，皆憂國思鄉、悲憤慷慨之作。他在〈自序〉中說：「我的詩本不敢隨便問世，但自信在我的生命史的前半期，倘若要看一點影像的話，卻不能不到這些詩上去尋了。我的目的：只是讓愛我的師友，在我的詩上，可以看到我的生命活動的微波而已。」北大教授、有名詩人吳宓先生為其詩稿作了仔細的點評，並給予了極高的評價。

一九三七年秋，抗日戰爭爆發，慧雲先在滬上參加救護工作，出入江灣、閘北、大場諸火線，搶救受傷將士；後又與弘明法師同赴河南、武漢參加戰地救護團工作，歷時半年。一九三八年夏，與竺摩法師同南下廣州，轉赴香港，客居香港荃灣鹿野苑。後赴大嶼山，在大嶼山佛學院教「八識規矩頌」等課程，同時讀書閱藏，研究因明，編述了約達十萬字的《因明入正理論淺疏》。

一九三九年，慧雲在上海還俗，俗名林子青。一九四〇年，在上海結識了周梅生。周梅生，一九一四年生，浙江寧波人，應父母之命、媒妁之言，十九歲時，在上海嫁到一徐姓浙江慈谿人家。在大家庭中生活，規矩繁多。一九三七年抗日戰爭爆發後，丈夫因在中央銀行工作而被派往昆明、香港等地，周梅生因常與同事們外出應酬而被視為不規。其實小夫妻倆感情甚篤，此時，他們已育有二女。周梅生曾毅然辭去在上海郵局的工作，攜時約四、五歲的長女赴港請求離開大家庭而與丈夫出來共同生活，終因丈夫不敢有違母命而離婚。越年，林子青和她二人都在南京工作，時常過從，瞭解並同情彼此的身世，終於一九四一年在南京結婚。

一九四〇年至一九四二年，林子青改用林春暉名，先後在上海和南京任編輯。一九四三年至蘇州江蘇省教育廳編審室任編審，同時在江蘇省教育學院教歷史和日文。一九四四年，全家遷居上海。一九四五年日本投降，他在上海做日僑遣返工作，結束後，到靜安寺協助工作。

他還俗後，仍關心佛教界各項活動和工作，與佛教界人士保持著密切的聯繫；並經常閱讀和蒐集有關佛教文史方面的資料，從事一些寫作，長篇論文〈鑑真和尚與隱元禪師——唐明兩代二高僧對於日本佛教文化之貢獻〉就是在這個時期寫成的。

一九四二年，弘一大師在閩示寂，他發願編著《弘一大師年譜》，蒐集整理約兩年時間，終於在一九四四年出版。一九四六年應夏丏尊先生之介紹，赴台灣，在台灣省教育處中等國民學校教材編輯委員會編教材，並在台灣大學兼課教中國歷史和地理。此時，也在台灣佛教會協助工作，於是全家遷至台北居住。這時仍多用林子青的名字。

一九四七年末，應上海白聖法師之請，擔任上海市佛教會祕書組主任工作，同時在靜安佛學院教「印度佛教史」和「國文」，並任靜院刊物《學僧天地》顧問，協助審理稿件，直至一九四九年五月。靜院停辦後，仍在上海市佛教會工作，並協助靜安寺整理該寺房產資料等，直至一九五五年。

一九五六年，為紀念釋迦牟尼佛涅槃二五〇〇週年，南傳佛教國家和印度均舉行大規模紀念活動。當時的錫蘭（斯里蘭卡）要編纂一部英文的《佛教百科全書》（*Encyclopaedia of Buddhism*）作為紀念項目之一。中國佛教協會成立了以趙樸初為首的「中國佛教百科全書編纂委員會」，聘請國內著名佛教學者擔任撰稿任務。林子青與呂澂、黃懺華、高觀如、周叔迦、石鳴珂等應聘為《世界佛教百科全書》、《中國佛教》專職編輯，撰有〈元代佛教〉、〈明代佛教〉、〈清代佛教〉及〈叢林制度〉等數十篇。

一九五八年後，林子青先後在中國佛教協會國際部和研究部工作，亦曾任《法音》月刊常務編委。這個階段，他特別專事房山石經的研究，經常親自到房山現場查對石經拓片，經數年的鑽研核實，撰寫了研究報告，並為《房山雲居寺石經》一書撰寫概述等論文達數萬字。但此項工作由於文革，曾中斷十幾年，至一九八〇年後方逐步恢復。一九六六年後，林子青先後兩次被下放，攜妻周梅生同至湖北沙洋和吉林農場勞動。許多研究工作均暫時停頓。

一九七七年三月二十四日，妻周梅生病逝。四月，他作了「悼亡詩」悼念亡妻，情真意切地闡述了他們共同生活三十六年的風風雨雨。

越年十月，與鄭麗都女士結婚。鄭麗都（一九二七年生，原籍福州，出生於上海），當時在北京天主教愛國會工作，文革前，是北京東單三條法國芳濟格德修會的修女，文革中被紅衛兵打出修道院。她出身名門望族，係鄭孝胥的嫡親最小孫女，善繪畫，懂英、日、法文。文革結束後，北京崇文門南堂恢復時，堂內講述聖母瑪麗亞及耶穌故事的彩色油畫便出自她的手筆。她與林子青雖然宗教信仰不同，然彼此仰慕、互相尊重，對林子青的家人亦關懷備至。一九八〇年以後，林子青的生活、工作日趨安定。後來佛教文化研究所成立，他進入該所工作，仍繼續探究房山石經，並作其他有關佛教文史方面的研究。

一九八〇年，弘一大師誕辰百週年，他主編了《弘一大師紀念集》；此後，又應邀擔任《弘一大師全集》編委會主任，於一九八六年出版了《全集》十冊；又為《中國大百科全書・宗教卷》撰稿約五十多條目；一九八七年，與黃炳章等四人，同赴日本京都參加房山石經拓片公展。一九九〇年，編著出版了《弘一法師書信》；一九九三年，經數十年蒐集補充而編就的《弘一大師新譜》，由台北東大圖書公司出版發行。

此外，他以七、八十歲的高齡，仍多次參與外界活動。一九八七年，攜妻女作了閩南佛教之旅；一九九五年八月，應台灣藝文活動促進會之邀，赴台參加「弘一大師墨寶展」，並與久別的印順、聖嚴、妙然等法師重逢；一九九七年，應新加坡毗盧寺住持慧雄法師之請，攜妻女赴星洲參訪講學，與妙燈、松年、隆根、廣餘等法師老友相見。

二〇〇二年九月三十日晚八時十二分，因腎衰醫治無效而往生，享年九十二歲。

附錄四

林子青簡譜

■一九一〇年（宣統二年，一歲）

・十月十日出生於福建漳州（龍溪）小浦南鎮。

■一九二五年（民國十四年，十六歲）

・在廈門鼓浪嶼日光岩依養真宮住持瑞美法師披剃出家，法名廣甫，字慧雲。

・是年八月，考入閩南佛學院專修科。

■一九二六年（十七歲）

・於福州鼓山湧泉寺受具足戒。

・繼續在閩南佛學院專修科學習，用功研讀佛學課程外，並大量閱讀、背誦古文及古詩詞，開始學作古詩。

・南山學校開辦，初稱南山佛化學校，後來僧俗男女兼收，改名為南山小學，主要培養對象為幼年僧人。校長名義上由南山寺住持轉道和尚擔任，實際上為覺三法師。慧雲在閩院專修科讀書時，並兼任南山小學四年級班主任，直到一九三一年春離開。

■一九二七年（十八歲）

・四月，自閩南佛學院專修科畢業，為該院第一屆畢業生。

・畢業後隨常惺法師及同學赴上海，又往天童聽經，順道朝禮普陀。七月至杭州，住裡湖菩提精舍。得知太虛大師正在靈隱寺，特於一清晨趕去訪問，請他為自己的詩稿題簽，虛大師並附上一首自作〈西湖夏夜詩〉：「上界繁星隔岸燈，湖天一碧萬光騰。絃歌細細風徐度，盪向輕舟氣尚蒸。」此乃其與虛大師的第一次翰墨因緣。

・後半年，在太虛大師創辦的閩院研究班就讀半年。

■一九三〇年（二十一歲）

・住廈門南普陀寺，開始涉獵佛教史籍及部分經典。

■一九三一年（二十二歲）

・赴北京柏林教理院親近常惺法師，擬深造，因病未能如願。承惺師介紹，至鎮江竹林寺養病兼自修，惺師每月助以十元零用，使其得以安心研究學問，深入經藏，住十個月之久。

（在一九二八年至一九三一年期間，曾遊訪台灣，到過台北、日月潭、台中、台南等地，作了不少首詩）

■一九三二年（二十三歲）

・六月，到牯嶺大林寺再謁太虛大師，後遊訪普陀山約半年；歲末，應同學興福寺住持正道法師之請，經上海赴常熟法界學院教國文及佛學。

・將初期所作詩稿編印成《慧雲煙水集》，共收入一百餘首，多屬記遊及訪友之詩作。

■一九三三年（二十四歲）

・在興福寺法界學院任教一年。該寺自月霞老法師中興以來，經持松、惠宗、潭月諸法師的整理，道風和學風均為上乘。

■一九三四年（二十五歲）

・應靄亭法師之邀，至鎮江竹林寺佛學院教佛學及國文；繼至泰縣光孝佛學研究社及廈門閩院任教。

・是年冬，應台南開元寺住持得圓和尚之請，與隆耀法師同往台灣弘法傳戒（任教授阿闍黎）。歸途突被當地日政府逮捕，羅織成獄，無罪禁錮一年。

・夏天，廈門市召開佛教代表大會，瑞金法師被選為主席，慧雲任常務理事兼祕書，廣義法師任總幹事。

■一九三六年（二十七歲）

・《佛教公論》在廈門南普陀寺出版發行，瑞今法師為發行人，慧雲任主編，先後出版十多期，直至一九三七年抗日戰爭爆發而被迫停刊。

・五月一日，出版《煙水庵詩稿》，將台灣獄中詩五十二首與初期所作行腳記遊詩稿合印出版，弘一法師為之題簽封面。
・八月十日，編譯之《釋迦如來一代記》，由廈門市佛教協會及佛教公論社發行出版，封面亦為弘一法師所題簽。
・八月，代表常惺法師赴南京出席中佛會理監事聯席會，會後並行腳江、浙許多寺廟。
・十一月，代表廈門市佛教會出席在上海召開的中國佛教會第八屆全國佛教徒代表大會。

■一九三七年（二十八歲）

・是年初，弘一法師寫一幅對聯送贈「煙水庵主」（即慧雲）：「素壁淡描三世佛，瓦瓶香浸一枝梅」。
・四月，在廈門南普陀寺閱讀《大正新修大藏經》，並撰寫一篇〈《大藏經》之源流及其刊行史〉。
・五月，撰〈曼殊大師的佛教思想〉，以紀念曼殊大師圓寂十九年。
・「八一三」日本侵華，在上海參加僧侶救護團，後隨團赴武漢繼續從事抗日活動，歷時約半年後被解散。之後輾轉到香港，居大嶼山（住持為佛可和尚），在其佛學院講「八識規矩頌」及「因明」等課，編述約達十萬字的《因明入正理論淺疏》，還編寫〈中國名學梗概〉、〈量之定義〉等學術性文章。

■一九三九年（三十歲）

・一月，為《太虛大師五秩特刊》撰寫〈太虛大師與僧侶地位〉一文。
・一月十四日（農曆十一月二十四日），常惺法師在滬示寂，因失良師恩師而悲慟之極。

・還俗，俗名林子青、林春暉；以後的筆名還用過林元白、霽青等。

■一九四〇年（三十一歲）

・寓居上海靜安寺，與當時該寺的止文和尚及其徒德悟法師過從甚密。其時，時局動亂，早年在閩院的大醒法師、芝峰法師，以及後來曾在閩院求學的密迦法師亦均旅居靜安寺避難。

・經密迦法師介紹，與周梅生女士結識，當時周女士在上海太炎文學院聽課學習，尤愛好中國古典文學及詩詞。

■一九四一年（三十二歲）

・在南京與周梅生女士結婚。同年暑假，接周梅生與前夫所生之女徐黎明（後改名林志明）由上海到南京，並安排其在南京市立模範小學讀四年級。

■一九四二年（三十三歲）

・舉家遷居蘇州，在蘇州任江蘇省教育廳編審室編輯，同時於江蘇教育學院兼課。

・十月十三日（農曆九月初四），弘一法師在泉州不二祠溫陵養老院晚晴室圓寂。諸家記載多不一致，因而發願編著《弘一大師年譜》，開始全力蒐集整理有關資料。

・與周梅生產一女，取名林吉子。

■一九四三年（三十四歲）

・十月，女兒林吉子患急性肺炎，因未及治療而夭亡。

・十一月八日，得一子，名林肯堂。

■一九四四年（三十五歲）

・全家遷居上海，在上海東方文化編譯館任編審。

・歷時一年多的蒐集、整理，《弘一大師年譜》終將出版；但九月忽罹傷寒，病情嚴重，就醫於上海仁濟醫院，在病榻上口授妻周梅生記錄而成〈後記〉，不久《年譜》正式出版，其病情也好轉而出院。

■一九四六年（三十七歲）

・由夏丏尊、許壽裳介紹，赴台北，在台灣省編譯館任職，參與編寫中小學教科書工作，同時在台灣大學兼課教中國史地。在台期間，亦曾在台灣佛教會工作，參訪了台北、台中一些寺廟等。

■一九四七年（三十八歲）

・九月，應白聖法師之請，由台返滬，任上海市佛教會祕書組主任，兼任靜安佛學院教職，教授印度佛教史和國文，直至一九四九年年中該院停辦。

■一九五一年（四十二歲）

・任上海抗美援朝佛教支會祕書，同時擔任一些佛教文史研究工作。此階段與趙樸初同事，過從甚密。

■一九五六年（四十七歲）

・五月，應北京中國佛教協會之聘，獨自赴北京任《佛教百科全書》編輯，撰寫《百科全書》所需條目文稿四、五十篇。

・六月中旬，與《人民中國》雜誌社編輯張閎凡同赴太原考察，並走訪晉祠和玄中寺。返京後，撰寫了〈中國淨土教史上玄中寺的地位——玄中寺的歷史和現況〉一文。

・七月二十九日，妻周梅生偕子林肯堂自上海遷抵北京。因無住房，暫居廣濟寺內。

■一九五七年（四十八歲）

・開始從事房山石經的研究工作，時常往返於房山、北京之間，撰有〈房山石經初分過目記〉、〈唐代房山石經刻造概況〉等文。

■一九五九年（五十歲）

・開始在中國佛學院教日文。

■一九六〇年（五十一歲）

・任北京中國佛教協會國際部編譯，並繼續在中國佛學院兼課教日文。

■一九六四年（五十五歲）

・六月二十七日，參加由茅盾主持的「玄奘法師逝世一千三百年紀念大會」。

■一九六五年（五十六歲）

・撰〈房山雲居寺塔和石經〉、〈房山遼刻石經概觀〉、〈北宋《開寶藏・大般若經》初印本的發現〉及〈福建佛教僧人與橋樑建築〉等文。

■一九六九年（六十歲）

・七月十九日，與妻周梅生離京（兒子林肯堂獨自留京生活），前往吉林雙遼農場勞動。

■一九七〇年（六十一歲）

・一月，轉往湖北沙洋勞動。

■一九七二年（六十三歲）

・年底，結束在湖北沙洋的勞動，重回北京，住進法源寺，在那裡重新安家。

■一九七三年（六十四歲）

・到廣濟寺中國佛教協會上班。

■一九七六年（六十七歲）

・四月，妻周梅生赴滬探親（自一九五六年遷居北京後，首次返滬探望其兄姊等親人），五月九日晚突然中風，在滬陪伴治療半年餘，於十一月與妻同返北京。

■ 一九七七（六十八歲）

・三月二十四日，妻周梅生逝世於北京法源寺家中，悲慟萬分。四月，撰〈悼亡室三十絕〉，悼念共同生活三十六年的妻子。

■ 一九七八年（六十九歲）

・十月一日，與鄭麗都女士結婚。

■ 一九七九年（七十歲）

・二月，撰〈鑑真和尚簡介〉；校訂《辭海》佛教條目修改稿一百餘條。

・檢查視力，確診為老年性白內障，預約二個月後動手術。

■ 一九八〇年（七十一歲）

・十二月，為紀念弘一法師誕生一百週年，籌備「弘一大師書畫金石音樂展」，並於北京法源寺展出。

・十二月二十七日，參加法尊法師告別式。

■ 一九八一年（七十二歲）

・一月三十日（農曆十二月二十五日），陪同趙樸初夫婦赴福建，作為時一月的訪問與視察。參訪福州西禪寺、大雪峰寺、法海寺，以及莆田廣化寺、廈門南普陀寺、漳州南山寺、泉州開元寺等。二月二十三日返京。

■一九八二年（七十三歲）

・三月一日至四月六日，與中國佛教協會申在夫、馬俊民等接待日本研修生福原隆善和廣川堯敏，全程陪同二人至北京、太原、西安、洛陽等地進行研修考察。

・六月十日至十一日，參加接待以鎌田茂雄為首的日本佛教文化考察團一行十三人。

■一九八三年（七十四歲）

・七月二十五日，參加歡迎日本東本願寺大谷派代表大谷演慧等十五人代表團訪中國佛教協會，並出席在人大會堂的歡迎宴會。

・九月十四日，在法源寺參加接待日本作家代表團水上勉（團長）、宮本輝及佐籐純子（祕書）。

・九月二十六日，在法源寺參加接待日本佛教大學校長等一行十二人訪華代表團（團長水谷幸正及團員藤堂慕俊、福原隆善等）。

・十月十九日，赴天津訪弘一法師俗家兒子李直卿及李叔同故居（今大悲院）。

・十二月四日，參加中國佛教協會成立三十週年法會及代表大會。

・十二月二十一日，撰《唐代青龍寺——空海之足跡》序文。

■一九八四年（七十五歲）

・四月九日，巨贊法師在北京圓寂。四月二十七日至八寶山參加追悼會。

・應邀出席：農曆九月初四，泉州弘一法師紀念館開幕；九月初八，廈門萬石岩落成典禮；潤十月十五日，莆田廣化寺佛像開光典禮。

・九月二十八日赴清源山掃弘一大師塔；並與夢參法師同往南安小雪峰，登太虛洞、禮轉逢塔。

・十月十九至二十一日，為崇福寺女眾佛學院講「近代佛教」。

・十一月一日，為上海佛學院學僧講「近代中國佛教」。

・十一月五日，與續弦妻鄭麗都赴杭州，至虎跑寺謁弘一大師塔，參觀「李叔同紀念室」。

・十一月十四日至十七日，為上海佛學院學僧講課：（1）佛曆新舊兩種說法；（2）近代中國佛教；（3）閩南佛學院與太虛法師；（4）武昌佛學院；（5）觀宗研究社。

一九八六年（七十七歲）

・福建陳珍珍居士和圓拙、廣洽、宏船、瑞今、廣淨、妙燈等多位法師居士，發起編輯《弘一大師全集》，設編委會於泉州開元寺，推選林子青為編委會主任。

・六月三十日，至福州崇福寺為佛學院學僧講佛教文學及平仄識別方法。

・七月十七日，應真禪法師之請，為上海佛學院學僧講「日本佛教」。

・八月，撰〈漫談弘一法師書法〉一文，交原《人民日報》編輯夏宗禹先生編入其新編出版的《弘一大師遺墨》一書。

・九月，撰〈建南山寺佛乘和尚舍利塔記〉。

・九月三十日，參加中國佛學院成立三十週年大會暨一九八六年本科開學典禮。

・十月間，先後多次應請赴京郊通教寺尼眾班講弘一法師介紹、釋迦歷史、印度佛教史及八相成道等。

・十二月三十一日，至廣濟寺參加「能海法師誕生百週年紀念法會」。

一九八七年（七十八歲）

- 四月六日，至廣濟寺中國佛教協會與日本牧田諦介博士及其學生上野中臨進行座談。
- 四月七日，偕妻女作閩南佛教之旅，參訪廈門萬石蓮寺、金雞亭；漳州南山寺、莆田廣化寺；泉州開元寺、承天寺及福州鼓山湧泉寺、崇福寺等。期間在莆田廣化寺為佛學院學僧講課數次，四月二十七日返京。
- 五月九日，與李榮熙、鄭立新等在功德林歡迎早年閩院老同學、今居檳榔嶼的竺摩法師及其徒繼聲法師並信徒一行十八人。
- 十月二十二日至二十六日，赴日本參加中國佛教協會和日本佛教大學共同舉辦的「國之重寶」房山石經拓片展；活動中，並做一場題為「房山石經的概況及其價值」的演講。展出後，參訪比叡山、平等院、萬福寺、東大寺、唐招提寺、正倉院等。十月二十八日返北京。
- 十一月二十一日上午十一時，正果法師圓寂，享年七十五歲；十二月二日參加在廣濟寺舉行的追悼紀念法會。
- 十二月十三日，至廣濟寺參加明暘法師陞座典禮。

一九八八年（七十九歲）

- 三月，上海靜安寺住持度寰法師圓寂，代表中國佛教協會赴滬弔唁。三月二十日參加在龍華殯儀館舉行的追悼會。
- 六月，正式成為中國佛教文化研究所的研究員。

・六月末，撰〈懷常惺法師〉一文。

・九月二十日，為上海玉佛寺的上海佛學院學僧講「房山石經」。

・十月四日，為上海社會科學院宗教研究所講「房山石經」。

・十月五日，參加真禪法師在上海靜安寺陞座典禮。

・十月十四日（農曆九月初四）為弘一法師圓寂四十六週年，與妙蓮法師等僧俗數十人至弘一大師塔掃塔。

・十二月二日，撰弘一大師舍利塔用的〈弘一大師略傳〉。

■ 一九八九年（八十歲）

・三月，撰〈重修福清黃檗山萬福寺緣起〉。

・四月三日（農曆二月二十七日），白聖長老在台北臨濟寺圓寂，為寫〈悼白聖長老〉詩一首。

・十月下旬，參加明暘法師在福州怡山西禪寺的陞座典禮。

・應善念法師之請，撰〈修建美國廣化寺緣起〉一文。

・十二月三十日，應請至漳州南山寺為諸居士講南山寺歷史，並為寫重建法堂的碑記，及撰一對聯。

■ 一九九〇年（八十一歲）

・六月，多年所蒐集之弘一法師書札七百餘通，經標點、註釋，終於由三聯書店出版，書名《弘一法師書信》，由趙樸初先生題字。

・十月二十三日，參加泉州承天寺舉行開光典禮。

・十月二十四日，參加開元寺參加弘一法師誕生一一〇週年紀念會。

・十一月二十八日，訪曹溪南華寺，拜謁六祖惠能道場及丹霞山別傳寺。

■ 一九九一年（八十二歲）

・星洲宏船法師於一九九〇年十二月二十四日圓寂，一月二十九日開追悼會，應請代撰一輓聯。

・四月十日下午，至北京國際機場迎接台灣聖嚴法師等來訪者一行十二人。四月十三日，聖嚴法師在頤和園聽鸝館舉行答謝宴會，到者有趙樸初、周紹良、淨慧法師、季羨林、林子青等多位。

・五月二十九日，參加惠安平山寺落成典禮。

・七月十七日，應同安梵天寺厚學法師之請，為撰山門門聯：「蕭寺重聞鐘鼓響，山門不斷往來人」。

■ 一九九二年（八十三歲）

・一月，撰〈喜讀馬一浮遺墨〉一文，交華夏出版社夏宗禹先生。

・三月，為《佛教文化》撰〈佛教東漸與中國古代寺院的文化設施〉一文。

・四月二十日，頭痛劇烈，到北醫三院就診，確診為由右耳帶狀疱疹引發的「多發性腦梗塞」，立即住院，於五月二十九日出院，但仍須作治療。

・五月五日，台灣陳慧劍居士到醫院探望，並接洽《弘一大師新譜》（以十年時間增補，約二十五萬字）出版事宜。

・六月三十日，與台北三民書局簽訂《弘一大師新譜》出版協議書。

・新加坡廣安法師慨施淨資，請石匠將林子青所撰〈弘一大師略傳〉刻在石碑上：碑高二七六公分，寬一〇〇公分，厚十二公分；座高七十六公分，寬一六〇公分，厚六十公分。於九月二十八日竣工。

・十月八日，至法源寺參加明學法師陞座典禮。

・十月十日，《弘一大師全集》在泉州舉行首發式。

・十一月九日至十日，參加在北京賽特飯店舉行的中日第四屆佛教文化學術會議。

・撰〈我與白聖法師〉一文，寄新加坡《南洋佛教》發表。

一九九三年（八十四歲）

・二月中旬，寫就〈重修泉州開元寺碑記〉，寄泉州開元寺。

・撰〈憶宏船法師兼憶會泉老人〉一文。

・六月四日，台北陳慧劍居士來信告知，《弘一大師新譜》已在台出版。

・七月，撰〈鋼和泰其人其事〉一文。

・十月十三日至二十一日，至北京友誼賓館參加第六屆佛代會暨中國佛教協會成立四十週年大慶，被選為諮議委員。

一九九四年（八十五歲）

・四月，新加坡廣洽法師於二月二十四日圓寂，趕寫〈緬懷廣洽老法師〉一文，在《法音》五月號刊出。

·動白內障手術，並配眼鏡。高度近視加老花，達一二〇〇多度，佩戴眼鏡後，讀書寫字仍感吃力。

·十月二十八日，搭機前往馬尼拉為瑞今老法師祝賀其九十壽辰。

·十一月二十八日，至廣濟寺參加法門寺佛指骨赴泰國巡展法會。

■一九九五年（八十六歲）

·八月十日，與劉雪陽（劉質平之子）、黃利禾（泉州市宗教局局長）等一行十人，赴台灣參加在台北國父紀念館舉辦的「弘一大師墨寶展」。

·八月十六日上午，在農禪寺會見聖嚴法師和陳慧劍居士。

·八月十七日，前往南投永光別院拜訪闊別四十餘年的印順老法師，並於彼處留宿一夜。在台期間，遊覽中正紀念堂、基隆海濱野柳風景區、陽明山國家公園、日月潭，以及高雄和台中。二十三日經港返京。

·九月三十日，泉州弘一大師研究會正式成立，應聘為顧問。

·十月十九日，與新加坡光明山都監廣餘，同訪廈門金雞亭。廣餘法師決定出資重建出土之石碑，請為撰〈重修金雞亭普光寺碑記〉。

·十一月十一日至十三日，參加弘一大師學術研討會，以〈弘一大師的嘉言懿行〉為題首先發言。

■一九九六年（八十七歲）

·三月二十三日和四月三日，北京電視劇製作中心導演潘霞與副導演李佩鐸及製片主任等兩次來訪，徵求對《弘一法師》電視連續劇的意見。

■一九九七年（八十八歲）

・六月十三日至七月二十四日，應新加坡毗盧寺住持慧雄法師之請，偕妻女訪問星洲。參訪的寺廟有：光明山普覺寺、蓮山雙林寺、菩提閣、薝蔔院等；拜訪的師友則有：松年、妙燈、隆根、廣餘、廣淨等多位。訪問期間，並於六月二十四、二十五日，在毗盧寺為信眾講「佛法的正知正見」、「四聖諦八正道」及佛教簡史等。七月二十四日返北京。

・新加坡松年法師於八月十六日在菩提閣圓寂；繼之，廣淨法師於八月二十六日在星洲圓寂，不勝悲痛。

・九月，撰〈正果法師愛國愛教二三事〉一文，交《法音》編輯部刊登。

・十月十日，中國佛教協會為祝賀「米壽」（八十八歲），送來生日蛋糕一盒，水果多種，以誌慶賀。

・十月二十日，赴滬參加靜安寺建寺一七五〇週年紀念活動。

■一九九八年（八十九歲）

・九月三十日，應請赴河北趙州柏林禪寺參加淨慧法師陞座及寶塔竣工典禮。

・十二月三十一日，作腦CT檢查，診斷為皮質下腦動脈硬化，立即住院，一九九九年一月十五日出院。

■一九九九年（九十歲）

・十一月，與台灣法鼓文化出版社簽訂出版《林子青居士文集》合約。

■二〇〇〇年（九十一歲）

‧五月二十一日，趙樸初先生病故於北京，在廣濟寺開追悼會時，林子青本人已久病而難以行走，但仍堅持要坐著輪椅參加迴向法會，以向趙樸老致最後的敬意。

‧六月，《林子青居士文集》（共三冊，約十七萬字）由台灣法鼓文化在台出版發行。

■二〇〇一年（九十二歲）

‧多年蒐集的弘一大師墨寶、考卷等一批珍貴文物，悉數捐贈給天津弘一大師紀念館。

■二〇〇二年（九十三歲）

‧九月三十日二十時十二分，因腎衰竭醫治無效而與世長辭。

（二〇〇二年十月十日，林子青九十二周歲生日這天，家屬將其生前所藏包括中、日、英文叢書，《大正藏》若干、《弘一大師全集》、《妙雲集》等一大批珍貴書籍及中外刊物約一萬餘冊，捐贈給了河北趙縣柏林禪寺，該寺為此專闢一室收藏。）

國家圖書館出版品預行編目資料

白雲深處一禪僧：林子青傳記文學集／林子青著.
-- 初版 . -- 臺北市：法鼓文化, 2008.10
面； 公分 --（智慧人；7）

ISBN 978-957-598-442-7（平裝）

229 97016782

智慧人 7

白雲深處一禪僧——林子青傳記文學集

法鼓文化

著者／林子青
出版者／法鼓文化事業股份有限公司
主編／陳重光
責任編輯／李書儀
美術設計／連紫吟、曹任華
地址／台北市北投區公館路186號5樓
電話／（02）2893-4646 傳真／（02）2896-0731
網址／http：//www.ddc.com.tw
E-mail／market@ddc.com.tw
讀者服務／（02）2896-1600
初版一刷／2008年10月
建議售價／790元
郵撥帳號／50013371
戶名／財團法人法鼓山文教基金會—法鼓文化
北美經銷處／紐約東初禪寺
Chan Meditation Center（New York, U.S.A.）
Tel／（718）592-6593 Fax／（718）592-0717